histoire des Pays tchèques et slovaque

ANTOINE MARÈS

histoire des Pays tchèques et slovaque

Collection dirigée par
Serge Berstein et
Pierre Milza

HATIER

À F.M. et D.S.

I.S.B.N. 2-218-07357-9
Dépôt légal 95 01 05

Sommaire

La prononciation tchèque 9

Introduction 11

Chapitre I : Préhistoire d'un territoire 17
« Le toit de l'Europe » 19
Dans la nuit des temps 21
L'arrivée des Slaves 24

Chapitre II : La Grande-Moravie, une étoile au IXe siècle 27
Entre l'Occident et l'Orient 28
L'héritage cyrillo-méthodien 32

Chapitre III : La constitution d'un État tchèque (X^e^-XIIe siècle) 35
Les débuts des Přemyslides 36
Une difficile affirmation 39
Les Slavníkides, saint Adalbert et l'unification de la Bohême 40
Un Saint Empire romain germanique envahissant 42
Les difficultés intérieures 43
Une société féodale en gestation 45
Une Église qui se cherche 46
Des bases économiques 47

Chapitre IV : Apogée et chute des Přemyslides 50
Des souverains entreprenants 50
Les équilibres du pouvoir se modifient 55
Les transformations économiques 58

Chapitre V : La Bohême médiévale au niveau de l'Occident 61
Une difficile transition ou le pouvoir cistercien 61
Jean de Luxembourg, « roi étranger » ? 63
Charles IV, le « Père de la Patrie » 66
Le sommet de la Bohême médiévale 70
Prague gothique 72
Des tensions latentes 78
Venceslas IV ou un souverain débordé 83

Chapitre VI : Le siècle hussite 86
La crise universitaire 86
Jan Hus, un apôtre de la vérité 88
Le mouvement hussite, après Hus 93
Quinze ans de guerres et de gloire 97
Un royaume fatigué et transformé 105
Georges de Poděbrady, un roi hussite, ancêtre des organisations internationales 108
La transition des Jagellon 113

Chapitre VII : Les États tchèques contre l'absolutisme 118
Les Habsbourg au secours de la chrétienté 118
L'absolutisme contre les Ordres 120
Le casse-tête religieux en Bohême 122
La Prague de Rodolphe II 130
Les derniers affrontements 132
L'écrasement de la Bohême 135

Chapitre VIII : Les Tchèques orphelins de leur État 137
La rébellion tchèque est châtiée 139
Bouleversements sociaux et institutionnels 140
La Bohême des élites en exil 143
Le « garde-manger » habsbourgeois 147
La culture baroque 151

Chapitre IX : Du baroque aux Lumières 159
Le primat de la politique extérieure 159
La menace prussienne 162
Marie-Thérèse et la Bohême 166
La reconstruction administrative du pays 168
La Bohême économique 169

La persistance des problèmes sociaux 172
Joseph II ou l'impatience éclairée 173
Entre baroque et classicisme 177

Chapitre X : Les Slovaques, un « peuple sans histoire » 181
Les Slovaques au Moyen Âge 182
La Slovaquie aux frontières de la chrétienté 191
Les Lumières 194

Chapitre XI : Le Réveil national tchèque 197
Les prémices de la fin du XVIIIe siècle 197
La deuxième étape de la Renaissance nationale 200
Le mentor politique des Tchèques 204
1848 ou la concrétisation d'un projet politique 208
Les paradoxes du « système Bach » 214
Les Tchèques sous l'éteignoir 216

Chapitre XII : L'essor tchèque 219
Vers le compromis austro-hongrois 219
La déception 223
Nation contre nation 226
L'économie comme substitut au politique 231
Les crises de l'avant-guerre 234

Chapitre XIII : La difficile affirmation slovaque 239
Le Réveil national slovaque 239
La révolution de 1848 243
L'« ère libérale » 245
Quelle voie pour les Slovaques ? 248

Chapitre XIV : La guerre 253
Tchèques et Slovaques à la veille de la guerre 253
Le poids de la guerre 256
L'émigration 259
Comment unir Tchèques et Slovaques ? 262
La naissance d'un État 265

Chapitre XV : La Première République 266
Quelle Tchéco-Slovaquie ? 266
Les minorités 269
Forces et faiblesses d'un système politique 272
Économie et politique 276

La question slovaque 281
Objet ou sujet des relations internationales ? 285
L'esprit d'une République 289

Chapitre XVI : De nouvelles ténèbres 295
Munich ou la trahison incomprise 295
La Deuxième République 298
Le Protectorat de Bohême-Moravie 301
Des ténèbres slovaques ? 304
Le poids de la lutte à l'étranger 307
Le réveil de la Résistance et la Libération 309

Chapitre XVII : Un pont entre l'Est et l'Ouest ? 312
Le bilan de la guerre 312
Vers un système politique et économique mixte 314
Les suites des élections de mai 1946 316
La « révolution préfabriquée » 318

Chapitre XVIII : Un si long stalinisme 321
L'ère des procès 322
La société communiste 326
L'impossible déstalinisation 329
« Les hirondelles du printemps » 331

Chapitre XIX : Du printemps à l'hiver de Prague 335
Un Slovaque à la tête du PCT 335
Le « Printemps de Prague » 337
L'invasion du 21 août 1968 340
Le syndrome de Munich et le « Biafra de l'esprit » 342
Quel espoir ? 345

Chapitre XX : La liberté, pour quoi faire ? 351
La « révolution de velours » 351
Des noces au divorce de velours 354

Épilogue 358

Chronologie 363
Bibliographie 372
Index 374

La prononciation tchèque

L'alphabet tchèque est phonétique
et présente un certain nombre de différences
avec l'alphabet français.

c	**ts** comme tsar
č	**tch** comme tchèque
dˇ	**die** comme dieu
e	**è** comme père
ě	**iè** comme inquiète
g	**gu** comme gué
h	**h** aspiré comme Haydn
ch	**ch** comme le ch allemand de Bach
j	**ye** comme yeux
nˇ	**gn** comme Bagneux
ř	**rge** comme orge (n'existe pas en slovaque)
š	**ch** comme charte
tˇ	**tié** comme amitié
ž	**ge** comme rage

Les voyelles sont prononcées comme en italien.
á, é, í, ó, ú (ů), ý ont des quantités allongées.

Introduction

« Comment voulez-vous éduquer une nation qui n'a pas de traditions de liberté ? Nous, Tchèques, nous sommes un peuple malheureux. Notre ancêtre Čech — Dieu lui accorde une gloire éternelle — était un imbécile. Il existe tant de jolis endroits au monde. Et voilà qu'il s'est arrêté précisément là où il s'est arrêté pour nous mettre entre les Allemands et les Russes. » Ces propos, le ministre des Affaires étrangères tchécoslovaque Jan Masaryk les a tenus en avril 1947, alors qu'il revenait de Londres à Prague, dans un avion mis à sa disposition par le général Svoboda, ministre de la Défense de son pays en voie de soviétisation.

Cette boutade ne faisait que confirmer un constat historique. Les Pays tchèques et la Slovaquie sont placés au cœur de l'Europe centrale et forment un ensemble continental entouré par des voisins souvent puissants, toujours hostiles. Cette continentalité rarement rompue a été indiscutablement un handicap dans l'affirmation et l'expansion d'un État. Elle a été cause aussi d'un enfermement, apparemment sans issue, dans les périodes les plus sombres de l'Histoire, provoquant une discontinuité étatique chez les Tchèques et l'impossibilité pour les Slovaques de se réaliser dans un État national. Mais elle a eu des aspects positifs puisqu'elle a fait de la région une zone tout à la fois de passage et de contact.

Passage nord-sud par le couloir morave, ouest-est par la voie danubienne à l'est et par la vallée de l'Ohře à l'ouest.

Contact entre le monde romain et « barbare », entre les Slaves et les Allemands, entre l'influence byzantine et romaine, entre le catholicisme et le protestantisme, entre le catholicisme et l'orthodoxie dans sa partie orientale, entre l'Occident et l'univers soviétique. Ces lignes de partage ont parfois coupé et déchiré cet ensemble, ajoutant aux périls extérieurs le poison des divisions internes.

Sur le plan géopolitique, ces éléments font de la région, et plus particulièrement du quadrilatère de Bohême, une zone privilégiée d'enjeux. Pour ne parler que de l'époque moderne, c'est à Prague qu'éclate en 1618 la guerre de Trente Ans, en Moravie qu'a lieu la bataille décisive d'Austerlitz (Slavkov) et à Bratislava (Presbourg) qu'est signée la paix franco-autrichienne qui s'ensuivit, à Sadová (près de Hradec Králové) qu'en 1866 la Prusse élimine définitivement l'Autriche dans ses ambitions fédératrices de l'Allemagne. « Qui tient la Bohême tient l'Europe » : cette maxime est régulièrement attribuée à Bismarck et à Napoléon Ier. Il est vraisemblable que Staline ne la méconnaissait pas.

La caractéristique de ce territoire est donc d'avoir été constamment convoité et menacé, d'où le sentiment de grande fragilité qu'ont en permanence éprouvé ses occupants. Au début du XVe siècle, le territoire actuel de la République tchèque et de la Slovaquie comptait 3 millions d'habitants, 5 millions au milieu du XVIIIe siècle, 13,6 millions en 1921 et 15,3 millions en 1992. Ces chiffres permettent de comprendre certaines réactions face à l'usage de la force et d'une violence coûteuse en hommes : les Tchèques ont eu pour souci primordial la sauvegarde de leur « substance biologique ». Quant aux Slovaques, ils ont eu le sentiment d'être menacés dans leur existence même. Il a fallu que, soumis à une pression permanente, ces deux peuples fassent preuve d'une exceptionnelle énergie et d'un constant savoir-faire. Cet effort séculaire témoigne d'une volonté d'exister qui leur a permis de surmonter bien des épreuves et des obstacles. Il ne faut pas oublier le sort malheureux des Prussiens, des Obrodites, des Kachoubes, dont Günter Grass s'est fait l'écho dans son roman *Le Tambour*. Aujourd'hui même, les Sorabes sont menacés d'extinction culturelle et linguistique en Lusace. Tous ces peuples qui résidaient dans la grande plaine du nord de l'Europe ont succombé à la germanisation. L'accès plus difficile des territoires tchèques et slovaques a certainement été un atout majeur pour la protection de leurs populations.

Fragilité donc, mais aussi richesse. À la jonction de plusieurs univers ethniques, linguistiques et religieux, les pays tchèques et slovaques ont bénéficié de nombreux apports. Cette situation leur a permis de constituer un État — d'étendue et de forme variable à travers le temps — qui est devenu un véritable sismographe de l'Europe. L'architecture de la région est le reflet des influences occidentales qui s'y sont développées : roman, gothique, Renaissance, baroque se sont successivement répandus, donnant de remarquables édifices qui revêtent souvent une forte originalité locale. L'art et la littérature tchèques et slovaques participent donc pleinement des grands courants européens. En octobre 1939 et en juin 1940, alors occupés par l'Allemagne nazie, les Tchèques firent paraître à Prague deux tomes volumineux d'un ouvrage patriotique intitulé : *Ce qu'ont donné les Pays tchèques à l'Europe et à l'humanité*. À leur lecture, on comprend la légitimité de l'européanité dont le romancier Milan Kundera a été en France un porte-parole privilégié pour son pays. Quant aux Slovaques, leur historiographie ne manque pas de souligner comment ils se sont intégrés aux grands courants européens depuis les débuts de leur existence.

L'Europe centrale est la région des symbioses, des interactions culturelles et intellectuelles, où tout s'enchevêtre de manière inextricable sous l'action conjuguée de peuplements multiples et de développements historiques souvent erratiques. C'est donc le règne de la complexité. Ce territoire est certes peuplé majoritairement de Tchèques et de Slovaques, mais les Allemands d'une part, les Hongrois de l'autre, ont joué un rôle considérable dans la civilisation à laquelle les premiers ont adhéré de gré ou de force. Sans parler de la culture juive qui a connu son apogée à Prague pendant la Renaissance et qui a perduré jusqu'à la Deuxième Guerre mondiale. De telle façon que l'histoire de ce territoire est indissociable de l'histoire européenne environnante.

Écrire une histoire de l'espace tchèque et slovaque soulève donc une multitude de questions théoriques. Qu'est-ce qu'une nation, une histoire nationale, un espace national ? Des bibliothèques entières ont été consacrées à ces problèmes et tenter d'y répondre pour ces deux nations nécessiterait de très longs développements. Qui plus est, dans le contexte actuel de légitimation étatique, le discours historiographique est plus que jamais au cœur du politique.

L'Histoire n'est pas seulement un jeu de l'esprit, elle n'est pas plus un artisanat de luxe dont la société pourrait se passer. Elle a structuré au XIXe siècle les identités nationales au même titre que la langue. Par conséquent, le discours historique est soumis à une pesanteur sociale considérable. Il est surveillé, contraint, infléchi. Censure et autocensure brident en permanence l'historien qui peut difficilement déroger au conformisme ambiant. D'où la multiplication des tabous et des pages blanches imposés par des autorités qui veulent donner *leur* vision du passé pour asseoir leur pouvoir ou celui dont elles sont les représentantes.

Chez les Tchèques, les francs-tireurs sont ailleurs, parmi les sociologues, les philosophes, les biologistes, les publicistes et même les psychanalystes, qui lancent régulièrement depuis la fin du XIXe siècle leur brûlot, se font injurier, rentrent dans leur coquille jusqu'à un nouvel éclat sur le « sens de l'histoire tchèque », c'est-à-dire sur le sens de la présence des Tchèques en Europe. Cette interrogation récurrente illustre bien cette mentalité qui amène les Tchèques à sans cesse justifier leur existence en avançant des critères et des arguments moraux. Depuis le XIXe siècle, les représentants de la nation tchèque ont repris l'affirmation de Jan Hus sur le bûcher de Constance : « La vérité vaincra », comme devise nationale.

Pour les Slovaques, une mémoire sans État — fardeau lourdement supporté — pousse certains à plonger leurs racines jusqu'au IXe siècle. Le préambule de la Constitution adoptée en septembre 1992, qui l'illustre, se réclame « de l'héritage spirituel de Cyrille et Méthode et du legs historique de la Grande-Moravie ».

Dans un tel environnement, j'ai pris le parti d'adopter une

convention : cette histoire sera centrée sur les nationalités numériquement dominantes en Pays tchèques et en Slovaquie, avec ce que cela peut représenter de ruptures et d'artifice, tout en n'oubliant pas ce qu'une approche qui ferait abstraction des « nations » apporterait à l'histoire centre-européenne. La projection sur les siècles antérieurs de l'idée nationale qui s'est épanouie au XIXe siècle, frise souvent l'anachronisme, mais on ne peut pour autant s'abstraire d'un discours qui, par sa prégnance, fait désormais partie des mentalités et de la réalité quotidienne.

Ernest Denis, titulaire de la chaire d'histoire contemporaine à la Sorbonne en 1905, et premier historien scientifique français du monde tchèque dans les années 1870, écrivait au début du siècle : « Je me rappelle un de mes voyages à Prague [...] La nature semblait prêcher aux peuples l'apaisement et la fraternité. Et je me plaisais à rêver que la Bohême, qui la première avait connu la tolérance religieuse et appris aux hommes qu'il n'est pas nécessaire de s'entretuer parce qu'ils ne traduisent pas tous par les mêmes symboles leurs angoisses communes et leurs désirs semblables, pourrait aussi un jour donner au monde le grand et salutaire exemple de la tolérance nationale, de l'accord des peuples rassemblés dans le même effort pour favoriser l'avènement de la justice et de l'égalité sur la terre. » Qu'il y ait du mythe dans ce discours, personne aujourd'hui ne le niera. Mais en même temps, son enracinement est trop profond dans les esprits pour que sans lui on puisse comprendre l'aventure des Tchèques, à l'existence desquels l'esprit démocratique est si solidement chevillé.

Les motivations et les images ne sont pas les mêmes pour les Slovaques, car leur expérience historique a été profondément différente. La difficulté majeure réside dans le fait qu'en l'absence d'un État indépendant pendant près d'un millénaire, l'histoire slovaque ne se laisse saisir qu'à travers celle de la Hongrie. Comment écrire l'histoire d'un peuple rural dont l'affirmation nationale est passée par l'intermédiaire d'une culture essentiellement ethnographique alors que l'Histoire exige des sources écrites ? Nombre d'histoires slovaques ne sont en fait — pour des siècles entiers — que des histoires masquées de la Hongrie. Qu'en attribuer aux Slovaques ? Ils y ont massivement contribué, mais avec quels instruments mesurer leur apport ? Sur quels critères se fonder ? Devant cette tâche insoluble, à laquelle il faudra un jour se résoudre en transcendant les frontières linguistiques et étatiques, je me contenterai d'une brève évocation des Slovaques du Xe au XVIIIe siècle avant de revenir plus en détail sur leur évolution au XIXe siècle quand se forge leur identité nationale.

Les difficultés conceptuelles sont aujourd'hui accrues par la disparition de l'État tchécoslovaque, le 1er janvier 1993. La Slovaquie refuse désormais largement de considérer son expérience commune de 1918 à 1992 comme un aboutissement de son existence. La vie commune avec les Tchèques n'a-t-elle été qu'une parenthèse commandée par des impératifs géopolitiques provisoires, le temps de fortifier une nation qui volerait de ses propres ailes ? Les Tchèques de Moravie eux-mêmes tendent à mettre leur spécificité régionale — qui est indiscutable — en relief. La situation présente jette, qu'on le veuille ou non, un éclairage nouveau sur le passé slovaque.

Préhistoire d'un territoire

En Europe centrale, rien n'est simple. Ni les faits, ni les mots. À plus forte raison quand il faut en rendre compte dans une langue tierce.

Pour la Slovaquie (*Slovensko*), seule la définition territoriale pose problème. Les Slovaques habitent un pays qui n'a jamais formé, avant 1918, d'entité administrative indépendante et qui, dans le cadre du royaume de Hongrie placé sous le patronage de saint Étienne, portait le nom de Haute-Hongrie.

Les choses sont plus complexes pour le domaine tchèque. L'actuelle République tchèque (*Česká Republika*) est l'héritière du royaume de Bohême qui regroupait les Pays de la Couronne tchèque (ou de Saint-Venceslas), c'est-à-dire la Bohême (*Čechy* en tchèque, *Böhmen* en allemand), la Moravie (*Morava* en tchèque, *Mähren* en allemand) et une partie de la Silésie. Quant à la Lusace peuplée de Sorabes, conquise au XIVe siècle, elle a été perdue au XVIIe siècle. Une coïncidence a ajouté à la confusion : au XVe siècle, le roi de Bohême ayant donné des lettres de recommandation pour le roi de France à des Roms (Tsiganes), ceux-ci ont été désignés comme étant des Bohémiens. Beaucoup s'imaginèrent la Bohême peuplée de Tsiganes. Jusqu'au milieu du XIXe siècle, les habitants slaves de la Bohême portèrent le nom de Bohêmes avant que le terme Tchèques (*Čech, Češi*) ne se généralise. Quant aux Moraves, ils ne constituent pas d'entité ethnique ou linguistique spécifique. Ils sont tchèques, même s'ils ont une forte conscience régionale, comme peuvent l'avoir des Lorrains ou des Dauphinois.

République Tchèque

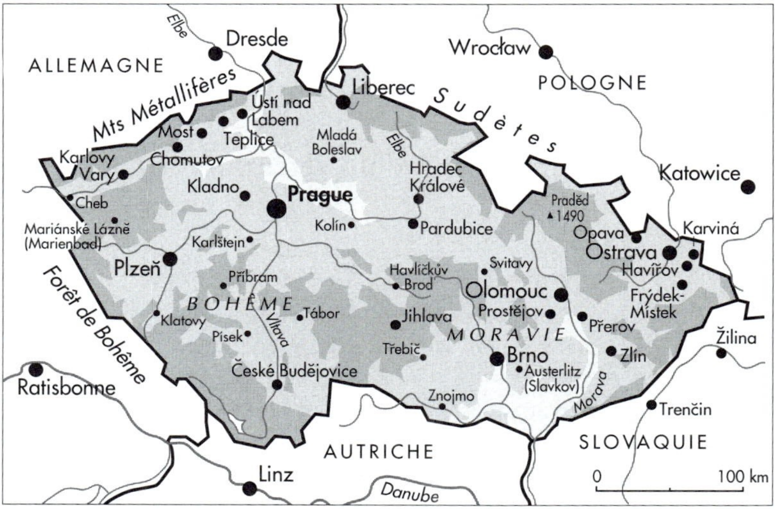

Slovaquie

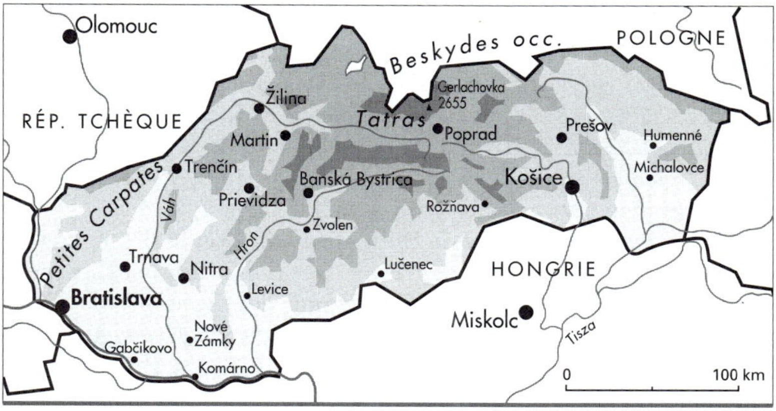

Population des villes
- plus de 500 000 h.
- de 100 000 à 500 000 h.
- de 50 000 à 100 000 h.
- moins de 50 000 h.

Relief
0
200
500
1000 m

« Le toit de l'Europe »

Si la Bohême et la Slovaquie ne forment pas une entité géographique cohérente, elles ont en commun une altitude nettement supérieure aux moyennes européennes (450 m contre 315 m) et alimentent les grands bassins hydrographiques européens. L'Elbe et l'Oder naissent en Pays tchèques. Et les rivières slovaques concourent massivement au développement du bassin du Danube, plus marginalement à celui de la Vistule.

C'est dire que la région se distingue par son relief. La Bohême est un massif hercynien en forme de cuvette dont les rebords sont inégalement relevés et qui se répartissent en cinq ensembles :

— le Nord-Ouest constitué par les Monts Métallifères, par les dépressions creusées par les rivières Ohře et Bilina, et par des massifs éruptifs tertiaires ;

— la bordure occidentale formée d'un bourrelet de massifs forestiers, avec la Forêt de Bohême et la Šumava, suivis de plateaux et de petits bassins ;

— la plaine du Nord correspondant au bassin de l'Elbe ;

— le Nord-Est dominé par les monts des Géants (Krkonoše ou Riesenbirge) qui culminent avec la Sněžka (1 603 m) ;

— à l'est enfin, les croupes tchéco-moraves, qui assurent la transition entre la Bohême et la Moravie.

Le relief de la Moravie-Silésie permet la communication entre l'Europe du Nord et la plaine danubienne. Les Portes de Moravie situées entre les Bas Jeseníky et les Beskydes moravo-silésiennes font la jonction entre la Silésie charbonnière et la dépression morave qui est interrompue à l'ouest par le piémont du massif de Bohême et à l'est par les contreforts des Carpates.

L'ensemble tchéco-moravo-silésien couvre près de 79 000 km^2.

Grâce à sa configuration, le quadrilatère de Bohême a été protégé au cours des temps par les obstacles naturels qui le bordent, d'où une relative stabilité des frontières de cet ensemble. Au contraire, très exposée au sud, la Moravie a subi les assauts des invasions qui empruntaient la voie du Danube et a été parfois détachée de sa voisine occidentale, de même que la

Silésie, âprement disputée au cours des siècles entre Tchèques, Polonais et Allemands.

La Slovaquie, avec ses 29 000 km², s'est trouvée à cet égard dans une position toute particulière puisque les quatre cinquièmes de sa superficie sont occupés par les massifs carpatiques qui se déploient en arcs de cercle et enserrent la plaine danubienne au sud. Les Tatras — séparées en Basses et Hautes Tatras par un effondrement longitudinal — en forment le noyau le plus élevé (le mont Gerlach atteint 2 655 mètres). Les paysages sauvages et tourmentés des Tatras, agités par de violents orages estivaux, s'adoucissent dans les chaînes qui les enveloppent : à l'extérieur, les Beskydes et les Petites Carpates formées souvent de calcaire malléable ; à l'intérieur, la Haute et la Basse Fatra où calcaire et granit s'associent dans un ensemble d'altitude moyenne (1 200-1 600 m). Plus au sud, les Monts Métallifères slovaques, encore riches en minerais non ferreux, dominent la plaine danubienne. Ce relief très cloisonné est traversé par des vallées encaissées, notamment celles du Váh et du Hron. À l'est du pays, un ensemble de massifs plus modestes orientés nord-ouest/sud-est s'achève sur une plaine orientale frontalière de l'Ukraine.

La plaine méridionale va de la confluence de la Morava et du Danube, à l'ouest, à la rivière Slaná, à l'est : elle se rétrécit progressivement et perd de sa fertilité en s'éloignant du bassin alluvionnaire du Danube.

Le climat des deux États — ils se situent entre le 47ᵉ et le 51ᵉ parallèle d'une part, entre le 12ᵉ et le 22ᵉ méridien d'autre part — est marqué par leur continentalité. Ils se trouvent à plus de 300 km de la Baltique et de l'Adriatique, à 540 km de l'embouchure du Rhin et à 660 km de celle du Danube. Climat froid en hiver, chaud en été, la pluviosité dépendant très largement du relief.

Mais, au-delà de ces traits généraux, les conditions naturelles sont très variables selon les régions. Entre les vallées accueillantes de l'Elbe, de son affluent la Vltava (la Moldau) ou du Danube, et la « petite Sibérie » des plateaux tchèques ou les reliefs alpins des Tatras, l'on trouve une multitude de micro-régions qui offrent aux habitants et aux visiteurs une vaste palette de paysages, de climats et de richesses naturelles.

Les relations qu'entretiennent les Tchèques et les Slovaques avec leur environnement, même s'ils ont participé à sa destruction partielle au cours des dernières décennies, sont très fortes. La poésie populaire et savante, le folklore, la musique célèbrent constamment la patrie et ses merveilles naturelles. Rappelons les paroles bucoliques de l'hymne tchèque :

Où est ma patrie ? Où est ma patrie ?
L'onde y murmure dans les prairies
et les bois bruissent sur les rochers ;
au printemps les jardins resplendissent de fleurs -
le paradis terrestre s'offre au regard.
C'est ma patrie, la terre tchèque.

Plus concrètement, les racines paysannes d'une population récemment urbanisée subsistent dans l'art de vivre quotidien et dans les traditions familiales. Quant aux Slovaques, leur poésie est imprégnée de ce paysage montagnard qui a forgé leur identité au point de figurer dans leurs emblèmes.

Dans la nuit des temps

Les premières traces d'un peuplement dans la région remontent au paléolithique moyen. Des restes d'hommes de Néanderthal ont été découverts en Slovaquie à Ganovce, près de Poprad, près de Trenčín, et en Moravie près de Štramberk. Les découvertes archéologiques se sont multipliées pour le paléolithique supérieur, l'ésolithique et le néolithique sur l'ensemble du territoire, avec pour cette dernière ère une nette différenciation des cultures, identifiées par les décors et les formes des récipients découverts (céramique piquetée en Bohême face à la céramique peinte moravo-silésienne). Mais la première grande civilisation propre à la Bohême, dite d'Unětice (localité proche de Prague), n'apparut que 1 500 ans av. J.-C. Et ce n'est qu'avec l'âge de fer, neuf siècles plus tard, que se développa la culture voisine de Hallstatt en Bohême du Sud-Ouest et du Nord-Est, en Moravie du Sud et en Slovaquie du

Sud-Ouest. En Slovaquie orientale se faisaient alors sentir d'autres influences, en provenance des civilisations des bords de la mer Noire. Le territoire se trouvait déjà sur la route nord-sud de l'ambre.

Les préhistoriens se perdent en conjectures sur la nature de ces cultures des origines, toujours mystérieuses : s'agissait-il déjà de Celtes, d'Illyriens, de protoslaves ou d'un substrat proto-européen ?

À l'ouest, c'est au tournant du premier et du deuxième quart du IVe siècle av. J.-C. qu'eut lieu un changement radical illustré par le remarquable site de Závist (à proximité de Prague, près de Zbraslav) et le début de la culture des nécropoles à tombes plates liée à l'expansion de la culture de la Tène. Les Celtes — qui sont les premiers occupants de la région dont l'identité est clairement attestée — progressèrent tout au long du IVe siècle, par vagues successives, pour devenir dominants au IIIe siècle, y compris dans la cuvette carpatique. Une civilisation florissante s'épanouit alors dans l'ensemble de l'Europe centrale, laissant de nombreux témoignages — ateliers métallurgiques, fabrication de monnaies, grands *oppida* de Stradonice, de Závist, de Staré Hradisko, de Bratislava..., à la fois centres de production, d'échange et de pouvoir.

L'empreinte et le souvenir des Celtes furent assez forts pour que la tribu des Boï(en)s, qui a occupé le pays avant de descendre vers l'Italie, donne son nom au pays (Boi(o)haemum) ainsi qu'à la Bavière. Ils laissèrent aussi des traces importantes dans la toponymie : le mot « Sudètes », les noms des rivières Elbe (Labe en tchèque), Jizera et Ohře sont d'origine celtique.

Mais les Celtes, soumis à la pression de Rome qui agissait du sud vers le nord — les Romains créent alors la province de Noricum (la Basse-Autriche actuelle) et la Pannonie (la plaine hongroise à l'ouest du Danube) — et à celles des tribus germaniques qui poussaient vers l'est et des Daces en provenance du sud-ouest, disparurent du territoire tchèque et slovaque à la veille de notre ère, remplacés entre -9 et -6 av. J.-C. par des Suèves, qui inaugurèrent quatre siècles de présence germanique, en bordure du monde romain.

En Bohême, il s'agit des Marcomans — venus de la rive

La Vénus de Dolní Věstonice
découverte au sud
de la Moravie
dans un campement
de chasseurs de mammouths
(— 25 000 ans avant notre ère).

gauche du Rhin — menés par Marbod, un prince élevé à Rome qui parvint à constituer un véritable « empire » de la Baltique au Danube. En 19 ap. J.-C., Rome réussit à attirer Marbod et l'interne à Ravenne, l'entité qu'il a créée devenant un « État » client. Mais une nouvelle formation naît plus à l'est sous l'égide des Quades — venus de la région du Main et du Neckar après avoir été défaits par les légions romaines. Ils sont dirigés par Vannius qui est à son tour éliminé en 50-51, à la suite de dissensions internes.

Jusqu'au IVe siècle de notre ère, cette région joue alternativement le rôle de zone tampon et de point de départ d'agressions, malgré la construction à la fin du Ier siècle du *limes romanus*. Les conflits alternent avec les soumissions. En 166, commence une longue phase belliqueuse, les Quades et les Marcomans débordant le *limes* et pénétrant en Vénétie en 169.

L'empereur philosophe Marc-Aurèle vient lui-même redresser la situation sur le Danube et ses armées pénètrent profondément dans la vallée du Hron, jusqu'à Trenčín, comme en témoigne une inscription célébrant la victoire sur les Quades. Mais, après la rédaction de ses *Pensées*, Marc-Aurèle meurt de la peste en mars 180 (à Vindobona/Vienne) et son fils Commode abandonne les projets de consolidation de l'Empire au-delà du Danube. Au IIIe et au IVe siècle, Marcomans et Quades se font plus rares dans les sources latines. Protégés par les forêts périphériques de la Bohême, les premiers semblent avoir perdu le contact avec l'Empire romain tandis que les Quades restent à proximité du *limes* et réapparaissent dans les sources sous Constantin II et Valentinien.

C'est à ce moment que commença le vaste mouvement de migration des peuples qui utilisa notamment l'axe danubien. Les Huns nomades bousculèrent sur leur passage les Alains et les Goths, et s'avancèrent vers l'ouest. En 410, ils assujettirent les Quades. Après leur défaite aux champs Catalauniques face aux légions d'Aetius en 451, ils se fixèrent définitivement dans la plaine danubienne, mais leur puissance s'effondra à la mort d'Attila en 453.

De nouveaux peuples se succédèrent alors : Ostrogoths, Lombards à la fin du Ve siècle et au début du VIe siècle. En 568, apparut une nouvelle constellation politique dominée par les Avars, Turcs de l'Altaï, qui contrôlèrent pour plus de deux siècles le bassin moyen du Danube.

Il faut noter que la Bohême — liée à la Thuringe — a été moins touchée par tous ces bouleversements et qu'au Ve siècle la population restait majoritairement germanique, les Marcomans encore présents étant vraisemblablement renforcés par d'autres tribus.

L'arrivée des Slaves

À cette époque, des Slaves séjournaient déjà massivement sur le territoire des actuelles républiques tchèque et slovaque. Procope de Césarée et Jordanès les identifient au VIe siècle. Ils provenaient d'une région que les préhistoriens s'accordent aujourd'hui à situer au nord-est des Carpates, entre le Dniepr et la Vistule. Sous la pression démographique interne et dans le vaste mouvement amorcé par les courants migratoires venus de l'est, ils s'étaient dispersés jusqu'à la Baltique au nord, l'embouchure de l'Elbe, la Bohême, puis la Bavière septentrionale et la Thuringe à l'ouest, l'Adriatique et les portes de l'Empire byzantin au sud.

Les restes archéologiques et les études toponymiques n'ont pas permis de répondre aux nombreuses questions que posent cet éclatement et l'ethnogenèse des Slaves, connus d'abord sous le nom de Vénètes (*Venedi*) qui semble confondre Baltes et Slaves et s'est conservé en allemand avec le terme *Wenden*. Quand la diversification entre les langues slaves s'est-elle opérée ? Les linguistes hésitent entre le Ier et le VIIIe siècle. En revanche, les fouilles archéologiques des dernières décennies ont clairement indiqué que l'implantation des tribus slaves s'est faite d'est en ouest : en Slovaquie de l'Est tout d'abord, puis en Slovaquie du Sud-Ouest au Ve siècle, en Moravie du Sud à la charnière des Ve et VIe siècles, plus tard en Bohême et entre l'Elbe et la Saale au cours du VIe siècle. Les sites mis au jour attestent également d'une coexistence pacifique avec les habitants germaniques auxquels les Slaves apportaient des expériences agricoles plus élaborées et qui se fondirent dans la masse des nouveaux arrivants au VIe-VIIe siècle.

Ces Slaves païens adoraient des divinités naturelles, étaient agriculteurs et pratiquaient la polygamie ainsi que la crémation de leurs morts. Chaque village comptait de sept à dix maisons carrées — soit quarante à soixante habitants — groupées autour d'un espace circulaire central. Tout autour des maisons se trouvaient des fosses où l'on stockait les récoltes. La chronique de Kosmas, du début du XIIe siècle, vraisemblablement étayée sur une tradition orale, fait état d'un âge d'or où régnait la paix civile et où n'existaient ni voleurs ni violences. Ces récits légendaires évoquent également Čech, personnage éponyme comme Romus pour Rome ou Rus pour les Ruthènes, qui, à l'exemple de Moïse, a mené son peuple jusqu'au centre de la Bohême après avoir traversé de vastes étendues inhabitées. C'est sur le mont Říp, entre l'Ohře et la Vltava, écrit Kosmas, que Čech et ses compagnons s'installèrent, séduits par l'hospitalité et la richesse des lieux. « La voici cette terre que je vous ai si souvent promise, une terre jamais soumise, riche en animaux sauvages et en oiseaux, où le miel et le lait coulent à flots et où le climat est propice au séjour. L'eau y est partout abondante et les rivières sont poissonneuses... »

Mais les habitants de la région demeuraient encore dans un flou mythique d'où les tirèrent deux chroniques franques — l'*Historia Francorum*, attribuée à Frédégaire et écrite dans le monastère bourguignon de Saint-Jean-de-Losne vers 660, et la *Gesta Dagoberti* qui toutes deux mentionnent le soulèvement des Slaves contre la tutelle avare. Un marchand franc appelé Samo et originaire de la région de Sens aurait été porté à la tête de cette révolte victorieuse en 623, devenant pour 35 ans le chef d'un « empire » qui fédérait diverses tribus slaves et s'étendait loin vers le sud, jusqu'au pied des Alpes orientales. Les frontières et le centre de cet « empire » demeurent encore aujourd'hui très incertains.

Samo s'accoutuma à son nouvel environnement au point d'en adopter les mœurs : la chronique de Frédégaire nous indique qu'il était entouré de douze femmes dont il eut trente-sept enfants. En 631, à la suite du dépouillement de marchands francs, Dagobert Ier lui envoya un émissaire (Sicharius/Sicaire) pour protester et obtenir réparation. Son messager ayant été expulsé sans ménagements, Dagobert entreprit une expédition contre Samo. Leurs troupes se rencontrèrent à Wogastisburg d'où Dagobert dut se retirer après trois jours d'hostilités. On a cherché en vain à identifier ce lieu de confrontation. L'entité politique formée par Samo disparut à sa mort en 658 et les tribus slaves de la région s'atomisèrent à nouveau, vivant en symbiose plus ou moins contrainte avec les Avars.

Cet épisode n'a laissé que des traces fugitives et, aussitôt passé, les Pays tchèques et slovaque sont retombés dans un anonymat d'où ils ne sont sortis qu'à la fin du VIIIe siècle. Il reste le signe précurseur de la poussée de l'Occident vers l'est à laquelle les Slaves vont être confrontés jusqu'au XIXe siècle. Il est également le premier embryon d'organisation politique connue parmi les Slaves.

La Grande-Moravie, une étoile au IXe siècle

À l'ouest de l'Europe, la puissance des Francs s'était affirmée avec la christianisation décidée par Clovis. Puis un déclin avait suivi le règne de Dagobert. Avec les Carolingiens, on assista à une réémergence qui se traduisit rapidement par une expansion vers l'est. En 791, une chronique évoque une expédition franque contre les Avars *per Beehaimos*, première mention de la Bohême depuis Samo. Après avoir poussé leur domination jusqu'à l'Elbe, défait les Lombards dans le nord de l'Italie, mis fin à l'indépendance bavaroise, les armées carolingiennes écrasèrent l'Empire avar entre 791 et 796. En 805, comme nous en informent les annales de Moissac, le fils de Charlemagne pénétra dans le nord de la Bohême, mais ne réussit pas à soumettre ses voisins slaves, de telle sorte qu'il n'eut d'autre ressource que de décréter un embargo sur la fourniture d'armes à ces Slaves rétifs.

Les Slaves de Bohême, Moravie et Slovaquie se trouvaient désormais directement aux prises avec un nouveau voisin, alors que l'amélioration de leurs conditions matérielles — comme en témoignent les recherches archéologiques les plus récentes — permettait la libération d'une partie des producteurs pour des tâches autres que de subsistance. Au sein de la société, artisans, commerçants, constructeurs et militaires se spécialisaient et donnaient naissance à une société plus différenciée. Apparaissaient les *bourgwalls*, sites fortifiés en bois à l'abri desquels les populations slaves connaissaient un embryon de vie urbaine. C'est en Moravie que ce processus se développa le plus rapidement et il n'est pas étonnant que cette région devînt le cœur d'une nouvelle constellation politique centre-européenne.

Lors de la réunion d'Empire qui se tint à Francfort en 822, la présence de deux délégations de *Boemani* et de *Marvani* sont la preuve d'une organisation politique déjà avancée. Les Slaves de Moravie étaient déjà unifiés, ce qui n'était pas encore le cas des Slaves de Bohême. Leurs relations avec l'Empire carolingien, bien qu'ils lui aient payé tribut, n'allèrent pas jusqu'à une inclusion de leur territoire comme marches impériales. Dans l'*Ordinatio imperii* de 806, les Tchèques ne sont pas nommés parmi les possessions carolingiennes et ils n'apparaissent qu'en 817 dans la *Charta divisionis imperii*.

Les conséquences religieuses de ces contacts furent sensiblement plus importantes. Des missionnaires francs, encouragés par l'évêché de Salzbourg, puis de Passau, pénétrèrent en Bohême, peut-être dès le VIIIe siècle. Leur action s'intensifia au cours des premières décennies du IXe siècle en Moravie et en Slovaquie occidentale, empruntant l'axe de pénétration du bassin danubien. En janvier 845, quatorze princes de Bohême furent baptisés à Regensburg (Ratisbonne, Řezno en tchèque). Mais d'autres missionnaires provenaient du patriarcat d'Aquilée et même de Byzance : la diversité des premiers édifices religieux révèle la multiplicité des influences.

Entre l'Occident et l'Orient

Vers 828, l'archevêque de Salzbourg consacra une église à Nitra, place forte des domaines du prince Pribina en Slovaquie occidentale, alors qu'une nouvelle principauté venait de se lever plus à l'ouest, dans le sud de la Moravie, menée par le prince Mojmír Ier (environ 830-846). La confrontation survint rapidement et Mojmír chassa Pribina dont il annexa les possessions entre 833 et 836. Ce dernier trouva refuge chez les Francs puis en Basse-Pannonie — sur la Zala où il fut apanagé par Louis le Germanique en 838 et où il construisit le château de Moosburg/Blatenský hrad (aujourd'hui Zalavár).

Mojmír fut remplacé par son neveu Rastislav (846-870) à la suite de l'intervention de l'empereur de la Francie orientale, Louis le Germanique, qui l'avait appuyé pour mieux l'assujettir. De 846 aux années 870, ses incursions se multiplièrent tant en Bohême qu'en Moravie. Elles n'étaient qu'un aspect de ce *Drang nach Osten* qui se poursuivit jusqu'au XIIIe siècle dans les Pays Baltes et dessina de nouvelles limites entre le monde germanique et le monde slave.

Rastislav eut l'intelligence de répondre au défi de la force par des armes religieuses et diplomatiques. La forte présence des missionnaires francs chez les Slaves occidentaux ne pouvait que servir les intérêts de son puissant voisin. Dans un premier temps (en 861 ?), Rastislav s'adressa directement au pape Nicolas Ier en le priant de lui envoyer des évangélisateurs. Vraisemblablement pour ne pas mécontenter les responsables ecclésiastiques du voisinage qui considéraient la Bohême et la Moravie comme terre de mission privilégiée, le pape s'abstint de répondre. C'est alors que Rastislav eut le génie de se tourner vers Byzance en invoquant la nécessité de christianiser le pays dans sa propre langue.

Cette demande arriva au moment où la compétition entre Francs et Byzantins était aiguë. Depuis le couronnement de Charlemagne à Noël en l'an 800, une opposition latente existait entre l'Empire d'Orient et l'Empire d'Occident, entre deux civilisations et deux Églises. Dans ce contexte de rivalité diplomatique et géopolitique, les Slaves devenaient un enjeu : un Empire slavo-bulgare venait de naître aux portes de l'Empire byzantin avec l'appui de l'Empire franc d'Occident. L'empereur Michel III et le patriarche Photios donnèrent en 862 une réponse positive au prince morave et envoyèrent l'année suivante deux personnalités remarquables pour remplir cette mission. Les frères Constantin et Méthode étaient originaires de Salonique où ils avaient appris le dialecte slavo-macédonien, à l'époque très proche, semble-t-il, de la langue parlée par les envoyés de Rastislav. Le premier était un grand lettré, ce qui lui avait valu le surnom de « Philosophe ». Le second avait une solide expérience d'administrateur. Ils se mirent à l'œuvre, créant sur la base du grec le premier alphabet slave (glagolitique) et traduisant quelques textes liturgiques. Arrivés fin 863-début 864 en Moravie, ils poursuivirent leurs traductions et leurs conversions, au grand mécontentement du clergé latin qui se voyait dépossédé de son monopole. En 867, les deux frères se rendirent à Rome, en passant par Venise, pour faire approuver leur action et se défendre des accusations à propos de l'utilisation d'une langue vernaculaire, contre l'usage établi en Occident de trois langues liturgiques : le latin, le grec et l'hébreu. Le pape Adrien II leur donna satisfaction et édicta en 869 une bulle qui leur était favorable, puis il nomma Méthode archevêque de Pannonie-Moravie et légat papal, rétablissant pour lui l'ancien évêché de Sirmium (Sremska Mitrovica). Constantin s'étant retiré à Rome, sous le nom de Cyrille, dans un monastère basilien où il décéda en février 869, Méthode repartit seul, mais ses tribulations se poursuivirent malgré le soutien du pape : retenu pendant trois ans sur le chemin du retour par le clergé franco-bavarois, puis relâché sur l'intervention de Jean VIII, il trouva un nouveau souverain en rentrant en Moravie. Rastislav avait finalement été écarté en 870 et Carloman, le fils de Louis le Germanique, avait ordonné de l'arrêter pour félonie et de lui crever les yeux lors de la réunion d'Empire de Ratisbonne. Il fut finalement reclus à vie dans un monastère.

Son successeur et neveu Svatopluk (871-894) fut lui aussi rapidement en conflit avec son encombrant voisin. Mais ce prince, qui avait placé l'expansion de son État au premier plan de ses préoccupations, ne soutint pas Méthode avec la même vigueur que son oncle. Sous la pression du clergé germanique, le vieux-slave fut tout d'abord interdit en 873, autorisé à nouveau en 880, puis définitivement rejeté à la mort de Méthode, en 885, par le pape Étienne V. Méthode n'en avait pas moins poursuivi son action littéraire et ecclésiale, dotant le pays et l'Église locale de textes juridiques (un code de justice et le *Nomocanon*) et faisant du vieux-slave la première langue littéraire du pays, avant le latin.

Pourtant, considérant que les divisions religieuses affaiblissaient son empire, Svatopluk redonna finalement ses prérogatives au clergé latin et les disciples de Méthode furent

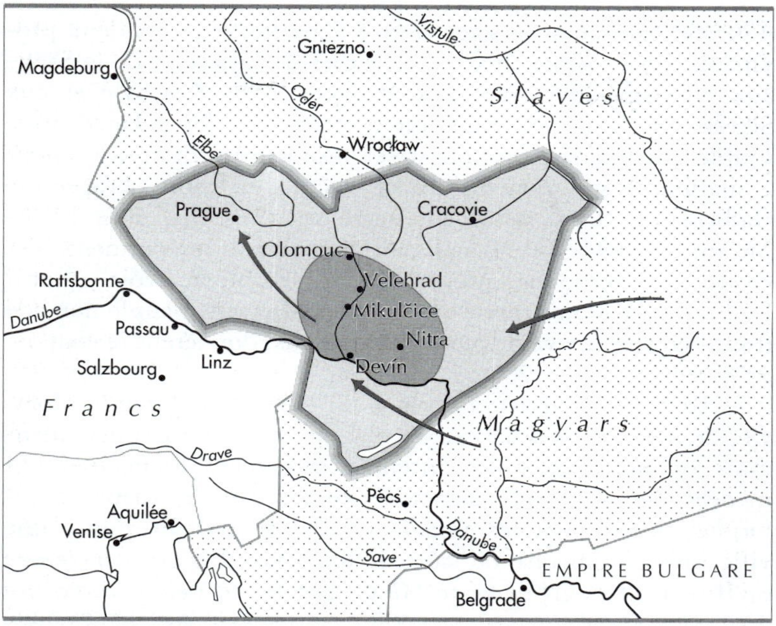

La Grande-Moravie

Noyau primitif de la Grande-Moravie — Grande-Moravie sous le règne de Svatopluk (871-894) — Invasions magyares

chassés. Ils trouvèrent parfois asile dans les terres voisines, mais participèrent surtout à la poursuite de la christianisation du monde slave, à partir de la Bulgarie où ils furent recueillis. À la tête de l'Église morave, le disciple slave de Méthode, Gorazd, fut évincé au profit de son rival Wiching, nommé évêque de Nitra.

C'est sous le règne de Svatopluk que la Grande-Moravie — pour reprendre le nom que lui conféra Constantin VII Porphyrogénète sept décennies plus tard — atteignit son apogée territoriale. Son noyau central formé par la Moravie du Sud et la Slovaquie occidentale — soit 90 000 km^2 pour

450 000 habitants — s'agrandit à l'ensemble de ces deux provinces, à la Bohême, aux tribus serbes de Lusace et de la Saale, aux Silésiens de l'Oder, aux Vislanes de la Cracovie et aux Slaves de Pannonie, dans un système de dépendance assez souple que maniait avec doigté et ruse le souverain, qui réussit à maintenir son pouvoir intact jusqu'à sa mort. D'après la tradition, il divisa ses biens entre ses trois fils, dont l'aîné, Mojmír II (894-906 ?), jouissait d'un statut prééminent. Les rivalités fraternelles qui éclatèrent semblent avoir affaibli l'« Empire » grand-morave auquel les Magyars, peuple nomade finno-ougrien arrivé des confins ouraliens, donnèrent le coup de grâce entre 903 et 907.

La riche civilisation urbaine du cœur de la Grande-Moravie, dont les sources écrites ne témoignent que marginalement mais qu'ont révélée les intenses recherches archéologiques menées depuis 1945, disparut brutalement. Plusieurs chroniques, notamment les annales de Fulda, font allusion à une ville impressionnante où siégeait Rastislav. On crut un temps qu'il pouvait s'agir de Staré Město, proche de Velehrad. Le site était remarquable avec ses 250 hectares et ses nombreuses églises qui, contre toute attente, étaient construites en pierre et dont certaines remontaient au premier tiers du IXe siècle. Mais la découverte du site de Mikulčice, non loin de Břeclav et de Hodonín, modifia complètement les opinions : sur 200 hectares, l'on compte un palais, une basilique et onze autres églises en pierre d'influences très diverses, sans compter de nombreux autres édifices religieux, des ateliers d'artisans... Les archéologues s'accordent à penser que la population de la ville était d'environ 2 000 habitants, chiffre considérable pour l'époque dans la région. À moins que de nouvelles découvertes ne bouleversent cette certitude, Mikulčice semble bien avoir été la capitale politique et religieuse de la Grande-Moravie.

L'héritage cyrillo-méthodien

L'apport de Constantin-Cyrille et de Méthode a dépassé de loin les frontières de la Grande-Moravie. Quand, dans le *Proglas*, préface versifiée aux Évangiles, Constantin affirmait :

« Je préfère savoir cinq mots et les dire avec mon intelligence pour que tous mes frères comprennent plutôt que dix mille mots incompréhensibles », il avançait un argument lourd de conséquences pour les développements de la liturgie catholique. Dans *La Vie de Constantin*, ses disciples lui faisaient également dire : « Est-ce que la pluie ne tombe pas partout pareillement ? Est-ce que le soleil ne luit pas également pour tous ? Ne respirons-nous pas tous le même air ? N'avez-vous pas honte de rappeler seulement ces trois langues et de vouloir les autres langues et peuples aveugles et muets ? » Cette défense des langues vernaculaires dans le domaine religieux allait encourager au XIXe siècle les partisans d'une culture nationale.

Le culte slave réapparut dans l'histoire médiévale tchèque à deux reprises : au monastère de Sázava au XIe siècle — foyer de littérature vieux-slave de 1032 à 1097 avec saint Procope — et au monastère d'Emmaüs, fondé en 1347 par Charles IV. La tradition cyrillo-méthodienne fut ininterrompue sous des formes diverses et parfois travesties, avec un regain limité à l'époque baroque — plus vigoureux en Moravie, dont Cyrille et Méthode sont les saints patrons, qu'en Bohême, et revêtant au XIXe siècle une dimension nationale qui se mêla aux motivations religieuses.

Les premiers grands pèlerinages à Velehrad, dont on pensait qu'il avait été le siège de l'archevêché de Méthode, eurent lieu en 1849. Les célébrations des millénaires en 1863 (arrivée de Constantin et Méthode), 1869 (mort de Cyrille/Constantin) et en 1885 (mort de Méthode) furent l'occasion de fêtes religieuses et patriotiques. Et en 1985, le 1 100e anniversaire de la mort de Méthode vit un premier ébranlement du système communiste : les citoyens tchécoslovaques avaient vaincu leur peur et manifestaient ouvertement leur foi, contre le pouvoir. La mémoire de Cyrille et Méthode, apôtres des Slaves, multiforme et constamment instrumentalisée, est restée présente. C'est à eux, par exemple, que se réfère le préambule de la Constitution slovaque adoptée à l'automne 1992. Ils divisent parfois : les Slovaques — et pas les Tchèques — ont fait du 5 Juillet une fête nationale très suivie. Ils unissent aussi, car la tradition cyrillo-méthodienne et grand-morave a rassemblé Tchèques et Slovaques dans une même entité étatique qui a été rompue pour plus de mille ans.

Une autre dimension doit être soulignée : Constantin et Méthode, comme le montrent leur parcours de Byzance à Rome et les voyages de Méthode, revenu à Byzance en 882, appartenaient à un christianisme qui n'avait pas encore été déchiré par le schisme survenu deux siècles plus tard, en 1054. Existait chez eux un souci d'unité entre le pape, le basileus d'Orient et l'empereur d'Occident. Dans une lettre pastorale adressée en 1927 aux évêques de Yougoslavie et de Tchécoslovaquie, Pie XI les caractérisait ainsi : « Fils de l'Orient, Byzantins de patrie, Grecs de nation, Romains de par leur mission, Slaves de par les fruits de leur apostolat. » Ils ont retrouvé une vocation œcuménique malgré les polémiques et les rivalités entre catholiques et orthodoxes, Velehrad devenant un des lieux symboliques de dialogue entre ces deux branches de la chrétienté.

La constitution d'un État tchèque (X^e-XIIe siècle)

Du cœur de l'Asie à l'Europe centrale s'étendent de vastes plaines, terres d'élection, depuis des temps immémoriaux, des tribus nomades qui se sont répandues d'est en ouest. Les Scythes, les Sarmates iraniens dans l'Antiquité, puis les Huns, les Avars, les Bulgares ont ainsi précédé les Magyars dans ces raz-de-marée qui submergèrent l'Europe orientale et centrale. Assimilées par d'autres peuples, ces tribus ont laissé peu de choses derrière elles. Les Magyars firent exception à cette règle en se sédentarisant sur le territoire de l'actuelle Hongrie. C'est à la suite d'un conflit avec les Petchénègues dans les steppes ukrainiennes qu'une fédération de tribus hongroises franchit en 895 les défilés des Carpates pour s'installer tout d'abord dans la vallée de la Tisza. De là, elle contrôla peu à peu la plaine du moyen Danube. L'aide que les Bavarois apportèrent aux Slaves ne réussit pas à ralentir cette expansion : en juillet 907, le comte bavarois Luitpold fut écrasé près de Bratislava et les Magyars poursuivirent leurs expéditions dévastatrices durant plusieurs décennies, freinés seulement par leur défaite de 933 face à l'empereur Henri Ier et définitivement arrêtés sur la Lech (Lechfeld) en 955, près d'Augsbourg. À partir de ce sanglant échec, les nomades se transformèrent en agriculteurs.

L'intrusion des Magyars dans cet espace fut lourde de conséquences pour les Slaves occidentaux définitivement coupés de l'influence byzantine et séparés des Slaves méridionaux. Par ailleurs, les ancêtres des Slovaques passèrent sous la coupe des nouveaux maîtres de l'espace danubien et vécurent désormais séparés des Slaves de Moravie et de Bohême auxquels ils avaient été fugitivement réunis au IXe siècle dans le cadre de la Grande-Moravie. Ils semblent avoir été lentement repoussés vers le nord et, au cours des premières décennies du XIe siècle, leur territoire est définitivement administré pour neuf siècles par la couronne hongroise. Si les Slovaques survécurent culturellement et linguistiquement, c'est qu'ils purent profiter de l'isolement géographique que leur assuraient un relief très morcelé et une civilisation encore très rurale. En tout cas, ils n'eurent plus d'existence autonome et nous les retrouverons en tant que tels au XVIIIe siècle.

L'axe de développement des Slaves de la région passa de la Morava — trop exposée — à la Vltava protégée par cette forteresse naturelle que constituent les reliefs périphériques du quadrilatère de Bohême.

Les débuts des Přemyslides

Englobée dans la Grande-Moravie pendant une quinzaine d'années, la Bohême se soumit en 895 au roi de Germanie Arnulf, à Ratisbonne. Le prince tchèque Bořivoj (?-894) s'était auparavant rallié à Svatopluk et avait été baptisé en 883 par Méthode. Il favorisa ainsi dans ses terres la pénétration de la liturgie slave — qui coexistait avec la liturgie latine — et l'influence culturelle de la Grande-Moravie. Avec son épouse Ludmila, il fit construire les premières églises en pierre de Bohême, à Levý Hradec (au nord de Prague) et à Prague même (l'église Sainte-Marie). Cette conversion par le haut avait une importance considérable et rattachait définitivement la Bohême à l'Occident avec ce que cela impliquait pour le système de valeurs de toute la société : les rapports sociaux, l'appréhension du monde, du temps, de l'espace et de l'homme.

Bořivoj est le premier prince přemyslide dont l'existence soit historiquement attestée. La dynastie remonte en effet à des

Libuše, princesse légendaire qui inspira un grand opéra à Bedřich Smetana. Tableau de Karel V. Mašek, compagnon de Mucha à Paris : *La Prophétesse Libuse, reine de Bohême au VIII*[e] *siècle*, Musée d'Orsay, Paris.

origines mystérieuses. Les vieilles chroniques nous racontent que Libuše — fille de Krok, devenue la princesse des Tchèques — insultée par un membre de son entourage, vit dans un songe son ancêtre Čech lui conseiller d'aller chercher mari dans un champ voisin de Prague : elle y trouva Přemysl le Laboureur qu'elle épousa et qui devint le fondateur légendaire de la dynastie. La dynastie polonaise des Piast eut elle aussi pour aïeul légendaire un pauvre laboureur.

Les efforts de Bořivoj pour christianiser le pays se heurtèrent à de fortes résistances au sein même de la famille princière. À la mort de son fils Vratislav Ier, un conflit éclata en 921 entre Ludmila et sa bru Drahomíra. Le 15 septembre 921, Drahomíra fit finalement assassiner sa belle-mère — plus tard canonisée. Peu de temps après, le jeune Venceslas (Václav) arriva au pouvoir. Étonnamment cultivé pour l'époque — il avait été élevé dans la foi chrétienne à Budeč, à 25 km au nord de Prague, où Spytihněv avait fait édifier une église dédiée à saint Pierre et saint Paul —, Venceslas affirma rapidement ses convictions. Défait par Henri Ier l'Oiseleur qui avait déjà soumis la Bavière, Venceslas lui prêta l'habituel serment de fidélité et accepta de lui verser tribut. L'attitude du prince tchèque laisse planer le doute sur ses choix. A-t-il fait preuve de réalisme en s'inclinant face au puissant voisin germanique pour poursuivre la christianisation de son peuple ? Pour certains, il devint un exemple. Pour d'autres, un antimodèle par manque de convictions nationales. Venceslas mena donc une politique qui favorisait l'Église et obtint d'Henri Ier des reliques de saint Guy amenées de l'abbaye de Saint-Denis, ce qui lui permit de fonder une basilique au Château de Prague. Cette politique religieuse contrariait les traditions païennes du pays et renforçait le souverain en lui donnant une dimension qui modifiait la nature de son pouvoir. À une époque où ce pouvoir était fragile, ne reposant que sur un prince *primus inter pares* et son entourage immédiat, la contestation de l'autorité était courante. L'idée d'un État ne s'imposait pas encore aux individus et l'histoire européenne d'alors regorge d'épisodes sanglants. Boleslav, frère cadet de Venceslas, décida, pour des raisons toujours obscures — jalousie, ambition, désaccord religieux ou politique ? — de son assassinat qui eut lieu le 28 septembre 935 [1]. Cet acte barbare lui valut l'épithète de Boleslav le Cruel.

Les morts dramatiques de Venceslas et de sa grand-mère Ludmila donnèrent des lettres de noblesse sacrée à la dynastie et lui procurèrent une légitimité religieuse. Venceslas devint rapidement un martyr dont le culte fut répandu par une douzaine de légendes médiévales tchèques, mais aussi italiennes et allemandes. La seconde femme de Boleslav II fit notamment

1. La date de 929 citée par d'autres sources est de moins en moins acceptée.

réaliser vers l'an 1000 un remarquable manuscrit enluminé, copie de l'œuvre de Gumpold de Mantoue. Dès le XIe siècle, avant même sa canonisation, Venceslas était considéré comme un saint et devint le saint patron de la Bohême. Un choral composé au début du XIIIe siècle en son honneur se transforma en hymne national qui reste chanté encore aujourd'hui dans les églises et dans les grandes occasions, comme lors des manifestations de l'automne 1989. Venceslas sera successivement le preux chevalier, le défenseur de la paix intérieure dont l'effigie orne les monnaies, le modèle des rois-prêtres, l'exemple moral qu'invoqueront les réformateurs du XVe siècle, le symbole d'une restauration nationale. Sa statue trône au sommet de la plus grande avenue praguoise, qui porte le nom de « place Venceslas » et d'où partent et aboutissent toutes les grandes manifestations tchèques, depuis la Révolution de 1848 jusqu'à la « révolution de velours » de l'automne 1989. Et le prénom Václav-Venceslas est resté l'un des plus populaires chez les Tchèques.

Une difficile affirmation

Au début du Xe siècle, l'Empire franc oriental perdit son unité et se morcela en grands duchés : la Bavière, la Saxe et la Thuringe, la Franconie et la Souabe. Mais la dynastie de Saxe releva bientôt le flambeau impérial avec Othon Ier qui gagna en 962 la couronne d'Empereur romain.

Le long règne de Boleslav Ier (935-972) commença dans des conditions difficiles par un conflit de 14 ans avec Othon. Mais, souverain compétent et énergique, Boleslav contribua à renforcer le jeune État přemyslide en frappant monnaie et en prélevant l'impôt. Ayant finalement cédé à Othon, ce qui lui laissait les mains libres pour développer son effort militaire vers l'est de la Bohême, il étendit les frontières de sa principauté à la Moravie, à la Silésie, à une partie de la Vistule et même à la Slovaquie occidentale.

Sur le plan religieux, il revint sur ses options originelles. Il fit lui-même revenir les restes de son frère à Prague et inaugura le culte de saint Venceslas, parallèlement à une politique favorable à l'Église qui prit plus d'ampleur encore avec ses enfants : Boleslav II le Pieux (972-999), Mladá, qui obtint de Rome l'autorisation de fonder le couvent de bénédictines Saint-Georges — le premier de Bohême — dont elle devint abbesse, et Dobrava (Doubravka) qui, en épousant en 965 le duc polonais Mieszko Ier, fondateur historique de la dynastie des Piast, l'amena à se convertir au christianisme, lui et son peuple. Tous trois contribuèrent donc à l'implantation irréversible du christianisme dans la région.

Boleslav II obtint de Rome que soit créé en 973 l'évêché de Prague. Jusque-là, la Bohême était du ressort du diocèse de Ratisbonne dont le titulaire s'était opposé à cette initiative. En obtenant cet évêché suffragant de l'archevêché de Mayence, relativement éloigné, la principauté přemyslide gagnait en autonomie, même si le premier occupant du siège épiscopal fut le Saxon Thietmar.

Les Slavníkides, saint Adalbert et l'unification de la Bohême

À l'époque où Venceslas régnait, les Tchèques — en tant que descendants du légendaire Čech — étaient loin de dominer l'ensemble de la Bohême. Ils en occupaient seulement le centre et l'ouest et se partageaient le pays avec les Lučanes, les Doudlèbes, les Zličanes... Dans cette lutte pour l'existence et la suprématie, ils bénéficièrent de leur position centrale et de l'habileté mêlée de brutalité, habituelle à l'époque, de certains des princes přemyslides.

Une première étape fut franchie à la fin du xe siècle dans la voie de l'unification avec l'élimination de la famille des Slavníkides. Ces derniers dominaient l'est et le nord-est de la Bohême où se trouvait leur capitale, Libice nad-Cidlinou. Les rapports entre les deux maisons étaient difficiles, mais pas encore conflictuels, quand le Slavníkide Adalbert (Vojtěch) fut élu en 982 successeur de Thietmar comme évêque de Prague à Levý Hradec, première résidence des Přemyslides. L'évêque, qui jouait aussi le rôle de chapelain du prince, n'aurait pu à la fois être en conflit ouvert avec lui et obtenir son soutien pour l'investiture épiscopale. Les relations ne tardèrent pas cependant à se dégrader. Adalbert avait été formé à Magdebourg et il avait une haute idée de la place de l'Église, dont il avait pu constater les efforts réussis d'émancipation lors de ses séjours en France et à Rome. Le sens qu'il avait de sa mission universelle d'évangélisation et son intransigeance à l'égard des mœurs de ses compatriotes entrèrent en contradiction avec les intérêts du prince tchèque. Il fut contraint de quitter à deux reprises son diocèse, tout d'abord pour l'Italie, la France et Jérusalem. Il revint en 991, puis, après l'extermination de sa famille, il repartit pour la Prusse, peuplée alors de Slaves païens, où il fut finalement assassiné en avril 997, près de Dantzig.

Adalbert fut une des grandes figures de la fin du premier millénaire. Il était l'interlocuteur d'Othon III, de Gerbert d'Aurillac — le futur pape Sylvestre II qui poussa à sa canonisation —, de l'abbé Maïeul, fondateur de la règle de Cluny, et de bien d'autres. Son rayonnement comme missionnaire s'étendit au nord et au sud de la principauté přemyslide et c'est sur son tombeau que fut fondé en l'an 1000 à Gniezno, dans le sud de la Pologne, le premier archevêché polonais occupé par son demi-frère Radim (Gaudentius). En Hongrie, le premier titulaire de l'archevêché d'Esztergom (Ostřihom en tchèque et Gran en allemand) fut Anastasius, ancien abbé du monastère bénédictin fondé à Břevnov (Prague), en 993, par Adalbert.

En dehors de son œuvre pastorale et littéraire en Bohême, Adalbert — Vojtěch en tchèque, Wojciech en polonais, Béla en hongrois — apparaît surtout comme un grand intellectuel européen dont le culte se répandit dans la région sans jamais atteindre, cependant, celui de saint Venceslas.

Sur le plan strictement tchèque, il a incarné l'esprit de résistance — tragiquement illustré par le sort des siens — au pouvoir séculier. Le 28 septembre 995, presque toute la famille des Slavníkides fut exterminée en son château de Libice sur ordre des Přemyslides. Seuls survécurent Adalbert et l'un de ses frères qui avait trouvé refuge auprès du duc polonais. Il se peut que la décision d'éliminer les Slavníkides ait été motivée par leurs liens trop étroits avec les Piast.

Ces événements mirent en lumière une nouvelle dimension dans l'histoire régionale. La Pologne faisait une apparition remarquée avec le successeur de Mieszko, Boleslas le Vaillant, qui n'allait pas tarder à déployer ses talents de conquérant jusqu'à Prague et Kiev.

Avec l'Empire romain germanique établi par les Othons à l'ouest, le duché polonais au nord et le royaume de Saint-Étienne au sud-est, les forces qui allaient conditionner l'existence de la principauté des Přemyslides au début du deuxième millénaire étaient en place.

Dans un premier temps, la Bohême fut confrontée aux ambitions des Piast que les empereurs romains germaniques voulurent contrer. Le pays, qui avait trop vite grandi, fut dépecé. La région de Cracovie fut perdue, tout comme la Moravie, au profit du polonais Boleslas le Vaillant. L'empereur Henri II imposa de lourdes charges militaires aux princes přemyslides auxquels il accorda sa protection, redoutant la constitution d'un État slave dirigé par des Piast trop puissants.

Un Saint Empire romain germanique envahissant

La principauté de Bohême a eu bien du mal à brider les appétits féroces de ses voisins, comme l'illustrent les rapports tumultueux avec l'Empire. La pression occidentale remonte au IXe siècle mais, si l'on ne peut nier la subordination à l'Empire, il faut souligner qu'elle s'est limitée la plupart du temps à la vassalité personnelle du souverain tchèque et à la simple reconnaissance par l'Empereur des ducs élus à Prague. D'ailleurs, la nature des relations avec l'Empire a changé avec la disparition des Othoniens — Othon III meurt en 1002 — et de leur projet d'Empire chrétien universel dont Rome aurait été le centre. Désormais, se dessinent des rivalités plus classiques entre puissances.

Ce n'est qu'en cas de crise intérieure que l'ingérence va plus loin : ainsi, en 1004, quand Jaromír est installé sur le trône par Henri II, en 1012 quand il arbitre en faveur de son frère cadet Oldřích, en 1099 quand Bořivoj II devient roi par la grâce d'Henri IV, en 1178 quand Frédéric Barberousse impose le duc Frédéric à la tête de la Bohême. Dans ces périodes d'affaiblissement, la principauté est parfois dépecée, les empereurs essayant de transformer — très temporairement — la Moravie ou l'archevêché de Prague en fiefs d'Empire.

Il faut cependant noter qu'aucune institution, aucune législation impériale ne s'implanta en Pays tchèques. Les Diètes d'Empire ne s'y tinrent jamais, pas plus que la reconnaissance impériale ne se traduisit par des visites de l'Empereur, comme il avait l'habitude de les faire dans ses possessions.

Une sorte d'équilibre s'est créé, les souverains tchèques préférant souvent la négociation à l'affrontement. Dans la rivalité qui éclata entre le duc de Bavière Henri II, devenu empereur, et le Polonais Boleslas le Vaillant, les Tchèques se rallièrent au premier. Břetislav II, après une phase d'affrontement ouvert avec l'empereur Henri III, préféra une alliance qui lui permit de consolider la principauté. Vratislav II (1061-1092) obtint en 1085 le titre royal pour avoir fidèlement soutenu l'empereur Henri IV contre la papauté de Grégoire VII dans la Querelle des Investitures. Était-ce une réponse à l'attribution par le pape en 1076 de la couronne royale au Polonais Boleslas II le Hardi ? En tout cas, la Bohême avait fait un choix inverse à celui de ses voisins hongrois et polonais. En 1114, Vladislav Ier occupait la fonction de grand échanson de l'Empire aux noces de l'empereur Henri V. Vladislav II bénéficia à son tour du titre royal qui lui fut accordé en 1158 à l'issue de la conquête de Milan aux côtés de Frédéric Barberousse.

Les difficultés intérieures

Après une longue période de troubles, Břetislav Ier (1035-1055) rétablit l'ordre à l'intérieur des Pays tchèques et il reprit à son compte — en vain, malgré des succès notables mais éphémères — le projet du Polonais Boleslas le Vaillant visant à constituer un grand État slave dans la région.

Il entreprit, en 1039, une expédition pour ramener à Prague la dépouille d'Adalbert, espérant ainsi obtenir la transformation de l'évêché en archevêché. L'opposition polonaise auprès du pape l'en empêcha cependant et l'indépendance ecclésiastique tchèque ne fut obtenue que trois siècles plus tard.

Le danger principal pour le pays était constitué par les

disputes dynastiques. Ayant cinq fils et redoutant les conflits potentiels, Břetislav décida d'instaurer la règle du sénioriat à l'intérieur de la famille régnante : le plus âgé était appelé à remplacer le prince défunt. Cette règle claire — que l'on retrouve dans la Russie kiévienne et qui est vraisemblablement un vieil héritage slave — allait cependant à l'encontre de l'hérédité directe de la charge princière et devait donner lieu à de nombreuses contestations. À la fin du XIe siècle, le fils du roi Vratislav II, Břetislav II, refusa le sénioriat et l'emporta finalement sur son oncle Konrad. Nouvelle infraction avec Bořivoj II, à la suite de quoi commença une ère de désordres qui ne prit fin qu'avec Soběslav Ier (1125-1140) et Vladislav II (1140-1173). Mais à la mort de ce dernier, qui ne réussit ni à transmettre son titre royal ni à imposer le principe de primogéniture, une période de troubles s'ouvrit jusqu'à l'arrivée de Přemysl Otakar Ier, le titulaire du trône changeant douze fois entre 1172 et 1197.

Les fils cadets de Břetislav Ier avaient reçu l'administration et le gouvernement de la Moravie, divisée tout d'abord en deux (Olomouc et Brno), puis en trois (Znojmo). Ces apanages moraves, en raison de leur éloignement et à la différence des fiefs tchèques temporaires (Žatec, Hradec Králové, Plzeň), devinrent souvent héréditaires et la branche morave de la dynastie prétendit au pouvoir central à plusieurs reprises au XIIe siècle.

L'unité de la défense et de l'administration de l'État était assurée par de nouvelles structures de plus en plus spécialisées. À côté des burgraves, l'on trouvait le *iudex* (*sudí* ou *čudar*), le *camerarius* (*komorník*), le *villicus* (*správce*), le *venator* (*lovčí*)... Le sentiment de l'indivisibilité du pays n'apparut qu'à la fin du XIe siècle. Le chroniqueur Kosmas notait qu'« un royaume divisé était contre l'ordre naturel ». Mais le prince régnant devait constamment veiller à équilibrer les pouvoirs. Pour limiter le poids de l'ambitieux évêque de Prague, Vratislav II créa en 1063 un deuxième évêché à Olomouc et en 1070 le chapitre de Vyšehrad. Il était entouré de dignitaires religieux et d'une cour dont les charges étaient attribuées à l'exemple des autres cours européennes. Le prince n'avait pas de siège fixe, même s'il résidait fréquemment à Prague : à Vyšehrad, sur la rive droite de la Vltava, ou à Hradčany, sur la rive gauche. La plupart du temps, il voyageait à travers le pays pour percevoir l'impôt, rendre la justice et contrôler ses vassaux.

Une société féodale en gestation

Il existait de longue date autour du prince régnant un groupe de fidèles, de compagnons, qui formaient la *družina*. C'est au sein de ce groupe que le prince choisissait les « administrateurs » de ses châteaux, appelés à changer en fonction de la confiance du prince ou des modifications qui intervenaient à la tête de la principauté. Au XIe siècle, avec l'apparition du féodalisme, le rôle de la *družina* se modifia et une différenciation se fit entre une noblesse d'office et une noblesse féodale formée par les administrateurs des places fortes (*praefectus, castellanus*, ou burgrave) du souverain. La généralisation du fief entraîna des obligations plus grandes de la part des vassaux, mais aussi une autonomie croissante, même si la noblesse était loin de former un groupe clos.

Les ordres n'étaient pas encore figés : le chroniqueur Kosmas nous apporte la preuve d'une grande fluidité sociale quand il nous raconte comment Šebíř (Severus) dut son siège épiscopal (1030-1067) à son talent pour accommoder les queues de sanglier rôties. À l'inverse, tel puissant du jour se retrouvait brutalement proscrit par son suzerain. C'est seulement à la fin du XIIe siècle que les tendances centrifuges de la noblesse se traduisirent par la reconnaissance de l'hérédité du fief. Le prince Konrad II Otto adopta un statut qui codifiait les droits de cette noblesse. Mais les châteaux les plus importants, les terres non défrichées, les forêts restaient au souverain, qui continuait par ailleurs à bénéficier des biens de mainmorte. Distribuant bénéfices et fiefs, il concentrait encore entre ses mains un pouvoir considérable.

Pourtant la noblesse s'affirmait désormais comme un partenaire à part entière. Elle en avait déjà manifesté la volonté sous le règne de Soběslav Ier, quand il s'était agi de résister à une nouvelle incursion de l'empereur Lothaire III en Bohême : elle avait mobilisé ses forces pour défaire l'ennemi à Chlumec en 1126. En 1158, elle avait refusé de financer des expéditions militaires en dehors des frontières du pays. Quelques décennies plus tard, elle s'était révoltée contre Soběslav II mis sur le trône par Frédéric Barberousse. Et, de plus en plus, elle revendiquait l'exercice d'un contrôle sur la politique extérieure, ce à quoi elle parvint à la fin du XIIe siècle. Les troubles de ces deux siècles renforcèrent incontestablement une conscience étatique dont le vieux doyen du chapitre de l'église Saint-Guy de Prague, Kosmas, se fit l'écho dans la chronique qu'il rédigea à la fin de sa vie (1045-1125). En soulignant le sentiment d'unité tchèque et de fierté nationale, Kosmas s'affirme comme le père du discours historique tchèque qui évalue le passé en fonction du rôle des souverains dans l'agrandissement et le prestige de la Bohême.

Les expéditions guerrières en Europe, en particulier les campagnes italiennes, et la participation à la deuxième et à la troisième croisade avaient aussi ouvert de nouveaux horizons. La mode chevaleresque, née dans le Midi de la France au XIIe siècle, pénétra en Europe centrale jusqu'à Prague, notamment par la Thuringe. Tout cela posait les prémices de la grande mutation du XIIIe siècle.

Une Église qui se cherche

L'Église, dont les membres — à l'exception des monastères — dépendaient des juridictions laïques, recherchait également une autonomie institutionnelle. Mais elle ne constituait alors en Pays tchèques qu'un conglomérat de cures, de chapelles, de monastères et de chapitres sans liens verticaux ou horizontaux. Elle ne se structura qu'à la fin du XIIe siècle, avec des archidiaconats dépendants des évêchés, et le droit romain ne se substitua au droit de fondation qu'à cette époque : jusque-là, les autorités ecclésiastiques, dotées par le prince ou les grands féodaux, bénéficiaient du sol et des gens sans en avoir la pleine propriété. Deux éléments jouèrent un rôle déterminant dans la prise de conscience du clergé : la montée du sentiment d'appartenance au vaste ensemble de l'Église romaine, en pleine phase d'affirmation face au Saint Empire romain germanique, et l'implantation de nouveaux ordres novateurs. Mais ces efforts d'émancipation n'aboutirent qu'au XIIIe siècle.

À la fin du XIIe siècle, on comptait en Bohême et Moravie 13 monastères bénédictins — les seuls jusqu'en 1140 —, 6 cisterciens, 10 prémontrés et 5 de l'ordre des Hospitaliers de Saint-Jean (introduits à partir de 1169 au retour des croisades en Palestine), autant de foyers d'activité économique (défrichage, culture de la vigne, élevage...) et culturelle intense. C'est là que se développait la littérature, en vieux-slave au monastère de Sázava au XIe siècle — d'où vient peut-être l'hymne *Hospodine, pomiluj ny* traditionnellement attribué à saint Adalbert —, et ailleurs en latin, relative aux grands saints et martyrs tchèques (souvent sous forme de riches manuscrits enluminés), ou aux chroniques princières. Mais il ne faut pas omettre l'évêché d'Olomouc et son atelier de copistes, animés par Jindřich Zdík, l'un de ceux qui tentèrent d'assurer une plus grande autonomie de l'Église.

L'implantation d'ordres, dont les foyers se trouvaient en Occident (Cluny, Prémontré...), favorisait les échanges et la pénétration de l'art roman. Prague abritait 41 églises romanes, dont deux seulement sont encore conservées. L'architecture de certains monastères (Doksany ou Kladruby) et édifices religieux de l'époque témoigne de cette richesse tandis que les fresques de la rotonde Sainte-Catherine (1134), à Olomouc, illustrent les liens étroits entre l'Église et la dynastie přemyslide. La représentation du monde est placée sous le signe rassurant des quatre saints tchèques (Venceslas, Adalbert, Procope, Ludmila) alors que le monastère bénédictin de Strahov domine symboliquement Prague, aux côtés du Château et de la basilique Saint-Guy.

Des bases économiques

Au début du XIe siècle, l'évêque de Laon avait divisé le monde en trois ordres : les *bellatores*, les *oratores* et les *laboratores*. Au XIIe siècle, les Pays tchèques comptaient quelques centaines de seigneurs entourés de 10 à 15 000 serviteurs, clercs et

La rotonde romane de Vyšehrad à Prague.

soldats, qui eux-mêmes étaient entretenus par environ 500 000 sujets, essentiellement paysans.

Avec l'achèvement du processus de féodalisation et la multiplication des dons de terres aux institutions religieuses, les paysans libres disparaissent au XIIe siècle et le montant du rachat est tel qu'il est impossible de se dégager de l'état de sujet. La population paysanne travaille donc sur une terre féodale contre des redevances en nature ou en travail. À cela s'ajoutent la corvée territoriale, la dîme et le danger permanent de voir ses récoltes détruites par d'incessants conflits, ainsi que les impôts exceptionnels pour payer la rançon du prince prisonnier ou satisfaire au versement d'un tribut. L'agriculture de la région n'ayant pas connu de révolution technique au XIIe siècle, à l'exception du moulin à eau introduit vers 1150, l'on comprend que la production n'ait permis de satisfaire que le marché intérieur.

Malgré ces conditions économiques encore relativement archaïques par rapport à l'Europe occidentale, cette population sujette est déjà très différenciée : bergers, pêcheurs, vignerons, laboureurs, jardiniers, sonneurs, sacristains, paysans, cabaretiers, artisans villageois et citadins (maréchaux-ferrants, potiers), soldats ou serviteurs... forment ce petit peuple pauvre qui peut encore avoir l'espoir d'être distingué par le prince.

Sur le plan économique, le XIIe siècle est surtout marqué par une colonisation agricole interne dont l'acteur principal est la noblesse du centre de la Bohême qui étend ses possessions vers la périphérie du pays. Dans le Sud, les Vítkovci, grande famille rivale des Přemyslides, posent également les bases de leur puissance.

On constate une multiplication de l'activité, des échanges, des marchés. À Prague, la communauté juive, malgré les pogromes qui accompagnent le passage des Croisés en 1096, joue un grand rôle commercial et financier — Jacob Appelle est le conseiller de Vladislav Ier — tandis que les Allemands regroupés autour de la paroisse Saint-Pierre de la Vieille Ville pratiquent aussi le négoce international.

Zdeněk Kalista a souligné l'aspect contrasté de la société tchèque du XIIe siècle : d'un côté, un monde qui s'ouvre rapidement à l'Europe et se coule dans la culture romane et les nouveaux courants réformateurs qui l'animent ; de l'autre, une Bohême violente et militaire dont la barbarie frappe les chroniqueurs (l'élimination brutale des Vršovci qui parachève la domination des Přemyslides, les exploits italiens de 1158, les massacres qui suivirent la bataille de Loděnice en 1179...). C'est au siècle suivant que les Pays tchèques sortirent, en tant qu'État, d'une relative marginalité et s'affirmèrent comme une puissance européenne où triomphaient les idéaux de la culture médiévale.

Apogée et chute des Přemyslides

Après s'être consacrés à la consolidation de leur pouvoir et à l'extension des frontières intérieures, les Přemyslides vont profiter au XIIIe siècle de leur lente et progressive expansion antérieure, d'une nouvelle mutation économique, d'un contexte international plus favorable et de l'habileté de leurs princes pour faire des Pays tchèques une des grandes puissances européennes.

Des souverains entreprenants

Alors que les princes s'étaient succédé à un rythme soutenu au XIIe siècle, les règnes de trois souverains seulement couvrirent une période de plus de 80 années : Přemysl Otakar Ier (1197-1230), Venceslas Ier (1230-1253) et Přemysl Otakar II (1253-1278). Cette stabilité n'a pas été étrangère à leur réussite.

Ils jouirent par ailleurs d'un heureux concours de circonstances. En 1197, la mort de l'empereur Henri VI ouvrait une lutte de succession entre son frère Philippe de Souabe et Otto, duc de Brunswig, fils d'Henri le Lion. Abandonnant la politique de soutien au Saint Empire, Přemysl Ier utilisa les méandres des incessantes querelles médiévales entre les empereurs et la papauté. Il soutint tout d'abord Philippe, pour lequel il se prononça en mars 1198 lors de l'élection du roi des Romains, en échange de la couronne royale tchèque reçue à Mayence en août. Puis, le pape Innocent III ayant pris le parti d'Otto, Přemysl lui emboîta le pas et fit confirmer son titre en 1203 et 1204. Quand le pape se brouilla avec Otto et poussa en avant Frédéric II (1212-1250), alors le roi tchèque le suivit. Habile politique opportuniste qui assurait désormais la couronne royale héréditaire à la dynastie přemyslide.

En 1212, l'empereur Frédéric II accorda à Přemysl le fameux privilège de Bâle, connu sous le titre de Bulle d'Or de Sicile, Frédéric l'ayant signée de son sceau de roi de Sicile. Ce document servit de base aux rapports entre le royaume de Bohême et l'Empire au Moyen Âge. L'hérédité du titulaire de la couronne de Saint-Venceslas était confirmée, de même que son droit d'investir les évêques locaux. Le rôle de l'Empereur consistait à entériner ces choix. L'obligation des rois tchèques de participer aux Diètes d'Empire était très limitée et leur contribution au couronnement à Rome était réduite à la fourniture de 300 cavaliers. Enfin, et surtout, implicitement, en cas d'extinction de la ligne masculine de la dynastie, il appartiendrait aux représentants du pays de choisir un nouveau souverain.

Venceslas Ier, que son père Přemysl Otakar Ier avait fait proclamer comme futur roi dès 1216 — entérinant ainsi définitivement le principe de primogéniture au détriment du droit d'aînesse familial —, poursuivit une politique favorable à la papauté. Il ne s'agissait pas tant d'une sympathie particulière pour la Curie — encore que sa sœur Agnès, canonisée en 1189, ait exercé sur lui une certaine influence en ce sens — que de la défense de ses intérêts. Dès la fin du règne de Přemysl Otakar Ier, une rivalité s'était en effet dessinée avec l'Empire à propos des territoires alpins du Sud. Le duc d'Autriche, Léopold de Babenberg, avait empêché une alliance entre Agnès et le fils de l'empereur Frédéric II au bénéfice de sa propre fille. La querelle se poursuivit sous les règnes de Venceslas Ier et de Frédéric le Batailleur, avec des renversements de situation dans ce triangle d'ambitions. Finalement, la succession des Babenberg fut ouverte en 1246 à la suite de la mort au combat de

Frédéric le Batailleur : Přemysl Otakar II, ayant épousé une des deux héritières des Babenberg malgré son âge — il avait une vingtaine d'années contre une cinquantaine à Marguerite ! —, entrait en concurrence avec le souverain hongrois et l'Empereur.

À la suite du décès de Frédéric II en 1250, la lutte fut circonscrite aux Přemyslides tchèques et aux Arpad hongrois. Un premier arbitrage de la papauté partagea en 1253 les terres de l'Autriche actuelle entre les deux dynasties, mais après un nouvel affrontement et l'écrasement des Hongrois à Kressenbrunn en 1260, la souveraineté de Přemysl Otakar II s'étendit à l'ensemble des territoires alpins, s'approchant même des rives adriatiques. En 1269, il gagna la Carinthie, puis la guerre avec les Arpad reprit, alimentée par les conflits seigneuriaux internes à la Hongrie.

En 1255, Přemysl Otakar II avait aidé les chevaliers Teutoniques dans leur croisade en Prusse, peuplée alors de Baltes païens, et c'est en son honneur que l'on avait donné le nom de Königsberg (Kaliningrad) au port fondé sur la Baltique. En 1268, il entreprit une grande expédition en Lituanie avec l'intention de la convertir et de la rattacher à l'évêché d'Olomouc, ce que la Curie lui refusa. Le roi « de fer et d'or », ainsi surnommé en raison de sa richesse et de ses réussites militaires, ambitionnait la couronne impériale. Pour arriver à ses fins, il s'allia même temporairement avec les Arpad en 1261 et épousa la petite-fille de Béla IV. Mais sa trop grande puissance lui fut néfaste. Depuis 1250, le Saint Empire romain germanique connaissait son « Grand Interrègne », une période de décadence où s'affrontaient rois et antirois. Quand Richard de Cornouailles, l'« empereur officiel », mourut en 1272, Přemysl crut son heure venue. C'était sans compter avec les craintes qu'il suscitait, en particulier en Italie. On lui préféra en 1273 un obscur comte de Souabe, Rodolphe de Habsbourg. La désillusion fut d'autant plus forte que le roi tchèque n'avait même pas été convié à participer au collège des Grands Électeurs dont les souverains de Bohême faisaient partie depuis le XIIe siècle. Rodolphe revendiqua les terres d'Autriche qu'il considérait comme fiefs d'Empire et Přemysl s'inclina à contrecœur en 1276. Allié à quelques grands seigneurs mécontents d'Autriche et de Hongrie, il tenta de contester le nouvel état de choses, mais il fut battu et tué le 26 août 1278 à Dürnkrüt (Suché Kruty en tchèque, au lieu-dit Moravské pole, sur la rive droite de la Morava) par les forces numériquement supérieures de Rodolphe et du roi de Hongrie, Ladislas. Une partie de ses vassaux qui s'étaient révoltés ne furent pas étrangers à sa défaite.

Incarnation du roi-chevalier, la figure de Přemysl Otakar II domine le XIIIe siècle tchèque. Trouvères (*Minnesänger*) allemands et écrivains italiens ont chanté sa gloire. En l'introduisant dans sa *Divine Comédie* (chant VII du Purgatoire), Dante l'a immortalisé comme le fera Petr Parléř en gravant ses traits sur son magnifique sarcophage de la cathédrale Saint-Guy de Prague. Přemysl a porté le prestige international de sa famille à son sommet, dépassant très largement le seul cadre tchèque : il en imposait à une part importante des noblesses autrichienne, hongroise et polonaise à une époque où le sentiment national ne coïncidait pas encore avec un territoire précis et où les intérêts des groupes sociaux dominants ne recoupaient pas ceux de l'État compris au sens moderne du terme.

Contrairement à l'attente de Rodolphe de Habsbourg, les fiançailles de l'héritier de la couronne de Saint-Venceslas avec sa fille Bonne ne renversèrent pas la politique tchèque en sa faveur. Le très jeune Venceslas (Václav) II se trouvait sous la coupe du régent, son oncle Otto de Brandebourg. Cette période d'anarchie, de mauvaises récoltes aggravées par les épidémies, est tristement célèbre sous le nom d'« ère des Brandebourgeois » ; elle a même inspiré un opéra à Bedřich Smetana. Cet effondrement du prestige royal et de l'ordre a incontestablement provoqué chez les contemporains — du moins au sein de l'aristocratie et des clercs — une dynamisation du sentiment national, comme le montre la chronique de Dalimil. Ce n'est qu'en 1287 que Venceslas II s'affirma après avoir épousé Bonne de Habsbourg et écarté Záviš de Falkenštejn, grand seigneur qui s'était marié avec sa mère et qu'il fit exécuter en 1290 pour haute trahison.

Venceslas II redonna peu à peu à la dynastie le lustre

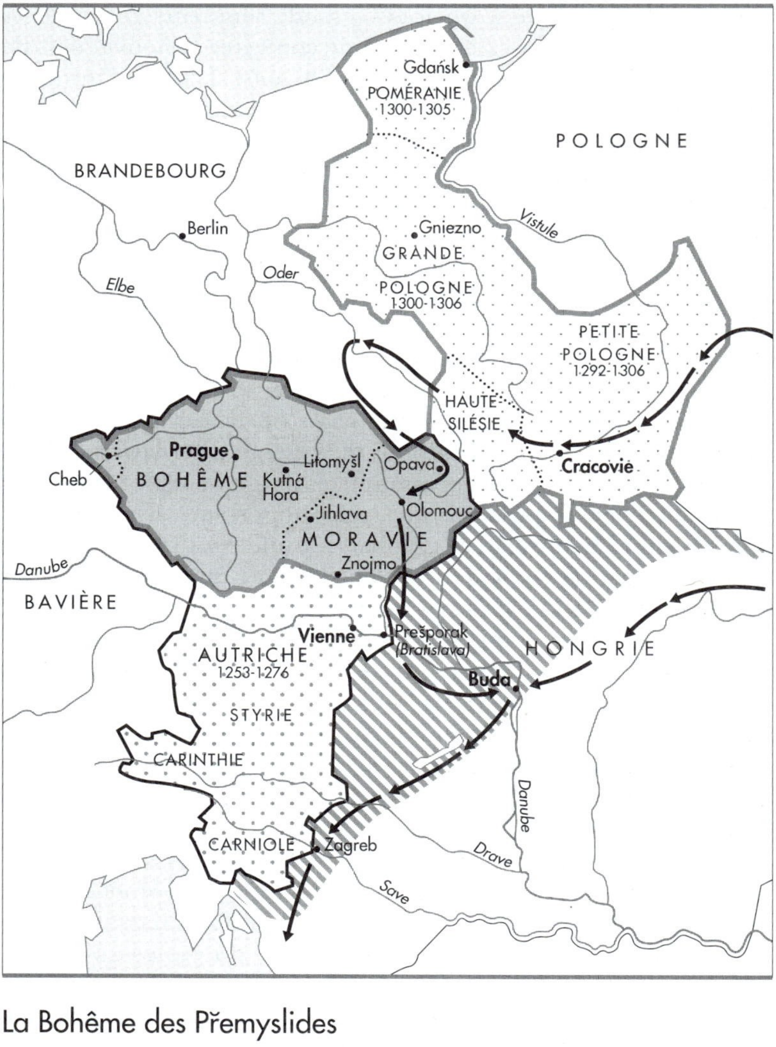

La Bohême des Přemyslides

Frontières de l'État tchèque sous le règne de :

- Přemysl Otakar I (1197-1230)
- Přemysl Otakar II (1253-1278)

Territoires sous la souveraineté de :

- Václav II (1278-1305)
- Václav III (1305-1306)

Invasions des Tatars (1241)

qu'elle avait perdu. S'appuyant sur l'Église, s'entourant de conseillers allemands et de mercenaires chargés de le défendre, il choisit de diriger son expansion vers le nord où il ne se heurterait plus aux Habsbourg. En 1300, le roi Przemysł II de Pologne étant décédé, Venceslas épousa en deuxièmes noces sa fille Élisabeth, surnommée Rejčka (Ryksa) : il confortait ainsi une position déjà acquise que le clergé polonais et une partie de la noblesse encourageaient. En 1301, il reçut la couronne hongroise, qu'il accepta pour son fils Venceslas (Václav) III.

Une telle expansion suscitait une jalousie croissante et n'était pas sans poser d'énormes problèmes de consolidation. En 1305, au décès de son père, Venceslas III fut contraint d'abandonner la couronne de Saint-Étienne pour consolider son trône en Pologne. Alors qu'il s'apprêtait à y lancer une expédition à partir d'Olomouc, il fut victime le 4 août 1306 d'un assassinat dont on ignore les acteurs et les causes. Avec lui disparaissait la lignée masculine de la dynastie des Přemyslides.

Les équilibres du pouvoir se modifient

Le XIIIe siècle est, pour les Pays tchèques, l'équivalent du XIIe pour l'Europe occidentale. Très symboliquement, l'art gothique, né en Ile-de-France dans les années 1120, pénètre un siècle plus tard en Bohême par l'intermédiaire de Magdebourg. La culture chevaleresque connue dès le XIIe siècle se répand et donne alors ses fruits nationaux tandis que se produit la révolution agraire et démographique. Sans ces influences extérieures, la dynamique du royaume přemyslide resterait incompréhensible. Ce sont elles qui ont permis la poursuite de processus déjà amorcés et de nouvelles transformations.

Sur le plan religieux, le IVe concile du Latran (1215) a marqué l'apogée de la papauté médiévale. Sous l'impulsion d'Innocent III, le pouvoir spirituel a confirmé sa suprématie sur le pouvoir temporel. Or l'évêque de Prague, André, a assisté à ce concile, dont il est revenu avec la volonté d'affranchir l'Église tchèque de la tutelle qu'elle subit. En effet, le droit de fondation (*jus patronatus*), comme nous l'avons noté, suppose que le donateur reste propriétaire du bien qu'il offre et qu'il peut à tout moment en disposer. L'on voit ainsi des fondateurs déposséder des ordres religieux au profit d'autres. Le clergé, conscient de son appartenance à l'Église universelle, supporte de plus en plus mal d'être subordonné — à l'exception des immunités gagnées par certains ordres réguliers — à la justice commune. Tout le combat d'André consistera à étendre les immunités fiscales et juridiques déjà acquises. Après six ans de conflits tumultueux, de 1216 à 1222, Přemysl Otakar Ier accorda à l'Église le « Grand Privilège », suivi par le premier concordat avec l'État tchèque, qui élargissait les exemptions précédemment obtenues et ouvrait la voie à une autonomisation des institutions ecclésiastiques. Il s'agira d'un long processus qui passera par l'organisation des paroisses et des diaconats et qui ne parviendra pas à unifier une Église très plurale, suivant en cela une situation courante à l'époque. Le clergé séculier restera longtemps encore lié aux féodaux : par exemple, le chanoine du chapitre de Vyšehrad est chancelier du roi. Le clergé régulier, lui, se méfiera des tentatives de centralisation épiscopale et suivra ses propres intérêts.

Les ordres monastiques continuent à jouer un rôle considérable. Les Cisterciens qui se sont installés au XIIe siècle (Sedlec, Plasy...) poursuivent leur expansion et s'affirment comme les introducteurs des idées et des courants nouveaux. L'art gothique en Pays tchèques leur doit beaucoup, avec les édifices de Tišnov, de Vyšší Brod et de Zlatá Koruna. Zbraslav n'est pas seulement un magnifique monastère gothique, mais aussi un centre politique de premier rang avec ses abbés qui sont les plus proches conseillers des derniers Přemyslides. Les ordres mendiants sont également apparus, modifiant les paysages urbains : quinze fondations dominicaines entre 1226 et 1296. La princesse Agnès, qui s'inscrit dans la grande lignée des princesses-religieuses médiévales, a introduit les Franciscains, les Clarisses, et créé l'ordre des Croisés à l'Étoile rouge, qui a une vocation caritative. Les chevaliers Teutoniques sont implantés à Prague.

Sous ses différentes formes, l'Église est donc omniprésente. Mais elle ne détient plus le monopole de la culture. Les villes et les cours seigneuriales deviennent peu à peu des foyers intellectuels.

La noblesse, nous l'avons vu, s'est constituée au siècle précédent. Elle continue à s'affirmer en tant que force indépendante et cela se reflète dans les changements qui interviennent dans les équilibres du pouvoir. Peu à peu, avec la généralisation du système des fiefs et des donations, le pays s'est figé territorialement. Les frontières intérieures ont été atteintes avec les défrichements successifs. D'un côté, le « dominium » représentant l'ensemble des biens royaux avec son réseau de châteaux et de villes, de l'autre, les biens de la noblesse et, enfin, ceux de l'Église : à la fin du XIIIe siècle, l'évêque de Prague est le second féodal du royaume. Il ne reste plus de place pour les hommes libres.

Le souverain réorganise le royaume sur une base régionale et assure ses besoins par le prélèvement d'impôts généraux et particuliers (droits régaliens sur l'extraction des métaux précieux, sur la frappe et l'échange de la monnaie, etc.). Il conforte son prestige par des éléments symboliques. Les armes des Přemyslides sont désormais le lion à double queue — symbole de la Bohême et de la Moravie qui a aussi ses propres armes avec l'aigle à damier rouge et blanc — face à l'aigle de saint Venceslas attaché à la défense du pays telle que la conçoit la noblesse. Tous ces efforts n'empêchent pas le nécessaire partage du pouvoir avec une aristocratie puissante et fière. Le *concilium generale* qui faisait office de forum politique se transforme en « tribunal du pays » au milieu du XIIIe siècle, institution indépendante qui garantit le respect du droit et auprès de laquelle sont enregistrés les actes de propriété du royaume. Par son activité économique et son implantation dans les zones frontalières, cette noblesse permet une délimitation du territoire face aux empiétements des voisins. Suivant l'exemple européen et l'usage de la Cour, elle multiplie la construction de châteaux auxquels elle donne des noms allemands dont elle s'affuble à son tour (Rožmberk, Lichtenburk, Švamberk, Gutštejn, Pernštejn...). Ainsi le favori de la reine Kunhuta s'appelle-t-il Falkenštejn, alors qu'il appartient à la célèbre famille des Vítkovci. Très peu nombreuses seront les familles nobles étrangères — comme les Arnold ou les Lichtenstein — autorisées par le souverain à s'installer alors en Bohême.

L'*Alexandréide*, un des grands textes du XIIIe siècle tchèque, inspiré par la personnalité de Přemysl Otakar II, met en relief la place de la noblesse lorsqu'il est souligné que le roi doit « avoir la noblesse dans son conseil ». Injonction qui est le reflet de tensions permanentes entre le pouvoir royal et une noblesse qui sortira victorieuse de l'affrontement. Les noms des évêques de Prague (Jan III de Dražice, Tobiáš de Benešov, Řehoř de Valdek, Jan IV de Dražice) sous les derniers Přemyslides montrent que cette fonction décisive n'était plus uniquement réservée à des ecclésiastiques d'origine princière ou monastique, mais à des représentants de la noblesse. Il n'est pas étonnant dans ces conditions que le haut-clergé séculier soit devenu le porte-parole des intérêts de la noblesse et du pays.

Les transformations économiques

Le XIIIe siècle a connu une véritable mutation économique du pays, enfin atteint par la révolution agraire et démographique. Augmentation des densités et amélioration des techniques agricoles furent amplifiées par la pression qu'exerça sur l'Europe centrale l'arrivée de colons allemands qui cherchaient de meilleures conditions d'implantation et d'existence.

Ils apportèrent avec eux le *iure theutonico*, droit allemand, dit aussi « d'achat », « de Magdebourg » ou droit emphytéotique. Ce droit liait le féodal et le sujet par un contrat. Le seigneur donnait la terre en échange du versement par la collectivité de redevances en espèces, le paiement en nature et la corvée représentant en général une part secondaire des droits. L'intermédiaire de ces opérations était un « locator » qui se chargeait de peupler ces terres, d'assurer la collecte des sommes exigées et qui se transforma souvent plus tard en représentant du féodal, exerçant la justice locale. Pour faciliter l'implantation de ces colons, le possesseur de la terre accordait parfois des exonérations fiscales, ce qui transparaît encore aujourd'hui dans la toponymie.

Ce droit nouveau se répandit rapidement, car il assurait des revenus monétaires aux féodaux et un statut plus favorable aux sujets. Dès 1226, Přemysl Otakar Ier accordait au monastère de Doksany l'établissement d'un village selon le droit allemand. Mais ce serait une erreur de croire, comme l'a parfois souligné l'historiographie allemande, que la colonisation du XIIIe siècle était exclusivement germanique. En fait, elle était très largement mixte et poursuivait un mouvement amorcé au XIIe siècle par les bénédictins, les cisterciens et les féodaux tchèques.

L'impulsion ainsi donnée à la production dégagea des surplus qui permirent la création de marchés plus importants et, selon un processus parallèle, un réseau de villes vit le jour sur la base des anciens marchés féodaux. Ici encore, le noyau de ces villes était souvent allemand et il en sortit le futur patriciat. Mais, rapidement, des éléments tchèques des campagnes avoisinantes vinrent modifier l'état originel. Les cités nouvelles étaient parfois fondées selon des plans bien établis (souvent circulaires) avec des règles d'urbanisme précises, même si la plupart du temps les villes s'édifiaient lentement, par adjonctions progressives, sans rues, chaque maison étant considérée comme une entité isolée. Le tissu urbain se développa donc et fut accompagné d'une reconnaissance juridique nouvelle. Les premières villes à recevoir leurs privilèges se trouvaient en Moravie (Uničov en 1222 et Bruntál). En Bohême, ce fut le cas de Hradec Králové en 1225. Jusqu'en 1253, 17 villes royales furent créées. Sous Přemysl Otakar II, 50 autres villes, royales mais aussi seigneuriales, s'y ajoutèrent. Prague comptait alors trois ensembles différents : la Vieille Ville, noyau historique et hétérogène, le quartier de Saint-Gall (Havel) fondé sous Venceslas Ier, la Ville Mineure créée sur la rive gauche de la Vltava par Přemysl Otakar II, grand roi constructeur comme le montrent aussi les châteaux de Zvíkov et de Křivoklát ; le Hradčany apparut, quant à lui, vers 1320.

La dernière grande vague de colonisation fut le fait des souverains qui créèrent les villes minières si fondamentales pour le royaume de Bohême : Stříbro tout d'abord à la fin du XIIe siècle, puis Jihlava (Iglau) vers 1240 et Kutná Hora à la fin du XIIIe siècle. Kutná Hora (Kuttenberg) qui était le plus grand gisement argentifère d'Europe, devint rapidement la deuxième ville du royaume. C'est là que l'on frappait exclusivement la monnaie, en particulier le « gros » de Prague, d'excellent aloi, qui resta recherché sur tous les marchés européens jusqu'au XVIe siècle. Le droit minier de Jihlava (1249) et surtout le *Jus regale montanorum* (1300) de Venceslas II étaient des modèles juridiques : le second influença les dispositions prises par les Espagnols en Amérique du Sud deux siècles plus tard.

Ces bases matérielles judicieusement entretenues et exploitées par les souverains permirent le « décollage » des Pays tchèques et leur émergence sur le plan européen. À la fin du XIIIe siècle, après une ère marquée par la prédominance quasi exclusive du latin, puis par la mode allemande, la culture en langue tchèque se développait. La noblesse était d'autant plus portée à considérer sa tchéquité qu'elle se trouvait confrontée à la réussite économique des villes dont les élites étaient à dominante allemande. L'évêque de Prague, Jan de Dražice, était au début du XIVe siècle un des propagateurs de cette fierté nationale — dont la chronique dite de Dalimil (1308-1314) se fit l'interprète — en même temps qu'il fut le meilleur médiateur de la culture gothique française en construisant sa résidence de Roudnice. Le sentiment national médiéval prit son essor dans les épreuves des transitions dynastiques.

L'aboutissement de cet éveil aurait pu être la création à Prague d'une université. Venceslas II tenta de créer un *collegium generale* en 1295. La noblesse, craignant que le souverain ne renforçât de cette façon son pouvoir en accord avec l'Église, s'y opposa. Il fallut encore un demi-siècle avant que les élites des Pays tchèques puissent suivre un enseignement supérieur ailleurs qu'à l'étranger.

La Bohême médiévale au niveau de l'Occident

Les dynasties fondatrices d'Europe centrale qui étaient apparues au IXe et au Xe siècle, s'éteignirent entre 1246 et 1370. De la longue lutte menée pour la survie politique — et parfois la survie tout court —, seuls les Piast, les Arpad et les Přemyslides avaient émergé à l'échelle régionale. C'est certainement le drame originel de l'Europe centrale que le jeu des alliances matrimoniales entre ces trois dynasties n'ait pas abouti à une fusion durable, qui aurait permis la constitution d'un vaste ensemble politique.

Leur disparition dans ce Moyen Âge encore imprégné de superstitions était interprétée comme un signe de Dieu. En Bohême, où le souvenir des Brandebourgeois n'était pas si éloigné, l'inquiétude était grande, en particulier chez ceux pour qui la protection royale était vitale, notamment pour l'Église et les villes menacées par le désordre ou les ambitions matérielles de la noblesse. Les villes n'étant pas encore assez fortes pour jouer un rôle politique, le haut clergé s'imposa temporairement comme un médiateur de premier rang.

Une difficile transition ou le pouvoir cistercien

Quand Rodolphe de Habsbourg s'était éteint en 1291, Venceslas II n'avait pas oublié ses intérêts dynastiques et, fort de son poids diplomatique, il avait encouragé l'élection sur le trône impérial du très modeste Adolphe de Nassau. Mais, à la mort de ce dernier en 1298, il ne put — ni ne voulut — empêcher l'élection d'Albert d'Autriche qui reprit bientôt le flambeau que son père Rodolphe avait brandi contre Přemysl Otakar II. Les forces européennes se redistribuèrent : d'un côté, la papauté de Boniface VIII et l'empereur Albert qui lui avait prêté serment de fidélité et d'obédience ; de l'autre, la France de Philippe le Bel et la Bohême ; entre les deux groupes, la Hongrie, où la succession difficile des Arpad livrait le pays à l'anarchie féodale. L'alliance franco-tchèque qui se dessina alors était le témoin de la montée de la France dans l'Europe du XIVe siècle et préfigurait l'évolution des décennies suivantes. Pierre d'Aspelt, évêque de Bâle et chancelier de Venceslas II à partir de 1296, fut l'homme clef de ce rapprochement.

À sa mort en 1305, Venceslas II laissait cinq enfants derrière lui. Nous avons vu le sort malheureux de Venceslas III assassiné à 17 ans. Sa sœur Anna était fiancée à Henri de Carinthie. Eliška avait 13 ans. Marguerite, à 9 ans, était déjà l'épouse du prince de Wrócław (Vratislav en tchèque). D'un second lit, Venceslas II avait eu une quatrième fille, Agnès.

En l'absence d'un successeur masculin, on se souvint que le roi des Romains, Richard de Cornouailles, avait consenti à Přemysl Otakar II l'hérédité féminine pour le trône de Bohême. Pour accéder à la couronne de Saint-Venceslas, Rodolphe, le fils de l'empereur Albert, épousa la veuve de Venceslas II, Elisabeth Rejčka. Mais lui non plus ne réussit pas à avoir de descendants et Albert tenta d'imposer la dévolution du royaume de Bohême à un autre de ses fils : ce faisant, il enfreignait à la fois la règle de l'élection du souverain tchèque et celle de primogéniture.

La noblesse tchèque était divisée : si certains cédaient à l'attrait des récompenses consenties sur le domaine royal, d'autres, attachés à la tradition přemyslide, refusaient une dynastie qui avait déjà causé la chute du royaume en 1278, et se trouvaient plus proches des Bavarois en lutte contre les Habsbourg. Ils réagissaient, tout comme l'évêque de Prague Jan de Dražice, à la forte présence de conseillers allemands, notamment des cisterciens de Zbraslav et de Sedlec. Rodolphe fut tué en juillet 1307 alors qu'il luttait contre les Bavarois. En août, le parti d'Henri de Carinthie releva la tête et il fut élu roi. Suivirent de longs mois de combats : avant d'être assassiné en mai 1308, Albert voulut imposer en vain son fils Frédéric comme roi de Bohême. Les Habsbourg battus en Bavière et en Thuringe durent se replier tandis qu'Henri de Carinthie se retrouvait ruiné par les promesses faites à l'aristocratie pour obtenir la couronne. Les grands vainqueurs de tous ces troubles avaient été la noblesse et son maréchal Henri de Lípa — devenu également grand intendant — qui affichaient ouvertement leur volonté de limiter le pouvoir royal, de contrôler la politique étrangère et de restreindre les prétentions fiscales du souverain.

C'est à ce moment que Pierre d'Aspelt, devenu en 1306 archevêque de Mayence, négocia la venue des Luxembourg à la tête de l'Empire. Élu en novembre 1308, Henri IV de Luxembourg fut couronné à Aix-la-Chapelle en janvier 1309 sous le nom de Henri VII. Cette élévation de la maison des Luxembourg, liée matrimonialement à Paris, correspondait à l'influence croissante de la cour de France qui avait déjà décidé de l'élection du pape Clément V en 1305 et encouragé la venue de la papauté en Avignon en 1308.

Conrad, l'abbé cistercien de Zbraslav, qui se rendait au grand rassemblement annuel de Cîteaux, s'arrêta en août 1309 à Heilbronn où se trouvait la cour impériale et où il rencontra Pierre d'Aspelt. Il semble bien qu'ait été alors mise en place la stratégie qui devait mener à l'éviction d'Henri de Carinthie et à l'élection d'un Luxembourg sur le trône de Bohême. Le choix se porta sur le jeune fils d'Henri VII, Jean, qui n'avait que 14 ans et que l'on décida de marier à Eliška, âgée de 18 ans. Entre le jeune adolescent, déjà chevalier valeureux, et la princesse přemyslide qui avait une haute conscience de l'héritage à assumer, les rapports allaient être difficiles.

Jean de Luxembourg, « roi étranger » ?

Jean de Luxembourg arriva sur le trône dans des conditions humiliantes : il dut passer sous les fourches caudines des oligarques du pays qui lui imposèrent des concessions majeures en décembre 1310 et juillet 1311. La noblesse disposait désormais du droit exclusif d'autoriser le prélèvement de l'impôt qui, de plus, ne pouvait porter sur ses biens, c'est-à-dire le dominical ; l'obligation de défense du pays s'appliquerait aux seules frontières de la Bohême et de la Moravie ; les fonctionnaires et les conseillers étrangers devaient être remplacés par la noblesse tchèque ; le droit de succession nobiliaire était étendu aux femmes, ce qui limitait les biens de mainmorte dont profitait le souverain.

Seule la Cour dépendait uniquement de la personne royale. Conseillé par Pierre d'Aspelt, Jean essaya d'entraver le pouvoir de la noblesse. Mais en avril 1318, malgré l'aide de mercenaires allemands, il dut s'incliner à Domažlice et une trêve intervint grâce à la médiation de Louis de Bavière. À la fin de l'année suivante, il quitta le pays, laissant le gouvernement aux mains de la noblesse. Henri de Lípa devint une sorte de roi non couronné et Jean ne résida plus que fugitivement en Bohême pour y prélever des impôts ou y obtenir des fonds destinés à financer ses opérations extérieures. On revenait à la conception d'un roi *primus inter pares* et le Tribunal du Pays fondé sous Přemysl Otakar II se transforma en véritable forum de la noblesse, détenteur du pouvoir.

Ses absences du royaume ont valu à Jean de Luxembourg l'épithète d'« étranger » et il ne figure pas en bonne place dans le cœur des Tchèques. C'est injuste. Jean avait connu une enfance choyée et raffinée et il en avait gardé un goût pour les arts qu'illustra la présence à ses côtés pendant trente ans de Guillaume de Machaut, le grand novateur de la musique occidentale du XIVe siècle. Par la volonté des Tchèques, il se trouva précipité dans un mariage inégal et un milieu qui lui était étranger. Cet amateur de tournois généreux, ce chef de guerre clairvoyant manqua de la stabilité, de la constance et de la rigueur financière qui lui auraient été nécessaires pour faire face à tant d'adversité. Habile tacticien, mais d'humeur changeante et sans conception globale de son pouvoir dynastique, c'est par son action à l'extérieur qu'il rendit service au royaume.

Ses gains territoriaux furent considérables. En récompense de l'aide qu'il avait apportée à Louis de Bavière dans la

Mort de Jean de Luxembourg à la bataille de Crécy le 28 août 1346.
Gravure de Barbant d'après C. Delort.

conquête du titre d'Empereur, il reçut le fief impérial de Cheb (Eger) qui, après deux annexions antérieures à la Bohême, demeura définitivement attaché aux Pays tchèques. Jean annexa également, en plusieurs étapes, la Haute-Lusace avec les régions de Bautzen (Budyšín) et de Görlitz (Zhořelec). Toujours au Nord, les principautés silésiennes — à l'exception de Schweidnitz (Svidnice) et Jauer (Javor) — furent conquises, et la souveraineté tchèque fut même reconnue par la Pologne, en échange de quoi Jean abandonna ses prétentions à la couronne polonaise. Comme les aïeux de sa première femme, il se lança dans de grandes expéditions en Lituanie. En revanche, ses ambitions méridionales échouèrent : ses campagnes italiennes n'eurent que des résultats éphémères et il tenta en vain d'acquérir durablement la Carinthie et le Tyrol par le mariage de son fils cadet Jean-Henri. Les alliances régionales s'étaient retournées. Les Wittelsbach de Bavière, successeurs d'Henri VII (1308-1313) dans la fonction d'empereur du Saint Empire germanique, s'étaient rapprochés des Habsbourg pour se maintenir, alors que la papauté envisageait déjà de les remplacer à nouveau par un Luxembourg.

Par ses conquêtes, Jean a donc renforcé le prestige de la maison des Luxembourg et, indirectement, celui de la couronne tchèque. L'historiographie tchèque traditionnelle lui reproche cependant de ne pas avoir considéré les Pays tchèques comme le centre de ses possessions et de n'y avoir vu qu'une source de financements de ses innombrables campagnes militaires. Il a déçu ceux qui l'ont appelé et c'est sur son fils Venceslas-Charles que leur sentiment se reporta.

Jean de Luxembourg mourut comme il avait vécu : sur un champ de bataille. Aveugle, il avait voulu soutenir son allié et parent, le roi de France, contre les Anglais. Il tomba héroïquement le 26 août 1346, à Crécy-en-Ponthieu.

Charles IV, le « Père de la Patrie »

À la différence de son père, Charles IV avait compris que son pouvoir dynastique devait avant tout s'appuyer sur le royaume de Bohême. Il est le roi béni des Tchèques, celui qui occupe la première place dans leur imaginaire historique. Aujourd'hui encore, en Bohême et surtout à Prague, chaque détour de rue rappelle l'œuvre de ce souverain bien-aimé. Charles IV a réconcilié l'affectivité tchèque et le sens de la grandeur monarchique.

Né Venceslas en 1316 — il fut prénommé Charles lors de

sa confirmation à la Cour de France —, il s'est toujours senti investi de la tradition přemyslide. Petit-fils de Venceslas II, il éprouvait de la vénération pour sa mère Eliška dont il avait été séparé à l'âge de sept ans et qu'il n'avait plus jamais revue. Jean de Luxembourg, redoutant qu'elle ne veuille instaurer une régence à ses dépens, avait envoyé l'enfant à Paris où il avait fait la connaissance de Pierre de Rosiers, abbé de Fécamp, qui devint son confident et son directeur de conscience. Cette rencontre fut capitale puisque cet ecclésiastique, une fois élu pape en 1342 sous le nom de Clément VI, fut un allié particulièrement précieux. De son long séjour en France, Charles ramena sa première épouse, Blanche de Valois, arrière-petite-fille de Saint Louis. En devenant le beau-frère du roi de France Philippe VI, il renforçait encore les liens entre Luxembourg et Valois puisque sa tante avait épousé en 1322 le dernier des Capétiens directs. Ayant constaté la richesse de la culture gothique en plein essor à Paris comme en Avignon, Charles eut désormais la volonté de hisser la Bohême au même niveau. C'était un fin lettré, parlant cinq langues — au premier rang desquelles il plaçait le tchèque —, écrivant son autobiographie en latin et donnant aux arts tout leur éclat en Pays tchèques. Humaniste avant la lettre comme en témoignent ses relations avec Pétrarque et sa correspondance avec Cola di Rienzo, il restait de son temps, appartenant encore à cette religiosité médiévale faite de ferveur, de dévotion et de superstition. S'il s'intéressait à l'alchimie, il collectionnait aussi des reliques : les colporteurs qui reviennent de Terre sainte savent qu'ils ont toute chance de lui vendre leurs épines de la couronne du Christ, un morceau de bois de la crèche de Bethléem, un lambeau du manteau de Ponce Pilate ou... quelques gouttes du lait de la Vierge. Et les souverains européens, connaissant son goût, lui offrent, tel Louis Ier de Hongrie, une relique de la nappe de la Cène que Charles fera déposer dans le trésor de la cathédrale Saint-Guy.

Curieux mélange de courage au combat et d'habileté, voire de ruse, il s'est illustré lors des campagnes italiennes de son père dans les années 1330 et il a été légèrement blessé à ses côtés à Crécy. Mais il préfère la négociation, dans laquelle il excelle, aux affrontements directs.

Ses relations avec son père n'ont cessé d'être émaillées d'incidents et même de conflits ouverts tant leurs conceptions et leurs choix politiques divergent. Quand, après l'échec des campagnes italiennes de Jean, Charles rentre en Pays tchèques de son exil forcé, il écrit dans son autobiographie qu'il considère dès lors la Bohême « comme la base effective du pouvoir familial des Luxembourg, à quoi tout le reste doit être rattaché ». Dans un premier temps, en gestionnaire avisé, il reconstitue le domaine royal à partir du margraviat de Moravie, une politique qu'il poursuivra en Bohême. Il écarte l'encombrante famille des Lípa, avec laquelle Jean de Luxembourg s'était entendu, au profit des Vítkovci (les Landštejn et les Rožmberk). À partir de 1337, Charles exerce effectivement le pouvoir sur l'ensemble du territoire tchèque même s'il n'est officiellement investi qu'en 1341 par son père devenu aveugle.

Clément VI jouera en 1344 un rôle d'arbitrage important entre les deux hommes à nouveau en conflit, car il ne veut pas que la dynastie des Luxembourg soit affaiblie alors qu'il envisage son retour à la tête de l'Empire au détriment de Louis IV de Bavière. En 1344, à la demande de Charles, il accepte d'ériger Prague au rang d'archevêché, ce qui libère les Pays tchèques de la tutelle de Mayence dont l'archevêque est favorable à Louis IV. Prague a dans son ressort l'évêché d'Olomouc et celui de Litomyšl, qui vient d'être créé. Premier pas d'une stratégie qui aboutit à la destitution de Louis de Bavière et à l'élection de Charles comme roi des Romains en juillet 1346, la route du trône impérial étant définitivement libérée par la mort subite de Louis lors d'une chasse à l'ours en octobre 1347. En août 1346, Charles succède en Bohême à Jean avant d'être couronné en septembre 1347. Mais c'est en avril 1355 seulement que le couronnement solennel de l'Empereur aura lieu à Rome.

En réunissant sur sa tête les couronnes royale et impériale, Charles IV (Charles Ier pour la Bohême) va faire rejaillir le prestige de l'Empire sur la Bohême tout en utilisant ce double atout pour conforter sa position personnelle, à tel point qu'il est souvent difficile de démêler dans ses actions ce qui relève de l'une ou l'autre de ses fonctions. La construction du château de

L'Empereur Charles IV à l'office de Noël à Cambrai en 1377.
Miniature des *Grandes Croniques de Saint-Denis*,
XIVe siècle, Bibliothèque Nationale, Paris.

Karlštejn dont la première pierre fut posée le 10 juin 1348 illustre cette ambiguïté : abritant les joyaux royaux et impériaux ainsi que les reliques les plus précieuses, ce magnifique édifice gothique devait représenter symboliquement le centre du monde, concrétisé par la chapelle de la Sainte-Croix. Et cela en terre tchèque, ce qui a valu à Charles de ne pas appartenir longtemps au panthéon allemand des grands empereurs, d'autant que, favorable à la papauté, sa politique rompait avec l'attitude traditionnelle des empereurs médiévaux.

Le sommet de la Bohême médiévale

Le règne de Charles IV a été marqué par un projet à long terme servi par une grande ambition et une grande ténacité : faire de son royaume un État puissant, riche et structuré. Sa grandeur est de n'avoir rien épargné pour édifier une forte monarchie dont l'Angleterre, la France, la Castille et l'Aragon offraient le modèle depuis plusieurs décennies. Il a aussi été servi par une conjoncture exceptionnelle. Au milieu du XIVe siècle, la chrétienté occidentale est ravagée par deux fléaux : la guerre de Cent Ans et la peste. Or, le royaume de Bohême connaît immédiatement plusieurs décennies de paix et n'est pas touché par la grande épidémie de 1348. Cette particularité qui intrigue les historiens paraît due au fait que la Bohême ne s'est pas trouvée sur les grands axes commerciaux le long desquels s'est propagée l'épidémie. La Moravie et la Silésie furent plus atteintes, alors que la Bohême ne commença à être affectée qu'à partir de 1356.

Les efforts du souverain vont se déployer à trois niveaux.

– Grâce à une habile politique matrimoniale personnelle et familiale, il ne cesse d'agrandir ses possessions et son influence. Lui-même sera marié à quatre reprises. Après le décès de Blanche de Valois en 1348, il épouse successivement Anne de Palatinat, puis Anne de Svidnice et Élisabeth de Poméranie, petite-fille du roi Casimir, ce qui lui permet de désarmer la coalition qui se constituait contre lui. Son fils aîné, le futur Václav IV, se marie à neuf ans avec la princesse Jeanne de Bavière et son fils cadet Sigismond avec l'héritière des couronnes de Pologne et de Hongrie. Charles parachève aussi les conquêtes silésiennes de son père, gagnant même le Brandebourg qui restera entre les mains luxembourgeoises jusqu'en 1411-1415, date à laquelle il sera repris par les Hohenzollern.

– Le souverain va également modifier et codifier le contenu « idéologique » de la royauté. Jusque-là, la suzeraineté personnelle du roi était le seul fil qui reliait les différentes composantes du royaume. Charles introduit le concept de couronne de Bohême. Il s'agit d'un objet précieux réalisé à partir de la couronne des rois přemyslides — considérablement enrichie — qui porte désormais le nom de couronne de Saint-Venceslas : le roi élu en est le dépositaire provisoire et la reçoit selon un cérémonial aux règles duquel Charles a personnellement veillé. Surtout, la Couronne tchèque désigne maintenant l'État tchèque. Les Pays de la Couronne tchèque regroupent l'ensemble indissoluble des territoires sur lesquels le souverain exerce son autorité : ils comprennent la Bohême, la Moravie, la Lusace, la Silésie, puis le Brandebourg et même, pendant un certain temps, le Haut-Palatinat.

Parallèlement, Charles s'efforce de rééquilibrer les pouvoirs au sein du royaume. Face à une noblesse ambitieuse, il favorise l'Église qu'il couvre de prébendes. Vingt-neuf monastères viennent s'ajouter aux cent vingt-neuf existants. Il confie l'administration du trésor royal non pas aux représentants des Grands, mais à des membres de son conseil formé essentiellement d'ecclésiastiques de haut rang : Ernest de Pardubice, le premier archevêque de Prague, Jan Očko de Vlaším, le premier cardinal tchèque, et Jan de Středa, tous trois esprits remarquables qui reflètent le rôle dominant de l'Église dans la société. Pourtant, quand Charles veut imposer une codification du droit coutumier — c'est-à-dire une limitation des droits de la noblesse — avec la *Majestas Carolina* (1355), la diète générale s'oppose à son adoption. L'empereur-roi se replie habilement en annonçant que, le document ayant brûlé, il n'engage plus la noblesse. Et, quelques mois plus tard, la révolte des grands vassaux Vítkovci s'achève par le compromis de Telč : les Vítkovci ne sont pas châtiés mais ils reconnaissent la suzeraineté royale.

– Dans l'Empire, Charles IV va conforter la position du royaume de Bohême. Certains historiens allemands en ont conclu au bohêmocentrisme de ce « parâtre » en oubliant qu'à l'époque, les Pays tchèques formaient la partie la plus solide de l'Empire et qu'ils étaient pratiquement la base du pouvoir luxembourgeois. D'ailleurs, Charles a souvent résidé en Allemagne, que ce soit à Nuremberg — où son fils aîné Václav est né en 1361 — et à Tangermünde dans le Brandebourg. La vision de Charles est plus universaliste que nationale et s'inspire d'un triple héritage : antique avec Alexandre de Macédoine et l'Empire romain — exemples rappelés par les humanistes italiens —, carolingien puisque le jeune Venceslas a été prénommé Charles à la cour de France, enfin héritage přemyslide dont son entourage religieux cultive le souvenir. Concrètement, Charles IV va stopper le déclin impérial en édictant des règles claires d'élection : depuis le XIIIe siècle, trois Grands Électeurs ecclésiastiques et quatre laïques disposent du droit de vote. La Bulle d'Or présentée aux Diètes de Nuremberg et de Metz de 1355-1356 entérine cette pratique et remplace la règle de l'unanimité par celle de la majorité, ce qui aura un effet stabilisateur. Le roi de Bohême, qui bénéficie du titre de Grand Échanson, est le premier des Grands Électeurs laïques et les droits de la Couronne de Saint-Venceslas, définis en 1212, sont confirmés. La possibilité d'une succession par voie féminine est reconnue. Enfin, Charles introduit les principes de *non apellando, non evocando* entre les différentes composantes de l'Empire pour éviter les ingérences qui sont causes de déchirements. Ces règles restèrent en vigueur jusqu'à la disparition du Saint Empire romain germanique en 1806, mais elles suscitèrent une assez vive réaction de la part des princes qui se trouvaient alors écartés, tels les Habsbourg et les Wittelsbach.

Face à la papauté, Charles fit preuve de beaucoup plus de réserve politique que ses convictions ne l'auraient laissé supposer. Par exemple, la Bulle d'Or de Metz ne mentionnait pas une éventuelle confirmation de l'Empereur par le pape. Après la mort de Clément VI, les relations de Charles avec la papauté d'Avignon se dégradèrent et, à la fin de sa vie, l'Empereur fut un chaud partisan d'un retour du Saint-Siège à Rome. En matière religieuse, Charles a donc soigneusement distingué politique intérieure et politique extérieure.

Prague gothique

Charles IV a voulu créer un cadre digne de ses aspirations. Il a donc fait de Prague une ville royale et impériale.

Sa prise de pouvoir officielle en Bohême en 1341 s'était déroulée sous de bien mauvais auspices : une inondation catastrophique avait détruit le pont Judith, seul pont de pierre qui reliait les rives gauche et droite de la Vltava, donc la Vieille Ville au Château. Ce dernier, qui avait brûlé en 1304, n'avait pas été remis en état. Dans cette Prague, où l'architecture romane commençait à s'effacer devant les monuments gothiques, la première action du roi fut de reconstruire son palais. Après avoir envisagé de le remodeler à l'image de la résidence des rois de France sur l'Île de la Cité, il dut se résigner, faute de place suffisante, à un autre parti, ajoutant au château originel un second étage. Il s'inspira toutefois de la Sainte-Chapelle pour faire édifier la chapelle de Tous-les-Saints (détruite par un incendie en 1541). Hésitations entre l'héritage et la mode nouvelle : l'ancienne basilique romane Saint-Georges fut épargnée et Matthieu d'Arras — qui avait travaillé en Avignon — dessina les plans de la cathédrale Saint-Guy dont la première pierre fut posée en 1344. En raison du décès du maître d'œuvre, ce fut finalement Petr Parleř, originaire de Gmünd (Souabe) et venu de Cologne, qui construisit à partir de 1356 cet édifice dans l'esprit de la transition vers le gothique tardif.

Un pont fut replacé légèrement en aval du précédent, en 1357, et la légende veut que l'ensemble de la population de Bohême ait contribué à sa reconstruction, qui en apportant des pierres, qui des œufs pour lier le mortier... Il fut appelé plus tard le Pont Charles.

Prague bénéficia tout entière de la volonté de grandeur du souverain. Jusque-là, la capitale tchèque était formée d'ensembles disparates répartis sur les deux rives de la Vltava. Sur la rive droite, le souverain fit une vraie cité de l'agglomérat de villages extérieurs à la Vieille Ville en créant la Nouvelle Ville ; sur la rive gauche, il agrandit la Ville Mineure et le Hradčany. La fondation de la Nouvelle Ville, qui marque le terme de la grande vague de colonisation amorcée au XIIIe siècle, correspondait au rôle de grand centre commercial que Charles réservait désormais à Prague. Après avoir rassuré les échevins de la Vieille Ville, le roi lança le projet en juillet 1347 et commença sa réalisation en mars de l'année suivante. En deux ans, furent construits trois kilomètres et demi d'enceintes fortifiées à l'intérieur desquelles furent édifiées des maisons de pierre — en échange d'exonérations fiscales pour douze ans — selon un plan préétabli : les quartiers étaient régulièrement quadrillés de rues à angles droits réparties autour de trois grands marchés aux grains, aux chevaux et au bétail. Ainsi réorganisée, et même si elle restait une capitale morcelée administrativement, Prague avait presque triplé de surface, n'étant devancée en Europe que par Rome et Constantinople, et se situant à l'égal de Londres.

Pourtant, le souhait de Charles ne fut pas exaucé. Prague ne fut ni le cœur productif ni le grand marché de l'Europe dont il rêvait, malgré l'appui qu'il lui donna en exonérant les marchands praguois du droit d'octroi dans les villes de l'Empire. La politique d'acquisition de fiefs en Allemagne ou de contrainte à l'égard des grands centres commerciaux ne réussit pas plus. Et Prague étant restée une ville de transit, elle pâtit considérablement de la baisse des échanges au cours de la seconde moitié du XIVe siècle. Son vaste cadre ne fut finalement rempli qu'au XIXe siècle, l'Histoire s'étant détournée de la capitale et les grands flux économiques et commerciaux étant passés par d'autres voies. Cela nous vaut que cette ville ait été préservée jusqu'à nos jours et que l'œuvre du « père de la patrie » reste encore si présente à nos yeux, même sous les empreintes de la Renaissance et du baroque.

Un archevêché, une ville construite sur les principes de l'urbanisme le plus moderne... une seule chose manquait à Prague : une université. Poussé par son amour de la Bohême — dont le nom venait selon lui de *Bóh* (Dieu en slave) et non pas de la tribu celte Boï comme on le sait aujourd'hui —, Charles voulait que tout soit fait pour la hisser au plus haut de la chrétienté. Dans l'intimité, il parlait tchèque, c'est-à-dire à ses yeux la langue des saints Venceslas, Adalbert et Procope, dont il développa le culte. Prague, capitale impériale, se devait d'avoir un centre d'enseignement prestigieux. Dans sa *Chronique*, l'abbé cistercien Pierre de Zbraslav se plaignait amèrement, à son retour de France en 1334, de l'absence d'une université dans le royaume de Bohême. Clément VI et la diète de Bohême ayant approuvé le projet, Charles édicta le 7 avril

Le pont de pierre construit par Charles IV
sur la Vltava, à Prague.

1348 un décret scellé d'une bulle d'or (ce qui en soulignait l'importance) dans lequel il proclamait la création d'une université à Prague « afin que les fidèles habitants du royaume de Bohême qui aspirent ardemment à goûter les fruits de la science trouvassent chez eux table toute prête pour les festins de l'esprit et ne fussent point obligés d'aller mendier sur les terres étrangères, mais qu'au contraire ils s'enorgueillissent de pouvoir à leur tour inviter des étrangers à prendre part à ces festins délicats et savoureux ».

Le décret garantissait aux maîtres et aux étudiants de cette institution les mêmes privilèges et immunités que ceux dont ils jouissaient à Paris et à Bologne, les deux modèles de l'Université de Prague. Quatre facultés furent progressivement ouvertes : théologie, puis droit, médecine et arts libéraux, qui prirent de l'extension une dizaine d'années plus tard quand collèges et bourses se développèrent. Après des débuts modestes dus au manque de locaux — au départ, les étudiants logeaient chez leurs maîtres —, des collèges furent ouverts : le Collegium Carolinum (1366) et le Carolinum (1383) — installé dans le palais de l'intendant des monnaies Jan Rotlev — étaient les plus prestigieux. Le pouvoir universitaire était partagé entre quatre nations : tchèque, polonaise, bavaroise et saxonne. En fait, les « Polonais » étant des Allemands de Silésie, trois nations sur quatre étaient germaniques, une répartition qui portait en germe les dissensions qui éclateront au XVe siècle. La création de l'Université apporta un sang nouveau à la cité médiévale et l'on estime qu'à la fin du XIVe siècle 7 000 habitants sur 40 000 (les estimations vont parfois jusqu'à 80 000) en dépendaient. Prague devint une des plus importantes villes universitaires d'Europe, après Paris et Oxford. Une place qui peut s'expliquer par le fait que Prague n'était pas seulement la première université d'Europe centrale, mais aussi la première dans l'espace compris entre Paris à l'ouest et le nord de l'Italie au sud. Sans personnalité de premier plan comme Jean Gerson à la Sorbonne ou John Wiclef à Oxford, Prague se distinguait par un très bon niveau d'ensemble.

L'activité de Charles ne s'est pas limitée à la capitale tchèque. Roi-constructeur, il a couvert le pays de châteaux tout en se préoccupant de l'agriculture : il a introduit dans le pays de nouvelles espèces fruitières et de nouveaux cépages, développé la pisciculture...

L'œuvre gigantesque de Charles IV allait pourtant se révéler fragile. Et le maître Adalbert Raňkuv de Ježov avait raison de prédire lors de ses obsèques que la perte d'un tel capitaine pouvait être fatale pour le vaisseau « Bohême ».

Les conceptions universalistes du roi-empereur avaient en effet été limitées par sa vision traditionnelle d'un pouvoir familial. Dès 1349, il avait apanagé son jeune frère en Moravie, donnant naissance à une « dynastie morave » centrifuge. Soucieux de sa succession, il avait réparti ses terres entre ses trois fils. Ses deux aînés, Venceslas et Sigismond, allaient se trouver en rivalité et les cousins moraves, eux-mêmes en désaccord, se trouveraient en situation d'arbitrer ces querelles. La succession s'annonçait donc incertaine. Son souci de l'avenir lui avait même fait conclure un accord avec le dynamique Rodolphe IV de Habsbourg, qui était devenu son gendre, en cas d'extinction de la lignée masculine des Luxembourg en Bohême.

En 1378, Charles IV fit un pèlerinage aux sources de son enfance, à Paris, pour résoudre les grandes questions internationales et rencontrer son neveu Charles V : son séjour fut entouré d'un faste qui frappa les contemporains, mais les résultats furent maigres. Charles ne réussit pas à convaincre ses interlocuteurs d'éviter le schisme. Urbain VI revint à Rome, mais les cardinaux élurent un antipape qui resta en Avignon.

Sur le plan socio-économique, la situation était tendue. Contrairement à l'attente de l'empereur-roi, le décollage de la Bohême n'avait pas été assuré durablement et les dernières décennies du siècle furent marquées par une stagnation qui eut des implications sociales. Dans les villes s'était constituée une nouvelle couche de pauvres, hétérogène mais prompte à accepter un discours critique. Plus haut dans la hiérarchie sociale, la noblesse était confrontée à de grosses difficultés internes amplifiées par la montée du pouvoir urbain et par la position privilégiée de l'Église. Tout cela constitua un lourd héritage à gérer pour Venceslas IV.

Des tensions latentes

Les conditions favorables dont avaient bénéficié les premiers Luxembourg — un développement économique et un rattrapage sur l'Occident largement amorcé par les Přemyslides au XIIIe siècle — disparaissent sous Venceslas IV.

La Bohême ne produisant que pour les marchés locaux, on n'y trouve pas de tendances exportatrices comparables à celles de la Flandre ou de l'Italie du Nord. Les Pays tchèques importent du drap, des épices et du bétail en échange de métaux précieux, de grain, de peaux et de cire. Ce déséquilibre commercial a deux conséquences : Prague, capitale d'Empire, importe tous ses produits de luxe contre sa richesse métallique ; la mauvaise monnaie chassant la bonne, le gros praguois se dévalue alors que les monnaies légères de Saxe et d'Autriche pénètrent dans le royaume.

La peste se répand aussi en 1380, puis en 1390, en 1403-1406, en 1414-1415. D'autres épidémies ont déjà eu lieu entre 1357-1362, mais elles n'ont pas revêtu l'ampleur de celle de 1380 qui provoque des pertes considérables. La baisse soudaine de la population ne fait qu'aggraver les tensions sociales déjà existantes : des bandes armées multiplient les exactions et l'insécurité croissante ralentit les échanges. Les villes majoritairement allemandes étant souvent décimées, de nouvelles migrations des zones rurales « tchéquisent » les cités de Bohême. Face à ces catastrophes, comme dans l'ensemble du monde chrétien, les sensibilités évoluent. Les flagellants apparaissent, prélude à une critique en profondeur de l'Église. En 1389, excitée par le clergé, la population de Prague participe à un pogrome dans lequel périssent plus de 3000 juifs.

Sans parler d'exaspération sociale à la fin du XIVe siècle, le terme de « crise » n'est pas exagéré. Avec un décalage par rapport à l'Europe occidentale et avec un début de connotations nationales : au sein des villes, la poussée de l'élément tchèque est de plus en plus forte, qu'il s'agisse de la scission de corporations selon les clivages nationaux — meuniers et brasseurs tchèques se séparent de leurs collègues allemands à Prague en 1407 — ou que certaines municipalités passent en des mains tchèques en cette charnière des XIVe et XVe siècles (Žatec, Plzeň, Litomyšl, Budějovice, Hradec Králové).

Plus aiguës encore sont les difficultés au sein de la noblesse, qui constituait un ensemble assez homogène au début du XIIIe siècle et qui, désormais, est scindée entre grande et petite noblesse. La croissance des grandes propriétés seigneuriales aux dépens des domaines plus petits est une caractéristique du règne de Venceslas IV. Cette paupérisation pousse les représentants de la petite noblesse à se mettre au service de leurs voisins, du roi, ou encore à employer leurs compétences guerrières à l'étranger. D'autres s'accrochent à leurs terres et se transforment en hobereaux (*zemané*). Certains ont la chance de trouver une charge dans l'administration. Dans ce climat, les querelles de bornage et les expéditions punitives se multiplient et accroissent le sentiment de désordre, d'autant que la noblesse est confrontée aux nouvelles prérogatives des villes, puis des corporations. Porte-parole de la noblesse, le chroniqueur André de Brod écrit au début du XIVe siècle : « Retournons cette situation, enrichissons-nous et partageons-nous avec joie les terres de l'Église et des citadins. Si Sa Majesté s'accorde avec les citadins et se range à leur avis, il est certain que nous seront données les terres de l'Église puisque, selon leur volonté, le pouvoir spirituel ne doit pas en posséder. Si le roi ne s'accorde pas avec eux, des guerres éclateront ici et là, dont bénéficieront à nouveau les chevaliers, écuyers et soldats. »

L'Église est bien l'aboutissement de cette chaîne de mécontentements. Or, elle est l'institution clef de la société médiévale. Son poids s'exerce aussi bien au niveau des masses que des élites et son pouvoir se confond avec le sommet du pouvoir. Comme l'a écrit Pierre Chaunu, la chrétienté « vit au creux rassurant du pouvoir et du savoir des clercs ». À Prague, un habitant sur vingt est un clerc. Nous sommes alors en présence d'une situation redoutable avec une théologie construite sur l'évidence de l'institution ecclésiale. Toute contestation de celle-ci représente une menace radicale pour la stabilité de la société.

Trois raisons majeures vont provoquer cette contestation.

— L'Église professe à la fois le mépris des richesses et l'indépendance des clercs. Elle donne l'exemple du contraire. Le long exil d'Avignon a renforcé la centralisation de l'Église catholique et accentué son rôle temporel. Elle est une des grandes puissances financières du Moyen Âge.

— Grégoire XI a quitté Avignon pour Rome en 1376. Mais en 1378, le schisme éclate avec Clément VII (1378-1394) puis Benoît XIII (1394-1409) en Avignon et Urbain VI, Boniface IX, Innocent VII, Grégoire XII à Rome. En 1409, la situation se complique quand, à l'initiative des maîtres de l'Université de Paris, le concile de Pise destitue les deux papes pour en élire un troisième, Alexandre V, auquel succédera Jean XXIII (1410-1415). Il faut attendre le concile de Constance pour que le schisme soit résolu en 1417 avec l'élection de Martin V, même si subsistent des antipapes jusqu'en 1449. Le Grand Schisme secoue profondément l'Église qui a eu trois papes à sa tête et qui, de 1415 à 1417, a été gouvernée par une Assemblée.

— L'état de l'Église de Bohême s'est profondément ressenti de cette situation générale. Premier féodal du royaume avec plus du tiers des terres arables, l'Église ne connaît pas le morcellement de ses biens fonciers, à la différence de la noblesse. Elle bénéficie en outre de dons ininterrompus. Son faste et sa richesse contrastent avec son discours. Les ordres mendiants (franciscains et dominicains) sont opulents. Le clergé régulier est particulièrement bien doté : le monastère cistercien de la Couronne d'Or, dans le sud de la Bohême, nourrit Prague en bétail et en poisson. Les prémontrés de Strahov et les bénédictins de Břevnov ont d'immenses domaines. Quant à l'archevêché de Prague, il compte près de 400 villages.

Cette Église riche est souvent corrompue. La généralisation des « réservations papales », c'est-à-dire de la vente des charges ecclésiastiques, s'est répandue : 10 charges vendues en Bohême avant Jean XXII, 250 sous son pontificat (1316-1334) et 500 sous celui de Clément VI (1342-1352). Les demandes de bénéfices et de prébendes sont trois fois supérieures à l'offre. À cela s'ajoutent le cumul des charges, la négligence et la simonie

— la vente des sacrements. Les mœurs du clergé sont telles que l'archevêque de Prague s'en inquiète : en 1379-80, il constate que sur 39 prêtres visités, 16 vivent en contradiction avec les règles (concubinage, fréquentation de prostituées...). Le haut clergé — en général allemand — est plus touché par ces vices que le bas clergé tchèque. Ernest de Pardubice tente de réagir : il dote son archevêché de statuts et rappelle les prêtres à l'ordre. En 1360, il fait venir de Vienne un Augustin, Conrad Waldhauser, pour qu'il fustige cette dégradation des mœurs. Conrad laissera un manuel de prédication *Postille aux étudiants de la Sainte Université de Prague*, mais l'effet de son action restera limité. Un autre prédicateur, surgi du peuple chrétien, prend le relais : Milič de Kroměříž est venu tardivement au sacerdoce, après avoir eu la révélation de la Bible et de la prédication de Waldhauser. Lui-même ascétique, il flétrit l'avidité et la débauche des prêtres ; il s'attache aussi à la conversion des prostituées. Ses prêches rassemblent jusqu'à cinq fois par jour des foules avides de l'entendre. Il bénéficie de l'appui du roi et même du pape. Mais, soumis à des attaques de plus en plus vives contre sa critique du culte marial et son aspiration intransigeante à une réforme morale ainsi qu'à un christianisme pauvre, actif et vivant, il doit se rendre en Avignon pour se justifier. Malade, il y meurt. Son disciple et successeur Mathieu de Janov est un théologien virulent qui est menacé à plusieurs reprises de suspense. Il accuse l'Église de ne plus être elle-même, s'insurge contre une religion exclusivement rituelle et rejoint certaines thèses iconoclastes. Il affirme que l'Antéchrist est à l'intérieur de l'Église, qu'il faut demander des armes à la Bible et des forces à la communion. Ce sont ces idées critiques exposées par Milič et Mathieu à Prague que Thomas de Štítný, un laïc de la petite noblesse de province, va développer à l'échelle du pays par des écrits en tchèque dont le ton rappelle Montaigne. À l'Université, les maîtres, qui ont suivi les enseignements de Marsile de Padoue, de Jean de Jandun et d'autres figures de l'Université de Paris, contribuent à amplifier les idées critiques sur l'Église.

Le Royaume sous les Luxembourg
de 1310 à 1437

La Maison des Luxembourg

Limite du Saint-Empire

Extensions de territoire (1353-1368) sous Charles IV

Fiefs étrangers

Frontière du royaume de Bohême à la mort de Charles IV en 1378

Venceslas IV ou un souverain débordé

Une tâche écrasante incombe au jeune Venceslas IV qui n'a que dix-sept ans quand il arrive au pouvoir le 30 novembre 1378. La difficulté est d'autant plus grande que les anciens conseillers de son père disparaissent rapidement. Venceslas a certes vu Charles IV gouverner, il a appris à ses côtés. Mais il n'a ni compétences militaires, ni éducation de lettré. Surtout, il donne l'image d'un être inconséquent, coléreux — ce qui était une caractéristique des Luxembourg —, préférant la chasse et la boisson aux affaires de l'État. Cette image très négative s'est nourrie de ses échecs plus que d'une vision objective — car il n'est pas sans qualités — et du contraste que sa personnalité et son règne offrent par rapport à ceux de son père.

Il se heurte tout d'abord à des problèmes familiaux et à un éparpillement des biens des Luxembourg. La branche familiale du Luxembourg se détourne de la Bohême et manifeste son intérêt pour le Brabant. En Pays tchèques, les cousins de Venceslas IV, Jošt et Prokop, se disputent la Moravie et s'ingèrent dans les affaires de la Bohême et de l'Empire, bien que Venceslas soit théoriquement leur suzerain. Son frère, Sigismond, à qui sont successivement promis le Brandebourg puis la couronne polonaise (qui va aux Jagellon) et qui obtient finalement la couronne hongroise, est très intéressé par les Pays tchèques et le titre d'empereur. Seul le cadet de la famille, Jean, duc de Görlitz, se révèle un allié fidèle.

Rapidement, les choix extérieurs de Venceslas provoquèrent une déstabilisation et des contestations internes. Dans un premier temps, il poursuivit la politique de soutien à la papauté de Rome inaugurée au début du XIIIᵉ siècle par les rois de Bohême. Puis, sous la pression de la France, Venceslas renonça à se faire couronner en Italie, affaiblissant ainsi son prestige. Cette attitude lui valut tout d'abord d'entrer en conflit en 1384 avec le jeune archevêque de Prague, Jan de Jenštejn. En effet, Venceslas IV, peut-être inspiré par les exemples des Églises d'Angleterre et de France, tendait à agir comme « un pape sur ses terres ». Les calculs faits sur la fiscalité des domaines religieux au cours des dernières décennies du XIVᵉ siècle montrent, certes, le poids des prélèvements effectués au bénéfice de la Curie apostolique, mais aussi le montant, souvent plus considérable encore, des impôts royaux. En 1393, d'anicroches en rivalités ouvertes, l'affrontement atteignit son point culminant avec l'« affaire Jan de Pomuk ». Pour affaiblir l'archevêque, Venceslas IV voulut alors créer un nouvel évêché en le dotant des biens de l'abbaye bénédictine de Kladruby. Jan de Jenštejn y était opposé et entérina la nomination d'un nouvel abbé sans consulter le roi. Furieux, Venceslas fit arrêter le vicaire général de l'archevêché qui fut torturé et noyé dans la Vltava. Jan (Johanek) de Pomuk — dont on connaît peu de chose sinon ses derniers moments — était un fonctionnaire fidèle à son évêque. Rien ne le prédisposait à une fin aussi tragique. L'archevêque se démit peu après de ses fonctions et se réfugia à Rome où le pape, trop occupé par ses démêlés avec Avignon, ne lui accorda pas l'aide qu'il attendait. De cette affaire naquit la légende de Jean Népomucène dont la canonisation, en 1729, donna naissance à un culte que les Jésuites étendirent à l'ensemble de la chrétienté. Les statues de Jean Népomucène ornent dans le monde des centaines de ponts.

La cruauté dont Venceslas IV avait fait preuve sous l'emprise de la colère à l'égard d'un ecclésiastique, le desservit à l'extérieur du royaume. Certains virent même en lui un « nouveau Néron », un tyran qui ne méritait pas de conserver la couronne impériale. Il fut destitué de cette fonction en 1400 par ses pairs Grands Électeurs, encouragés par Boniface IX, au profit de Rupert de Palatinat. Telle fut la conséquence du ralliement de Venceslas à l'idée exposée par le roi de France Charles VI, consistant à faire abdiquer les deux papes pour qu'un nouveau concile réunifie la papauté.

Venceslas perdait avec l'Église de Bohême le soutien du pouvoir royal qu'avait conforté son père : il devait trouver d'autres alliés politiques. Les bourgeois (les patriciens qui aspiraient à l'anoblissement s'étant rallié à l'aristocratie frondeuse) et la petite noblesse, dont il s'entoura et dont il appela les représentants dans les postes administratifs suprêmes du royaume, étaient encore trop faibles pour constituer une véritable alternative. Les Grands, écartés, formèrent en 1394 une Union des Seigneurs qui joignit ses forces à celles de Jošt et de Sigismond et emprisonna le roi près de Beroun, puis au Château de Prague. En 1396-97, la lutte reprit et quatre favoris du roi furent assassinés dans le château même de Karlštejn. En 1399-1401, ces affrontements se compliquèrent avec l'occupation de Prague par les Saxons, mais la capitale resta fidèle au souverain. En 1402-03, le roi était à nouveau prisonnier de la noblesse, avec l'accord de son frère Sigismond, à la suite de promesses non tenues. Éloigné à Vienne, il parvint à rentrer en Bohême, mais dut céder sur les privilèges demandés.

Pour recouvrer son pouvoir, Venceslas n'avait plus grand choix. L'Université était une des rares institutions qui pouvait encore l'épauler pour retrouver son titre impérial. Il fallait cependant la transformer. C'est dans ce contexte social et politique que Venceslas allait contribuer, involontairement, à l'apparition du mouvement hussite.

Le siècle hussite

La crise universitaire

Sous le règne de Venceslas IV, l'Université de Prague est un organisme solidement constitué, au rayonnement certain, malgré l'apparition de nombreuses universités en Europe centrale : Vienne et Cracovie en 1365, Pest en 1367, Heidelberg et Cologne en 1386, Erfurt en 1392. Avec le Grand Schisme, elle espère même recueillir l'héritage germano-tchèque des étudiants de la Sorbonne. L'intégration de ce flux est résolu temporairement en 1385, mais les difficultés intérieures et extérieures de Venceslas IV vont contrarier le bon renom de Prague.

L'Université se trouve alors à la croisée des chemins et les problèmes politiques, nationaux, théologiques et philosophiques s'enchevêtrent inextricablement en son sein. Le débat se focalise sur l'appréciation de l'œuvre du réformateur anglais John Wiclef. Le mariage de la sœur de Venceslas IV avec le roi Richard d'Angleterre, la rupture partielle des liens avec Paris, une bourse réservée à un étudiant praguois pour poursuivre ses études à Oxford poussent aux contacts avec l'Angleterre et à la connaissance des écrits de Wiclef, ce canoniste qui a remis en cause l'autorité du pape en défendant son Église nationale contre une fiscalité papale jugée abusive, avec, pour arrière-plan international, une papauté prisonnière de la France. Il a surtout défini une nouvelle ecclésiologie, contestant le rôle de l'Église dans la médiation du message divin. Ces idées — finalement abandonnées par le pouvoir anglais pour des raisons d'opportunité — ne pouvaient mieux tomber en Bohême où Venceslas IV avait besoin d'arguments contre le Saint-Siège et où le terrain avait été préparé par Milič et par Mathieu de Janov.

En 1403, les « conservateurs » nominalistes, menés par Hans Hubner, maître appartenant à la *natio theutonicorum*, condamnèrent une première fois les thèses wiclefistes défendues par la majorité des Tchèques. En 1407, le conflit déboucha sur une mise en accusation d'hérésie de Stanislav de Znojmo, qui dut aller se justifier à Rome d'où il revint brisé. La querelle théologique interféra alors avec la politique.

L'Université de Paris appelait en 1408 à la réunion d'un concile à Pise, en vue de recouvrer l'unicité de la papauté. Pour obtenir le soutien du roi de Bohême, on lui promit de le rétablir dans ses droits impériaux. Or, le clergé tchèque restait fidèle à Grégoire XII, le pape romain, tout comme l'empereur Rupert de Palatinat et l'Université de Prague où dominaient les Allemands. Le 18 janvier 1409, après avoir reçu une ambassade française, Venceslas IV signa un décret, dit de « Kutná Hora », qui renversait les équilibres au sein du collège des maîtres : les Tchèques disposaient désormais de trois voix contre une aux Allemands, qui perdaient ainsi toute chance de faire prévaloir leurs vues. Ils partirent massivement à Leipzig, privant l'Université Charles d'un grand rôle international. Tout en étant « nationalisée », l'institution restait, cependant, ouverte aux étrangers à condition qu'ils souscrivent aux thèses nouvelles.

Pour la première fois en Europe, la domination de l'Église catholique romaine cédait le pas au pouvoir d'État : l'Université soutenait un mouvement d'opposition à l'Église. Mais Venceslas ne retira pas les fruits escomptés de sa décision. Si les cardinaux de Pise tinrent leur promesse, à la mort de l'Empereur en 1410, les Grands Électeurs de l'Empire portèrent leur choix sur Jošt, margrave de Moravie, puis sur Sigismond, roi de

Hongrie et frère de Venceslas qui dut passer avec son puîné de médiocres compromis.

Jan Hus, un apôtre de la vérité

Jan Hus, prédicateur déjà célèbre, a joué un rôle majeur dans tous ces événements.

Il doit son patronyme à la contraction du nom du village de Husinec, proche de Prachatice en Bohême du Sud, où il est né, vraisemblablement vers 1372. Distingué pour ses dons intellectuels, ce fils de paysan pauvre a été envoyé à Prague en 1386 (?) où il a mené la vie des étudiants de l'époque, participant au folklore estudiantin, « mangeant du pain et des pois » et se mettant, comme *famulus*-serviteur, au service d'un maître. Selon le cursus médiéval, il suit d'abord les cours de la faculté des arts libéraux, obtenant en 1393 le titre de bachelier ès arts, puis en 1396 celui de maître ès arts, qui lui permet d'accéder à la faculté de théologie. Il est ordonné quatre ans plus tard et commence à prêcher à Saint-Michel de la Vieille Ville.

Sa personnalité est déjà très marquée : lecteur assidu de la Bible, partisan des « réalistes » contre les « nominalistes », apôtre de la pauvreté, il est dans la tradition de Milič grâce aux enseignements de Stanislav de Znojmo et d'Étienne de Kolín. On lui connaît aussi un fort attachement à la tchéquité, cultivé par la lecture de la chronique de Dalimil. Lors du siège de Prague par les margraves de Moravie et de Saxe, il déclare : « Les Tchèques sont plus misérables que les chiens et les serpents parce que le chien défend la niche où il est... » Mais il ne s'agit pas d'un nationalisme de mauvais aloi. Hus affirme un peu plus tard : « Je préfère un bon Allemand à un mauvais Tchèque. »

En 1402, la carrière de Hus atteint son apogée. Il est nommé doyen de sa faculté et prédicateur de l'église de Bethléem. Inauguré en 1391 par deux riches négociants de Prague, ce lieu est réservé exclusivement à la prédication en tchèque « pour répandre la parole de Dieu », comme il est dit dans l'acte de fondation. La reine Sophie, des fonctionnaires royaux, des étudiants, des bourgeois et des artisans se pressent en masse pour écouter Hus. « C'est au Christ et à Dieu qu'il faut croire et non aux prélats, au pape : l'arbitre n'est pas quelque dignitaire de l'Église, mais la Bible. » Hus mine le système scholastique en vigueur. Ce qu'il y a de révolutionnaire chez lui, c'est qu'il n'agit plus seulement à l'intérieur de l'Université ou de l'Église, mais qu'il dénonce les vices des corps séculiers et réguliers devant les laïques.

Dans un premier temps, Hus bénéficie de l'appui de l'archevêque de Prague, Zbyněk Zajíc de Hazmburk, jeune homme initialement destiné aux armes qui se repose sur les compétences théologiques de Hus. Quand on annonce que le sang du Christ aurait coulé des hosties à Wilsnack, dans le Brandebourg, Stanislav de Znojmo et Jan Hus dénoncent la supercherie, soutenus par Zajíc de Hazmburk. De 1405 à 1407, Hus occupe même les fonctions très officielles de prédicateur synodal. L'archevêque étouffe les protestations du haut clergé dirigées contre lui. Mais la situation se complique en 1408-09, bien qu'à la suite du décret de Kutná Hora et de la transformation de l'Université, Hus ait été élu recteur. Les thèses de Wiclef sont à nouveau condamnées ; quelques mois plus tard, Zajíc de Hazmburk refuse de reconnaître le pape pisan Alexandre V, jette l'interdit sur Prague et s'enfuit dans son domaine de Roudnice. Sous la pression de Venceslas IV qui a décidé de confisquer les biens de tous les fuyards, l'archevêque revient sur ces mesures, mais il a trouvé une oreille attentive chez le nouveau pape, qui rejette les prédications hors des églises et chapelles autorisées en vue de limiter l'audience des réformateurs. L'épreuve de force commence. Hus et ses amis sont excommuniés en septembre 1410. Le roi de Bohême réplique par une nouvelle confiscation des biens ecclésiastiques. L'interdit est lancé sur Prague et l'instruction du procès en hérésie contre Hus débute à Rome. Jean XXIII, qui y soutient Sigismond pour le trône impérial — contrairement aux promesses qu'il avait faites au roi de Bohême —, ne souhaite pas s'aliéner totalement Venceslas, et l'archevêque de Prague, isolé, mourra à Presbourg en allant chercher de l'aide auprès de Sigismond.

Les désordres de la chrétienté vont alors retentir directement en Bohême. Le pape romain Grégoire XII, soutenu par le roi de Naples, part en guerre contre Jean XXIII qui édicte en septembre 1411 une bulle sur les Indulgences pour entretenir des mercenaires. Quand les collecteurs d'indulgences arrivent à Prague en mai 1412, le tollé est général. Hus et ses amis s'élèvent avec flamme contre ces pratiques : une discussion qui a lieu à l'Université dégénère et se transforme en mascarade, suivie d'un autodafé dans les rues de la capitale. En représailles, Venceslas IV, pour les projets duquel la suspicion d'hérésie serait fatale, fait décapiter trois jeunes compagnons artisans qui ont pris part à la manifestation et auxquels Hus rend hommage. Le prédicateur est définitivement condamné par la papauté et quitte Prague pour la province — en particulier Kozí Hradek, près de Tábor — après son excommunication majeure prononcée en octobre 1412. Contre elle, il en appelle « au Seigneur Jésus-Christ, juge équitable, qui connaît, protège, juge, révèle et couronne immanquablement la juste cause de chacun ». Désormais, il est seul ou, plus exactement, il n'a que l'aide de ses amis, parmi lesquels un certain nombre de représentants de la noblesse tchèque.

Ses écrits sont de véritables brûlots. Il persiste dans ses critiques avec son opuscule *Sur la simonie*, avec son *De Ecclesia* et ses recueils de prêches (*La Postille*). L'empereur Sigismond arrache alors à Jean XXIII — qui n'a pas réussi à affirmer sa primauté face à son rival — la promesse d'un concile. Le pape pisan lui parle à son tour de l'hérésie en Bohême et le roi de Hongrie — qui convoite la couronne de son frère Venceslas — a tout intérêt à ce que ce dernier soit considéré comme le protecteur des hérétiques. Sigismond propose à Hus de venir s'expliquer à Rome : les amis du réformateur l'en dissuadent. Il décide en revanche de se rendre à Constance, muni d'un sauf-conduit impérial.

Le dernier acte de la vie de Hus commence. Constance, où il arrive le 3 novembre 1414, est alors la capitale de la chrétienté occidentale : cent mille étrangers, dit-on, accompagnent 28 rois ou princes, 78 comtes, 23 cardinaux, 27 archevêques... Jean XXIII est quasiment prisonnier de la Curie — il s'échap-

Dessin d'Ulric de Richental, témoin oculaire de la mort de Hus à Constance, le 6 juillet 1415.

pera en mars 1415. Tous sont là pour mettre un terme définitif au schisme. Quand Hus entre dans la ville d'Empire, ses ennemis sont déjà présents ; malgré la protection de Sigismond, il est arrêté quelques jours plus tard et jeté en prison dans un monastère bénédictin, puis dans la forteresse de l'évêque de Constance. Une commission présidée par Pierre d'Ailly est constituée pour le juger et Hus est entendu du 5 au 8 juin. Condamné à mort, il est brûlé le 6 juillet 1415 après avoir déclaré : « Ces évêques m'exhortent à me rétracter et à abjurer ; mais moi, je crains de le faire pour ne pas être trouvé menteur devant le Seigneur et aussi pour n'offenser ni ma conscience ni la vérité de Dieu. » Son ami Jérôme de Prague connaîtra le même sort en mai 1416. La Bohême a désormais ses martyrs.

Dans une tentative de réhabilitation, le bénédictin Paul de Vooght a ainsi apprécié Jan Hus : « La voix de Hus s'élève comme la plainte profonde de la chrétienté mise au supplice par les désordres de l'Église et par le schisme /.../ Ce qui l'anime, c'est tout simplement le besoin de faire face au plus pressé : persuader les chrétiens que si la hiérarchie ecclésiastique est pourrie de haut en bas, la vie chrétienne peut et doit être sauvée /.../ Héros national, révolté, wiclifiste, utraquiste, hérétique et finalement premier martyr de la future idée protestante, Hus fut tout cela... malgré lui. Il le fut par toutes sortes de circonstances et par ses contradictions internes. Il ne fut rien de tout cela par son propre choix. » Une vision que d'autres contestent : au contraire, affirment-ils, Hus, à l'égal de Luther, de Thomas Müntzer, de Zwingli ou de Calvin, fut un vrai réformateur dont l'action fut interrompue et reprise par ses disciples quelques années plus tard avec le mouvement hussite.

En fait, les critiques de Hus à l'égard de l'Église n'avaient rien de très original. Marsile de Padoue, Wiclef et même les maîtres de l'Université de Paris avaient suggéré les mêmes réformes que lui. Mais ses idées se développaient au moment précis où tous les efforts étaient tendus vers le retour à l'unité de l'Église. De plus, les juges conciliaires se rendirent compte que Hus était un homme de révolte. Intransigeant, il ne cédait rien dans sa quête de la vérité. « La vérité vaincra », disait-il, devise qui allait profondément imprégner les mentalités tchèques.

Après saint Venceslas et Charles IV, Jan Hus est chronologiquement la troisième grande figure de l'histoire tchèque. L'historiographie marxiste l'a même « récupéré » pour en faire une sorte de précurseur de l'égalitarisme tchèque du XIXe siècle, voire du socialisme. Un tel anachronisme a fait aujourd'hui long feu et les études lexicographiques et sémantiques ont montré que Hus et ses successeurs aspiraient surtout à un retour vers la pureté des origines du christianisme. Hus est donc devenu un personnage emblématique de la tchéquité. Avec lui, les Tchèques disposent d'une personnalité d'envergure européenne puisque ses efforts préfigurent ceux de la réforme protestante qui se réclamera de lui.

La postérité de Hus a revêtu trois visages :

— Pour les uns, Hus est avant tout un Tchèque et il a incarné un certain patriotisme, exalté dans la littérature du XIXe siècle. En effet, à côté de ses écrits ecclésiologiques, Hus est le modernisateur de l'orthographe tchèque avec l'introduction des signes diacritiques, le créateur d'une langue littéraire unifiée qu'il a enrichie, l'apôtre de l'utilisation du chant populaire à l'église, l'auteur de textes en tchèque de grande valeur littéraire.

— Pour les autres, Hus a été le symbole de la contestation tchèque du catholicisme romain, le pivot de la tchéquité moderne qui, à partir du XVIe siècle, va être déchirée entre catholicisme et protestantisme. Amedeo Molnar voit en Hus et ses enseignements un des sommets de la « première Réforme » (avec une filiation vaudoise) caractérisée par le message évangélique, par la poursuite des tentatives novatrices remontant au XIIe siècle et par sa nature populaire. Mais c'est tout particulièrement par les résonances éthiques et morales de son témoignage que Hus est resté au centre de la pensée tchèque.

— Enfin, il y a une tradition anti-hussite, reprise par les catholiques, qui a formé un clivage majeur parmi les Tchèques, la Contre-Réforme tentant d'effacer le souvenir hussite.

Le mouvement hussite, après Hus

Contrairement à ce que les représentants du mouvement conciliaire imaginaient, la disparition de Hus et de Jérôme de Prague n'allait rien résoudre en Bohême. L'arrestation de Jan Hus avait suscité une première réaction des plus hauts dignitaires de la Cour, soutenus par la reine Sophie, réaction sans effet puisqu'un légat fut nommé en août 1415 pour extirper l'hérésie. Le 2 septembre, ce fut au tour de la diète d'adresser une protestation solennelle contre l'exécution de Hus et la détention de Jérôme.

Une Ligue « hussite » se constitua, menée par trois aristocrates, Čeněk de Wartenberk, grand burgrave de Prague, donc premier grand officier du royaume, et connétable de l'armée tchèque, Lacek de Kravář, membre du Conseil de la Couronne, et Boček de Poděbrady. En réponse, une Union catholique commandée par Jan de Hradec vit le jour à Český Brod. Le pays était en train de se diviser, à la veille d'une véritable guerre religieuse. Les racines du mécontentement étaient en effet trop profondes pour que les sanctions conciliaires soient efficaces. Les tensions sociales, nationales et religieuses formaient un faisceau propre à déclencher un vaste mouvement qui allait bouleverser toute la société.

Nous avons vu comment la chaîne des tensions accumulées aboutissait à la contestation de l'Église et excitait les aspirations sécularisatrices de ses biens. Outre les ambitions de la noblesse, l'élément urbain, surtout Prague et Kutná Hora, jouait désormais un rôle considérable.

L'économie monétaire qui s'était développée autour du commerce et de l'artisanat avait transformé les mentalités. Pour exercer ces activités, il fallait avoir des connaissances minimales en matière de lecture et d'arithmétique, disposer d'instruments de mesure cohérents. La maîtrise du temps — une horloge est installée sur l'Hôtel de la Vieille Ville de Prague au début du XVe siècle — est révélatrice du passage d'un temps cyclique rythmé par les saisons à un temps linéaire. Face à ces besoins, un réseau d'écoles nouvelles — correspondant au niveau d'un collège — s'était développé dans les villes les plus importantes. La littérature didactique et les belles-lettres tchèques commençaient à l'emporter sur la littérature profane allemande. En bref, on assistait à une amorce de laïcisation, de sécularisation et de « nationalisation » de la culture, même si le latin restait largement prédominant.

Dans le même temps, les structures urbaines s'étaient modifiées. Le patriciat avait commencé à devenir un féodal : possédant environ 4 % des terres du royaume au début du siècle, il entrait en rivalité avec la noblesse au statut de laquelle il souhaitait cependant accéder. À l'autre extrémité du spectre social, les pauvres et les marginaux formaient désormais un groupe suffisamment nombreux et plus réceptif aux critiques de la société. Mais, à l'inverse du schéma simpliste qui a été développé dans l'historiographie tchécoslovaque des années

1950 et 1960, ce n'est ni la paupérisation massive des couches pauvres des villes, ni la dégradation de l'économie rurale qui peuvent expliquer le mouvement hussite : toutes deux ont été largement exagérées.

D'autres facteurs doivent être mis en avant.

La crise des valeurs traditionnelles est le résultat d'une conjonction d'éléments qui ont déstabilisé la société : l'incapacité du pouvoir royal et, en même temps, son attitude arbitraire se sont répercutées à tous les échelons. Le sentiment d'insécurité et les prophéties millénaristes se sont aussi nourris de la peste : ce n'est pas un hasard si les régions les plus atteintes par les pandémies ont été les plus touchées par les hérésies.

Un autre élément a joué : entrer en communication avec le peuple chrétien, avec l'ensemble des fidèles, qui sont ainsi associés en masse à la critique de l'Église, est devenu une caractéristique majeure de la période pré-hussite. La volonté des hussites de répandre leur parole en dehors des lieux de culte traditionnels et l'interdiction parallèle de Rome montrent à quel point les adversaires avaient saisi les enjeux : à une époque où l'imprimerie n'existait pas encore, la diffusion des idées hussites ne pouvait être efficace que si les prêtres réformateurs disposaient d'une liberté de prédication totale, sans aucune contrainte.

La dimension nationale ne doit pas être sous-estimée. Jérôme de Prague avait précisé que les traits distinctifs de la nation tchèque étaient le sol natal, la langue et l'ascendance. Désormais, l'appartenance à la nation tchèque était clairement perçue. Fondé principalement sur la « langue » qui souvent se confond dans les textes de l'époque avec la « nation », le patriotisme tchèque s'affirmait en opposition à la nation allemande : l'Université était le terrain d'élection de cette prise de conscience. La précocité de celle-ci peut étonner, mais la cohérence du territoire, la montée en puissance du royaume et son début de centralisation à travers la Cour des Luxembourg et l'archevêché de Prague, peuvent expliquer cette situation. La rivalité qui existait entre les bourgeois tchèques et les patriciens allemands, depuis le milieu du XIVe siècle, au sein de la municipalité de la Vieille Ville de Prague, l'épicentre du royaume, est à prendre également en compte.

Il faut aussi noter que la conception de la *Sacrosancta communitas bohemica*, comme l'a souligné František Šmahel, s'étendait « du roi... au simple journalier ». Un tel constat interdit une interprétation étroite du mouvement hussite comme simple épisode de la lutte des classes.

Enfin, la dimension religieuse était omniprésente : les Tchèques hussites refusaient le terme péjoratif de « hussites » que leur appliquaient par dérision leurs ennemis et qui perdit sa connotation négative bien plus tard. Ils se désignaient eux-mêmes par l'expression *fideles Bohemi*, puis comme membres de l'*obec*, la « communauté ». Si tous les Tchèques n'adhéraient pas aux idées réformatrices — les plus durs accusateurs de Hus à Constance étaient tchèques et, inversement, l'on compta parmi les hussites quelques Allemands et d'autres étrangers (Pierre et Nicolas de Dresde, Peter Payne...), les équations Tchèques = hussites et Allemands = catholiques restaient assez largement justifiées. Par ailleurs, les enseignements des réformateurs avaient été dispensés principalement en tchèque, d'où leur accessibilité limitée pour les germanophones.

Très vite, après la condamnation de Hus et de Jérôme, le désordre religieux s'amplifia en Pays tchèques, même si le concile de Constance était parvenu à élire un pape unique à Rome, Martin V — le cardinal Otto de Colonna qui avait excommunié Hus en 1411. Fortes de cette unité retrouvée, les autorités de l'Église avaient mis l'Université de Prague à l'index et interdit la communion sous les deux espèces. Cette pratique liturgique inaugurée par Jakoubek de Stříbro (Jacobellus de Mies) à l'automne 1414 avait été approuvée par Hus. Elle symbolisait le mouvement nouveau en soulignant l'égalité de tous les fidèles et en réduisant le rôle privilégié d'intermédiaire du prêtre. Le calice devint l'emblème du hussitisme alors que les catholiques combattaient sous le signe de la croix. De nombreux nobles commencèrent à chasser des cures qu'ils patronnaient les prêtres qui n'adhéraient pas aux idées réformatrices. Menacé d'une croisade par son frère Sigismond, Venceslas IV prit des demi-mesures contre les partisans de Hus ; cela ne fit qu'augmenter les tensions alimentées par des prédicateurs millénaristes qui annonçaient la fin du monde à laquelle échapperaient seuls les justes, c'est-à-dire les partisans d'un *aggiornamento* de l'Église. Des foules de pèlerins se réunissaient sur des hauteurs et dans cinq villes réputées pour devoir échapper aux foudres divines. Ces « rassemblements du désert » renforçaient l'agitation. Les chefs des radicaux des campagnes et de Prague se réunirent le 22 juillet 1419 sur un mont rebaptisé Tábor, près de Beroun, à l'ouest de Prague, et décidèrent d'agir. Et le 30 juillet, à la suite d'un sermon enflammé de Jan de Želiv à Notre-Dame des Neiges, dans la Nouvelle Ville de Prague, la foule se dirigea vers l'Hôtel de la Vieille Ville d'où elle défenestra les échevins hostiles qui avaient fait arrêter plusieurs des hussites. Une première défenestration dans l'histoire tchèque et le début d'une révolution. Venceslas IV mourut d'apoplexie quelques jours plus tard en apprenant la nouvelle.

Quinze ans de guerres et de gloire

L'annonce de la mort de Venceslas IV fut le signal d'une véritable ruée sur les biens ecclésiastiques et le clergé perdit aussitôt sa représentation à la diète. Sigismond, à qui revenait la couronne, était occupé en Hongrie. La reine Sophie étant investie de la régence, Čeněk de Wartenberk prit la tête du Conseil. La Bohême fut alors submergée par une vague de millénarisme : comme Sodome et Gomorrhe, elle allait être frappée, annonçaient les prédicateurs extrémistes (Václav Koranda à Plzeň, Ambroise de Hradec Králové, Markolt, Kaniš, Antoch, Jan l'Allemand de Žatec...). À Prague, Jan de Želiv était triomphant : les « pauvres » tenaient la capitale. Aussi les possédants, « chanoines, marchands, moines et riches bourgeois », quittèrent-ils la ville en grand nombre. Et, pour faire face à ces désordres, bourgeois et nobles modérés partisans du calice contractèrent une alliance. Leur programme ?

— La reconnaissance du calice, la communion sous les deux espèces (l'utraquisme), la réhabilitation de Hus et de Jérôme et la sécularisation des biens du clergé.

— La suppression du droit royal de déshérence, la consultation de la noblesse pour l'utilisation du trésor royal, la présence exclusive de Tchèques dans les charges officielles, la cooptation des professeurs à l'Université, seuls habilités à juger des hérésies.

— La confiscation des biens des étrangers au profit des échevins hussites.

Ce programme minimal traduisait les souhaits de la noblesse et de la bourgeoisie hussites, très en deçà des aspirations de ceux que l'on appelait les « taborites » (de l'hébreu *thabor*, du mont Thabor, signifiant camp) menés par Václav Koranda. À la mi-octobre 1419, les catholiques et les réformistes les plus conservateurs occupèrent à Prague la rive gauche de la Vltava et, en novembre, à la suite d'un compromis entre ce premier groupe et les hussites modérés, les taborites durent quitter la capitale, se dirigeant vers Plzeň, puis vers Sezimovo Ústí qu'ils brûlèrent pour fonder la ville de Tábor. Nous avons ici un des paradoxes du mouvement radical hussite qui, tout en considérant le monde urbain comme un univers corrompu qu'il fallait fuir, a constitué sa force principale autour d'une nouvelle cité et d'une fédération de villes.

Une des premières questions à régler était celle de la succession royale, jusque-là suspendue à un arrangement provisoire. Les négociations entre Prague et Sigismond ayant échoué, on s'acheminait vers une rupture. En mars 1420, Martin V confia au roi de Hongrie le soin d'extirper l'hérésie de Bohême. S'étant mis à la tête de la croisade, celui-ci fut destitué par une diète hussite, le 18 avril 1420. La situation était très incertaine. En mars, un chef de guerre borgne, hobereau de Bohême du Sud, Jan Žižka, avait écrasé les forces catholiques à Sudoměř. C'est lui que l'on appela pour défendre Prague et il empêcha Sigismond de prendre pied sur la rive droite de la Vltava, remportant la victoire de Vítkov (aujourd'hui Žižkov). Bien que Sigismond ait été couronné à la cathédrale Saint-Guy, il n'avait pas acquis une légitimité suffisante aux yeux des Praguois, même modérés. Une seconde défaite en novembre à Vyšehrad — la forteresse fut détruite et perdit son statut de siège royal — sanctionna ses efforts pour s'imposer au royaume tchèque. Prague se tourna alors vers la dynastie jagellonne de Lituanie pour le remplacer et, après que le grand-duc Vitold eut décliné l'offre, son neveu Sigismond Korybut se substitua à lui comme régent du royaume.

Début juin 1421, la tenue de la diète de Časlav montrait à quel point le pouvoir urbain était triomphant : cinq représentants de la haute noblesse, sept de la petite noblesse, mais aussi quatre pour Prague, quatre pour les autres villes du royaume, auxquels s'ajoutaient deux ecclésiastiques, Jan de Příbram et Jan de Želiv.

Les hussites s'étaient unis pendant quelques mois pour résister au péril extérieur sur la base d'une véritable charte, définie en juillet 1420 sous le nom de « Quatre Articles de Prague ». Le premier article réclamait la libre prédication de la Parole de Dieu. Le deuxième confirmait l'utraquisme et la nécessité de recourir à une communion fréquente. Le suivant exigeait le retour à une Église pauvre et sans pouvoirs séculiers. Le quatrième demandait le châtiment public et égal des péchés mortels. Ce programme avait même été reconnu par l'archevêque de Prague, Conrad de Vechta, qui s'était également rallié à la diète pour dénier le titre royal à Sigismond, provoquant une réaction du clergé paroissial praguois, traditionnellement hostile aux réformateurs.

Mais le consensus obtenu sous la pression extérieure ne dura pas. Entre les catholiques et les taborites, naquirent de nombreux courants rivaux.

En Bohême et en Moravie, le camp catholique s'effondra et ne put compter que sur quelques points d'appui durables : après une rapide phase radicale, le *Landfrýd* de Plzeň, centre de la noblesse de la Bohême occidentale, České Budějovice au sud, et les régions frontalières du nord, de peuplement allemand. En Moravie, les villes étaient aussi à dominante catholique, au moins jusqu'en 1426.

Les hussites modérés, dirigés par d'anciens compagnons de Hus et baptisés « utraquistes », rassemblaient nobles et bourgeois : ils se divisaient en deux branches, les « pseudo-catholiques » et les calixtins ardents. Les hussites radicaux se distinguaient des précédents par leur refus du compromis et par leur origine provinciale ou paysanne : ils se répartissaient en « orébites » (d'après le mont Oreb) de Hradec Králové, en Bohême orientale, qui se baptisèrent « orphelins » en 1424 à la mort de Jan Žižka, en « taborites » regroupés à Tábor qu'ils avaient créé en 1420, et en hussites du Nord de la Bohême concentrés autour de Žatec et Louny.

La communauté taborite comprenait les éléments les plus extrémistes. Fondée sur des idéaux égalitaires, elle prônait la réduction maximale de la propriété et l'éducation y était dispensée aux hommes comme aux femmes. Dans les années 1950, l'historiographie officielle tchécoslovaque tenta de faire de Tábor une préfiguration du communisme, commettant un lourd contresens sur l'inspiration, essentiellement religieuse, de ce mouvement. D'ailleurs, Tábor devint très rapidement une puissance urbaine classique qui regroupait des villes du sud du pays, n'hésitant pas à prélever l'impôt sur les villages sujets... L'idéal utopique d'égalité sociale et économique dépérit pour finalement s'évanouir sous le poids des nécessités.

En décembre 1420, Jan Žižka s'affirma comme le chef des radicaux. Mais, une fois les prédictions millénaristes démenties par les faits, la situation se « normalisa » et les représentants les plus extrémistes furent évincés.

À Prague, Jan de Želiv et neuf de ses compagnons furent décapités en mars 1422 après avoir exercé une « dictature » sur la Vieille et la Nouvelle Ville qu'ils avaient unifiées. À Tábor, Žižka décida d'éliminer les courants les plus radicaux. Picards et adamites périrent sur le bûcher en 1421. Cette brutale éradication devait permettre un rapprochement avec les modérés. Mais Tábor restant encore trop radical et refusant l'instauration d'un nouveau roi que Žižka soutenait, ce dernier partit fonder la confrérie des Orébites à Hradec Králové en avril 1423.

Sur le plan international, le royaume tchèque, très isolé, était en butte à une hostilité générale. Mais les croisades se multipliaient sans succès, les armées catholiques connaissant déroute sur déroute, malgré leur supériorité numérique. Cette situation est explicable par les motivations respectives des

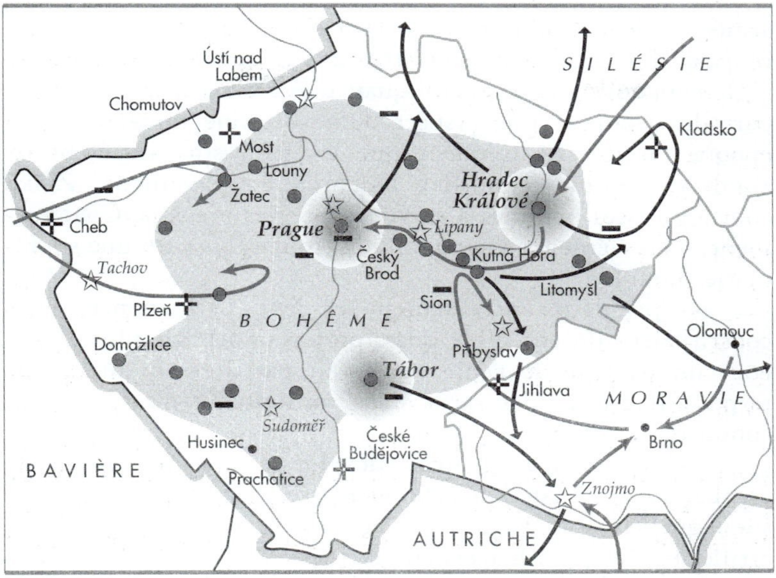

Le mouvement hussite

Zones touchées par la réforme
Villes hussites
Villes catholiques
Châteaux
Mouvement hussite vers l'étranger
Offensives des croisés
Batailles

adversaires : les croisés étaient des mercenaires qui se battaient sur un terrain inconnu ; les hussites se désignaient comme « les combattants de Dieu ». Animés d'un très fort messianisme, ils avaient deux atouts majeurs : ils défendaient leur foi et ils bénéficiaient d'une organisation supérieure. La petite noblesse tchèque paupérisée qui s'était employée depuis la fin du XIVe siècle sur les champs de bataille européens, avait acquis une expérience précieuse, y compris contre les Turcs. Jan Žižka était un bon exemple de ces hobereaux ralliés à la cause hussite ; âgé d'une soixantaine d'années, borgne puis aveugle, il est la figure emblématique de ces combattants intrépides. Ses adversaires firent courir la légende que les tambours de ses armées étaient tendus de peau humaine. Žižka fut surtout un remarquable organisateur et stratège : il dota ses armées d'un règlement militaire qui impliquait une grande discipline de la part des troupes et le respect d'une certaine morale. À une époque où il était fréquent que les fantassins s'arrêtent de combattre pour dépouiller leurs ennemis vaincus, Žižka contraignit ses hommes à suivre des règles précises. Concrètement, trois éléments assurèrent aux troupes hussites une suprématie durable :

— par leur entraînement et leur permanence, elles constituaient un ensemble quasi professionnel ; de plus, Žižka était un stratège de génie qui savait parfaitement utiliser le terrain. Il est un des rares chefs militaires à n'avoir jamais connu de défaite ;

— ces troupes avaient développé une technique de combat appuyée sur l'utilisation massive de chariots, barrière sur laquelle butait la cavalerie ennemie et à l'abri de laquelle artillerie et archers harcelaient l'adversaire avant que cavaliers et fantassins ne passent à l'attaque ; un des atouts hussites était l'habileté et la rapidité avec lesquelles les conducteurs manœuvraient les chariots ;

— précédées d'une réputation d'invincibilité, les armées hussites inspiraient aussi la terreur par le bruit qu'elles faisaient à l'approche de l'ennemi. Au brouhaha des centaines, voire des milliers de chariots de combat s'ajoutaient les chants que les hommes reprenaient à l'unisson. Souvent, ils n'eurent même pas à combattre, leurs adversaires croisés fuyant avant de les affronter, comme en 1427, à Tachov, ou en 1431, à Domažlice.

Žižka mourut de la peste en octobre 1424 et Procope le Rasé, dit le Grand, lui succéda à la tête des armées de campagne hussites.

Le parti royal de Sigismond Korybut subsista jusqu'en 1428, alors que les négociations avec Sigismond de Luxembourg, qui n'avaient jamais été totalement interrompues, furent relancées au printemps 1429 : Praguois, hussites modérés, mais aussi taborites avaient des contacts avec lui, le point d'achoppement étant la reconnaissance des Quatre Articles de Prague.

Les hussites connurent leur apogée à la fin des années 1420 avec leurs « raids magnifiques » (*rejs* ou *spanilé jízdy* en tchèque) qui les amenèrent de 1428 à 1433 en Slovaquie, en Silésie, en Autriche, en Bavière, en Lusace, en Franconie, en Misnie et jusqu'au Brandebourg et à la Baltique. Ces expéditions signifiaient qu'il n'y avait plus d'opposition militaire à l'intérieur du pays et que l'on pouvait se consacrer à des tâches extérieures : répandre les convictions hussites grâce à toute une littérature de « manifestes », saper l'action de l'ennemi sur ses bases mêmes et, enfin, assurer les ressources nécessaires aux armées de campagne dont la partie permanente comprenait, d'après les estimations les plus récentes, environ 17 000 hommes. Il fallait aussi pallier le manque de certains produits — le sel, les épices, le fer — provoqué par le détournement des voies commerciales traditionnelles. Ces actions eurent un certain écho dans les pays avoisinants, et jusqu'à Tournai, où l'on brûla en 1423 un certain Gilles Meursault pour ses idées calixtines.

Sur le plan intérieur, cette période de troubles est une des plus complexes qui soit. La scène politique et religieuse est perpétuellement en mouvement, avec une constante cependant : un clivage profond entre modérés et radicaux qui ne s'efface que lorsque le danger extérieur est très présent.

Les Praguois étaient dirigés par Jan Rokycana, les taborites par Procope le Rasé et les Orphelins par Procope le Petit. De l'été 1423 à l'automne 1424, Praguois et radicaux s'étaient querellés et combattus, toujours à l'avantage de Žižka, jusqu'à l'accord provisoire de Špitalské pole (14 septembre 1424). La guerre éclata à nouveau en février 1425 et s'acheva en octobre par une trêve qui permit aux deux forces de lancer une expédition dans une Moravie restée encore très catholique et que Sigismond avait donnée en fief à Albert d'Autriche. Au début des années 1430, la population paysanne était exténuée. Le butin profitait seulement aux armées de campagne. Jan Rokycana voulait désormais la paix dans l'union, même si Procope le Rasé continuait à plaider pour la propagation du hussitisme.

Le cardinal Julien Cesarini, qui avait perdu jusqu'à ses vêtements sacerdotaux dans la catastrophe de Domažlice, avait compris que l'Église catholique ne parviendrait pas à briser les hussites sur le terrain militaire et qu'il fallait négocier. Les Tchèques avaient eux-mêmes pressenti en février 1431 le roi de Pologne comme médiateur. Finalement, une première réunion eut lieu à Cheb en mai 1432 entre Sigismond de Luxembourg, les représentants du concile de Bâle — qui avait besoin d'affirmer sa capacité à résoudre les problèmes de la chrétienté alors qu'il était à nouveau en conflit avec le pape — et ceux des hussites : il fut décidé que les théologiens hussites viendraient défendre leur point de vue à Bâle et que le concile en serait seul juge. Pour ne pas subir les mêmes avanies que Hus, les Tchèques — forts de leur puissance — annoncèrent qu'ils n'accorderaient la paix qu'aux États qui cautionneraient l'inviolabilité de leur délégation. Dans un premier temps, et en raison de l'intransigeance des taborites et des Orphelins, la *disputatio* de Bâle fut un échec, mais le contact fut maintenu avec les hussites modérés. Les radicaux, qui subissaient leurs premiers échecs militaires en raison de leurs divisions et de l'affaiblissement de leur discipline, étaient peu à peu marginalisés tandis que toutes les autres forces se coalisaient contre eux et que la délégation conciliaire jouait en Bohême la carte de la diplomatie et de la ruse.

Le 30 mai 1434, les hussites modérés et les armées de campagne se rencontrèrent entre Lipany et Hřib, villages proches de Český Brod : terrible bataille où s'affrontèrent 25 000 à 30 000 hussites de différentes obédiences et où périrent, selon les chroniques de l'époque, 13 000 hommes (un chiffre que Petr Čornej a ramené à 1 500), dont Procope le Rasé. C'en était fini des armées de campagne des taborites et des Orphelins, et de la « dictature militaire » des confréries. La voie de la négociation était ouverte. Mais il fallut encore deux années pour aboutir aux Compactats de Jihlava (Iglau) du 5 juillet 1436, texte qui clôturait les négociations amorcées à Bâle. Le concile de Bâle acceptait l'utraquisme dans le royaume de Bohême et le margraviat de Moravie, et, pour la population hussite, une forme atténuée des trois autres articles de Prague. Les hussites reconnurent alors la validité du sacre de Sigismond de Luxembourg de juillet 1420. Le vieux roi et empereur pouvait enfin rentrer à Prague. Mais ses tribulations n'étaient pas finies. Les résistances hussites qui se maintenaient, les querelles qui continuaient et la situation en Hongrie le contraignirent à un nouveau départ. Il mourut sur le trajet, à Znojmo, le 9 décembre 1437.

Un royaume fatigué et transformé

Jusqu'en 1434 au moins, cette période a été marquée par la suprématie des gens d'épée. La guerre signifiait une violence et une insécurité qui empêchaient les villes de pratiquer le commerce — baisse amplifiée par les croisades et les embargos prononcés par les papes ou les conciles (Sienne en 1423), ainsi que par l'attitude négative du clergé hussite à l'égard de cette activité. Les raids à l'étranger étaient justifiés par l'entretien des troupes hussites et par l'acquisition de fonds, la frappe de la monnaie ayant été considérablement ralentie, voire arrêtée. Les pillages, les incendies, les confiscations des récoltes touchaient les plus démunis, notamment les paysans, et la production chuta dramatiquement, amplifiant les épidémies de peste et de typhus quand elles survenaient. Des villages entiers disparurent et la population du royaume a certainement baissé, mais dans des proportions difficiles à établir.

Un autre aspect négatif du mouvement hussite a été souvent souligné : la destruction d'édifices religieux. Pour les radicaux, le faste dont s'entourait l'Église était condamnable. Ils refusaient aussi les représentations, les images : iconoclastes, ils anéantirent statues, tableaux, fresques, autant de trésors romans et gothiques perdus. La disparition de la Cour et des institutions religieuses accéléra la décadence des arts plastiques et de l'architecture en pays hussite pendant la première moitié du XVe siècle.

En revanche, une riche littérature religieuse et profane vit le jour : traités, recueils de prédications et de cantiques, textes polémiques entre catholiques et hussites, correspondances et chroniques témoignent de l'effervescence intellectuelle de l'époque. De même, les partisans de Hus pratiquèrent abondamment le chant à l'unisson, dont nous avons vu la fonction militaire, mais qui joua aussi un rôle religieux et patriotique considérable.

L'héritage guerrier du mouvement hussite n'est pas négligeable. Ce n'est pas un hasard si l'un des rares mots tchèques à être passés dans la langue française est « pistolet » (*pišťala*). Jusqu'au début du XVIe siècle, où il fut remplacé par les Suisses, le soldat tchèque était un des mercenaires les plus réputés d'Europe. Une fois les armées hussites de campagne disparues, leurs hommes trouvèrent à s'employer un peu partout en Europe, et avant tout contre les Ottomans.

Sur le plan social et national, les Pays tchèques sortirent totalement bouleversés de ces quelques décennies. L'Église perdit au moins 80 % de ses biens fonciers. Les nobles et les villes hussites furent les grands bénéficiaires de ce partage, mais les seigneurs catholiques ne manquèrent pas de participer à la curée, quitte à prétexter qu'il s'agissait de défendre les terres ecclésiastiques. La famille Rožmberk s'attribua ainsi les immenses domaines du monastère cistercien de la Couronne d'Or (Zlatá Koruna) dans le sud de la Bohême. Les confiscations sauvages des années 1420 furent largement légalisées (les commissions de restitution ne revinrent que sur 15 % des accaparements) par Sigismond et ses successeurs, même au profit de la noblesse hussite, car les souverains avaient d'énormes besoins financiers que les droits d'enregistrement et les gages permettaient de couvrir, comme l'a pertinemment montré František Šmahel. Les grands seigneurs se taillèrent la part du lion, suivis par la petite noblesse, mais aussi par les villes hussites comme Tábor et Louny qui durent rendre, elles, une partie des propriétés foncières abusivement détenues.

L'Église était redevenue pauvre, comme l'avaient souhaité les réformateurs hussites. L'Église catholique, bien sûr, mais aussi l'Église calixtine — c'est-à-dire les hussites modérés — qui aspirait à sa succession et qui se trouva rapidement confrontée à des problèmes matériels aigus. À la baisse très sensible du nombre de clercs correspondait celle des paroisses, auparavant pléthoriques. Cet effacement de l'Église catholique romaine était sans précédent en Occident et ouvrait une brèche pour la Réforme. Plus important encore, le fait que désormais plusieurs courants religieux devaient coexister en Pays tchèques : cette pluralité des croyances fut le point de départ de la tolérance. L'archevêque de Prague Conrad de Vechta étant mort en 1431, Jan Rokycana fut élu à sa succession en 1435 par le clergé utraquiste, mais ne fut pas reconnu par la papauté : ainsi le siège archiépiscopal de Prague resta-t-il vacant pendant 130 années. Bien entendu, il n'était plus question que l'Église jouât un rôle politique direct. Jusqu'au deuxième quart du XVIIe siècle, les prélats furent absents des instances suprêmes de l'État et de la diète de Bohême.

La Cour royale était l'autre grand perdant des événements hussites. Le pouvoir du roi avait fondu avec ses biens fonciers. De plus, l'unité du royaume était menacée par l'évolution divergente de ses différentes parties. Si les équilibres avaient été complètement bouleversés en Bohême et en Moravie, le système des ordres n'avait pas été touché dans les provinces de Lusace et de Silésie : il en était résulté une asymétrie qui affaiblissait profondément la Couronne.

La noblesse était triomphante et participait directement au gouvernement du pays. Le processus d'affirmation entamé depuis le XIIIe siècle se poursuivait tant dans la consolidation d'un pouvoir propre que dans l'importance des biens possédés. Pour se protéger de l'aristocratie guerrière dont certains membres avaient acquis des territoires importants, la grande noblesse tendit à se constituer en groupe clos. Mais la petite noblesse avait réussi à sortir de l'impasse économique où elle se trouvait avant les guerres hussites, même si cette amélioration ne fut que passagère et buta rapidement sur la poursuite du processus de concentration des terres.

Quant aux villes, elles confirmèrent leur rang féodal aux côtés des patriciens. La position qu'elles occupèrent dans la vie politique entre 1420 et 1434 commença pourtant à s'effriter après cette date pour s'affaisser considérablement au siècle suivant.

Pour la masse de la population paysanne, le bilan était également contrasté. Certes, elle avait subi la guerre avec son cortège de dégâts et de confiscations. Mais le mouvement avait brisé aussi un certain nombre de contraintes et assuré quelques avantages : la suppression des dîmes et autres impôts ecclésiastiques, la liberté de mouvement, la promotion par les armes au sein des confréries, la liberté religieuse. Dans la pratique, la fixation des serfs à la terre ne fut restaurée qu'à la fin du XVe siècle, dans le cadre d'un mouvement centre-européen général.

Le mouvement hussite a eu un impact considérable sur les équilibres nationaux au sein de la Bohême et de la Moravie. En schématisant, la victoire utraquiste s'est accompagnée d'une « nationalisation » du pays en raison, d'abord, du départ d'un assez grand nombre d'Allemands, ensuite, de la sensible progression de l'élément tchèque en milieu urbain, enfin, du prestige acquis par ce dernier sur les plans culturel et politique. Le tchèque jouira même d'un statut de « langue diplomatique » régionale sous Georges de Poděbrady. Et si la périphérie du pays reste dominée par une population allemande, les Tchèques ont conquis de nombreux îlots germaniques.

Georges de Poděbrady, un roi hussite, ancêtre des organisations internationales

L'adoption des accords religieux de 1436 n'a pas résolu définitivement les différends en Pays tchèques. La ville de Hradec Králové, Jan Roháč de Duba (installé dans le château de Sion près de Kutná Hora) et les derniers taborites refusent la couronne à Sigismond. Ils sont réduits en 1437. Mais Jan Rokycana, modéré que Sigismond refuse de confirmer dans ses fonctions archiépiscopales, entre à son tour en conflit avec le souverain. Quand celui-ci disparaît en 1437, le royaume se divise sur le choix du successeur : les catholiques et les utraquistes les plus modérés portent sur le trône le gendre de Sigismond, le duc Albert d'Autriche. La noblesse hussite de Bohême orientale et Jan Rokycana lui préfèrent le prince polono-lituanien Casimir Jagellon qui renoncera finalement à cette proposition. Albert défait ses adversaires, mais meurt en 1439, laissant sa veuve enceinte d'un fils, Ladislav le Posthume.

Commence un interrègne de quatorze années, au cours duquel les deux camps continuent à s'opposer alors que les institutions régionales (les *landfrýd*) dominées par la noblesse détiennent l'essentiel du pouvoir. En 1440, une diète constituée de 18 seigneurs, de 14 chevaliers et de 14 bourgeois élit roi Albert de Bavière — il est le cousin de la veuve de Venceslas IV —, qui refuse à son tour cette offre. C'est de la province que vient le dénouement du conflit.

Le « parti polonais » avait à sa tête le bailli de Bohême orientale, Hynek Ptáček de Pirkštejn, auquel Georges de Kunštat et de Poděbrady succède en 1444. Georges de Poděbrady appartient à une famille utraquiste convaincue qui s'est affirmée lors du mouvement hussite avec son grand-père Boček, puis son père Viktorin. Malgré sa jeunesse — il a 24 ans —, il est déjà auréolé d'une réputation flatteuse d'habileté. Craignant une restauration catholique, en 1448, il s'empare par la ruse de Prague contrôlée alors par les catholiques et il y rétablit Jan Rokycana en l'installant dans l'église de Notre-Dame de Týn, à nouveau surmontée du calice hussite. Bien que Ladislav le Posthume ait été couronné roi de Bohême en 1453, Georges de Poděbrady continue à exercer les prérogatives d'administrateur général du royaume qui lui ont été confiées en 1452, à l'exemple de Janós Hunyadi en Hongrie en 1445. Georges réussit à attirer le jeune Ladislav à Prague. Il va jouer le rôle de régent et circonvenir ses adversaires potentiels en les nommant à des postes de responsabilité. Très habilement, il a épousé en secondes noces la sœur de Lev de Rožmítal, un des premiers seigneurs catholiques tchèques. Tous les efforts de Georges de Poděbrady vont dans le sens d'une stabilisation du royaume. En 1454, le Tribunal suprême est rétabli, de même que sont précisées les règles des Tables du royaume, c'est-à-dire de l'enregistrement des actes de propriété foncière. La vaste révision des titres de propriété alors entreprise a pour but de mettre un terme à l'anarchie de la période hussite et aussi de réalimenter le domaine royal exsangue.

Le régent a pris un tel poids qu'à la suite de la mort subite de Ladislav — consécutive à la peste de 1457 —, la diète l'élit roi de Bohême en mars 1458 : il est solennellement couronné le 7 mai selon le cérémonial inauguré par Charles IV.

Georges de Poděbrady est ainsi le premier souverain tchèque issu de la noblesse, parachevant le processus amorcé par le mouvement hussite. Pour arriver à ses fins face à ses concurrents Guillaume de Saxe et Charles VII, il n'a pas hésité à promettre secrètement au légat venu à son couronnement qu'il serait fidèle au pape et éloignerait ses sujets de l'hérésie. Il y a du Henri IV chez ce souverain tolérant qui se veut le roi à la fois des catholiques et des utraquistes. Il aime son peuple, veut son bien et prend soin des pauvres. C'est un homme de compromis et de paix. Comme l'a justement noté Josef Macek, « la politique l'emporte chez lui sur la foi ». Mais il ressemble aussi à Louis XI, son contemporain français. Aussi gros que Louis XI était sec — il sera impotent à la fin de sa vie —, Georges de Poděbrady a peu de goût pour l'exercice militaire. On dit de lui qu'il est rusé comme un renard et sa clairvoyance politique sert son ambition diplomatique. Il prend place parmi les rois entrepreneurs : il est travailleur, actif, bon gestionnaire, mais l'avarice est aussi un de ses traits de caractère. Il ne réside pas au Château, mais dans la Vieille Ville, à la limite de la Nouvelle Ville, ce qui souligne l'aspect « bourgeois » de son règne. Son avarice s'arrête cependant lorsqu'il s'agit de la fonction royale à laquelle il veut redonner tout son prestige.

En l'espace de dix ans, le souverain tchèque a donc réussi à assurer ses positions, en développant tout d'abord ses domaines familiaux de manière avisée, puis en s'imposant à l'échelle de la Bohême, face aux utraquistes les plus radicaux, par la force, et face aux catholiques modérés, par alliance. Son effort va être pourtant entravé par le maintien des résistances catholiques à l'intérieur et à l'extérieur du royaume.

Certaines familles, comme les Rožmberk, magnats de Bohême du Sud, et certaines provinces, comme la Silésie, continuent à refuser énergiquement de reconnaître les Compactats dont Georges de Poděbrady est un farouche défenseur, fort de l'approbation du concile de Bâle.

La chrétienté est par ailleurs aux prises avec la progression de l'Empire ottoman. Le 29 mai 1453, la chute de Byzance qui marque pour de nombreux historiens la fin du Moyen Âge

Georges de Poděbrady, le « roi hussite »
rival du Hongrois Mathias Corvin.

retient momentanément l'attention de Pie II. Cette passivité laisse espérer que la papauté a pris son parti de la situation en Bohême et Georges pense le moment opportun pour obtenir la reconnaissance du calice et de Rokycana par le Saint-Siège. D'autant qu'il a réglé ses différends avec Guillaume de Saxe, avec l'empereur Frédéric III et qu'il s'est rapproché du Grand Électeur de Brandebourg et du roi de Pologne Casimir IV. Mais quand le chancelier de Bohême, Václav Koranda, se rend en 1462 à Rome, ses propos : « Il y a deux peuples en Bohême et notre roi est le seigneur des deux [sous-entendu catholique et utraquiste] », restent inacceptables pour le nouvel universalisme catholique et il se heurte à un refus catégorique. Pie II — le fameux humaniste Aeneas Silvius Piccolomini, auteur d'une célèbre *Histoire de la Bohême* et bon connaisseur des idées hussites — abolit alors unilatéralement les Compactats de Bâle.

Après avoir confirmé qu'« il n'échangerait pas le calice contre son royaume », Georges de Poděbrady va tenter de déplacer la question théologique vers le champ politique en répondant à un universalisme par un autre universalisme. Entouré de conseillers étrangers, catholiques et humanistes, comme le Grenoblois Antonio de Marini ou les Allemands Martin Mair et Grégoire de Heinburg, le roi tchèque propose aux souverains européens un projet de « traité destiné à établir la paix dans toute la chrétienté ». Ce texte a pour objectifs apparents une alliance des souverains chrétiens contre les Turcs (il évoque une restauration de l'Empire avec à sa tête Philippe de Bourgogne et le roi de Bohême) et la formation d'un tribunal international, dont l'idée était apparue dès le début du XIVe siècle chez Pierre Dubois, pour régler pacifiquement les différends entre princes chrétiens. Le but caché est d'isoler la papauté qui n'aurait aucun rôle moteur dans ces institutions.

Le contexte international, favorable au départ, évolue au détriment de Georges. Le roi de Hongrie Mathias Corvin, tenu à la réserve par son mariage avec la fille de Georges de Poděbrady, se retrouve libre de ses mouvements en 1464, une fois son épouse décédée. Louis XI se montre très prudent dans les négociations qu'il mène en juin et en juillet 1464 avec la délégation tchèque : occupé avec la Bourgogne, il ne veut pas s'aliéner l'Église et concède une alliance timide. Malgré les efforts déployés par des émissaires envoyés auprès des différentes cours européennes, le temps joue donc contre Georges de Poděbrady. Pie II est mort en juin 1464 en recommandant la croisade contre la Bohême hérétique. Son successeur Paul II se tient à ce projet et, en décembre 1466, Georges est destitué pour hérésie et excommunié. À l'intérieur, Zdeněk de Šternberk dirige, avec les Rožmberk, la fronde catholique (l'Union de Zelená Hora) qui s'appuie sur la résistance silésienne et, à l'extérieur, le roi de Hongrie Mathias Corvin prend la tête de la croisade lancée militairement en mars 1468, devenant en même temps le candidat au trône de la noblesse catholique.

La position militaire de Georges de Poděbrady est rapidement critique quand Mathias Corvin se saisit de la Moravie, de la Silésie et de la Lusace. De plus, Georges abandonne l'idée de fonder une dynastie au profit de ses fils trop inconsistants, et il fait désigner Vladislav Jagellon, fils du roi de Pologne, comme roi de Bohême. Au moment où la situation commence à s'éclaircir, au début de l'année 1471, Georges de Poděbrady meurt, suivi par Rokycana.

Le roi de Bohême avait lui-même rédigé l'épitaphe qu'il voulait voir figurer sur sa tombe : « Ci-gît le bon roi Georges, ami de la paix, qu'il repose en paix ! » Souverain pacifique et apôtre de l'unité qui sert l'économie, il a connu un royaume déchiré par de nouvelles guerres religieuses dont il n'a pas vu la fin et le pays qu'il dirigeait a été dépecé. Georges de Poděbrady était en avance sur son temps en matière de tolérance. Peut-être aussi sous-estimait-il l'image négative des Tchèques en Europe : pour Jeanne d'Arc comme pour François Villon, Tchèque restait synonyme d'hérétique.

Ces échecs n'ont pourtant pas nui à l'image du « roi hussite ». Dans le panthéon national, il incarne une tchéquité trop fugitive à la tête de l'État et les valeurs qui l'ont nourrie. Georges de Poděbrady est resté un personnage très populaire dont la dimension européenne s'est affirmée avec un projet de paix mondiale que l'on peut considérer comme précurseur des grandes organisations internationales du XXe siècle.

La transition des Jagellon

Les règnes des Jagellon en Bohême de 1471 à 1526 (Vladislav de 1471 à 1516 et Louis de 1516 à 1526) représentent une période charnière pour le pays et pour toute cette Europe centrale qui avait été à plusieurs reprises le terrain de tentatives infructueuses de regroupements. Ces quelques décennies ne constituent pas une unité en soi, il s'agit d'une transition.

Les premières années du pouvoir exercé par Vladislav Jagellon ont été surtout marquées par la poursuite de la rivalité avec Mathias Corvin : finalement, en 1478-79, les deux souverains parvinrent à un compromis, défavorable au départ à Vladislav, mais qui tourna à son profit à la mort du roi de Hongrie en 1490, puisque le roi de Bohême obtint alors sa couronne, réalisant une union personnelle durable — du moins jusqu'en 1918 — entre Pays tchèques et Hongrie, même si chaque pays conservait ses propres institutions.

Sur le plan intérieur, Vladislav Jagellon avait bien peu de poids. On le surnommait le « roi *bene* » : il ne pouvait qu'approuver la volonté de cette noblesse triomphante qui lui déclarait sans fard : « Tu es notre roi et nous sommes tes seigneurs. » Il n'est pas étonnant dans de telles conditions que Vladislav se soit installé à Buda en 1490, ne revenant que très épisodiquement à Prague, sans avoir vraiment réussi à créer avec les villes un contrepoids efficace à l'aristocratie toute puissante.

La dissolution du monde politique se poursuivait. Il se divisait en trois « ordres », haute noblesse, petite noblesse et ordre citadin, l'Église restant exclue de la diète depuis 1419. La confrontation allait s'engager entre la haute noblesse et les villes royales. Les deux ordres nobiliaires, qui représentaient entre un et deux pour cent de la population — alors qu'en Pologne et en Hongrie, il s'agissait de cinq à dix pour cent —, se partageaient les fonctions suprêmes de l'État : le grand burgrave, le maître de la Cour et le grand chancelier formaient une triade puissante. En 1500, Vladislav adopta une nouvelle Constitution qui annulait le poids de la curie urbaine à la diète — les bourgeois n'ayant plus à se prononcer que sur les problèmes les concernant directement — et privait les villes de leurs privilèges juridiques. Le pouvoir urbain se vit pratiquement dépossédé de la faculté de juger les crimes commis dans l'enceinte de la cité, si ces crimes avaient des nobles pour auteurs. En 1513, on fut au bord de la guerre civile, l'Union des villes royales ayant appelé à la tête de ses armées le petit-fils de Georges de Poděbrady pour lutter contre la noblesse. En 1517, le compromis, provisoire, de la Saint-Venceslas réduisit les tensions entre les deux forces rivales, mais, trois ans plus tard, les désordres recommençaient. Ces escarmouches politiques recouvraient en fait des luttes d'intérêts économiques profondes, la noblesse, de plus en plus engagée dans la production, cherchant à supprimer les restrictions réglementaires imposées par les corporations qui bridaient ses ambitions. Le pouvoir royal était complètement déliquescent et ne pouvait que freiner épisodiquement ces affrontements qui se compliquaient à nouveau, avec la Réforme, d'une dimension religieuse.

Les difficultés s'accumulaient en effet sur la tête des souverains. Les affrontements religieux rebondirent de façon spectaculaire en 1483 lorsque les utraquistes déjouèrent brutalement un complot préparé par les catholiques et défenestrèrent pour la deuxième fois les échevins impliqués. Les conjurés en tirèrent la leçon qu'il fallait négocier avec leurs adversaires, ce qui déboucha sur la reconnaissance générale des Compactats comme loi fondamentale du royaume. L'accord fut signé en 1485 à la diète de Kutná Hora pour 31 ans, puis reconduit, en fait, jusqu'en 1567. Les affrontements sanglants des décennies précédentes s'éloignant et une génération nouvelle arrivant sur la scène politique et intellectuelle, la paix religieuse put être rétablie et les idéaux de tolérance prirent durablement racine dans la société tchèque.

La Bohême et la Moravie étaient sorties considérablement affaiblies, économiquement et démographiquement, de près d'un siècle de guerres, d'épidémies et de troubles. La population avait baissé de 40 à 50 % et les grandes routes commerciales — plus que jamais après les grandes découvertes — ne passaient plus par les Pays tchèques. Le retour à la paix favorisa une relance de l'activité. L'extraction de l'argent reprit alors, sans jamais cependant retrouver ses niveaux antérieurs à la guerre hussite et, les ressources de Kutná Hora s'épuisant,

Jáchymov (Joachimstahl) prit le relais en 1516. Après une longue période d'autarcie, les Pays tchèques exportèrent à nouveau leurs métaux (argent et étain) ainsi que des céréales. Dans le Sud de la Bohême, des aristocrates entreprenants comme les Pernštejn et les Rožmberk poursuivirent sur une grande échelle l'élevage piscicole, et la carpe de Bohême comme la bière trouvèrent des débouchés en Autriche et en Allemagne. Certains produits artisanaux comme la toile, le drap ou le verre, franchirent aussi les frontières du royaume. Indiscutablement, l'ère jagellone a été profitable à l'économie, même si la rançon de ce redémarrage fut un renforcement de l'attachement du serf à la terre, qui perdait ainsi la mobilité acquise au cours de la première moitié du XVe siècle.

La société connaissait également une grande mutation culturelle et un essor des arts plastiques. La réouverture des mines d'argent dégagea de nouvelles ressources pour le souverain qui put entreprendre quelques travaux d'envergure. Matěj Rejsek, formé dans les ateliers des Parleř, construisit par exemple la fameuse tour Poudrière à proximité du Palais royal de la Vieille Ville de Prague. Il est également célèbre comme architecte de la cathédrale Sainte-Barbe de Kutná Hora. D'autres venaient de Saxe et de Bavière, comme Hans Spiess et Benedikt Ried dont les voûtes à pendentifs — la Salle Vladislav du Château de Prague par exemple — sont remarquables. À la fin du XVe siècle, le gothique finissant était toujours dominant, mais les premiers signes architecturaux de la Renaissance apparaissaient et, avec l'autel du Maître de Litoměřice, l'influence italienne pénétrait en Bohême. Les bourgeois participaient désormais pleinement à cet effort architectural et à cet essor artistique.

Un exemple du gothique
tardif en Bohême,
la tour Poudrière de Prague,
commencée en 1475.

Les États tchèques contre l'absolutisme

Au début du XVIe siècle, les Pays tchèques commencèrent à être pénétrés par l'esprit de la Renaissance et par l'humanisme, la sortie du Moyen Âge s'accompagnant d'un bouleversement des valeurs que les Tchèques avaient déjà anticipé avec les réformateurs hussites. Mais, en même temps, cette déstabilisation du monde et les incertitudes qui naissaient des nouvelles visions de l'univers provoquaient une inquiétude que les artistes reflétèrent dans le maniérisme ou qui se manifesta par le regain d'intérêt pour les sciences occultes. Par ailleurs, la Réforme luthérienne et calviniste fit perdre à la Bohême sa réputation et son statut de pays hérétique, sans toutefois résoudre les clivages politiques et religieux de la société.

Tout au long de ce siècle, la rivalité latente entre les catholiques, engagés à partir du concile de Trente dans la Contre-Réforme, et les protestants se doubla d'un conflit qui opposait, d'une part, la dynastie habsbourgeoise, catholique bien sûr, mais surtout attachée à une monarchie centralisée qui allait vers l'absolutisme, d'autre part, les États qui cherchaient à s'affirmer comme force indépendante.

Les Habsbourg au secours de la chrétienté

La date du 28 août 1526 ne signifie pas grand-chose pour un lecteur occidental. À la rigueur, il se souviendra que François Ier est tombé prisonnier à Pavie en 1525 et que Charles

Quint a mis Rome à sac en 1527. Pourtant, cette date-là est un moment clef de l'histoire européenne : les troupes ottomanes de Soliman Ier écrasèrent alors les 10 000 hommes de l'armée jagellone à Mohács, près de la frontière hungaro-croate, et poursuivirent leur avance jusqu'à Buda, le « bouclier de la chrétienté », qu'elles mirent à sac. Louis Jagellon périt accidentellement pendant la retraite. Cette terrible défaite — les Ottomans ne firent pas de quartier — était la traduction de la profonde division de l'Europe centrale.

Le jeune Louis Jagellon n'avait pas été plus capable que son père de maîtriser l'anarchie qui régnait dans ses royaumes : fronde nobiliaire, soulèvement social, déchirements religieux et manque de coordination des forces chrétiennes expliquent cet effondrement aux lourdes conséquences.

La perspective d'une union des couronnes polonaise, tchèque et hongroise disparaissait. Le bassin du Danube était désormais contrôlé par l'Empire ottoman, ce qui rendait toute la région très vulnérable. Une seule question à l'ordre du jour : comment se protéger d'une progression ultérieure ? Vienne allait subir son premier siège en 1529. Le royaume de Hongrie était très largement amputé de ses terres, Buda devenant peu après un « pachalik », et les institutions royales hongroises se replièrent au nord du Danube, Pressburg (Pozsony, Bratislava) étant érigé en capitale.

Avec l'extinction des Jagellon, les diètes devaient donc se prononcer sur le choix d'une nouvelle dynastie. En Pays tchèques, Vladislav avait fait de sa fille Anne son héritière dans le cas où Louis mourrait sans descendance. Mais il était précisé que les États ne reconnaîtraient cette règle que si le mariage d'Anne Jagellon était soumis à leur consentement. Or cela n'avait pas été le cas quand les princes Jagellon avaient été unis aux enfants de Maximilien de Habsbourg en 1515. Du coup, la diète de Bohême, à la différence des diètes des autres pays de la Couronne tchèque, refusa de reconnaître l'automaticité de l'attribution de la couronne au duc d'Autriche, Ferdinand Ier. Les habiles émissaires de Ferdinand réussirent cependant à convaincre la majorité de la diète que le nouvel élu respecterait les équilibres politiques et religieux existants. En Hongrie, la majorité de la noblesse penchait vers l'un des siens, le prince de Transylvanie, Janós Zapolyai.

Finalement, Ferdinand emporta les deux couronnes, élu à la couronne de Bohême en 1527 et, la même année, à celle de Hongrie par une fraction de la diète de ce pays. Lui seul semblait capable d'endiguer la menace turque, car la puissance habsbourgeoise apparaissait comme une garantie : Ferdinand, frère cadet de Charles Quint, avait potentiellement derrière lui la puissance hispanique.

Les noblesses tchèque et hongroise avaient cependant mal apprécié la détermination de Ferdinand Ier, souverain capable et ambitieux, dont la logique menait à une recatholicisation et à une centralisation contraires aux intérêts de la classe nobiliaire. Même si le roi était « l'obligé » de ceux qui l'avaient élu, même s'il avait prêté serment lors de sa capitulation de respecter les privilèges de la Couronne de Bohême, il allait progressivement mettre en place un embryon d'institutions centralisées et élargir le pouvoir des ducs d'Autriche à un vaste ensemble centre-européen appelé à durer près de quatre siècles.

L'absolutisme contre les Ordres

Contraint d'entretenir de fortes armées — il s'agissait de contenir aux confins l'Empire ottoman et de résister aux attaques fréquentes de ses troupes —, Ferdinand exigeait beaucoup financièrement des pays à la tête desquels il avait été porté. La fiscalité imposée aux Pays de la Couronne de Bohême représentait les deux tiers des revenus habsbourgeois. La Hongrie bénéficiant — comme le Tyrol et l'Autriche intérieure — de privilèges fiscaux, le poids était d'autant plus lourd pour les Pays tchèques. Les villes et la noblesse, qui répercutait ses charges sur ses sujets, étaient accablées d'impôts et partageaient un même sentiment d'hostilité à l'égard de Ferdinand.

Les tensions accumulées trouvèrent un premier dénouement en 1547 lors de la guerre de Schmalkalde. En 1546, puis en 1547, Ferdinand avait exigé des Tchèques qu'ils fournissent hommes et finances pour contribuer à la lutte contre l'Union protestante de Schmalkalde en révolte contre l'empereur Charles Quint. Ferdinand, élu roi des Romains en 1531, devait lui aussi intervenir pour soutenir son frère. Une diète d'opposition rassemblant des représentants de la petite noblesse tchèque s'insurgea contre les entorses faites au droit des États et précisa que ses obligations militaires ne pouvaient s'étendre en dehors de la défense des frontières. Mais la Bohême ne fut pas suivie par les autres pays de la Couronne et les Tchèques se trouvèrent isolés alors que leur seul allié, le duc de Saxe Jean Frédéric, était défait à Mühlberg le 24 avril par les armées impériales. La situation des Tchèques était périlleuse et le châtiment risquait d'être impitoyable : Ferdinand décida de faire un exemple et de profiter de la fronde tchèque pour déposséder les villes de leurs attributions.

Le 22 août 1547, deux chevaliers et deux bourgeois de Prague furent décapités sur la place du château de Prague, à la veille de la réunion de la diète de Bohême au cours de laquelle Ferdinand voulait imposer sa volonté. Le choix des victimes n'était pas innocent : le roi avait voulu frapper les imaginations et toucher deux ordres qui résistaient politiquement et religieusement aux Habsbourg. Les villes perdirent les privilèges qu'elles avaient réussi à préserver jusque-là. Désormais, elles n'auraient plus qu'un unique représentant à la diète et leur administration serait supervisée par des fonctionnaires royaux.

Dans le nouveau rapport de forces qui s'était établi, la dynastie habsbourgeoise disposait de trois atouts majeurs : le pouvoir législatif et juridique étant relativement concentré, il suffisait au roi d'amener ses hommes à certains postes clefs pour maîtriser la situation ; les Habsbourg jouissaient par ailleurs d'un territoire en propre qui leur évitait de se présenter en otages de la noblesse ; enfin, ils pouvaient jouer sur la mosaïque religieuse qu'était devenue la Bohême. Ferdinand n'allait pas se priver d'utiliser ces faiblesses. Ainsi favorisa-t-il l'ascension d'Henri de Plavno, des Berkové de Dubá et des Lobkovic, tandis que d'autres continuaient à défendre les privilèges traditionnels de la noblesse (les Rožmberk et les Pernštejn) ou que certains se trouvaient littéralement dépossédés par les décisions du souverain. Ce fut le cas des Šlik, quand Ferdinand recontrôla l'extraction de l'argent à Joachimsthal.

Lors de la diète de la Saint-Barthélemy de 1547, au lendemain de l'exécution déjà évoquée, Ferdinand Ier proclama le principe de la subordination des États au pouvoir royal. Mais, en supprimant les prérogatives juridiques du pouvoir urbain, il avait en même temps renforcé l'unité de ces États tchèques représentés exclusivement par la noblesse. Le combat n'était plus social. Il glissa à nouveau vers le domaine religieux.

Le casse-tête religieux en Bohême

Les Compactats de Jihlava de 1436 et la loi adoptée à Kutná Hora en 1485, puis reconduite en 1512, n'avaient que partiellement résolu la question religieuse en Pays tchèques. S'il s'agissait d'un formidable progrès en matière de tolérance — et qui s'étendait théoriquement aux sujets —, il se limitait toutefois aux catholiques et aux utraquistes modérés.

Or, la situation des Églises officielles était telle qu'elle favorisa l'apparition de nouvelles forces. L'Église catholique avait été réduite, comme nous l'avons vu, et elle était administrée par le « consistoire d'en haut », qui siégeait à la cathédrale Saint-Guy, au Château. L'Église utraquiste modérée, dite « calixtine », était gérée par « le consistoire d'en bas » dont le siège se trouvait à l'église Notre-Dame de Týn, place de la Vieille Ville. Dans le sillage de Jan Rokycana, cette Église sans grands moyens refusait une rupture ouverte, c'est-à-dire le schisme, avec Rome et restait par conséquent attachée à la consécration de son clergé par des évêques, eux-mêmes investis par le pape : le clergé calixtin recourait souvent à la concussion, se faisant consacrer par des évêques désargentés du nord de l'Italie, ce qui n'était pas particulièrement propice à leur prestige. Leur morale se dégradait d'autant plus qu'ils étaient souvent très dépendants de la noblesse ou des conseils municipaux pour leur subsistance.

C'est de cette dégradation que naquit l'Unité des Frères, à l'initiative d'un certain Grégoire (Řehoř), vraisemblablement parent de Rokycana. Ce dernier, homme de la voie moyenne, approuva la décision que prit Grégoire de fonder, au milieu du

XVe siècle, une communauté hors de Prague, communauté qui devint rapidement une secte, puis une Église. Elle était nourrie de plusieurs courants. Jaroslav Goll, l'un des plus grands historiens tchèques, a pu écrire que l'Unité était née dans le contexte du XVe siècle « comme l'arbre émerge de ses racines et comme la rivière se constitue de ses sources » : les idées des Vaudois, des Picards, le millénarisme, le hussitisme, le taborisme ont contribué à façonner l'Unité, mais plus encore les écrits d'un hobereau éclairé, Pierre de Chelčice (Chelčický). Né vers 1390 dans le sud de la Bohême, il s'est fait l'interprète des inquiétudes religieuses de son temps. Il répond à cet idéal de pureté de la vie évangélique qui, loin des compromissions du siècle, enflamma bien des cœurs au Moyen Âge, comme l'a noté Victor L. Tapié. Condamnant ce monde corrompu, Chelčický préconise un christianisme passif et accepte la souffrance pour suivre et imiter l'exemple du Christ. Pour lui, « l'ordre dans la société n'existe que par la contrainte : or le véritable chrétien, qui doit agir avec amour de Dieu, ne peut ni contraindre ni être contraint ». Quand Léon Tolstoï, le célèbre auteur de *Guerre et Paix*, découvrit l'œuvre de Chelčický, il y vit une préfiguration de sa propre philosophie.

Les taborites voulaient détruire le monde. Les disciples de Chelčický s'en retirent. En 1457, ils s'installent dans le village de Kunvald, au nord-est de la Bohême, et organisent leur premier synode en 1459-60. Leur doctrine ? « Peu d'argent, peu de besoins, peu d'entreprises. » Mais les premières persécutions commencent dès 1461 et les fidèles menés par Grégoire se déplacent à Rychnov. La reine est une calixtine exigeante et son époux Georges de Poděbrady ne peut tolérer de nouvelles hérésies alors qu'il cherche à faire reconnaître les Compactats. Les controverses se succèdent avec Rokycana, puis Václav Koranda, mais les utraquistes savent qu'il est dangereux de faire des martyrs : ils se contentent, tout d'abord, d'emprisonner les chefs de l'Unité, Grégoire et Martin Lupáč. Se heurtant eux aussi au problème de la consécration de leurs prêtres, les Frères décident le schisme en 1467 avec l'aide du clergé vaudois. Les premières figures de l'Unité disparaissent et, peu à peu, ses rangs grossissent. De plus en plus de nobles adhèrent à la nouvelle Église et la réintégration dans la vie séculière devient inévitable. La décision est prise en 1490 au synode de Brandys sur Orlice, puis elle est confirmée et élargie en 1494 à Rychnov et en 1495, sous l'impulsion de Lucas de Prague, qui va devenir l'« âme » de son Église et en adoucira l'ascétisme.

En 1500, l'Unité compte environ 400 communautés de 100 000 fidèles, mais elle reste dans l'illégalité. Si elle est protégée dans les domaines dont les propriétaires sont acquis à sa cause, ailleurs, la répression se durcit. Le décret de la Saint-Jacques institue en juillet 1508 des poursuites contre les simples fidèles de l'Unité, mais il oublie nobles et bourgeois, ce qui rend inefficace l'éradication de cette Église, tout en permettant, jusqu'en 1609, des vagues répétées de répression qui ne font que renforcer la force morale des Frères tchèques. À la mort de Lucas en 1528, le chef de l'Unité est l'évêque Jan Augusta dont l'énergie farouche et la rigidité font penser à Luther. Il passera 16 années de sa vie en prison. Mais la figure dominante sera Jan Blahoslav (1523-1571), historiographe de l'Unité et grand intellectuel, grammairien, promoteur du chant choral...

Voici quelle était la situation quand survinrent deux événements majeurs dans les années 1520.

Le 31 octobre 1517, un professeur de l'Université de Wittenberg avait publié 95 thèses contre les indulgences et, deux années plus tard, lors d'une *Disputatio* à Leipzig, il s'était réclamé de l'héritage hussite. L'ère de l'isolement prenait donc fin avec Luther, puis Calvin et l'Église anglicane (1534), tandis que la carte religieuse des pays avoisinant les Pays tchèques devenait très complexe. À Prague, un mouvement en faveur de Luther se manifesta à partir de 1522, provoquant une réaction utraquiste.

Seconde rupture : la montée de Ferdinand sur le trône. Catholique convaincu, il envisagea dès les années 1530 une reconquête religieuse en Bohême. S'il était prêt à faire des concessions dans les territoires périphériques du royaume (des anabaptistes s'étaient ainsi réfugiés en Moravie où le pouvoir central était moins fort), il tenait à ramener la Bohême dans le giron de Rome. Pour cela, il lui fallait avant tout éviter une multiplication des Églises et, par conséquent, « geler » la situation autour du haut et du bas consistoire.

Or, au sein de l'Église utraquiste où la crise s'approfondissait, était apparue la nécessité d'une recomposition. Certains lancèrent le projet d'une Église tchèque luthérienne qui regrouperait utraquistes et frères tchèques. Cette tentative se heurta à l'opposition du roi, des calixtins les plus traditionalistes et de l'Unité. L'Église hussite se coupa en deux avec, d'un côté, les vieux-calixtins proches des catholiques et, de l'autre, les néo-utraquistes orientés vers le luthéranisme tandis qu'en 1545, le roi lançait un nouveau mandat contre l'Unité. En 1547, ses membres furent contraints de se réfugier en Moravie tandis que certains Frères partaient en Pologne et en Prusse.

Les ingérences royales avaient toutefois des limites que le souverain sut, en habile politique qu'il était, ne pas franchir. En 1549, il tenta de faire condamner par les représentants utraquistes la communion des petits enfants. Apparemment un point liturgique de détail, mais en fait une question très importante pour la spécificité hussite. L'unité des différents courants protestants se reconstitua contre cette initiative et Ferdinand fut contraint de retirer son projet.

Par ailleurs, la situation morave confortait les résistances en Bohême. L'hetman (gouverneur) de Moravie, Jan de Pernštein, déclarait au roi : « La foi est un don de Dieu et qui ne la reçoit pas de Dieu ne peut la recevoir des hommes. » Václav de Ludanice menaçait même Ferdinand d'une révolte des États. Arnošt Krajíř de Krajek, porte-parole de la noblesse de l'Unité en Bohême, refusait la légalité des poursuites, malgré un nouveau durcissement des autorités royales en 1554.

L'adoption en 1555 de la Confession d'Augsbourg dans le Saint Empire entérinait la division religieuse du monde germanique : *Cujus regio, ejus religio*. En termes de tolérance, elle avait deux limites qui étaient difficilement acceptables en Pays tchèques : elle était réservée à deux Églises — catholique et luthérienne — et elle ne reconnaissait pas la liberté individuelle. Le prince d'un État déterminait la religion de ses sujets. Cette volonté de figer la situation — qui était un constat d'échec pour Rome — s'accompagnait d'un espoir de revanche.

Le Concile de Trente (1545-1563) permit le redressement de l'Église, et la fondation de la Compagnie de Jésus, par l'Espagnol Ignace de Loyola, offrit un instrument de lutte efficace contre la progression du protestantisme et rendit même possible son refoulement partiel.

À Prague, des mesures symboliques et pratiques vinrent concrétiser ce nouveau cours. En 1556, les jésuites installèrent leur collège dans un monastère dominicain qu'ils transformèrent en Clementinum, contrepoids à l'Université hussite et haut lieu de la reconquête catholique : leur Collège Saint-Venceslas commençait à former la jeunesse dans l'esprit des idées nouvelles. L'archevêché fut rétabli en 1561, ce qui donnait aux catholiques une institution plus prestigieuse que le consistoire des utraquistes, d'ailleurs dévalorisé et « infiltré » à partir de 1562 par les partisans du retour vers Rome.

Mais la mort de Ferdinand Ier en 1564 et l'avènement de Maximilien II semblèrent un moment renverser ces perspectives. Le nouveau roi était en effet réputé pour ses sympathies protestantes, commandées, à dire vrai, plus par ses ambitions que par des convictions fortement enracinées. De plus, il ne pouvait pas échapper à ses intérêts dynastiques — il avait épousé sa cousine qui soutenait à Vienne le parti espagnol — et au contexte international qui était marqué par un net affaiblissement des Habsbourg. Malgré la paix d'Augsbourg, les tensions religieuses s'exacerbaient en Europe. Les Pays-Bas révoltés avec Guillaume d'Orange échappaient à l'Espagne et, en France, la nuit tragique de la Saint-Barthélemy, en 1572, marquait l'histoire du siècle. Enfin, le débat sur la tolérance était indissolublement lié aux rapports de forces qui devaient être établis entre le souverain et les États.

Il apparut assez rapidement que les protestants de Bohême ne pouvaient attendre un soutien de Maximilien. Il fallait donc jouer des faiblesses et des difficultés du souverain. Si le chancelier et le grand maître de la Cour étaient acquis aux Habsbourg, le grand chancelier Vilém de Rožmberk, bien qu'il fût catholique, et le juge suprême, Felix de Hasištejn de Lobkovic — catholique converti au néo-utraquisme —, refusaient une brutale recatholicisation et étaient prêts à utiliser leurs atouts pour défendre les États tchèques. En effet, jusqu'au début des années 1560, la noblesse tchèque pensait que la consolidation de la dynastie habsbourgeoise n'était pas antinomique de la liberté religieuse. Dans les années 1570, tel n'était plus le cas et, si Maximilien avait besoin d'argent, la noblesse évangélique était décidée à obtenir des compensations à ses votes, prenant exemple sur ce qui se passait aux frontières du pays. La paix de Sandomierz avait ouvert en 1570 la voie d'un rapprochement entre tous les courants évangéliques en Pologne. La Confession morave de 1566 allait dans cette direction, même si elle était seulement appliquée dans quelques seigneuries. La noblesse autrichienne obtint en 1571 la mise en œuvre de la Confession d'Augsbourg. Et, en 1567, à la suite de concessions antérieures de Ferdinand, la diète tchèque, dominée par les néo-utraquistes, avait obtenu de Maximilien, qui venait de subir un sévère échec en Hongrie, l'annulation des Compactats de la Constitution du pays, dans la perspective d'une redéfinition plus large de la tolérance religieuse.

Les absences de Maximilien et ses revers répétés sur le plan international renforcèrent la noblesse protestante qui se présenta très déterminée à la Diète de 1575. Cette réunion fut l'occasion d'un grand déploiement de faste — le fils de Maximilien, Rodolphe II, fut couronné roi de Bohême en août —, doublé d'une épreuve de force décisive entre le souverain et les États. Sa durée — de février à août — traduit les hésitations et les manœuvres dilatoires des uns et des autres. Le grand chancelier Vratislav de Pernštejn essaya de convaincre le grand burgrave de mettre la légalisation de la seule Confession d'Augsbourg à l'ordre du jour, mais Oldřich de Rožmberk était trop conscient de ses responsabilités pour tenter une épreuve de force qui risquait de déboucher sur une guerre civile et... ruiner ses ambitions polonaises, car une partie de la noblesse de Pologne l'aurait vu sur le trône. Lors de la présentation de ses desiderata, la noblesse tchèque mit l'accent sur la différence qui existait entre le luthéranisme et le hussitisme, sur la volonté des ordres de choisir l'administrateur et les membres du consistoire utraquiste, sur l'ancienneté du mouvement hussite, faisant souvent preuve de fierté nationale mêlée de messianisme.

Une commission se réunit de mars à mai pour élaborer la *Confessio Bohemica*, texte œcuménique à la rédaction duquel participa même un membre de l'Unité. Celle-ci demeurait pourtant réticente : conscients d'une certaine supériorité morale, indépendants depuis longtemps, ses chefs étaient désormais plus proches du calvinisme que du luthéranisme. L'entourage impérial les poussa aussi à présenter leur propre Confession et la tactique catholique de division commença à porter ses fruits au cours de l'été : la tension était vive à Prague. Du haut de sa chaire, un chanoine de la cathédrale Saint-Guy annonçait que les partisans de la Confession tchèque allaient jeter le pays dans des événements aussi dramatiques que ceux de France et des Pays-Bas. Maximilien II prit prétexte des différends entre la noblesse et les villes royales pour annoncer que ces dernières seraient exclues des arrangements auxquels parviendrait la Diète. Finalement, il réussit à diviser son opposition et à ne faire que des concessions minimales : il promit oralement, en son nom et en celui de son fils Rodolphe, de reconnaître la *Confessio Bohemica* et de respecter la tolérance religieuse et le droit d'élection du *defensor*, porte-parole chargé de défendre les intérêts des ordres non catholiques.

La Confession tchèque de 1575, sorte d'édit de Nantes avant la lettre qui consolidait les acquis de 1485, fut la traduction d'un équilibre des forces à l'intérieur de la Bohême. Catholiques et vieux-calixtins d'un côté, soutenus par la dynastie et la loi, néo-utraquistes et Frères tchèques de l'autre, qui représentaient l'immense majorité du pays et qui disposaient d'une force économique considérable.

Ce qui a caractérisé la Réforme tchèque par rapport aux autres pays européens, c'est qu'elle n'a pas demandé la tolérance pour une seule confession, mais pour tous les rameaux du christianisme qui se sont développés sur son sol. La défense de cet idéal est suffisamment originale pour être soulignée, même s'il faut la relativiser dans le contexte de la Renaissance. Elle ne s'étend pas, par exemple, aux juifs, du moins jusqu'à la fin du XVIe siècle.

Le vieux cimetière juif et la vieille synagogue de Prague, qui ont échappé au mémoricide nazi.

La communauté juive de Prague, présente depuis le XIe siècle, a vécu les grands pogromes médiévaux. En 1389, elle a subi une nouvelle et redoutable épreuve. Vulnérabilisés lors des guerres hussites et souvent chassés par la suite des villes royales — en particulier en Moravie — où ils faisaient concurrence aux commerçants et aux artisans locaux, les juifs connurent au XVe siècle le port de signes distinctifs. En 1541, la Diète décida même de les expulser du royaume : une mesure dont les effets avaient été mal appréciés et sur laquelle les autorités revinrent rapidement. Après ces périodes de troubles, les communautés juives reçurent l'appui de Maximilien II et de Rodolphe II, connaissant leur âge d'or en Pays tchèques, tout particulièrement à Prague.

La famille Horowitz, puis le richissime mécène Mordechaï Maisel et Jacob Bashevi s'illustrèrent comme financiers auprès de la Cour tandis que Prague devenait un grand centre de la culture hébraïque de la Renaissance, comme en témoignent les ouvrages imprimés alors dans la capitale du royaume — avec la dynastie des Gershom — ou la belle synagogue Pinkas. En transférant le siège impérial à Prague, en rendant la communauté juive justiciable des seuls tribunaux royaux et en lui accordant d'importants privilèges fiscaux et douaniers, Rodolphe II allait assurer à nouveau indépendance et richesse aux juifs de Prague. Le ghetto se développa, tant en magnifiques édifices religieux et laïques qu'en activités artisanales et intellectuelles. Parmi les grandes figures de cette époque, nous trouvons le célèbre rabbin Löw, théologien, philosophe, pédagogue, recteur de l'école talmudique qui, après plusieurs séjours en dehors de Prague, dirigea la communauté de 1597 à 1609. Sa science inspira dès le XVIIIe siècle de nombreuses légendes relatives au Golem. Son disciple David Gans exerça ses activités dans les domaines des mathématiques, de l'astronomie... et de l'histoire.

La Prague de Rodolphe II

La Renaissance tchèque est une symbiose entre l'influence italienne et le contexte local, avec l'apparition d'une culture citadine, le développement de l'imprimerie, la curiosité du passé antique et de l'étranger, le sens du progrès économique...

Les Pays tchèques comptent en 1529 entre 2,4 et 2,8 millions d'habitants. En 1600 : entre 2,9 et 3,3 millions. La croissance naturelle et la reprise de l'immigration ont contribué à cette augmentation. Le pays est confronté à deux courants contradictoires : l'explosion générale de la vie économique, qui touche d'abord le monde ibérique puis se déplace sur la façade atlantique vers le nord de l'Europe, stimule l'activité dans l'ensemble du continent. Mais, par leur continentalité, les Pays tchèques se trouvent à l'écart des grandes régions de développement. Ils restent en retrait. La croissance demeure donc limitée et ne débouche pas sur de grandes mutations structurelles. Les tentatives des souverains ne concernent pas l'économie : leur souci demeure circonscrit à l'assurance de revenus sûrs. Quant à l'aristocratie foncière, dont les biens latifundiaires s'étendent, elle s'oriente vers une production en régie pour s'assurer les marchés locaux.

Prague va pourtant connaître un nouvel apogée, épisodique, en devenant la capitale royale et impériale de Rodolphe II.

En fait, par un apparent paradoxe, la défaite du pouvoir urbain en 1547 a favorisé un nouvel élan en réduisant les contraintes que les corporations faisaient peser sur le développement des villes. L'archiduc Ferdinand (dit plus tard du Tyrol) fut installé pour une vingtaine d'années à Prague par son père comme vice-gouverneur et il contribua au relèvement de nombreux monuments, suivi par la noblesse attirée à nouveau par la capitale. Le commerce, fondé surtout sur l'importation, était l'activité économique principale de la ville, liée à Nuremberg et, dans une moindre mesure, à Linz et à Leipzig. L'aristocratie du pays aurait souhaité le transfert de la Cour royale et impériale de Vienne à Prague, à une époque où la Cour n'avait pas encore une résidence tout à fait fixe. C'est seulement en 1583 que Rodolphe II accéda à ce vœu qui permettait à la capitale de la Bohême de renouer avec les souvenirs prestigieux de l'époque de Charles IV.

La ville comptait alors environ 50 000 habitants — et 3 300 maisons — contre 20 à 25 000 à Vienne. En 1600, la population était de 70 000 personnes, donc très en deçà des grandes villes d'Europe occidentale comme Paris, Naples, Venise, Anvers ou Londres. Mais l'installation de la Cour permit de dynamiser le commerce, de changer le caractère provincial de la ville, de l'intégrer dans le mouvement d'information européenne grâce à la présence de diplomates, de voyageurs, de l'aristocratie des différentes possessions habsbourgeoises... Prague était devenue très cosmopolite à la fin du XVIe siècle. Les livres communaux rédigés exclusivement en tchèque à la fin du XVe sont, un siècle plus tard, parsemés d'allemand et d'italien, reflet de nouveaux flux qui suscitèrent des réactions « protectionnistes ». La Renaissance marquait profondément l'aspect de la ville, pas tant par un changement de proportions — Charles IV avait vu grand — que par une transformation architecturale de la Prague gothique. L'habitat était désormais mis au service d'un certain art de vivre : la Cour donnait le ton en matière de valeurs esthétiques et de biens culturels, nobles et bourgeois emboîtant le pas. Rodolphe II amena aussi à Prague le goût de la collection de peintures : sa galerie, riche des plus grands peintres italiens et flamands, était une des plus renommées d'Europe. Et son insatiable curiosité lui fit inviter les plus grands astronomes de l'époque : Kepler et Tycho Brahé furent parmi ses familiers. La Cour absorbait et attirait de nombreux artistes qui trouvaient des débouchés à leurs talents. Souvent, ils y étaient appelés, comme le célèbre Arcimboldo. Prague était redevenue une des capitales de l'Europe. Mais cette promotion allait avoir son revers politique.

Les derniers affrontements

Les tensions politiques entre la noblesse tchèque et les Habsbourg et les rivalités religieuses entre protestants et catholiques provoquèrent en Bohême la conflagration qui marque le départ de la guerre de Trente Ans. Comme l'Alsace, à l'ouest de l'Empire, la Bohême était sur une ligne de partage religieux et national où s'exacerbèrent les contradictions européennes. Mais, au-delà du contexte européen, les conditions internes au pays expliquent cette fragilisation propice aux affrontements.

Plusieurs facteurs se conjuguèrent pour déstabiliser le fragile équilibre de la tolérance. À la fin du XVIe siècle disparut une génération qui avait vécu l'expérience d'une cohabitation pacifique. L'humanisme protestant et l'humanisme catholique s'étaient rencontrés sur des compromis, notamment celui de 1575. Dans le dernier quart du siècle, la noblesse et les intellectuels commencèrent par « importer » les tensions étrangères. Les protestants du royaume de Bohême qui allaient étudier dans les universités hollandaises ou allemandes en revenaient avec une combativité nouvelle. Du côté catholique, la présence à Prague de l'Empereur et de la *facción española* avait changé l'atmosphère de la capitale tchèque. Au début de son règne, Rodolphe avait observé une relative prudence en matière religieuse, même s'il avait acquis ses convictions à la cour de son oncle Philippe II d'Espagne : ses succès contre les Turcs, une maladie qui le laissa psychiquement diminué, la pression de son entourage — les nonces Gian Francesco Bonomini, puis Filippo Spinelli, l'ambassadeur de Philippe III, le comte d'Oñate — et la présence accrue de la Compagnie de Jésus l'amenèrent à des positions plus radicales. En 1598, il nomma Jáchym Haugvic de Biskupice, hetman (gouverneur) de Moravie et, l'année suivante, Zdeněk Vojtěch Popel de Lobkovic, chancelier de Bohême. Tous deux, ardents catholiques, se trouvaient ainsi à la tête de pays dont la population était à 60 et 90 % protestante. Les autres membres de la famille des Lobkovic, les Dietrichštejn, les Lichtenštejn... formaient l'avant-garde de la recatholicisation. L'Unité des Frères redevenait la cible des autorités et ses membres étaient à nouveau persécutés ou menacés par la justice royale. Quand, en 1604, sur la lancée de ses succès contre l'Empire ottoman, Rodolphe décida de n'autoriser que le catholicisme dans le royaume de Hongrie, il provoqua la révolte de son allié transylvain, le prince calviniste István Bocskai.

Mathias, supportant de plus en plus mal les excès maniaco-dépressifs de son frère Rodolphe, se rallia à ses adversaires et l'empereur-roi dut céder l'essentiel de sa suzeraineté en juin 1608, ne conservant sous son autorité que la Bohême, la Lusace et la Silésie. La noblesse tchèque ne manqua pas d'utiliser la position de faiblesse de Rodolphe pour lui imposer la reconnaissance officielle et écrite de la tolérance religieuse. Le 9 juillet 1609, sous la pression du comte Thurn et de Václav Budovec de Budov, il édicta une Lettre de Majesté qui est le point d'aboutissement du processus amorcé au XVe siècle et le point de départ de troubles qui allaient tragiquement s'achever. Ce document officialisait la Confession Tchèque et spécifiait qu'elle s'étendait à la noblesse, aux villes royales et aux serfs : désormais, personne ne serait en principe contraint d'adhérer à telle ou telle confession. Un consistoire de trente membres fut formé pour représenter les différents courants non catholiques. Quelques mois plus tard, la Silésie obtenait une Lettre de Majesté assez semblable, qui avalisait le luthéranisme.

Mais Rodolphe ne pouvait durablement se satisfaire de ces concessions : en 1611, s'appuyant sur les armées de l'archiduc Léopold, évêque de Passau et de Strasbourg, il tenta de reprendre la situation en main. L'attitude éhontée de ces troupes qui pénétrèrent jusqu'à Prague fut telle que les États se soulevèrent et que Mathias en profita pour confisquer définitivement le trône à son frère. En 1612, Mathias reçut également la couronne impériale.

Le nouveau roi avait habilement entretenu l'équivoque sur ce que serait sa politique à l'égard de la Bohême. Il avait promis de respecter les engagements de 1609, mais il quitta Prague pour Vienne en 1612, prenant ses distances avec une ville dont il risquait d'être l'otage. En 1615, ses partisans réussirent à obtenir de la diète le prélèvement des impôts pour les cinq années à venir, ce qui privait, bien entendu, les États d'une arme considérable à l'égard du souverain.

La question de la succession fut ouverte en 1617. Ni Mathias ni ses deux frères n'ayant d'enfants et la branche espagnole des Habsbourg ayant renoncé à la monarchie centre-européenne, la couronne devait échoir à Ferdinand de Styrie qui s'était illustré par son efficacité dans l'éradication du protestantisme en Styrie. Mathias présenta la candidature de son cousin et, après un premier refus de l'opposition non catholique, la diète de Bohême accepta Ferdinand de Styrie comme prochain souverain, en échange de quoi ce dernier reconnut la validité de la Lettre de Majesté de 1609. Il faut souligner qu'il n'avait pas été élu, mais accepté, ce qui sera lourd de conséquences dans les argumentaires juridiques ultérieurs des Tchèques.

L'offensive catholique se manifesta en 1618 par la fermeture d'un temple sur le domaine des bénédictins de Broumov et par la destruction d'un édifice protestant à Hroby, localité qui appartenait à l'archevêché de Prague. Deux gestes qui remettaient en cause la Lettre de Tolérance de 1609. Comme des mesures de représailles avaient été aussi prises contre les hauts fonctionnaires qui avaient refusé d'approuver le choix de Ferdinand, les non-catholiques protestèrent auprès du souverain qui, non seulement ne voulut pas accepter leurs doléances, mais leur interdit de réunir une prochaine diète. Ce qui mit le feu aux poudres. Les plus radicaux des protestants décidèrent une action contre les représentants royaux et, le 23 mai 1618, une délégation des États menée par le comte Jindřich Matyáš Thurn se rendit au Château de Prague pour châtier les lieutenants royaux qui avaient enfreint les règles du royaume et empiété sur les libertés accordées. Les vice-gouverneurs Jaroslav Bořita de Martinice et Vilém Slavata furent « défenestrés » en compagnie du secrétaire aulique Fabricius. Par bonheur, leur chute dans les fossés du Château fut amortie par les feuillées. Les catholiques crièrent au miracle. C'est ainsi que commença la Guerre de Trente ans.

L'écrasement de la Bohême

À Vienne, le parti de la répression contre cette « hideuse rébellion » l'emporta. Le 24 mai, les révoltés avaient en effet constitué un directoire de trente membres, dirigé par Václav Vilém de Roupov et, militairement, par le comte Thurn. Si la Silésie et la Lusace se joignirent à la Bohême, les Moraves dirigés par le sage mais hésitant hetman Charles de Žerotín — un ancien compagnon d'Henri IV, membre de l'Unité des Frères — restèrent tout d'abord dans l'expectative avant de se rallier à Prague sous le commandement de Ladislav Velen de Žerotín. En juillet 1619, la diète des Pays de la Couronne élut comme nouveau roi Frédéric, Électeur du Palatinat. Sur le plan international, les Tchèques ne pouvaient compter sur une aide substantielle. L'Union protestante de l'Empire, l'Angleterre et les Pays-Bas furent très discrets dans leurs contributions. Les opérations militaires de 1619 tournèrent en défaveur des armées de Thurn. L'engagement des calvinistes transylvains de Gabor Béthlen aurait pu avoir une grande portée si Ferdinand n'avait pas gagné à sa cause Maximilien de Bavière, qui convoitait la dignité électorale de son cousin Frédéric. En septembre 1620, la situation était donc nettement au détriment des Tchèques. Et la progression des Impériaux fut facilitée par toute une succession de défections. Le 8 novembre 1620, ils se trouvaient à l'ouest de Prague à Bílá Hora (la Montagne

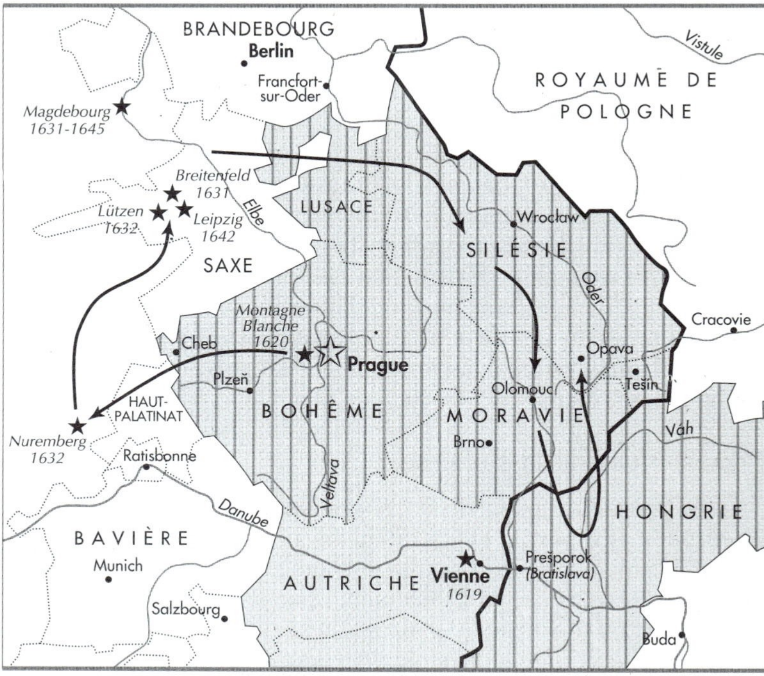

La guerre de Trente Ans (1618-1648)

Limite du Saint-Empire en 1618 — Insurrection des protestants de Bohême, 1618 — Campagne de Wallenstein

Possessions des Habsbourg — Régions en révolte contre les Habsbourg — Principales batailles

Blanche), avec 28 000 hommes face aux 16 000 des États tchèques. Au bout de deux heures, ces derniers étaient en déroute. Apprenant la nouvelle, Frédéric se sauva du pays et sa présence météorique lui valut le surnom de « roi d'un hiver » (*Winterkönig*).

Les catholiques attribuèrent leur succès à la protection de la Vierge Marie, à laquelle ils consacrèrent une église luthérienne du quartier de Malá Strana. Beaucoup plus qu'à la justice divine, c'est à la désunion de leurs ennemis, à leur manque de moyens et à la médiocrité de leur commandement que les Impériaux avaient dû cette victoire.

Les Tchèques orphelins de leur État

La défaite de la Montagne Blanche est dans l'histoire tchèque une césure politique et symbolique équivalente à la Révolution de 1789 dans l'histoire de France. Toute la reconstruction de la mémoire tchèque s'est faite autour de cet événement dont les conséquences furent considérables puisque les Tchèques allaient être à sa suite peu à peu dépossédés de leur État, et ce pour près de trois siècles. Du côté de Vienne, une situation très délicate était dénouée : tous les intérêts dynastiques de la famille régnante la poussaient à réduire les Pays tchèques protestants dont la résistance ébranlait le prestige des Habsbourg très catholiques. De plus, la révolte bohême remettait en cause la structure de l'Empire et, par le jeu des solidarités dynastiques, la pérennité des monarchies européennes. La lutte concernait non seulement les Tchèques et l'avenir des Habsbourg, mais aussi la liberté de conscience religieuse et le destin de l'Église dans toute l'Europe centrale.

L'événement dépassait donc largement le cadre local et même régional. Il mettait en jeu toute l'Europe chrétienne : lors de la bataille de la Montagne Blanche, Hollandais, Suisses, Anglo-Écossais côtoyaient les protestants tchèques de Mansfeld et du duc de Anhalt tandis que les Impériaux commandés par Tilly, Dampierre et Bucquoy regroupaient des Autrichiens, des Florentins, des Napolitains, des Hispano-Flamands. Josef Polišenský a vu à juste titre dans la guerre tchèque de 1618 à 1620

Les troupes impériales des Habsbourg
et celles des États de Bohême
s'affrontent le 8 novembre 1620
à la Montagne Blanche.

un épisode de l'affrontement hispano-hollandais, qui, en se déplaçant vers l'est, avait mis face à face deux armées de mercenaires.

Les historiens et les philosophes de l'histoire tchèque ont beaucoup glosé sur les causes de la défaite des États. Incontestablement, sur le plan militaire, les insurgés de Bohême n'ont pas reçu l'aide internationale qu'ils pouvaient espérer. Pour le reste, les conceptions diffèrent profondément. Les uns considèrent que la Bohême était devenue le champ d'affrontement du monde germanique et du monde roman, le premier l'emportant sur le second en raison d'une « contamination » luthérienne antérieure et très néfaste. En quelque sorte, la défaite a sauvé les Tchèques d'une germanisation complète. Certains catholiques estiment qu'il s'est agi d'une lutte essentiellement religieuse au cours de laquelle les « hérétiques » ont été défaits : le mot d'ordre des Impériaux était *Sancta Maria* et ils ont vu dans ce triomphe une victoire carmélitaine et mariale. À Rome, près de l'actuelle gare Termini, l'église baroque de Soria a été consacrée sous le nom de Santa Maria della Vittoria pour célébrer cette bataille. D'aucuns mettent en exergue la décadence morale et éthique du pays : le renouvellement du servage à la fin du XVe siècle aurait été une trahison du message hussite, tout comme la poursuite d'une différenciation sociale qui favorisait exclusivement la grande noblesse, de plus en plus repliée sur ses intérêts égoïstes. Un destin mérité, même si ces événements ont constitué une véritable catastrophe pour les valeurs sur lesquelles se fonde la tchéquité. Enfin, une partie de l'historiographie centre-européenne attribue à la défaite des États tchèques une dimension positive en ce sens qu'elle a ouvert la voie à l'absolutisme — c'est-à-dire à une forme de modernité — et à la reconquête catholique.

La rébellion tchèque est châtiée

Dans un premier temps, la répression s'abattit sur les insurgés. Le 21 juin 1621, la place de la Vieille Ville fut le témoin d'une exécution spectaculaire. Les responsables des États : trois seigneurs (dont le compositeur Harant de Polžice) sept chevaliers et dix-sept bourgeois (dont le savant médecin Jan Jessenius, auteur de la première autopsie publique en Bohême) furent livrés aux bourreaux pour être décapités et les têtes de douze d'entre eux furent suspendues aux tours du Pont.

À la répression politique s'ajouta rapidement la répression religieuse. L'archevêque de Prague Lohelius, Lamormain, confesseur de l'Empereur et le nonce apostolique Caraffa poussaient à une action radicale. Le prince de Lichtenštejn choisit tout d'abord une voie médiane, pensant rallier le clergé utraquiste en lui proposant de revenir au sein de l'Église catholique. Mais en février 1621, seuls six prêtres utraquistes avaient abjuré. Pour le pouvoir, il était difficile de séparer ceux qui se réclamaient de la Confession tchèque et les autres courants protestants. Aussi, en décembre, la décision fut prise d'expulser de Prague tous les prédicateurs protestants, à l'exception des luthériens, épargnés jusqu'en automne 1622, pour ne pas mécontenter l'Électeur de Saxe. À la Noël, une étape supplémentaire fut franchie avec l'interdiction du calice. L'université Charles était normalisée, passant sous le contrôle des Jésuites, et la reconquête religieuse prit un aspect systématique, à l'échelle du pays.

Après la mise au pas des Églises, les laïques furent à leur tour poursuivis. Les droits civiques des non-catholiques furent peu à peu rognés : interdiction pour la noblesse d'utiliser les Tables du Pays — ce qui revenait à la priver de toute transaction foncière —, perte du statut de bourgeois en cas de non-conversion, puis, à partir de 1626, interdiction de se marier, absence de funérailles et vente forcée des biens pour les récalcitrants qui devaient quitter la Bohême dans un délai de deux mois. Finalement, une patente du 26 juillet 1627 interdit tous les non-catholiques dans le royaume, bien que cette mesure ne fût que partiellement appliquée jusqu'à la fin de la guerre de Trente Ans.

Les serfs n'avaient pas le choix : ils devaient abjurer. Pour les nobles, les bourgeois et les hommes libres, une seule alternative s'offrait : le départ ou la conversion. Il en résulta une saignée considérable dont les conséquences pour le développement du pays furent semblables à celles de la révocation de l'édit de Nantes, sous Louis XIV : les estimations font état de 30 000 familles qui quittèrent le royaume de Bohême. Près de 400 familles nobles et 400 bourgeois de Prague. La population de Kutná Hora baissa d'un tiers, celle de Žatec de plus de la moitié...

Bouleversements sociaux et institutionnels

La répression va donc priver le pays de ses élites protestantes et provoquer un formidable brassage des biens. La structure féodale est restée intacte, mais sa répartition a été transformée : au début du XVIe siècle, les chevaliers possédaient environ un tiers du sol en Bohême et un cinquième en Moravie.

Après les confiscations, au milieu du XVIIe siècle, ils n'en détiennent plus que le dixième, alors que les seigneurs et le clergé en contrôlent environ les trois quarts. La disparition de la petite noblesse de la vie publique a été un coup terrible porté à la culture et à la société nationale. Sur 921 domaines de Bohême, 53 % ont été confisqués. La grande noblesse va accentuer la « dénationalisation » du pays en recueillant la majeure partie de ce patrimoine. En 1615, on comptait 1 132 familles nobles en Bohême (297 appartenant à la grande noblesse) contre seulement 870 en 1654 (194 de la grande noblesse, dont 128 pour la nouvelle noblesse).

En Moravie et en Bohême, les terres et les biens sont retirés à leurs propriétaires protestants par une commission que dirigent František de Dietrichštejn et Karel de Lichtenštejn. Ces deux hommes attribuent les terres après avoir eux-mêmes largement profité du processus. Les seigneurs tchèques qui ont lutté aux côtés de l'Empereur sont en effet largement récompensés : Jaroslav Bořita de Martinice, Pavel Michna de Vacinov, les Černín, les Trčka, les Valdštejn... mais aussi, et surtout, des étrangers qui sont largement dotés. L'installation en Bohême des Marradas, Eggenberg, Bucquoy, Gallas, Verdugo, Nostitz, Huerta, Aldringen, Piccolomini... date de cette époque. Du coup, « noblesse de Bohême » ne signifiera plus « noblesse tchèque » et cette dénationalisation aura des effets considérables sur la culture. Le mouvement de germanisation, influencé par la tolérance religieuse, avait d'ailleurs repris dès les dernières décennies du XVIe siècle. Mais il revêtait désormais une ampleur que plus rien ne freinera jusqu'au XIXe siècle. Cette réimplantation est largement facilitée par les pertes démographiques qui affectent le pays pendant la guerre de Trente Ans. En Bohême, la population est passée d'environ 1 700 000 habitants à 950 000 et en Moravie, de 900 000 à 600 000.

Les conseillers tchèques de Ferdinand le pressent d'introduire des réformes radicales dans l'administration : ils prônent le rétablissement du clergé catholique dans les plus hautes fonctions politiques, la recatholicisation générale dans l'administration et le remplacement du serment de fidélité aux États par un serment d'allégeance au roi. Les documents de Tolérance sont confisqués. Puis ce sont les joyaux de la Couronne, traditionnellement déposés au château royal de Karlštejn, qui sont emmenés à Vienne en 1623. Tous les actes des Tables du pays enregistrés sous le règne de Frédéric de Palatinat sont annulés. Très symboliquement, à partir de 1625, les actes en allemand sont autorisés dans les Tables. Une nouvelle commission réunie alors pour étudier la Constitution débouche, en mai 1627, sur l'adoption d'un texte qui scelle juridiquement le sort du royaume. Cette Constitution rénovée — octroyée par Ferdinand — établit la succession héréditaire du trône et prive les États du droit de confirmation dont ils disposaient jusque-là. Le pouvoir royal contrôle à nouveau une partie de la justice et de l'administration. Le clergé est rétabli comme le premier des ordres au sein de la diète qui perd la majeure partie de son pouvoir législatif. Le tchèque et l'allemand sont placés au même niveau alors qu'en vertu d'une décision de 1615, l'usage du tchèque était exclusif, même si l'application de cette règle était restée limitée. Finalement, la diète ne dispose plus que d'un pouvoir fiscal qui lui permet de voter le prélèvement des impôts et d'édicter des lois de portée locale sur la sécurité publique ou l'économie.

Cette dépossession fut amplifiée par le fait que les institutions tchèques — le vice-gouvernorat de Bohême, le tribunal suprême de Moravie, l'Office suprême de Silésie — étaient dépendantes de la chancellerie royale tchèque qui siégea en permanence à Vienne à partir de 1624, même si, en principe, le chancelier de Bohême participait aux instances suprêmes de la Cour, comme le Conseil secret et la Conférence secrète, et si les Pays tchèques continuaient à constituer un seul ensemble, malgré la perte des deux Lusace, cédées en 1635 à la Saxe.

Le royaume était divisé en régions, en nombre variable, dirigées par des hetmans que le roi nommait et révoquait au sein de la noblesse. Une rotation assez rapide — de un à cinq ans — permettait d'éviter la constitution de féodalités locales.

Le règne de Léopold Ier (1657-1705) ne fit que confirmer ce cours absolutiste qui dépossédait la Bohême de son passé prestigieux et la ravalait au rang de province exploitée.

La Bohême des élites en exil

Un quart des élites tchèques ont été contraintes à l'exil. Elles ont quitté le pays par dizaines de milliers et par vagues successives, au rythme de la politique des Habsbourg qui devaient adapter leur volonté de répression au contexte européen et aux alliances qu'il leur fallait se ménager, à l'est ou à l'ouest.

Que pouvaient faire ces exilés ? Les nobles trouvaient à s'employer dans les Cours étrangères comme diplomates ou conseillers militaires. La cour du Palatinat les accueillait volontiers. Mais peu nombreux étaient ceux qui bénéficiaient d'une telle chance. En général, ils combattaient aux côtés des souverains protestants : Radslav Vchynský de Vchynice aida Maurice d'Orange dans sa lutte contre l'Espagne. Le comte Thurn fut le chef de l'armée de terre vénitienne. L'on retrouvait des Tchèques dans les troupes palatines et saxonnes, chez les Hollandais. Lors des phases danoise, puis suédoise de la guerre de Trente Ans, des Thurn, des Žerotín et des Kinský se battirent auprès de Christian IV et de Gustave-Adolphe. Plus tard, quand les espoirs d'une victoire contre les Habsbourg s'évanouirent complètement, ces militaires expérimentés furent employés contre les Turcs.

La situation des intellectuels était plus précaire, en particulier pour les ecclésiastiques qui se heurtaient à l'obstacle linguistique. Ils ne pouvaient guère poursuivre leur sacerdoce qu'auprès de leurs compatriotes quand ceux-ci formaient un groupe suffisamment important, comme en Angleterre, aux Pays-Bas, en Lituanie ou en Prusse. Les prédicateurs et les enseignants étaient fortement handicapés. En revanche, les hommes de plume pouvaient efficacement lutter pour leur cause à une époque où le latin était encore assez répandu, malgré le progrès des langues vernaculaires.

Parmi les plus célèbres de ces exilés, citons Pavel Stranský de Zápy, auteur d'une *Respublica Bohemiae*, Skála de Zhoř, le graveur Václav Hollar, le cartographe Augustin Heřman, Karel Škréta le plus grand peintre baroque tchèque, qui revint au catholicisme tout comme le portraitiste Jan Kupecký.

Aucun ne peut cependant être comparé à Jan Amos Komenský (en latin Comenius), l'une des grandes personnalités du XVIIe siècle, surnommé par Michelet le « Galilée de l'éducation ». Né en Moravie en 1592 dans une famille de l'Unité des Frères, Komenský reflète la tragédie tchèque de l'époque. Après des études en Moravie, il avait été envoyé parfaire sa formation en Nassau, à l'université de Herborn, puis à celle de Heidelberg. Ordonné pasteur en 1616, il était installé près de la frontière moravo-silésienne, où il dirigeait une école quand survint la défaite de la Montagne Blanche. Sa petite ville de Fulněk ayant été saccagée par les troupes espagnoles au printemps 1621, Komenský dut fuir, alors que sa famille périssait de la peste. Il trouva refuge en Posnanie où les Leszczynski, les aïeux de Marie Leszczynska, accueillaient les fuyards persécutés. Cet exil temporaire devint définitif en 1628.

La vie de Komenský se divise dès lors en deux parties. Jusqu'en 1655, il va nourrir l'espoir que la Bohême ne sera pas oubliée par les puissances protestantes, même par la France, et mettre toute son énergie à convaincre les souverains européens de la nécessité de rétablir le royaume de Bohême dans son intégrité. Pour cela, il a plusieurs atouts : sa position d'évêque de l'Unité des Frères (à partir de 1632) et, surtout, son œuvre pédagogique qui attire l'attention de toute l'Europe éclairée. Peu avant sa mort, Richelieu l'a même invité à venir en France, pour expliquer et mettre en œuvre ses principes éducatifs. Inlassable, Komenský se rend en Hollande, en Angleterre, en Suède, en Hongrie. Toujours sans succès diplomatique, ses dernières espérances s'évanouissent après la paix de Westphalie de 1648 qui n'a soufflé mot de la Bohême. Il écrit alors un texte déchirant : le « Testament de l'Unité des Frères, mère mourante ».

Après 1655, date à laquelle Leszno est détruite par l'armée polonaise, en représailles à une fraternisation avec les troupes suédoises, la vie de Komenský prend un aspect plus dramatique encore. Une partie considérable de son œuvre — en particulier un « Trésor de la langue tchèque » — a été brûlée et son auteur, désespéré, va sombrer dans un mysticisme où il

Comenius, pédagogue, écrivain, évêque de l'Unité des Frères et figure emblématique de l'exil tchèque.

s'accroche à des prophéties de résurrection de la Bohême. Il meurt en 1670 à Naarden, près d'Amsterdam.

Jan Amos Komenský peut être considéré comme le fondateur d'une science de l'éducation adaptée aux différents paliers de développement de l'enfant. Ses travaux didactiques étaient novateurs, s'appuyant, dans l'apprentissage du savoir, sur l'exercice et sur le libre jugement plutôt que sur la contrainte (*Orbis pictus, Omnia didactica...*). Dans sa « pansophie », l'éducation joue un rôle central pour la formation morale de tous les individus d'une société, sans distinction. C'est à ses yeux un

« droit naturel » et c'est à juste titre que l'Unesco considère le pédagogue comme un des aïeux de ses idées fondatrices. De l'intérêt de son peuple et de sa foi — qu'il voulait servir également —, Komenský est ainsi passé à des considérations universalistes pour créer un monde idéal. À la veille de sa mort, il écrivait à un ami que si Dieu avait détruit sa propre maison, c'est-à-dire l'Unité des Frères, c'était pour en reconstruire une plus grande, à l'échelle du monde. Chez lui, mysticisme et modernité se mêlent encore et c'est cette fusion qui explique certainement qu'il ne se soit pas entendu avec son contemporain Descartes.

Un autre personnage tchèque de la guerre de Trente Ans mérite l'attention. Albrecht de Valdštejn (Wallenstein) est le produit des contradictions de son temps et son ascension fulgurante tout comme sa fin tragique ont excité l'imagination de créateurs, au premier rang desquels Friedrich Schiller qui en a fait le centre d'une trilogie théâtrale et Bedřich Smetana qui lui a consacré un poème symphonique. Valdštejn a suivi un itinéraire complexe qui l'a mené de l'Unité des Frères au catholicisme, d'un statut de noble appauvri au titre de prince de l'Empire, de la lutte contre les Turcs au rêve d'accession au trône de Bohême. Ce qu'il y a de fascinant chez ce « condottiere », c'est l'ambition démesurée, la volonté de puissance et la capacité de se doter des instruments du pouvoir. Servi par un riche mariage, il a un sens aigu de la gestion de ses biens. Sa fortune politique a pour point de départ le soutien qu'il apporte à Ferdinand II, dès 1617, et sa participation à la bataille de la Montagne Blanche aux côtés des Impériaux. Il en est récompensé par les biens des Smiřický, des Berk de Dubá... qu'il transforme en duché de Frýdlant, se constituant ainsi une large assise économique où il exerce son autorité sans partage. Sa puissance financière est telle que le roi doit faire appel aux services du consortium qu'il a mis sur pied avec Hans de Witte. En 1626, il sauve les armées impériales face aux forces danoises et repousse l'offensive du Transylvain Béthlen. Il n'oublie pas ses intérêts et devient si encombrant que Ferdinand le prive en 1630 du commandement de ses armées. Devant la progression du Suédois Gustave-Adolphe II et de ses alliés, l'Empereur est obligé de le rappeler à la tête de ses armées. Valdštejn accepte la proposition, mais il envisage de retourner ses troupes contre celui qui l'a humilié en 1630 et mène alors sa propre politique : tout en battant ses adversaires, mais sans forcer son avantage, il engage des négociations secrètes avec les Suédois et les Saxons, par l'intermédiaire des exilés tchèques qui lui proposent la couronne de Bohême. Son attitude dilatoire provoque le soupçon et ses rivaux décident de l'assassiner, ainsi que quelques-uns de ses fidèles, à Cheb en février 1634, à la suite de quoi ses biens immenses sont redistribués, eux aussi.

Avec la disparition d'Albrecht de Valdštejn, une ère s'achève : celle d'une génération de seigneurs entrepreneurs qui revendiquaient très haut leur tchéquité. C'était aussi un esprit éclairé qui s'inscrivait dans le sillage des curiosités de Rodolphe II, avec un sens aigu de la grandeur et du luxe. Il représente les derniers feux d'une noblesse qui, depuis le XIVe siècle, défiait le pouvoir royal.

Le « garde-manger » habsbourgeois

À la suite du fléau de la guerre de Trente Ans au cours de laquelle les Pays tchèques subirent invasions et pillages — Prague y perdit les merveilleuses collections rassemblées par Rodolphe —, le royaume de Bohême connut de nouvelles atteintes, indirectes celles-là, avec les guerres auxquelles les souverains avaient à faire face à l'ouest, contre la France, et à l'est, contre l'Empire ottoman.

Ces conflits pesaient très lourdement sur les finances habsbourgeoises. L'Empereur, prisonnier des entrepreneurs de guerre, devait, pour faire face, brader les domaines confisqués, comme à la suite de la banqueroute de 1624. En 1663, le conflit reprit avec la Porte, et la Transylvanie, toujours hésitante entre Vienne et Constantinople, se joignit en 1683 à la grande offensive ottomane contre la capitale centre-européenne. Le siège de Vienne est resté célèbre par l'échec du Grand Vizir, suivi par la contre-offensive des troupes habsbourgeoises. Après ces succès, la guerre de Succession d'Espagne pesa à son tour — de 1700 à 1713 — sur les budgets. La Bohême et la Silésie supportaient la moitié des charges militaires et les dettes de l'État ne cessaient de croître.

Au bout de la chaîne des exigences de l'État et des fléaux qui accablaient le pays, l'on trouvait les serfs. À l'issue de la guerre de Trente Ans, le pays était profondément touché. En Bohême centrale, 70 % des terres étaient abandonnées. Et en 1683, 29 % du sol était encore en friche. Des terres à disposition, des grandes propriétés, une population en baisse d'au moins 20 %, tout cela entraîna la création d'un nouveau type d'exploitations et l'augmentation des servitudes. Le statut du paysan serf se dégrada : sans l'accord du maître, il ne pouvait quitter le domaine, se marier lui-même, marier ses filles, faire poursuivre des études à ses enfants, leur faire apprendre un métier. À l'âge de dix ans, ces derniers étaient astreints à un service domestique de trois à sept années. Le paysan devait se soumettre à la corvée à pied comme à la corvée de trait (pour les laboureurs), parfois aussi à la corvée de filage du lin. En période de récolte, la corvée, en principe limitée à trois jours, occupait toute la semaine. À cela s'ajoutait une fiscalité qui ne cessait d'augmenter et qui était très inégalitaire : le rustical, c'est-à-dire la terre attribuée au paysan, était beaucoup plus lourdement imposé que le dominical des seigneurs. En 1655, chaque feu (foyer) devait payer 9 florins. En 1739, l'impôt s'élevait à 51 florins, alors que les prix n'avaient été multipliés que par deux entre ces deux dates. D'après Josef Pekař, 80 % des revenus des sujets étaient absorbés par l'impôt.

Les réquisitions, les recrutements (Léopold entretenait une armée dont les effectifs atteignirent les 130 000 hommes), l'*ordinarium militare* et l'*extraordinarium militare*, l'arbitraire des seigneurs, tout cela pesait si lourdement sur les sujets que l'ordre public était souvent troublé par leur révolte : soit ils tentaient de fuir leur sort malheureux, formant parfois des bandes armées, soit ils refusaient la corvée et engageaient une épreuve de force avec leur seigneur, allant jusqu'à se soulever. Les XVIIe et XVIIIe siècles sont marqués par des soubresauts locaux répétés. En 1680, dans le nord de la Bohême à peuplement majoritairement allemand, les paysans se révoltèrent massivement, réclamant le retour aux anciens livres de charges. La jacquerie fut très brutalement réprimée, mais le pouvoir tenta d'apporter une solution aux excès constatés en édictant une patente qui limitait en temps normal la corvée à trois jours. Le fait que ce texte ait précisé que la corvée était interdite le dimanche et les jours de fêtes religieuses montre bien à quels abus on en était arrivé. Les publications réitérées de patentes sur la corvée en 1713, 1717 et 1738 prouvent aussi à quel point leurs dispositions étaient mal respectées.

L'exemple des Chodes, à l'ouest de la Bohême, nous instruit sur la situation du monde paysan à la fin du XVIIe siècle. Le 28 novembre 1695, un paysan de la région de Domažlice, Jan Sladký, surnommé Kozina, était pendu sur la place principale de Plzeň. Ce tragique épisode était l'issue d'un long conflit. Kozina est devenu un héros très populaire, une sorte de « Robin des Bois » dont l'imagination nationale et l'écrivain Jirásek — l'Alexandre Dumas tchèque — se sont saisis.

Les Chodes étaient des serfs — et non pas des hommes libres comme l'a perpétué la légende — qui étaient apparus sous ce nom au XIIIe siècle autour de Domažlice, aux limites de la Bohême et de la Bavière. Dépendants du roi de Bohême et en charge de la surveillance de la frontière, ils bénéficiaient d'un statut spécial qui les dispensait de l'essentiel de la corvée : au XIVe et au XVe siècle, les souverains étaient intervenus à plusieurs reprises auprès des seigneurs locaux et des burgraves de Domažlice pour que cet avantage soit respecté. Au XVe siècle, les villages chodes avaient même réussi à créer une juridiction en partie autonome et ils jouissaient d'un certain nombre de privilèges économiques comme le droit de chasse, le commerce du bois... Au siècle suivant, leur situation commença à se dégrader, car, dans un contexte de stabilisation des frontières, ils perdirent de leur importance. Lors de leurs conflits avec les seigneurs du lieu, les Švamberk, et la ville de Domažlice, ils se référaient à des droits plus ou moins imaginaires, fondés plus sur les traditions que sur des privilèges légalement attestés. La révolte des États à laquelle ils participèrent constitua un tournant dans leur histoire. Comme de nombreux biens royaux, les terres occupées par les Chodes furent distribuées à la famille des Lamminger d'Albenreuth, originaires de la région de Cheb. Si, en 1621, Volf Vilém de Lamminger avait récupéré de manière illégale le bien de son frère qui avait été confisqué, à sa mort en 1635, la propriété fut confirmée à sa famille. Ainsi les Chodes étaient devenus sujets d'un féodal qui entendait les soumettre à la corvée et prétextait leur appui à la « hideuse rébellion » de 1618-1620 pour leur dénier tous leurs droits antérieurs. De 1652 à 1695, les Chodes tentèrent d'obtenir en vain l'appui du souverain contre les prétentions de leurs nouveaux seigneurs. Après un premier échec en 1668, ils crurent avoir obtenu gain de cause en 1692, parce qu'ils avaient été reçus en audience par l'empereur-roi. Mais, peu au courant des subtilités juridiques — Kozina ne savait pas lire, bien qu'il possédât une Bible —, ils ne mesuraient pas la complexité des processus auxquels ils étaient confrontés. Par sa vigoureuse contre-offensive, Volf Maximilian de Lamminger réussit à faire rejeter la confirmation des privilèges antérieurs des Chodes, qui ne voulurent pas croire au rescrit royal du 12 janvier 1693 : ils furent réduits par la force tandis que leurs chefs furent arrêtés et durement condamnés.

Au problème féodal s'était ajoutée la question nationale. Bien que la famille Lamminger provînt du royaume de Bohême, elle était de culture et de langue allemandes. Elle avait contribué à un renouveau de la colonisation allemande sur ses terres. Il faut pourtant être prudent. La région était de peuplement mixte et Kozina lui-même était peut-être d'origine allemande, comme l'a noté Eduard Maur. L'attachement aux « droits anciens » a donc été déterminant dans ce conflit. Quant à l'appartenance religieuse, elle a vraisemblablement joué un rôle, mais la reconquête catholique s'y est faite assez facilement. L'accusation d'hérésie a plutôt été un prétexte invoqué par les Lamminger.

Cet épisode historique a pris au XIXe siècle un relief légendaire chez les Tchèques parce que le « doigt de Dieu » semblait s'être manifesté par la mort de Lamminger un an précisément après la pendaison de Kozina, parce que ce conflit mettait en scène un peuple paysan supposé tchèque qui luttait contre les privilèges féodaux incarnés par un seigneur allemand et aussi parce qu'il concernait une région frontalière, point extrême de l'implantation tchèque à l'ouest et lieu des affrontements majeurs depuis l'aube des temps historiques entre Tchèques et Allemands — Domažlice est la seule région de Bohême où les Tchèques occupent la frontière. Enfin, parce qu'il était facile de dresser un parallèle entre le destin tragique des Chodes et le sort des Tchèques après la Montagne Blanche, comme l'a fait Aloïs Jirásek dans son célèbre roman *Têtes de chien*.

La culture baroque

En limitant l'histoire des Pays tchèques à une vision purement politique, on en resterait à l'image des « Ténèbres » (en tchèque *Temno*) que les Tchèques ont adoptée à la fin du XIXe siècle pour caractériser la période qui va de 1620 à 1740. L'historien britannique R.W. Seton-Watson a employé l'expression significative d'« éclipse totale ». S'il est vrai que ces termes peuvent être justifiés par la perte de l'indépendance et par le rôle de plus en plus secondaire des Pays tchèques (excepté, comme nous l'avons vu, sur le plan économique et financier), dans le domaine culturel, les XVIe et XVIIe siècles ont été marqués par une civilisation qui a très profondément influencé les villes et les campagnes tchèques.

La recatholicisation — ou « reconquête catholique » — a été la base de la réorientation culturelle du pays. Au lendemain de la Montagne Blanche, l'Église catholique fut reconstruite sous l'impulsion d'Ernest de Harrach, le dynamique et volontaire archevêque de Prague, avec la fondation de deux nouveaux évêchés à Litoměřice et à Hradec Králové. Renforcés par d'autres ordres (bénédictins, prémontrés, cisterciens, puis au XVIIIe siècle, piaristes, franciscains...), les Jésuites qui avaient été expulsés en 1618 retrouvèrent rapidement leurs positions dans le pays et développèrent leur emprise sur la société. Pour faire face aux besoins nouveaux, des prêtres venus de l'étranger s'installèrent en Pays tchèques, mais très rapidement ce recours fut superflu et, au contraire, les jésuites de Bohême — qui disposaient déjà de 23 collèges en 1653 — fournirent leur contingent de missionnaires.

La recatholicisation amorcée par la constitution octroyée prit toute son ampleur à la fin de la guerre de Trente Ans. En février 1650, le Tchéco-Espagnol Don Juan Caramuel de Lobkowitz, vicaire général de Bohême, obtint la promulgation de la patente impériale de décembre 1649 qui interdisait le séjour de tous les non-catholiques dans le royaume et leur accordait un délai de trois semaines pour partir. Le recensement religieux de 1651 montra que le nord-est et l'est de la Bohême constituaient les régions où la résistance au catholicisme était la plus forte. La proximité de la Saxe, de la Lusace et de la Silésie encourageait le maintien de pratiques protestantes clandestines — des luthériens ou de l'Unité des Frères : des pasteurs franchissaient la frontière pour poursuivre leur prédication, des ouvrages religieux pénétraient dans le royaume de Bohême en provenance de Zittau (Žitava), Dresde, Halle, Leipzig ou Berlin. À Chrudim, Litomyšl, Rychnov, dans les contreforts montagneux du nord de la Bohême et de la Moravie, à l'ouest dans le saillant d'Aš, les pratiques souterraines se poursuivirent longtemps. Pour convertir des villages entiers, l'armée était appelée à la rescousse et c'est sous la menace des armes que les serfs étaient contraints d'abjurer, comme à Opočno. Les curés durent dresser à partir de 1656 la liste des personnes converties puis, ultérieurement, tenir un registre des confessions pascales. Cette action de conversion systématique provoqua le départ de nombreux paysans qui passèrent en Saxe et en Silésie, où la Confession d'Augsbourg était plus ou moins respectée.

Mais la recatholicisation ne se fit pas que par la force et le pouvoir dut compter aussi avec les contraintes pratiques. Si l'Église catholique réussit à attirer à elle la quasi-totalité de la population en moins d'un siècle, alors qu'en 1650 elle ne comptait que 12 % de celle-ci en Bohême et 20 % en Moravie, c'est qu'elle utilisa d'autres moyens et qu'elle disposait d'autres atouts.

Très concrètement, en multipliant les fêtes religieuses (on

arriva à 90 jours annuels), l'Église offrait des temps de repos aux sujets, puisqu'il était en principe interdit de travailler pendant ces fêtes. Par ailleurs, les prédicateurs, en particulier jésuites, avaient une puissance de conviction qui savait emporter l'adhésion. Leur description de l'enfer et du paradis prenait une résonance particulière dans l'atmosphère baroque et dans les décors d'édifices faits pour impressionner les auditoires.

D'un côté, la répression, symbolisée par *La Clef pour reconnaître les livres hérétiques* (1729) du jésuite Antonín Koniáš qui précisait les ouvrages proscrits (soit un tiers de toute la production imprimée tchèque) ; de l'autre, la séduction avec le développement du culte de saints tchèques : Ludmila, Adalbert, Procope — dont la vénération fut développée par les Bénédictins jusqu'au Portugal —, puis Venceslas dont l'autel fut rétabli à Saint-Pierre de Rome en 1630 et dont le culte s'étendit à tout l'Empire en 1670, tout cela s'accompagnant d'une culture populaire qui transformait les thèmes baroques à l'usage du public paysan. Le culte marial prit ainsi une extension considérable. Mais les catholiques allaient aussi s'appliquer à mettre en place un « contre-feu » face aux héros hérétiques qu'étaient Hus et Žižka.

Nous avons vu la réalité historique de Jan de Pomuk, victime de l'emportement de Venceslas IV en 1393. Peu à peu, ce souvenir va se travestir et un nouveau personnage, Jean Népomucène, apparaît : il prend désormais la forme d'un martyr mort pour n'avoir pas voulu trahir le secret de la confession. La légende est née très tôt et a été codifiée par Václav Hájek de Libočany dont la *Chronique tchèque* (1539) a été un des ouvrages les plus lus de l'époque. Le développement du culte du « bienheureux » Jean — titre qu'il n'a pas officiellement — est au départ le fait du chapitre de Saint-Guy plus que des Jésuites qui agirent surtout par la sensibilité aux miracles et au culte des saints qu'ils développaient chez leurs élèves. Au début du XVIIe siècle, Jean Népomucène devint — par ses liens avec la confession que les protestants refusaient de reconnaître comme un sacrement — un point de cristallisation des rivalités religieuses. Aussi n'est-il pas étonnant qu'en décembre 1619, les plus radicaux des protestants, influencés par l'iconoclasme calviniste, aient tenté de détruire sa tombe. À la suite de quoi naquit une nouvelle légende selon laquelle ceux qui avaient commis ce sacrilège auraient été durement punis par la Providence. Au XVIIe siècle, la vision tchèque de l'histoire qui considérait Venceslas IV avec une très grande sévérité, par contraste avec le pieux Charles IV, ne pouvait que servir la mémoire de Jean Népomucène. Le 16 juillet 1621, l'archevêque Lohelius inaugurait un autel en son honneur à la cathédrale de Prague et, à partir du milieu du XVIIe siècle, la vénération croissante de Jean Népomucène s'accorda avec la volonté des Jésuites d'exalter les saints nationaux à travers une littérature hagiographique qui préparait le processus de canonisation. Bohuslav Balbín et Tomáš Pešina de Čechorod y contribuèrent largement. Le lieu de naissance de Népomucène devint un but de pèlerinage en 1700 et, après un long cheminement, une commission de béatification se réunit pour la première fois en 1715 et aboutit en 1721. Huit années plus tard, la multiplication des miracles provoqués par les reliques du bienheureux Jean Népomucène permit sa canonisation et l'établissement de sa fête, le 16 mai, que l'on célébrait sur le pont Charles, désormais décoré de deux rangées de statues. Le culte du nouveau saint, pratiqué depuis les années 1680, pouvait se déployer sans entraves, non seulement en Pays tchèques, mais dans l'ensemble du monde catholique.

La Contre-Réforme mit à son service un art sûr de lui, destiné à séduire, à bouleverser et à convaincre le spectateur. Longtemps, au XIXe et au XXe siècle, les Tchèques ont considéré que cet art baroque, fruit d'une exploitation du pays, devait être dédaigné comme une importation étrangère. L'historiographie communiste, dans sa volonté de déchristianisation de l'histoire, a elle aussi rejeté cette période et a même poursuivi ceux qui s'y consacraient. Il était pourtant clair, comme l'a souligné Victor L. Tapié, que l'art baroque s'était acclimaté en Bohême au point d'y devenir un moyen d'expression naturel. Une fois de plus, les Pays tchèques montraient leur faculté d'assimilation et de transformation des influences extérieures.

Les spécialistes de l'histoire de l'art remarquent d'ailleurs que le baroque avait aussi des racines endogènes dans le gothique tardif tchèque.

Bien entendu, dans un premier temps, les artistes italiens et germano-autrichiens jouèrent un rôle capital : la cour de Rodolphe II avait attiré vers Prague des artistes qui introduisirent le maniérisme, forme tardive et raffinée d'un art de transition entre la Renaissance et le baroque. À partir de là se développa un courant dont le caractère « national » fut assuré par le sentiment de ses créateurs d'appartenir à un même espace politique et culturel : d'où la difficulté d'attribuer une étiquette nationale en fonction des critères linguistiques et ethniques retenus au XIXe siècle. Aussi doit-on distinguer un baroque de Bohême et un baroque tchèque. Selon Jaromír Neumann, ce dernier se caractérise par sa « robustesse populaire », sa « tendance méditative, une gravité toute intérieure et un goût passionné du sentiment vrai ». Ni monumentalité ostentatoire, ni légèreté décorative. Le baroque tchèque n'est pas un art de cour. Il est destiné aux couches populaires. D'où la sincérité de l'émotion qu'il délivre en même temps qu'un certain lyrisme.

La peinture et la sculpture furent les arts où les idées nouvelles trouvèrent leur application la plus rapide, dès le milieu du XVIIe siècle, alors que l'architecture restait encore sous l'influence des maîtres étrangers. Dans le domaine pictural, Karel Škréta fut un précurseur et un initiateur de niveau européen. Petr Brandl, le grand portraitiste protestant Jan Kupecký et Václav Vavřinec Reiner furent ses dignes successeurs dans les différentes phases du baroque tchèque. La sculpture connut également des artistes de niveau européen comme Jan Jiří Bendl, Ferdinand Maximilian Brokoff et, surtout, Mathias Bernard Braun, un Tyrolien tchéquisé. Devant le cycle de statues des Vices et des Vertus et le théâtre de pierre de la forêt de Bethléem — réalisés à Kuks pour le comte Sporck — Fernand Léger s'exclamait : « Pourquoi nous cachez-vous que vous avez un sculpteur aussi grand que Michel-Ange ? » Depuis sa *Sainte Luitgarde agenouillée devant le Christ en croix* installée sur le pont Charles de Prague dans les années 1710,

Braun avait effectivement créé une œuvre immense, marquée par la ferveur, la puissance et le mysticisme.

De nombreux architectes étrangers travaillèrent à Prague avant que des artistes autochtones n'arrivent à s'imposer. Les noms de Luragho, Spezza, Pieroni, Caratti, Porta montrent le poids de la mode transalpine au XVIIe siècle. Prague se couvre de palais commandés par une noblesse qui s'est enrichie à l'issue de la guerre de Trente Ans et qui s'inspire de l'exemple des souverains pour développer ses propres cours. Dès 1680, le Dijonnais Jean-Baptiste Mathey apporte son esprit d'invention exceptionnel au palais archiépiscopal et à l'église des Croisiers. L'Autrichien Hans Bernard Fischer d'Erlach est l'auteur du palais Clam-Gallas et du château de Slavkov (Austerlitz). Christoph Dienzenhofer arrive de Haute-Bavière vers 1670. Son fils Kilian Ignaz et Jan (Giovanni) Blažej Santini-Aichl, Tchèque d'origine italienne, représentent les sommets du baroque tchèque. On doit au premier de très nombreuses églises dont il suffira de mentionner Saint-Nicolas de Malá Strana, église monumentale dont les proportions s'harmonisent avec une rare perfection et sont indissociables du paysage praguois. Le second a mis une imagination hors pair au service d'une inlassable activité en faveur d'une baroquisation de l'architecture du pays : Santini a été un maître dans la gestion de l'espace intérieur et extérieur des édifices religieux de Bohême.

La musique est l'autre domaine où les Pays tchèques vont exceller tandis que la littérature nationale est bridée et ramenée à un niveau rudimentaire sous le double coup de l'exil des non-catholiques et du caractère cosmopolite des élites. Elle revêt alors un caractère essentiellement utilitaire (catéchismes, missels, recueils de cantiques, hagiographies de saints, littérature édifiante...). Quelques textes font exception : comme les œuvres historiques de Bohuslav Balbín et de Tomáš Pešina de Čechorod — deux jésuites patriotes — ou les beaux poèmes de Bedřich Bridel et d'Adam Michna d'Otradovice, par ailleurs remarquable compositeur. De Michna (1600-1676) à Jan Dismas Zelenka (1678-1745), en passant par Pavel Josef Vejvanovský, membre de l'ensemble musical de l'évêque d'Olo-

Le château de Kuks, chef-d'œuvre baroque orné
des sculptures de Mathias Bernard Braun,
dans le nord-ouest de la Bohême près de Trutnov.

mouc, le prince Karl de Lichtenstein, son ami Heinrich Biber ou Bohuslav Černohorský — le « Bach tchèque », maître de Gluck et de Tartini —, les Pays tchèques ont offert à l'Europe une pléiade de musiciens qui formeront au XVIIIe siècle le terreau du préclassicisme. La pratique du chant choral dans les églises lui donne une large assise, notamment avec les chants de Noël qui vont devenir un aspect important de la culture populaire. Ici encore, Prague se distingue de Vienne où la musique joue un rôle considérable mais limité à la Cour : Léopold Ier est un passionné d'opéra italien et lui-même n'est pas un mauvais compositeur.

La période baroque est donc très ambivalente en Pays tchèques : déchéance nationale, triomphe catholique, apothéose artistique grâce au mécénat d'une noblesse inspirée par le modèle habsbourgeois. Un siècle après la Montagne Blanche, la Bohême hussite est devenue une fille obéissante de l'Église. L'archevêché, la Compagnie de Jésus et la haute aristocratie dominent la société et donnent le ton à la pensée et aux arts, de sorte que si le royaume est devenu périphérique sur le plan politique, il demeure, ne serait-ce que par le relais viennois, au cœur de la culture européenne, et son provincialisme peut être facilement bouleversé par les idées nouvelles.

Du baroque aux Lumières

Après la Montagne Blanche et la guerre de Trente Ans, la Bohême est donc restée sur la rive du passé, tant sur le plan social — avec l'instauration d'un second servage — que sur le plan national. Le tchèque a cédé le pas à l'allemand, l'italien s'imposant un temps, avant que le français ne devienne au XVIIIe siècle la langue des élites.

Avec le reflux des Ottomans, le sud des possessions de la Maison des Habsbourg retrouve son rôle central et la population de Vienne dépasse alors celle de Prague. De 1620 à 1740, la brillante Cour habsbourgeoise absorbe dix pour cent des revenus de l'État, assurés majoritairement par les Pays tchèques, et la capitale profite très largement de cette manne pour se transformer, particulièrement après 1683, sous l'impulsion de grands architectes autrichiens. Aussi n'est-il pas étonnant que les patriotes tchèques aient souvent considéré que la splendeur de la capitale de l'Empire a été payée par le sang et la sueur des habitants de Bohême.

Le primat de la politique extérieure

Les dernières décennies du XVIIe siècle ont été encore marquées par la persistance du danger ottoman. En 1661, les armées turques et tatares ont pénétré en Transylvanie. En

1663, elles ont entrepris une razzia dévastatrice en Slovaquie et ont progressé jusqu'en Moravie, emportant plusieurs dizaines de milliers d'habitants en esclavage. L'année 1683 a été marquée par le siège de Vienne qui a tant frappé les esprits dans le monde chrétien. C'est grâce au secours du roi de Pologne, Jean III Sobiecki, que la capitale danubienne a été sauvée. Puis l'art militaire de Charles de Lorraine et d'Eugène de Savoie a permis aux Impériaux d'entreprendre la reconquête de la Hongrie et des Balkans. Eugène de Savoie a mis un point d'orgue à ces succès en reprenant provisoirement Belgrade en 1717 et en obtenant le Banat de Temesvar par le traité de Passarowitz de 1718 [1]. La menace ottomane était donc écartée et se dessinait une nouvelle image de la Maison habsbourgeoise, dont les intérêts se déplacèrent définitivement de l'Europe occidentale vers l'Europe centrale.

En effet, une fois la paix de Karlowitz signée en 1699 avec la Sublime Porte, Vienne se retrouva confrontée au problème de la Succession d'Espagne à l'issue de laquelle elle allait être écartée du domaine hispanique. Charles II d'Espagne, mort sans héritier, avait confié le trône hispanique non pas à la branche cadette habsbourgeoise (Léopold Ier) qui régnait en Autriche, mais à son petit-neveu, petit-fils de son beau-frère Louis XIV, le duc Philippe d'Anjou. Commença un conflit de près de treize années, dont les Pays tchèques subirent plus de la moitié de la charge financière (4,7 millions de livres tournois sur 9,3). La situation de Léopold Ier était rendue plus difficile par le fait que la remuante Hongrie s'était à nouveau révoltée et qu'elle avait trouvé dans le prince transylvain François II Rakoczi, un chef prestigieux et charismatique. Finalement, un compromis intervint en 1711 à Szatmar, les ordres hongrois conservant leur autonomie tout en reconnaissant l'hérédité habsbourgeoise pour la Couronne de Saint-Étienne.

La guerre de succession d'Espagne s'acheva en 1713 par la paix d'Utrecht, qui confirma Philippe V d'Anjou dans ses fonctions, laissa la monarchie habsbourgeoise financièrement

---

1. Le recul de 1739 face à l'Empire ottoman marquera les limites de ces victoires et la fragilité militaire de Vienne, mais n'inversera pas la tendance générale.

affaiblie et lui fit perdre définitivement son rêve de monarchie universelle. Vienne n'avait pas compris que les puissances maritimes qui étaient ses alliées, en particulier l'Angleterre, avaient inauguré une politique continentale d'équilibre qui se satisfaisait d'une scission des immenses domaines habsbourgeois hérités de Charles-Quint.

En 1704, le comte Černín avait dû prêter plus d'un million de livres à Léopold et, à la mort de Joseph Ier (1705-1711), la dette étatique de la Maison d'Autriche était de plus de 60 millions de livres. Même si la situation financière fut rapidement rétablie après 1713, l'Autriche était à la merci d'un conflit qui pouvait rompre le difficile équilibre retrouvé grâce au retour à la paix. La guerre avait été harassante et les compensations lourdes de conséquences, car en exerçant désormais sa souveraineté sur un immense espace continental, en conservant son hégémonie sur l'Allemagne et en l'acquérant sur l'Italie (la Lombardie et le royaume de Naples), les Habsbourg de Vienne s'exposaient plus encore aux ambitions de leurs voisins et de leurs rivaux potentiels en Europe, sans s'être donné les atouts d'un État moderne.

L'avenir de la dynastie était en outre hypothéqué par l'absence de descendance. Charles VI, qui avait une formation « espagnole », avait été profondément choqué par les événements de la succession hispanique antérieurs à son accession au trône, et il n'eut de cesse de préparer sa propre succession. Le 19 avril 1713, il promulgua un texte connu sous le nom de Pragmatique Sanction, dans lequel il affirmait l'indivisibilité des pays de la monarchie et élargissait le principe de primogéniture en ligne masculine à la ligne féminine et aux collatéraux. À ce moment, il n'avait pas encore d'enfant, et les filles de son frère aîné Joseph Ier auraient pu prétendre à ses couronnes. Pendant les deux dernières décennies de son règne, il s'employa à faire ratifier ces nouvelles règles par les différentes diètes de ses possessions et par les États étrangers, acceptant de lourds sacrifices pour arriver à ses fins.

La guerre de succession de Pologne fut une nouvelle occasion pour la France de contrer son adversaire séculaire et d'empêcher finalement son implantation en Lorraine, ce qui aurait probablement résulté du mariage de Marie-Thérèse, la fille de Charles VI, avec le duc François-Étienne de Lorraine. Pour écarter cette menace, le cardinal Fleury réussit à échanger la Lorraine — confiée à titre viager à Stanislas Leszczynski, candidat soutenu par la France au trône polonais — contre la Toscane.

Mais, à la mort de Charles VI, en 1740, rien n'était véritablement résolu. Le souverain avait entretenu des ambitions qui dépassaient ses moyens. Il avait dû renoncer à ses rêves de colonies et de reconstitution de l'empire de Charles-Quint. Il avait eu aussi le tort de ne pas écouter les conseils du sage Eugène de Savoie qui le poussait à faire de sa monarchie un tout : *Die Monarchie wie ein Totum*. Les possessions de la Maison d'Autriche, comme l'a écrit Victor L. Tapié, « formaient de la sorte une confédération de fait, non de droit, rassemblée sous le même prince, auquel elles fournissaient de l'argent et des hommes pour sa politique générale en Europe, mais les organismes de coordination et de centralisation n'existaient qu'à l'état d'ébauche et ne constituaient pas le moteur du système ». De plus, Charles VI avait mal géré sa politique matrimoniale, laissant le duc de Saxe et le duc de Bavière épouser les filles de son frère et leur donnant ainsi des armes dans leurs revendications impériales. Au fond, un long règne marqué par une certaine médiocrité et qui se termina par un échec — face à Constantinople — et une incertitude quant à l'avenir de sa fille aînée Marie-Thérèse.

La menace prussienne

Les deux guerres silésiennes

Pour la jeune archiduchesse Marie-Thérèse, la « grande épreuve » commençait. À 23 ans, elle était sans préparation et, comme elle l'écrira elle-même, « sans argent, sans armée et sans conseil ». L'époux de Marie-Thérèse, François-Étienne de Lorraine, avait été dépossédé de ses terres et avait reçu en compensation la Toscane dont il était devenu grand-duc en 1737 : il

La diète hongroise jure d'apporter son soutien
à Marie-Thérèse en juin 1741.

devait en principe être élu empereur du Saint Empire romain germanique. Mais le roi de Prusse, Frédéric II, entendait bien monnayer sa voix et il occupa la Silésie avec 30 000 hommes. Il prenait ses gages. Aux prises avec l'Espagne, le roi d'Angleterre n'intervint pas, malgré ses fonctions d'Électeur de Hanovre qui justifiaient son intérêt pour les affaires allemandes. En France, après quelques hésitations, le parti de la guerre mené par le maréchal de Belle-Isle l'emporta. Devant cette situation inquiétante, Marie-Thérèse prit la décision d'affronter la Prusse, quelques semaines après la naissance de son premier fils Joseph. La bataille de Mollwitz, le 10 avril 1741, tourna à l'écrasement du général Neipperg par Frédéric II.

La France, l'Espagne, la Saxe, la Bavière s'engagèrent simultanément contre Vienne. La jeune souveraine était isolée. Sa seule ressource restait la Hongrie qu'elle sut intelligemment séduire et rallier à sa cause. En lui fournissant 40 000 hommes, dont 15 000 cavaliers, le royaume de Hongrie allait sauver du désastre la monarchie habsbourgeoise. Forte des subsides qu'elle donnait à Vienne, l'Angleterre poussa Marie-Thérèse à signer le 9 octobre 1741 une trêve avec Frédéric II pour faire face à l'offensive franco-bavaro-saxonne en Haute-Autriche et en Bohême.

Prague fut emportée d'assaut le 26 novembre par les troupes françaises et saxonnes. La noblesse de Bohême (les Černín, les Šternberk, les Lažanský, les Bucquoy et autres Kinský) se rallia le 19 décembre à Charles-Albert de Bavière, qui ne put cependant légitimer son élection par un sacre, puisque la couronne de Saint Venceslas était déposée à Vienne. Le 24 janvier 1742, il conforta sa position en se faisant élire Empereur à Francfort, sous le nom de Charles VII. Mais la contre-offensive autrichienne en Bavière le coupa de ses bases et l'Angleterre ayant imposé à Marie-Thérèse un nouveau traité avec la Prusse, la jeune souveraine s'inclina en juillet 1742, à Breslau et à Berlin, pour concentrer ses efforts sur la reconquête de la Bohême.

Désormais, la disproportion des forces était patente et il ne restait aux troupes françaises qu'à évacuer Prague. Le maréchal de Belle-Isle réussit à organiser une retraite du gros de ses troupes [1], qui fit l'admiration de l'Europe, tandis que les blessés eurent les honneurs de la guerre et se retirèrent le 2 janvier 1743. La première guerre silésienne avait pris fin.

La deuxième guerre silésienne fut la conséquence indirecte du conflit franco-anglais. Alors que l'Autriche avait lancé son attaque vers l'ouest et qu'elle caressait le rêve d'une reconquête de l'Alsace, Frédéric II franchit à nouveau la frontière tchèque en août 1744 et Prague fut l'objet d'un véritable pillage de septembre à décembre. Mais à partir de novembre, la pression que subirent les troupes prussiennes fut telle qu'elles durent évacuer le pays. La guerre s'acheva par la paix de Dresde du 25 décembre 1745 dont les termes confirmèrent la paix de Berlin : les Habsbourg étaient privés de la presque totalité de la Silésie (sauf des duchés d'Oppau et de Teschen) et du comté de Kłodzsko (Glatz).

---

1. Vauvenargues y perdit l'usage de ses jambes.

Après que l'Angleterre eut contraint l'Autriche à rester encore deux années dans la coalition antifrançaise où elle avait tout à perdre, Marie-Thérèse obtint une reconnaissance définitive de la Pragmatique Sanction à la paix d'Aix-la-Chapelle d'octobre 1748, mais au prix d'une confirmation des pertes enregistrées au bénéfice de la Prusse.

L'alliance avec la France

Marie-Thérèse ne pouvait s'accommoder d'une telle situation. Le maintien de l'hostilité entre Paris et Vienne — bien qu'elle fût nourrie d'une longue tradition — était devenu assez artificiel dans le nouveau contexte stratégique. L'envoi comme ambassadeur à la cour de Versailles du comte de Kaunitz-Rietberg permit à la reine de s'assurer la neutralité française. En 1753, Kaunitz fut nommé chancelier, c'est-à-dire ministre des Affaires étrangères, et toute sa politique fut fondée sur la prévision que de l'inéluctable conflit franco-anglais surgirait la possibilité de recouvrer la Silésie perdue. Un tel objectif passait par une alliance avec la France dont il fut l'artisan, avec l'appui de Madame de Pompadour qui persuada Louis XV de la conclure. Les tractations secrètes aboutirent au traité de Versailles du 1er mai 1756, premier pas d'une union plus étroite. Ainsi se dessinaient deux camps, avec la France, l'Autriche, puis la Russie, d'un côté, la Prusse et l'Angleterre de l'autre. Frédéric II, qui pressentait ce retournement, attaqua préventivement la Saxe, occupa Dresde et se dirigea vers la Bohême. Médiocrement commandées par Charles de Lorraine, les armées « autrichiennes » furent une nouvelle fois défaites non loin de Prague, à Stěrboholy, et se réfugièrent dans la capitale tchèque qui fut bombardée pendant 21 jours par l'artillerie prussienne. Heureusement, le maréchal autrichien Daun écrasa Frédéric II quelques semaines plus tard en Bohême, près de Kolín. Une deuxième victoire acquise en Moravie chassa les armées prussiennes vers la Silésie. Sur le front oriental, les Russes avaient également défait leurs adversaires. Berlin fut occupé à deux reprises, par le général hongrois Hadik et ses cavaliers croates en 1757, puis par les Russes en 1760. Mais ni les Russes, ni les

Autrichiens ne mirent à profit leur avantage pour écraser définitivement leur ennemi et Marie-Thérèse, ayant compris que le sort incertain des armes ne résoudrait pas le différend, se résolut à revenir au *statu quo*, dans le sillage de la paix de Paris conclue entre la France et l'Angleterre le 10 février 1763, en signant le 13 la paix de Hubertsburg, près de Leipzig.

Marie-Thérèse et la Bohême

Dans une lettre adressée au chancelier suprême de Bohême, le comte Philippe Josef Kinský, Marie-Thérèse précisait en décembre 1741 la place qu'elle assignait aux pays de la Couronne de Saint-Venceslas : « Maintenant est arrivé le moment où il faut fournir tous les efforts pour que ce pays soit maintenu et avec lui mon titre de reine, car sans lui je serais une bien pauvre souveraine. Ma décision est ferme. Tout doit être mis en jeu et sacrifié pour que la Bohême me soit conservée et toute votre action, toutes les mesures que vous prendrez doivent être tendues vers ce but. » L'armée hongroise était l'instrument de sa politique ; l'objectif, le maintien du royaume de Bohême, dont le dépeçage prévu par les ennemis de Vienne aurait été tragique pour le pouvoir habsbourgeois. La perte de la Silésie, après celle de la Lusace lors de la guerre de Trente Ans, fut lourde de conséquences pour le pays. Ce fut une catastrophe économique dans la mesure où il s'agissait du pôle de développement des manufactures — grâce à la pénétration du capital anglais par Hambourg et l'Elbe. En revanche, la disparition de cette région allemande et luthérienne donna plus de poids à l'élément tchèque dans l'ensemble des pays de la Couronne de Saint-Venceslas.

Ceux-ci avaient été particulièrement éprouvés par les guerres, au moins jusqu'en 1758, et dire que la Bohême ne manifesta pas un attachement indéfectible à la dynastie lors de l'occupation française de 1741 est un euphémisme. Tant la noblesse tchèque d'origine que l'aristocratie postérieure à 1620 se rallièrent largement à l'Électeur de Bavière (206 seigneurs sur 500 et 280 chevaliers sur 700). Méfiance à l'égard d'une femme (Marie-Thérèse), prise en considération des arguments de Charles-Albert ou volonté d'éviter la confiscation de leurs biens ? Certains ont même avancé l'hypothèse d'une action souterraine des loges maçonniques. Une députation se mit en place, avec Philippe de Kolowrat à sa tête, sous la tutelle du maréchal de Belle-Isle et de l'intendant Séchelles. Mais nourrir à la fois une armée de 20 000 hommes et la population de Prague s'avéra impossible sans contrôler l'ensemble de la Bohême et les Français durent envisager leur retraite. Les Praguois se retrouvèrent face à leur souveraine. Marie-Thérèse avait perdu confiance dans la noblesse tchèque de Bohême, au profit de l'aristocratie hongroise ou des pays périphériques de la Couronne. Peu nombreux étaient ceux qui lui étaient restés fidèles parmi les fonctionnaires du pays. Présidée par le grand burgrave Šafgoč, une commission d'enquête fut instituée et les seigneurs les plus compromis dans la députation furent condamnés à mort. L'archevêque, originaire de Rhénanie et prompt à se rallier à l'occupant, fut disgracié et Karel David, un des chefs du parti profrançais, aurait dû subir une mort infamante. Ces peines ne furent cependant pas appliquées dans toute leur rigueur, Marie-Thérèse se voulant la mère de ses peuples, la *Landesmutter* généreuse de ses sujets. En avril 1743, elle entreprit un voyage dans ses États de Bohême et se fit couronner reine le 12 mai, à Prague. Clémence pour les hommes, mais dureté pour le pays qui fut astreint à verser de très fortes contributions (800 000 gulden d'impôt extraordinaire et 500 000 gulden d'impôt régulier pour l'armée), sans compter la fourniture de recrues et de chevaux. Par ailleurs, la nouvelle reine décida en décembre 1744 d'expulser les Juifs de l'ensemble du royaume, en raison de leur défection lors de l'occupation. Les conséquences financières et économiques furent telles que les autorités furent contraintes de revenir sur ces mesures en été 1748.

Outre les exactions des armées en campagne, le pays eut à subir pendant ces années de guerre la propagande des ennemis de Vienne. Qu'il s'agisse des encouragements de la Prusse aux paysans du nord et de l'est de la Bohême pour qu'ils s'enfuient en Silésie, ou bien des promesses françaises de mettre un terme à la servitude et à la corvée pour tous ceux qui prendraient durablement les armes aux côtés des forces franco-bavaroises. Des chants populaires de l'époque témoignent du succès de telles propositions.

Réjouissez-vous, vous les Tchèques,
Charles le Septième va vous faire plaisir
Prague a un seigneur
le roi de Bavière.
Réjouissez-vous, paysans,
il va supprimer la corvée /.../
Réjouissez-vous tous,
il va soulager votre misère.

Vienne dut, prudemment, prendre aussi des engagements dans le même sens. Mais ni l'aristocratie ni la Cour ne donnèrent suite à ces offres dictées par l'urgence. Et les charges qui pesaient sur les paysans provoquèrent leur révolte en 1775, point de départ des grandes réformes sociales auxquelles Joseph II attachera son nom.

La reconstruction administrative du pays

Le choc de la défaite contre la Prusse révéla que la monarchie habsbourgeoise n'avait pas su s'adapter au monde moderne. Le Silésien Friedrich-Wilhelm Haugwitz s'employa — sur la base des observations qu'il avait faites dans les pays héréditaires — à convaincre sa souveraine qu'il fallait entreprendre une vaste réforme de ses possessions pour assurer l'entretien d'une armée permanente importante de 108 000 hommes. L'administration et les finances, pour répondre à un besoin annuel de 15 millions de gulden, seraient entre les mains d'un gouvernement central. En mai 1749, les anciennes chancelleries de Bohême et d'Autriche furent fondues en un nouvel organe, le Directoire politique et financier (*Directorium in publicis et cameralibus*), dont l'autorité couvrait l'ensemble des pays héréditaires, tout comme la Cour suprême de justice (*Oberste Justizstelle*). La lieutenance de Bohême était remplacée par un conseil *Representation und Kammer* qui relevait du Directoire et dont les membres étaient des fonctionnaires appointés par la souveraine.

Parallèlement à ces vastes réformes administratives, Haugwitz s'attacha à réviser les bases fiscales des pays héréditaires avec le cadastre thérésien qui permit de mesurer les nouvelles proportions du rustical des paysans et du dominical des seigneurs. Mais la réunion des terres serviles au domaine n'en continua pas moins, même si elle était soumise, en principe, à l'approbation des représentants royaux. Le résultat de ces efforts de rationalisation fut donc assez arbitraire : l'on estime que l'État prenait en moyenne 45 % de son revenu au paysan, dont la situation se dégrada avec le durcissement parallèle de la fiscalité seigneuriale.

Le système de Haugwitz fut jugé en fonction de ses résultats. Or, un fort courant représenté par les chanceliers de Bohême — le comte Harrach, puis le prince Václav Antonín Kaunitz-Rietberg — considérait que cette lourde machine était inefficace et qu'il fallait séparer les pouvoirs et les décentraliser. Un Conseil d'État fut créé en 1760, qui s'occupa des affaires intérieures sous l'autorité de la souveraine tandis que les affaires administratives incombaient à la Chancellerie unie de Bohême et d'Autriche. Les anciennes institutions locales furent rétablies et demeurèrent en place jusqu'en 1848 : le gouverneur de Bohême retrouvait son nom de grand burgrave et le gouverneur de Moravie, le titre de capitaine. Kaunitz modifia aussi le système des finances publiques qu'il sépara des structures administratives.

Mais ces efforts de modernisation ne résolvaient pas le problème majeur de la monarchie habsbourgeoise. Comment, dans l'Europe du XVIIIe siècle, pouvait-on concilier l'aspiration à exercer sa puissance à l'échelle européenne tout en restant profondément marqué par le féodalisme ?

La Bohême économique

Avant la guerre de Trente Ans, les négociants allemands s'adressaient aux corporations de tisserands de Bohême qui leur fournissaient des produits d'exportation vers les Indes ou

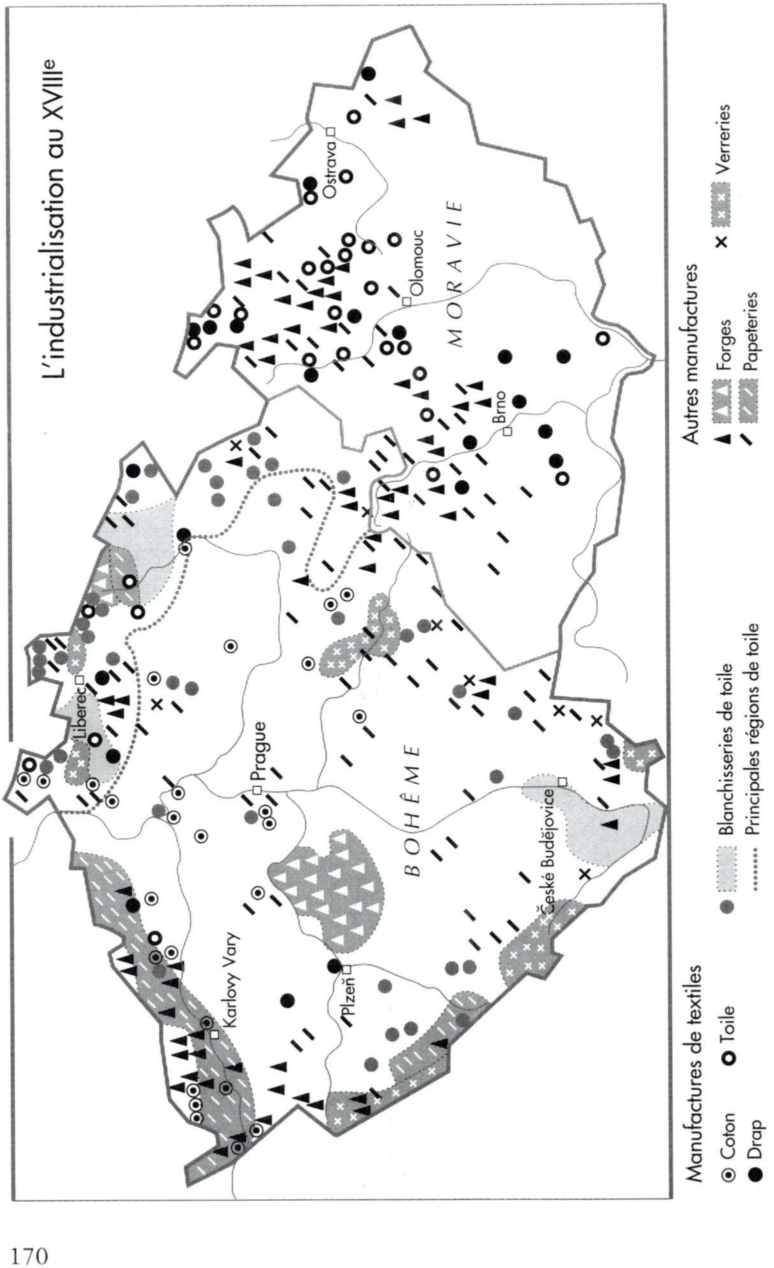
L'industrialisation au XVIIIe
MORAVIE
BOHÊME
Ostrava
Olomouc
Brno
Liberec
Prague
Karlovy Vary
Plzeň
České Budějovice
Manufactures de textiles
Coton
Drap
Toile
Blanchisseries de toile
Principales régions de toile
Autres manufactures
Forges
Papeteries
Verreries

l'Amérique. En raison de la chute de la population au XVIIe siècle, ces accords furent remplacés par le système des « facteurs ». Depuis longtemps, les paysans des campagnes tchèques filaient et tissaient pour leur consommation personnelle. Après la perte de la Silésie, il y avait là un gisement de main-d'œuvre à exploiter. Il n'était pas question de traiter directement avec cette multitude de petits producteurs. Les commerçants de Lusace et de Silésie négociaient donc avec un interlocuteur chargé de rassembler la production villageoise. Cet intermédiaire — souvent le bailli — était le « facteur » qui fournissait aux fileurs et aux tisserands la matière première ou l'argent pour se la procurer. Le nord de la Bohême travailla ainsi pendant quelques décennies pour les marchés de Nuremberg et de Memmingen, donnant naissance à un salariat en milieu féodal. Puis, à la fin du XVIIe siècle et au début du XVIIIe siècle, le stade du commerce régional fut dépassé avec l'apparition de capitaux anglais, relayés par Hambourg et les marchands lusaciens. Robert Allason, par exemple, s'installa en 1713 à Rumburk et, une décennie plus tard, plusieurs centaines de métiers à tisser travaillaient pour lui dans la région. L'ère manufacturière commençait en Pays tchèques, dynamisée par plusieurs éléments qui concoururent à une assez rapide expansion de l'industrie textile naissante.

La guerre de Trente Ans avait eu pour conséquence la mise en jachère d'environ un tiers du sol cultivé. Pour rentabiliser ces terres, l'élevage des ovins reprit sur une grande échelle et, si la peste de 1712-1714 décima de moitié les troupeaux, le chiffre de deux millions de têtes était à nouveau atteint à la fin du XVIIIe siècle : les marchands se réservaient la meilleure laine. Par ailleurs, la traditionnelle production de lin alimentait le marché de la toile.

Les souverains favorisèrent les initiatives manufacturières au début du XVIIIe siècle en assouplissant les règles corporatives, en encadrant strictement l'importation pour protéger cette industrie naissante et, parfois même, en faisant des concessions religieuses. La perte de la Silésie, pôle du développement productif et commercial des domaines habsbourgeois, conduisit à lui chercher un substitut : la Bohême et la

Moravie, par osmose géographique, étaient bien placées pour jouer ce rôle. Les grandes familles nobiliaires (les Valdštejn, les Gallas, les Kinský...) joignirent leurs capitaux aux compétences des bourgeois et créèrent de vastes entreprises, malgré les résistances que leurs projets faisaient naître au sein des corporations et chez les importateurs de textile.

Grâce à une politique rigoureuse de contrôle de la qualité des produits, le textile tchèque rejoignit le niveau de la Silésie dans les années 1750 et put désormais la concurrencer sur les marchés étrangers. De nouvelles branches apparurent et se développèrent avec succès. Si la draperie stagnait, les ateliers de blanchiment et de teinture, les ateliers d'impression (à Prague surtout) et les manufactures de coton occupaient une place de plus en plus grande. En 1775, la Bohême comptait 25 manufactures qui regroupaient 188 000 ouvriers. Cinq ans plus tard, avec 40 manufactures, les effectifs avaient augmenté de 20 %.

À côté du textile, les Pays tchèques continuaient à produire des métaux : du zinc, de l'argent aussi, même si les filons argentifères anciens étaient appauvris. Le verre de Bohême connaissait son heure de gloire et, avec la production du cristal des années 1670-80, éclipsait pendant plusieurs décennies les fabriques de Murano en plein déclin. Enfin, la Bohême s'affirmait aussi sur le plan métallurgique grâce à l'introduction des techniques nouvelles des hauts fourneaux : en 1780, la production tchèque de fer représentait environ le tiers de la production anglaise.

La persistance des problèmes sociaux

Les réformes cadastrales n'empêchaient pas le déficit chronique des contributions : on s'aperçut que les seigneurs continuaient à échanger les meilleures terres serviles contre les leurs lorsque ces dernières étaient d'un mauvais rendement. De plus, les impôts seigneuriaux étaient payés avant les impôts nationaux. Des règlements nouveaux tentèrent de remettre de l'ordre : supervision des échanges de terres par des officiers royaux, recensement des biens seigneuriaux. Cela n'empêchait pas le rustical de rester deux fois plus imposé que le dominical. Un feu consacrait de 42 % à 65 % de ses revenus à la fiscalité.

Cette situation, souvent intolérable, fut aggravée entre 1768 et 1772 par une série de mauvaises récoltes qui engendrèrent famines et épidémies. En 1774, à la suite de la déception provoquée par la promulgation d'une patente de corvée nettement insuffisante, une insurrection paysanne fut préparée dans la seigneurie de Náchod et éclata à la Saint-Jean Népomucène de mai 1775 sous la direction du bailli Antonin Nývlt. La jacquerie s'étendit à de nombreux domaines de l'est et du nord-est de la Bohême et une foule de 40 000 paysans se dirigea vers Prague. Ils furent brutalement arrêtés par l'armée et la répression s'abattit sur eux : un millier de condamnations et sept à la peine de mort, mais qui furent commuées en peines de prison.

Ce grand mouvement fut suivi de révoltes plus localisées qui montraient qu'il fallait résoudre d'urgence la question du servage. Le 13 août 1775, une patente précisait les nouvelles règles de la corvée, après une discussion à l'issue de laquelle on avait finalement repoussé son abolition pure et simple. La patente discernait onze catégories dont les charges étaient réparties, en fonction de l'imposition, de trois jours de corvée hebdomadaire à treize jours annuels. Hors ces charges légales, les serfs devaient être salariés.

Parallèlement — à l'initiative du conseiller aulique Franz Anton Raab —, se mettait en place, sur les terres royales et les biens qui venaient d'être confisqués à la suite de la dissolution de la Compagnie de Jésus, un système de location qui présentait de nombreux avantages économiques, à la fois pour les possesseurs de la terre, pour le paysan et pour la mobilité de la main-d'œuvre. En 1781, le cinquième des surfaces agricoles de Bohême avait été « raabisé ».

Les problèmes fondamentaux n'étaient cependant pas résolus et la « corvée modérée » ne permettait pas de s'engager massivement dans la modernisation du pays, comme le souhaitait le fils aîné de Marie-Thérèse.

Joseph II ou l'impatience éclairée

Né en pleine tourmente en 1741, Joseph II avait vécu très intensément la guerre de Sept Ans. Pénétré par les idéaux des Lumières, il n'avait aucun doute : les pays habsbourgeois devaient connaître une réforme profonde pour éviter le désastre. En tant qu'archiduc, piaffant d'impatience, il avait eu le temps de réfléchir, de voyager et de connaître ses États. Mais aussi de ronger son frein pendant quinze ans. Car, même s'il était devenu Empereur et corégnait depuis la mort de son père en 1765, sa mère ne lui avait pas abandonné les rênes du pouvoir, le cantonnant dans les affaires militaires et étrangères. Les exemples extérieurs ne firent que confirmer ses convictions : sa rencontre avec Frédéric II de Prusse comme son séjour incognito en France en 1777 le poussèrent à vouloir accélérer les réformes.

Cette longue attente eut pour résultat une grande impatience dictée par la crainte de la décadence. Joseph II avait la volonté de faire de grandes choses d'un seul coup, d'où sa conception dirigiste, voire militaire, de la société, que l'on a opposée à la conception « civile » de Marie-Thérèse et de son conseiller Kaunitz. Il avait cette passion de l'unité et de la simplicité qu'illustre sa réponse à l'issue de la représentation d'un opéra de Mozart : « Trop de notes, mon cher Mozart ! »

Tout cela explique que, malgré un règne très court — du 29 novembre 1780 au 20 février 1790 — il ait si profondément marqué son époque. Dès son accession au trône, il mit en chantier de grandes réformes inspirées par l'esprit des Lumières et par son souci rationaliste.

— Les patentes du 1er septembre et du 1er novembre 1781 supprimèrent les mesures d'attachement corporel du servage : désormais les sujets pouvaient se marier et se déplacer librement, être maîtres des décisions concernant leurs enfants et conserver leur droit de tenure. Ils étaient également libérés d'une multitude de contraintes économiques à l'égard de leur seigneur. Mais ces patentes ne touchaient pas les fondements des liens féodaux : la corvée et les dîmes, telles qu'elles avaient été définies en 1775, subsistaient.

Malgré tout, du point de vue tchèque, ces mesures étaient capitales puisqu'elles permettaient désormais aux paysans un libre accès à la scolarisation et au milieu urbain. Dans les chroniques rurales, Joseph II apparaît comme un libérateur et le joséphisme trouva ses appuis les plus fermes en Bohême.

— En octobre et en novembre 1781, l'Empereur et roi prit également toute une série de dispositions concernant le domaine religieux. Catholique mais anticlérical, Joseph II rétablit la tolérance, autorisant la présence des luthériens, des calvinistes et des orthodoxes grecs dans ses terres, avec des restrictions toutefois pour les signes extérieurs (pas de tours ni de cloches dans les édifices de culte de ces religions, par exemple) et les mariages mixtes. Ces dispositions étaient d'autant plus nécessaires politiquement que le voisinage protestant au nord de la Bohême avait favorisé depuis le début du XVIIIe siècle un regain d'hérésies (dans la région de Bydžov) et même une émigration dans la Lusace saxonne, puis dans le Brandebourg (à Rixdorf près de Berlin). Les patentes qui s'étaient succédé des années 1740 aux années 1770 avaient été impuissantes à réduire ces mouvements. Mais seules 50 à 80 000 personnes se convertirent au protestantisme, preuve de la réussite de la recatholicisation des Pays tchèques. La communauté juive fut aussi libérée de ses astreintes et put sortir des ghettos où elle était confinée : c'était le début d'un processus d'abolition de mesures discriminatoires à son encontre, qui parvint à son terme dans les années 1860.

Toutes ces dispositions visaient à assurer une plus grande mobilité, en permettant à des non-catholiques de s'installer dans le pays, et à priver les voisins protestants d'une arme de propagande. En 1775, les paysans révoltés avaient demandé secours à Frédéric II de Prusse en ces termes : « Nous ne sommes que 20 000, mais Dieu nous aidera... Nous assiégerons le ciel par nos larmes et par nos prières jusqu'à ce que le Seigneur mette tout le royaume de Bohême sous ton sceptre. »

Par ailleurs, l'Empereur entreprit de placer l'Église sous la coupe de l'État. Il décida la suppression des ordres contemplatifs : un tiers des couvents de Bohême furent fermés tandis qu'une commission aulique fut chargée d'administrer les biens confisqués. Les séminaires furent aussi contrôlés par l'État et les manifestations extérieures de l'Église (pèlerinages, processions...) furent limitées. Ces mesures, même si elles furent parfois approuvées par des ecclésiastiques de haut rang, provoquèrent de vifs ressentiments.

— Enfin, Joseph II s'attacha à la centralisation. Il fusionna les institutions mises en place par le prince Kaunitz dans un Conseil aulique unifié (*Vereinigte Hofstelle*) qui coiffait tous les pays « héréditaires », réduisant considérablement l'autonomie des régions. De la même manière, il unifia Prague en 1784. La police fut organisée, avec des antennes à Prague, à Brno et à Opava en 1785. En matière urbaine, la politique de Joseph II s'exerça à l'encontre de l'autonomie des villes. Mais en détruisant les barrières corporatistes et en supprimant les fortifications des villes, il ouvrit la voie à leur épanouissement économique. Un nouveau code civil et un code pénal (qui abolissait la peine de mort, sauf dans les procédures de cours martiales) furent promulgués dans la foulée des réformes thérésiennes. Une restructuration cadastrale et fiscale suivit ce bouillonnement d'initiatives, entamant les privilèges de la noblesse. Joseph II prévoyait même en 1789 un rééquilibrage des charges pesant sur le paysan, de telle manière qu'il lui reste 70 % de ses revenus après l'imposition seigneuriale et royale.

Les réactions furent à la mesure de l'œuvre engagée et de ses contradictions. Joseph II avait touché à trop d'intérêts : l'Église, la noblesse, l'autonomie des différentes composantes historiques de l'ensemble habsbourgeois. Même les élites bourgeoises, comme le montrent les chroniques urbaines, ne soutinrent pas unanimement le nouveau cours. Et les partisans des réformes pouvaient difficilement accepter que se développe un système policier. L'accumulation des rancœurs allait conduire à un échec global.

À force de tenter d'agrandir ses États — le sens de la grandeur s'exerçait au XVIIIe siècle aux dépens des voisins — et de vouloir étendre ses compétences à l'intérieur, Joseph II a échoué dans sa grande entreprise. Il a trop gouverné et pas assez régné, faisait remarquer le prince de Ligne.

Le problème national naissant, et plus précisément la réaction de la Hongrie et de son aristocratie, qui n'avaient pas supporté d'être dépossédées de leur indépendance, lui fut fatal. Le « style » de Joseph II n'avait fait qu'amplifier les mécontentements. Même son économie austère de la Cour lui avait valu des ennemis : les artisans de Vienne lui en voulaient de les priver de commandes. Par ailleurs, en faisant venir dans la capitale les couronnes hongroise et tchèque, il avait rompu avec les anciennes traditions de couronnement par lesquelles le souverain marquait son attachement à ses États. À cela s'était ajoutée la question linguistique : par souci d'efficacité et d'unité — bien plus que par nationalisme —, Joseph II avait voulu imposer l'allemand (en Hongrie, pour remplacer le latin) à l'ensemble de ses possessions. Il avait ainsi déclenché des passions qui ne trouvèrent leur terme qu'en 1867 pour la Hongrie et en 1918 pour les Pays tchèques et la Slovaquie.

Son frère Léopold II, grand-duc de Toscane, eut donc à gérer une succession difficile. Il sut résoudre les problèmes d'un legs extérieur catastrophique et revint à l'intérieur sur les dernières réformes sociales de son prédécesseur, avec un retour aux patentes de 1775, tout en conservant l'abolition du servage. Les évêchés reprirent le contrôle des séminaires et Léopold se fit couronner à Prague et à Presbourg.

Léopold II apparaît ainsi comme un souverain de transition, avec un règne éclair de deux années. Pour les uns, il est le dernier monarque éclairé, le continuateur de son frère, plus subtil et plus prudent, mais imprégné par les mêmes idéaux. Pour d'autres, en revanche, il est le précurseur de la réaction qui prit toute son ampleur sous François II.

Entre baroque et classicisme

Le paysage baroque des Pays tchèques est parvenu à son apogée à la fin du règne de Charles VI. Cette phase, où l'art était mis au service de l'apparat et du spectaculaire, fut suivie d'un mouvement où l'intimité reprit sa place : le mouvement rococo, qui renouait partiellement avec le maniérisme de la cour de Rodolphe II, assura la transition vers un classicisme qui empruntait à Vienne. Le lyrisme, qui habite les paysages et les scènes de genre du Praguois Norbert Grund, influencé par le Vénitien Francesco Guardi mais aussi par les peintres français, en est l'illustration. À une époque où naît la pratique du mécénat aristocratique, il est intéressant de noter que la bourgeoisie fut le principal commanditaire du peintre. Quelques édifices furent marqués par ce style nouveau, tel le château de Dobříš. Mais, même si Prague compléta sa parure baroque au début du règne de Marie-Thérèse, les arts plastiques et l'architecture — autre que militaire — ne s'épanouirent plus alors avec la même ostentation, en raison des conceptions très didactiques des Lumières qui cherchaient surtout à éduquer le peuple.

Comme au XVIIe siècle, le domaine musical fut le domaine d'expression artistique tchèque par excellence. Les familles Benda et Stamic, Mysliveček et autres Kohout ou Stich-Punto s'illustraient aux quatre coins de l'Europe. Les musiciens tchèques étaient très présents à Vienne aussi, tandis que les Pays tchèques ne conservaient que quelques-uns de leurs talents (la famille Brixi et Jakub Ryba, auteur d'une messe pastorale fameuse) : Prague, Olomouc, le château de Jaroměřice qui abritait la famille des Quenstenberk étaient des centres musicaux très actifs. Il n'est pas étonnant dans ces conditions que Prague ait été particulièrement accueillante à l'œuvre de Mozart. *Don Juan*, que les Viennois avaient boudé, fut découvert avec enthousiasme dans la capitale tchèque, au théâtre Nostic, et Mozart en fut reconnaissant à « ses chers Praguois », qui le recevaient, comme la famille Dušek dans leur maison de la Bertramka, si amicalement. En 1791, il composa son avant-dernier opéra, *La Clémence de Titus*, pour le couronnement de Léopold comme roi de Bohême.

À Prague même, plusieurs scènes avaient été ouvertes au XVIIIe siècle, destinées soit à un public populaire soit à la bourgeoisie. Mais c'est en 1786 que fut fondé un théâtre destiné exclusivement au public tchèque, installé tout d'abord place Saint-Venceslas, puis transféré dans une église franciscaine désaffectée (U Hybernů).

Dans le domaine des idées et des mentalités, le XVIIIe siècle fut également un siècle de transition. Le monolithisme d'une société dominée par l'Église s'effritait peu à peu, avant d'être ouvertement contesté puis remplacé par le rationalisme des Lumières, introduit notamment par le biais des sciences naturelles, cultivées tant dans les collèges jésuites qu'à

Mozart jouant du clavecin
dans le salon de la villa Bertramka,
chez les Dušek, à Prague.

l'Université ou dans certains cercles laïques. Les milieux aristocratiques furent aussi les vecteurs des courants jansénistes, piétistes, voire calvinistes, en Pays tchèques. Le jansénisme pénétra en Bohême par l'action du comte František Antonín Sporck (1662-1738) — seigneur de Kuks et de Lysá — qui rompait le monopole éditorial des Jésuites. Sporck n'était pas totalement isolé, mais il avait fort à faire contre 75 collèges jésuites. Parallèlement, le souverain et l'Église s'affrontaient sur les questions d'hérésie, sur le contrôle de la censure et de l'Université. Le débat était ouvert. Les idéaux de la franc-maçonnerie, qui avait vu le jour à Prague en 1742, progressaient dans le pays. L'entourage de Marie-Thérèse, en particulier son médecin Gerhard van Swieten, y était acquis et François de Lorraine aurait été initié dès 1731. Le renouveau d'intérêt pour la langue allemande favorisait le développement des Lumières, par le biais de la littérature produite en Allemagne : Karl Anton Martini se faisait l'écho des idées de Christian Wolff sur une redéfinition des rapports entre l'Église et l'État. La laïcisation de la science et de l'enseignement s'amorçait : en 1746 naissait à Brno une « Société des savants inconnus » indépendante des institutions ecclésiastiques. Une réorganisation de l'université de Prague permettait désormais à des non-jésuites d'y enseigner, tels les Augustins et les Dominicains dans le domaine de la théologie. Le jésuite et mathématicien Josef Stepling refusait la physique aristotélicienne et dispensait les théories de Newton. Prokop Diviš inventait le principe du paratonnerre.

Prague était alors à la croisée de deux influences : d'une part, celle de Leipzig et des humanités, de l'autre celle de Vienne et des sciences. Karl Heinrich Seibt incarnait le premier courant à l'université de Prague, le minéralogiste Ignaz Born représentait le second, avec son inlassable activité d'organisation qui lui valut d'être le modèle de Mozart pour le Sarastro de *La Flûte enchantée*. Ce dernier courant joua un rôle fondamental dans l'affirmation d'une science désormais indépendante et considérée comme un instrument d'amélioration du sort humain.

Après les Lumières thérésiennes et territoriales vinrent les Lumières tchèques dont Gelasius Dobner, le fondateur de la méthode critique en histoire, fut la première grande figure, avec František Martin Pelcl, auteur d'une *Brève Histoire de la Bohême des temps les plus anciens à nos jours* (en allemand). C'est dans ce terreau de l'esprit des Lumières que se développèrent les deux mouvements parallèles et parfois antagonistes du joséphisme et de la redécouverte historique et linguistique de l'identité nationale d'où sortit le Réveil national.

Les Slovaques, un « peuple sans histoire »

L'histoire des Slovaques a été obscurcie par une série de filtres successifs. Jusqu'au XXe siècle, vivant dans le cadre de la Hongrie qui leur déniait leur identité nationale, ils ont fait figure de peuple paysan acculturé. Sous la Première République tchécoslovaque, dans leur effort de construction du nouvel État, les autorités tchèques se sont attachées à gommer et à sous-estimer les différences qui existaient entre eux et les Tchèques. Le régime communiste a poursuivi dans cette voie. De telle sorte que les Slovaques, privés de leur histoire, ont été tentés à leur tour de construire une contre-histoire dirigée contre leurs anciens tuteurs. Une histoire impartiale des Slovaques est donc bien difficile à écrire aujourd'hui en raison des lacunes de l'historiographie et de ses partis pris.

Le débat commence dès que l'on essaie de situer les Slovaques par rapport aux Tchèques. Appartiennent-ils au même rameau ethnique et linguistique que les Tchèques ? Nombre de linguistes de l'entre-deux-guerres tendaient à penser que le slovaque n'était qu'un dialecte slave occidental très proche du tchèque. Une telle assertion reposait sur le caractère tardif de cette langue comme langue littéraire. Derrière les propos scientifiques perçait un dessein politique volontariste qui consistait à construire un État fort et centralisé. Pendant la guerre — alors qu'avait été créé un État slovaque soi-disant indépendant, en fait satellite de l'Allemagne nazie — puis à partir des années 1960, l'effort d'émancipation slovaque s'est traduit dans l'historiographie par une « autonomisation » à laquelle il faudrait accorder une plus grande attention.

Comme cela a été rappelé en introduction, notre propos restera modeste et consistera tout d'abord à souligner les caractéristiques du développement slovaque dans le cadre hongrois.

Les Slovaques au Moyen Âge

Comme souvent en Europe centrale, la question de la première occupation du territoire est l'objet de polémiques. Dès le XVIIIe siècle a été émise l'idée que les « Hongrois » étaient arrivés dans la région au VIe siècle en y amenant des populations slaves déjà esclavagisées. Au contraire, rétorquaient les patriotes slovaques, les Magyars avaient été accueillis par les Slovaques et devraient donc reconnaître leurs lois et leur spécificité. De la même façon, la polémique sur la légitimité politique de la conquête se déchaînait. En l'état actuel de nos connaissances, il semble bien qu'après les peuplements celtes puis germaniques, contemporains de ceux de la Bohême et de la Moravie, il n'y ait eu aucune continuité entre l'empire des Avars écrasé par les Francs au début du IXe siècle et l'apparition des Magyars un siècle plus tard. Une fois battus, les Avars s'étaient dilués dans les populations locales, en particulier slaves — slovaques et slovènes — alors que l'ensemble de la zone était aux prises avec les Francs à l'ouest et les Bulgares à l'est, que Byzance avait bien du mal à contenir.

On peut commencer l'histoire des Slovaques avec la consécration, vers 828, de l'église de Nitra par l'archevêque Adalram de Salzbourg. La principauté de Nitra, christianisée et dirigée par le prince Pribina, fut vite contestée par sa voisine morave, et absorbée par elle. Pribina quitta le pays en 833, accompagné de sa *družina* estimée à 500 hommes, pour s'installer un peu plus au sud, en Pannonie. Les ancêtres des Slovaques firent donc partie de l'« empire morave », qui est considéré aujourd'hui par les historiens slovaques comme le premier État slovaco-morave et qui s'effondra, au début du Xe siècle, sous les coups des nouveaux venus dans le bassin danubien, les Magyars, eux-mêmes poussés par les Petchénègues. Les historiens sérieux hésitent beaucoup sur la continuité — notamment religieuse — entre la Grande-Moravie et la christianisation organisée par les Arpads, d'autant que la filiation assurée par saint Adalbert appartient, comme nous l'avons vu, à une tradition occidentale.

En juillet 907, les Magyars affirmèrent leur suprématie définitive sur le Danube moyen par leur victoire sur les Bavarois à Brezalaupurc (Predslavov hrad) d'où naquit le nom de Presbourg et d'où sera dérivé Prešpurk-Prešporok, désignation ancienne de Bratislava. Mais jusqu'à leur sanglante défaite de Lechfeld en 955, ils se consacrèrent surtout à des expéditions fructueuses en Saxe, en Bavière, en Italie et dans l'Empire byzantin. Sous le règne de Géza (970-997), le premier prince de la dynastie des Arpads, l'organisation administrative de la région se consolida et l'ancienne principauté de Nitra fut attribuée à l'héritier arpad : ainsi Vajk-Étienne la reçut-il vers 995 en apanage, avant de devenir le grand prince christianisateur du bassin danubien (997-1038) et d'obtenir en l'an 1000, du pape Sylvestre II, la couronne royale pour la Hongrie.

À l'image de la Bohême, la région n'échappa pas à l'expansion météorique des Piast polonais. Aux alentours de 1020, elle revint au sein du royaume de Hongrie. C'est seulement à cette époque que les Magyars contrôlèrent le nord de la Slovaquie. Le duché de Nitra disparut comme apanage du « dauphin », au début du XIIe siècle, alors que le royaume de Hongrie dirigé par Coloman (Kalman) se renforçait en absorbant la Croatie (1102) et en résistant victorieusement au Saint-Empire. La population du territoire slovaque était d'environ 200 000 habitants (contre 400 000 pour les Magyars) et, l'ethnogenèse des Slaves étant achevée, leur identité était déjà clairement affirmée.

La Slovaquie jouait un rôle important parce qu'elle se trouvait sur deux grands axes d'échanges est-ouest — le Danube et, au nord de celui-ci, sur la route de Trenčín à Hodonín par les Petites Carpates — ainsi qu'un axe nord-sud qui passait à l'est de l'Ippel et, plus loin encore à l'est, par les vallées du Dunajec, de la Torys et de l'Hornad. La toponymie montre bien le poids que conservait l'élément slovaque, tout comme la nomenclature administrative qui reprenait des termes slaves (megye, ispan, etc.). Au départ, les terres de la Couronne étaient cultivées par des paysans libres — ou semi-libres —, celles de la noblesse par des serfs. Dotée par le roi et la famille royale, l'Église possédait 10 % à 12 % du sol. Mais, dans le courant du XIIe siècle, les immenses territoires royaux commencèrent à se réduire en même temps que le nombre des hommes libres.

Le pays était divisé en une dizaine de comitats (*comites* en latin où *župa* en tchèque), bases du pouvoir royal, dirigés par des *comes civitatis* ou *castri*, appelés *župan* en slave. Le ressort de l'archevêché d'Esztergom (Ostrihom) couvrait les trois quarts du territoire slovaque, celui de Jager l'est du pays. L'évêché de Nitra fut rétabli au XIe siècle tandis que les hauts lieux bénédictins étaient fondés près de Nitra, à Zobor, et sur le Hron (Saint-Benoît en 1075). Les Prémontrés étaient également présents dans le Hont.

Par rapport au féodalisme des Pays tchèques, l'espace hongrois se distinguait par une indépendance plus nette de la noblesse à l'égard du souverain dès les XIIe et XIIIe siècles. Cette situation particulière peut s'expliquer, d'une part, par les origines guerrières et conquérantes des Magyars — d'où un recrutement plus large de la future noblesse —, d'autre part, par la formation d'un État plus vaste que celui des Přemyslides, ce qui rendait le contrôle des comitats bien plus difficile pour le souverain et donnait à l'aristocratie une autonomie plus grande. Cette situation se traduisit par la Bulle d'Or de 1222 par laquelle André II limita les prérogatives des fonctionnaires royaux et donna à la noblesse l'initiative dans le domaine judiciaire et la gestion locale.

Le XIIIe siècle fut marqué par quelques événements majeurs :

— La dévastation du pays au printemps 1241 par les Mongols, amplifiée par une terrible famine, qui ne fit qu'accélérer la décadence royale bien que Béla IV ait tenté de l'enrayer en installant des Coumans entre le Danube et la Tisza.

— La rivalité entre les Arpads et les Přemyslides pour la succession des Babenberg en Autriche, qui s'acheva par une alliance entre les deux dynasties.

— Le rôle de la colonisation allemande, encouragée par les Arpads, dans le développement urbain — les villes reçurent leurs premiers privilèges en 1238 — et minier, mais aussi dans le repeuplement des campagnes dévastées entre Bratislava et Trnava. Košice (Kassau en allemand, Kassa en hongrois) était un marché important entre la Pologne et la Transylvanie, Levoča pour la Pologne, Trnava pour la Moravie et la Bohême, Bratislava pour l'Autriche à l'ouest et la Dalmatie au sud. On exportait du vin, du bétail, des chevaux et des matières premières en échange d'objets artisanaux et de produits de luxe. Dans les villes, les *hospites*, qui devinrent des bourgeois, jouissaient de droits particuliers d'installation et étaient soumis à des règles différentes (comme le droit allemand que nous avons évoqué pour les Pays tchèques) de celles des habitants du pays : les juifs étaient aussi des « invités » et leurs communautés se développèrent au départ dans quelques villes importantes (Bratislava, Trnava et Nitra).

Le chapitre de Spiš et la cathédrale Saint-Martin de Bratislava, avec ses deux tours et sa nef à trois vaisseaux, témoignent bien du fait qu'à la fin du XIIIe siècle le territoire slovaque faisait partie de ce monde occidental marqué par l'art roman, puis gothique, dont il constituait les marches les plus orientales.

Mais les rois de Hongrie n'étaient plus vraiment les maîtres du pays. Et quand André III mourut le 14 janvier 1301, une cinquantaine de familles aristocratiques, les magnats, dominait la situation politique alors qu'il fallait trouver une nouvelle dynastie.

Le royaume se divisa : le seigneur de Trenčín, Maté Csák (Matuš Čák en slovaque) et les Aba de Košice penchaient pour le roi de Bohême, la majorité de la noblesse préférant les Anjou de Naples. De ce conflit naquit un morcellement féodal du pays qui ne prit fin qu'avec la disparition en 1321 de Maté Csák — que l'on a pris abusivement pour un prince slovaque parce que ses terres étaient en Slovaquie. Les Anjou — Charles-Robert (1308-1342) et Louis Ier (1342-1382) — s'attachèrent à rétablir une monarchie féodale centralisée, en profitant de la dynamique économique du XIVe siècle et en s'appuyant sur les villes minières tandis que la colonisation se poursuivait avec les Valaques, bergers d'origine romane, qui venaient de Transylvanie et des contreforts des Carpates. Ils furent installés au nord du pays, et jusqu'en Moravie, selon le droit emphytéotique et en disposant de leurs

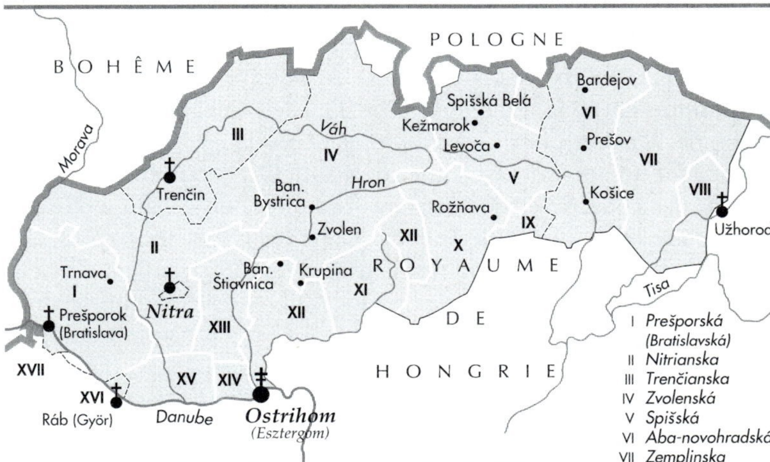

Division administrative de la Slovaquie
à la fin du XIIIe siècle

- Frontière de la Hongrie
- Limite de district
- Limite de diocèse
- Archevêché
- Évêché
- Slovaquie actuelle

I *Prešporská (Bratislavská)*
II *Nitrianska*
III *Trenčianska*
IV *Zvolenská*
V *Spišská*
VI *Aba-novohradská*
VII *Zemplinska*
VIII *Užská*
IX *Turnianska*
X *Gemerská*
XI *Novohradská*
XII *Hontianska*
XIII *Tekovská*
XIV *Ostrihomská*
XV *Komárňanská*
XVI *Rábska*
XVII *Mošoňská*

propres institutions : ils se slovaquisèrent ou s'ukrainisèrent peu à peu, leur fusion avec les autochtones n'étant achevée qu'au XVIIIe siècle.

Avec l'ampleur de la colonisation allemande, on observe les mêmes effets qu'en Pays tchèques : les tensions nationales ne manquèrent pas de se faire sentir au sein des villes (par exemple à Žilina où Slovaques et Allemands se partagèrent l'échevinat en 1381). À la fin du siècle, sur une population estimée à environ 800 000 habitants, on comptait de 30 à 50 % d'Allemands, reflet d'une situation plutôt favorable pendant près d'un siècle.

La position particulièrement centrale de la Slovaquie d'alors est illustrée par la réunion des plénipotentiaires des rois de Pologne, de Bohême et de Hongrie qui se tint en août 1335 dans le château de Trenčín : ils venaient préparer le traité de Visegrad du mois d'octobre suivant, par lequel Jean de Luxembourg abandonnait ses prétentions sur la couronne de Pologne tandis que le roi de Pologne renonçait à ses visées sur la Silésie. Un acte symbolique d'entente régionale dont le souvenir a été ranimé après 1989 par un traité économique et commercial conclu entre Varsovie, Prague (et Bratislava) et Budapest. Les filles de Louis le Grand avaient épousé Ladislas Jagellon, de Pologne, et le frère du roi de Bohême, Sigismond de Luxembourg, qui devint roi de Hongrie en 1387.

Le règne de Sigismond de Luxembourg allait être marqué par d'incessantes contestations intérieures au profit exclusif des magnats, toujours plus puissants, alors que les villes royales tombaient largement sous leur contrôle — à l'exception de 16 d'entre elles — et ne constituaient plus un pouvoir autonome à la diète où elles étaient devenues de simples observatrices. Obligé d'emprunter au roi de Pologne, Vladislav II, Sigismond lui céda 13 villes du nord de la Slovaquie, qui restèrent sous la souveraineté polonaise jusqu'aux années 1770. L'affaiblissement du pouvoir royal était le fruit de la lutte contre les Ottomans qui, sous Mourad Ier, avaient commencé à s'implanter dans les Balkans. En 1363, ils avaient pénétré en Bulgarie et, en 1389, ils avaient écrasé les Serbes à Kosovo Poljé. À la demande de l'empereur byzantin Michel Paléologue et du pape Boniface IX, Sigismond prit la tête d'une croisade contre eux, qui s'acheva par le désastre de Nicopolis en septembre 1396. Désormais les Turcs étaient installés au contact de la Hongrie, constituant une menace permanente et, pour y faire face, Sigismond épuisa le trésor royal qui fondit des deux tiers sous son règne.

Le roi de Hongrie, devenu aussi roi de Bohême et porté à la tête du Saint Empire, avait également à résister au mouvement hussite dont les idées pénétrèrent en Slovaquie, tout d'abord par l'intermédiaire de l'université de Prague vers laquelle les étudiants de Slovaquie se dirigeaient majoritairement jusqu'en 1390, avant de prendre le chemin de Vienne. À partir de 1428, les armées de campagne taborites de Procope le Rasé atteignirent les alentours de Bratislava, en provenance d'Uherský Brod. Les incursions furent dès lors fréquentes, avec leur cortège de dévastations et parfois même l'installation de garnisons, jusqu'au printemps 1433, mais pas un de ces raids ne franchit le Danube. La

Slovaquie fut donc un des objectifs hussites, avec ses villes et ses richesses minières. Les Allemands étant une de leurs cibles de prédilection, ces derniers prirent souvent le parti de fuir, ce qui eut pour effet, comme en Bohême, une reslavisation du milieu urbain.

Ce nouveau danger extérieur détourna partiellement Sigismond de son combat contre la poussée ottomane. Quand il mourut, après un intermède habsbourgeois dans des conditions analogues à celles de la Bohême, une nouvelle lutte de succession s'ouvrit : le pays était divisé entre deux des sept capitaines désignés par la diète en 1445, Jan Jiskra de Brandys et Janos Hunyadi. Finalement, le fils du second, Mathias Hunyadi, dit Corvin, l'emporta en 1458.

Mathias Corvin (1458-1490) est un des très rares rois de Hongrie dont le souvenir est resté vivant et positif dans la mémoire slovaque. Il a réussi à contrôler la situation intérieure en écartant habilement ses ennemis successifs : le mouvement des Frères (les Bratriky), héritiers religieux et antiféodaux des hussites qui contrôlaient l'est de la Slovaquie, fut décapité en 1466, les survivants passant au service de Mathias pour former le noyau du célèbre Régiment noir. Jiskra de Brandys abandonna l'opposition contre une sinécure et Mathias consolida son pouvoir en s'appuyant sur la moyenne noblesse et sur les villes, même si à la fin de son règne apparurent les germes de l'absolutisme.

Surtout, le roi sut reconstituer son trésor, dont le montant annuel atteignit un million de florins. Le développement du commerce, celui de l'extraction des métaux (or à Kremnica, argent à Banská Štiavnica, cuivre à Banská Bystrica) et des villes qui se fédérèrent — l'Union des villes minières de Slovaquie centrale, l'Union des Villes de Slovaquie orientale (Košice, Levoča, Prešov, Bardejov et Sabinov) — favorisèrent ce relèvement. La Cour absorbait près du cinquième de cette somme et était célèbre pour son faste. La Renaissance y battait son plein. Vienne et Cracovie avaient été jusque-là les deux pôles d'attraction universitaire. Sous le règne de Mathias Corvin, fut fondée en 1465 l'Universitatis Istropolitana (Istropolis étant le nom grécisé de Bratislava).

Sur le plan linguistique, la seconde moitié du XVe siècle vit, sous l'impulsion donnée par la pénétration du tchèque comme langue littéraire, l'apparition des premiers textes slovaquisés : ainsi le Livre de Žilina, qui présentait en 1473 une traduction en tchèque slovaquisé du droit de Magdebourg. Le tchèque fut adopté à l'époque comme langue écrite comme on peut le constater dans nombre de documents — correspondances officielles entre le souverain et les villes, chartes urbaines et corporatives. Cette situation s'explique par l'absence d'un centre culturel autour duquel aurait pu se cristalliser une langue littéraire purement autochtone.

L'art gothique était toujours dominant au XVe siècle — tant dans l'architecture que dans la peinture — à Bratislava, à Košice et à Bardejov où il se répandit dans les demeures bourgeoises. C'est surtout dans la sculpture que les artistes de Slovaquie excellèrent, en particulier à Košice et à Levoča où l'école de sculpture sur bois a laissé au début du XVIe siècle à l'église Saint-Jacques un magnifique témoignage de cet art, avec l'un des plus grands autels gothiques conservés en Europe, chef-d'œuvre dû à Paul de Levoča.

Les ambitions de Mathias furent à la mesure de ses capacités : une fois surmontée la rivalité avec ses voisins tchèque et polonais — le roi Jagellon étant soutenu par une partie de la noblesse hongroise —, et malgré la lutte permanente avec les Turcs, le roi de Hongrie, qui avait étendu ses possessions à la Moravie et à la Silésie, rêvait de la couronne impériale. Il prit Vienne en 1485, mais ce fut finalement un Habsbourg qui fut élu roi des Romains, puis empereur, en 1493.

L'État monarchique centralisé que Mathias Corvin avait réussi à construire s'effondra à sa mort. La noblesse, qui voulait reprendre le pouvoir, choisit les faibles Jagellon pour lui succéder. Les Zapolay possédaient 11 % des feux de Slovaquie. L'archevêque d'Esztergom Tamás Bakócz, également chancelier, était appelé le « deuxième roi » de Hongrie : sa Cour éclipsait celle du roi Vladislav Jagellon. La moyenne noblesse essaya d'entraver cette montée inexorable des oligarques en usant de ses armes : son nombre et les diètes. Le juriste Istvan Werböczi réussit à imposer ses vues « nationales » et, en 1505, un accord envisagea une

Retable du maître-autel de l'église Saint-Jacques de Levoča, début XVIe siècle.

succession nobiliaire à la tête du royaume en cas de disparition de la lignée masculine des souverains. En 1515, le même Werböczi définit dans son *Opus Tripartitum* — « sorte de bible de la conscience nobiliaire » hongroise — la *Natio Hungarica*, marquée par l'égalité entre la petite et la grande noblesse, tandis que le sort des villes et des paysans ne cessait d'empirer. En effet, le début du XVIe siècle fut caractérisé par la montée des tensions intérieures. Alors que le danger ottoman approchait, l'archevêque Bakocz, qui avait échoué dans ses ambitions papales, se vit confier en 1514 l'organisation d'une croisade qui dégénéra, par la faute des féodaux, en un vaste soulèvement paysan à la tête duquel se porta un hobereau de Transylvanie, György Dózsa. Si cette révolte férocement écrasée ne toucha que très marginalement le territoire slovaque, elle eut toutefois pour conséquence directe l'interdiction formelle pour les serfs de quitter leur terre. En 1525, un soulèvement eut lieu dans les villes minières, lui aussi brutalement réprimé.

Très affaibli, le pouvoir royal ne put faire face aux armées de Soliman le Magnifique qui, après avoir pris Belgrade en 1521, pénétra dans la plaine hongroise. Louis Jagellon tomba le 29 août 1526 à Mohács, devant un adversaire nettement supérieur, et fut tué dans sa fuite. La route de Buda était ouverte et la ville fut rapidement occupée tandis qu'une nouvelle lutte de succession était ouverte entre les partisans de Janós Zapolay et de Ferdinand de Habsbourg. L'État médiéval hongrois avait pris fin.

La Slovaquie aux frontières de la chrétienté

Zapolay n'hésita pas à faire appel aux Turcs pour l'aider. C'est ainsi que les troupes ottomanes dévastèrent en 1530 la Slovaquie du Sud-Est, emmenant avec elles 40 000 prisonniers. Ces affrontements durèrent jusqu'au début des années 1540, quand les Ottomans transformèrent la plaine hongroise en pachalik de Buda. Une partie du territoire de l'actuelle Slovaquie tomba même sous la tutelle administrative ottomane, avec deux conséquences majeures : le poids financier énorme que représentait la défense des nouvelles frontières hungaro-turques (près de deux fois le revenu de la Hongrie) — ce qui provoqua un très fort endettement de la Couronne — et le repliement des institutions hongroises au nord du Danube, faisant de la Slovaquie la partie principale de la Hongrie habsbourgeoise. Presbourg, qui abritait les joyaux de la Couronne et le Conseil royal, fut proclamée capitale par le roi en 1536. En 1529, la Chambre hongroise chargée des biens et des revenus royaux s'y était déjà repliée ; et, en 1534, l'archevêché d'Esztergom étant passé sous contrôle turc,

Presbourg devint la métropole religieuse de Hongrie, avec Trnava. À la fin du siècle, la chute d'Eger provoqua l'installation du second archevêché à Košice.

Après une phase de répit relatif, les hostilités avaient en effet repris de 1593 à 1606 entre les Habsbourg et la Sublime Porte. Mais un autre événement capital avait eu lieu entre-temps : la Hongrie était devenue protestante et la reconquête catholique voulue par les Habsbourg allait nourrir les dissentiments entre la noblesse hongroise et les souverains, le religieux et le politique étant ici très étroitement imbriqués.

Luthériens et, plus marginalement, calvinistes représentaient au début du XVIIe siècle, aux dires du cardinal Peter Pazmany, les neuf dixièmes de la population. Les efforts de l'archevêque Nicolas Olah et des Jésuites installés à Trnava depuis 1567 n'avaient pas été couronnés de succès notables quand, en 1604, la cour impériale de Rodolphe II lança son offensive contre les protestants.

Désormais, les soulèvements antihabsbourgeois, la plupart du temps animés par les calvinistes transylvains (Étienne Bocskai, Gabriel Béthlen, Georges Rakoczi, Imrich Thököly et François Rakoczi), ne cessèrent de rythmer l'histoire du XVIIe siècle, s'achevant par la paix de Szatmar de 1711 : la noblesse hongroise acceptait l'hérédité de la couronne hongroise pour les Habsbourg. Ceux-ci, en revanche, s'engageaient à respecter l'autonomie de la noblesse. La Hongrie évita ainsi le sort qui avait été réservé un siècle plus tôt à la Bohême.

Parallèlement, le danger turc avait été définitivement écarté après l'échec du siège de Vienne en 1683, début d'une reculade qui permit la libération de la Hongrie historique. Pendant près de deux siècles, cependant, la Slovaquie avait subi une pression constante qui avait freiné son épanouissement. De la proximité ottomane et de la fonction frontalière du pays, sont restées des traces dans la culture populaire, mais aucun mythe guerrier n'en est issu. Comme l'ont souligné nombre d'observateurs de cette période, la littérature orale a laissé le sentiment de misères subies et imposées qui n'ont pas été sublimées dans un légendaire national, comme cela a été le cas en Croatie ou en Serbie.

En revanche, si l'on identifie un peuple à ses héros, Juraj Janošík (1688-1713) doit être mis en exergue : il s'agit d'un de

Arrivée de Marie-Thérèse à Presbourg
(Bratislava) le 25 juin 1741.

ces personnages venus du peuple, sorte de Mandrin qui « prenait aux riches pour donner aux pauvres » et dont on retrouve constamment la trace dans l'art populaire depuis le XVIIIe siècle, et même dans la culture savante à partir du XIXe siècle. On vivait donc dans un monde paysan refermé sur lui-même, jusque dans le choix de ses mythes.

Sur le plan intellectuel, les XVIe et XVIIe siècles slovaques ont été marqués par l'essor de l'humanisme, avec le développement de la pédagogie, du système scolaire urbain dont l'ossature a subsisté jusqu'à nos jours, mais l'absence d'une université (les protestants fréquentaient celle de Wittenberg) a provoqué une émigration des esprits les plus brillants dans les pays voisins. Le réseau d'imprimeries locales stables se développa tardivement — lors de la seconde moitié du XVIe siècle —, publiant une littérature de chants épiques relatant les luttes antiturques et antihabsbourgeoises, en même temps que des livres d'inspiration religieuse (recueils de cantiques...).

Le XVIIe siècle fut assez profondément affecté par les rivalités religieuses et par la contre-offensive catholique. Au début du siècle suivant, il ne restait qu'une dizaine des très nombreux lycées protestants qui avaient été fondés avant 1640 et le *studium generale* jésuite de Trnava (1635) et celui de Košice jouaient désormais un rôle majeur dans une culture baroque qui ne se distinguait pas fondamentalement de ses voisines, avec en particulier une grande activité éditoriale et théâtrale (au niveau scolaire).

Les Lumières

L'évolution du rapport des forces régionales ne favorisa pas directement l'épanouissement des Slovaques. Avec les difficultés qu'éprouva Charles VI à faire approuver la Pragmatique Sanction, puis l'isolement qui toucha la jeune Marie-Thérèse au début de son règne, les rapports entre les Hongrois et la Cour habsbourgeoise changèrent de nature. La Hongrie était désormais un partenaire à part entière de Vienne et un allié qu'il fallait ménager. Marie-Thérèse lui gardait sa reconnaissance pour l'enthousiasme avec lequel la diète de novembre 1741 s'était spontanément engagée à apporter une aide massive à la souveraine : comme nous l'avons vu, l'envoi de 40 000 hommes avait sauvé la monarchie. Il est vrai que lorsqu'il s'agissait de contribuer aux finances de la Couronne, la diète était plus regardante. En 1764, elle refusa que Vienne s'ingérât dans les affaires fiscales du royaume, ce qui eut pour effet qu'elle ne fut plus réunie sous Marie-Thérèse. La Hongrie se défendit victorieusement contre les tentatives de centralisation, auxquelles les diètes des États héréditaires, plus faibles, ne purent résister, bien qu'elle n'ait pas échappé à la mise en place d'une patente sur les redevances seigneuriales (*urbarium*) qui assurait aux serfs le droit inaliénable à leur tenure. Ces dispositions améliorèrent momentanément le sort des paysans.

Sur le plan économique, la Hongrie était dépendante des choix faits à Vienne : elle devait rester, comme le précisa en 1766 le Conseil d'État récemment créé, une région agricole et un marché pour les produits industriels des Pays héréditaires. Aucune manufacture ne pouvait y être fondée sans l'accord du souverain et des droits de douane préférentiels entre les deux parties des terres habsbourgeoises permirent de remplacer les importations occidentales par les produits manufacturés « autrichiens ». Cette volonté politique marqua aussi profondément les structures sociales de la Hongrie et, par conséquent, de la Slovaquie, où le tissu préindustriel fut très lâche.

Un autre fait à signaler : un phénomène de migration du nord vers le sud à la suite du repli de l'Empire ottoman. Des milliers de Slovaques descendirent vers la plaine hongroise, en particulier entre le Danube et la Tisza, et jusqu'à la Batchka, le Banat et le Sriem, qu'il fallait réexploiter. Ce mouvement ne toucha que marginalement la noblesse locale qui était particulièrement nombreuse et qui ne cessait de croître : 32 000 familles pour 1 800 000 habitants environ à la fin du règne de Marie-Thérèse. Bratislava était alors la première ville de Slovaquie avec 28 700 habitants, suivie par Banská Štiavnica (20 000), Komárno (10 000), Košice (7 000), Prešov (6 000), Trnava, Skalica, Banská Bystrica et Modra ayant aux alentours de 5 000 habitants. C'est aussi au XVIIIe siècle que se produisit un afflux de juifs venus d'abord de Moravie, puis de Galicie, population qui allait jouer un rôle de dynamisation économique important au cours des décennies suivantes.

Comme le reste de la monarchie, le royaume de Hongrie fut touché par l'esprit des Lumières. Les jeunes officiers hongrois de la garde de Marie-Thérèse furent de puissants vecteurs des idées nouvelles. Le responsable de la bibliothèque royale, Adam Franz Kollár, fut aussi un des propagateurs de l'absolutisme éclairé, tout comme le recteur du lycée évangélique de Presbourg puis de Kežmarok, Jozef Bencúr. Les loges maçonniques fondées à Prešov (1769), Košice, Spiš... jouèrent également leur rôle dans cette diffusion, de même que l'épanouissement du système scolaire profondément réorganisé dans les années 1770. Même si l'Université fut rapatriée à Buda en 1777, l'université de Trnava restait le centre de la vie intellectuelle et scientifique, avec un observatoire réputé, créé en 1755. L'Académie des Mines de Banská Štiavnica avait aussi un excellent renom européen.

L'éveil de la conscience nationale remontait au XVIIe siècle avec l'affirmation d'une spécificité slovaco-slave dans un certain nombre d'ouvrages sur la Hongrie et avec les premières apologies slaves : les mots *slavus, Slovan* (Slave), *Slovák* (Slovaque) étaient considérés comme dérivant du mot *sláva* (gloire). Mais, de la conscience de la complexité ethnique de la Hongrie à l'affirmation nationale, il y avait un pas qui ne fut franchi qu'au XVIIIe siècle. En 1722, à l'occasion d'une consultation juridique concernant la noblesse du comitat de Trenčín et ses prérogatives, un professeur de droit de l'université de Trnava, M. Bencsik, avait affirmé que, le peuple de Svatopluk ayant vendu son pays pour un cheval blanc, ses descendants étaient soumis pour l'éternité aux Magyars. Il s'attira de nombreuses réponses, de Jan Baltazar Magin, de Mathias Bél, de Samuel Timon qui défendirent l'idée que, d'une part, les Slovaques appartenaient à la *Natio Hungarica* et que, d'autre part, ayant accueilli les Magyars sur leur territoire, ils pouvaient justement revendiquer une égalité de traitement. A.F. Kollár reprit cette idée du « contrat » dans *Aemonitates* paru en 1784, rejetant par ailleurs l'idée d'une continuité entre les Huns et les Magyars.

Mathias Bél, dans sa monumentale description de la Hongrie, délimitait même le territoire habité par les Slovaques (*parva Slavonia*) aux treize comitats du nord. Avec son esprit critique, Bél résistait mieux à certains mythes excessifs auxquels d'autres succombèrent. Mais cette exaltation n'était-elle pas un passage obligé dans l'affirmation d'une fierté nationale bien mise à mal ? La première histoire des Slovaques *De regno regibusque Slavorum* de Juraj Papánek, parue en 1780, est souvent considérée comme le point de départ du Réveil national slovaque. Histoire légendaire d'un royaume slovaque qu'il fait remonter au IVe siècle et dont le point culminant aurait été l'empire de Grande-Moravie, mais qui aurait contribué largement à la naissance du royaume de Hongrie et que la puissance habsbourgeoise ne ferait que prolonger.

Sur le plan linguistique, la situation restait ambiguë. Le latin était encore dominant. Mais en milieu protestant — après la patente de tolérance de 1781, vingt pour cent de la population se réclamait du protestantisme face à soixante-quinze pour cent de catholiques — le tchèque de la Bible de Kralice (du XVe siècle) n'était plus seulement la langue liturgique, mais aussi la langue culturelle et littéraire. Parallèlement, le slovaque occidental, dont allait émerger la première tentative de codification du slovaque, s'affirmait dans la poésie et le folklore.

Le Réveil national tchèque

Les Tchèques appellent « Réveil » national, « Renaissance » nationale — et même « résurrection » nationale — le processus complexe qui a bouleversé leur pays de la fin du XVIIIe siècle au début du XIXe siècle. C'est la matrice de leur identité moderne.

Cette évolution ne peut être comprise que si elle est replacée dans son contexte européen, avec l'héritage d'une Europe des Lumières qui croit en la transformation de l'homme par le savoir. Il y a une sorte de dialectique — et d'effet inattendu — dans le passage du rationalisme à la passion qui anime le romantisme, de l'apologie de la raison à celle du peuple paysan, du patriotisme territorial au nationalisme linguistique qui s'appuie sur le culte du peuple et du passé. Tout cela étant lié, aussi, à la fin des petites structures sociales au profit d'ensembles plus larges, nécessaires à l'épanouissement du capitalisme.

Les prémices de la fin du XVIIIe siècle

Les années 1770-80 furent marquées par un tournant social et idéologique. Tournant social, parce que la société prit conscience d'archaïsmes contre lesquels il convenait de lutter dans une phase d'industrialisation. C'est ainsi que l'on développa l'enseignement technique : Prague connut la première exposition industrielle des pays habsbourgeois en 1791. Une brusque accélération de ces mutations s'était produite avec la suppression par le pape Clément XIV, en 1773, de la Compagnie de Jésus — son remplacement dans l'enseignement secondaire ayant été largement assuré par les piaristes —, et la mise en place, en 1775, d'un système général d'enseignement primaire obligatoire de 6 à 12 ans et la naissance de sociétés savantes et d'encouragement agricole.

Tournant idéologique et linguistique : pour répandre les connaissances, savants et clercs avaient abandonné le latin pour l'allemand, devenu la langue dominante, par souci de communication plus que par attachement national. Le tchèque était alors au plus bas, comme on le voit dans les registres des municipalités qui étaient encore rédigés en tchèque au milieu du XVIIIe siècle et qui le sont quasi exclusivement en allemand dans les années 1780. D'après le provincial de la Compagnie de Jésus, le tchèque n'était plus parlé en ville que par un tiers de la population, dès 1700. Les campagnes étaient le conservatoire de la langue, où le peuple se protégeait de l'acculturation et de l'assimilation par son analphabétisme.

La mobilité sociale, recouvrée grâce aux dispositions prises par Marie-Thérèse et par Joseph II, allait provoquer un afflux des populations rurales en milieu urbain et instaurer une contrainte de bilinguisme. L'allemand avait beau être proclamé langue administrative en 1784, il fallait tenir compte des réalités. Ainsi, quand on institua tardivement, en 1791, une chaire de tchèque à l'Université de Prague, cette langue était enseignée depuis plusieurs années à l'Académie militaire de Vienne.

La réhabilitation de la langue fut le deuxième aspect de la mutation en cours. Dans un premier temps, il s'agit d'affirmer une différence qui poussait la noblesse de Bohême à manifester son identité territoriale. Sur le modèle allemand, on vit fleurir dans les années 1770 et 1780 les apologies du tchèque qui avait jusque-là souffert de la confusion avec l'hérésie, en particulier au niveau de l'imprimé.

La publication en 1775 par Pelcl de la *Défense de la langue slave, particulièrement tchèque* — écrite un siècle plus tôt en latin par le jésuite Bohuslav Balbín et restée manuscrite — est souvent considérée comme le point de départ symbolique de la Renaissance nationale. Ce genre littéraire avait en fait vu le jour dès 1772 : il se développa ultérieurement, en allemand et, à partir de 1783, en tchèque. Grammaires et dictionnaires se multiplièrent. Et la littérature suivit : 10 ouvrages en tchèque en 1779, 30 déjà en 1783. La littérature religieuse dominante tout au long du XVIIIe siècle cédait le pas à la littérature populaire (calendriers, recueils de chansons...), aux pièces de théâtre, aux almanachs. Et si la presse tchèque était née en 1719 (*Pražské poštovní noviny*), elle renaissait vraiment dans les années 1780 avec les initiatives de Václav Matěj Kramerius.

Le théâtre fut aussi un vecteur très puissant des idées nouvelles. Václav Thám, qui y consacra sa vie, lui assignait un triple objectif : servir la langue, éclairer les esprits et former le goût. Le libéralisme joséphiste permit à ce type de spectacles de s'épanouir, au détriment d'ailleurs de la musique qui subit le contrecoup des mesures anticléricales du souverain.

La langue bénéficia donc de la convergence d'intérêts très différents : les conservateurs, partisans d'un programme patriotique territorial, qui s'appuyaient sur le passé du royaume de Bohême, se trouvaient provisoirement aux côtés des défenseurs des doctrines éclairées et des réformes. Les manifestations de ce patriotisme culminèrent en 1791 lors du couronnement de Léopold à Prague, le centralisme et la germanisation organisés par son prédécesseur ayant excité les particularismes locaux.

Josef Dobrovský (1753-1829) est le personnage clef de cette première phase de la Renaissance qui a posé les bases linguistiques et historiques de la fierté nationale. Fils d'un paysan-soldat asservi, Dobrovský avait connu une enfance nomade avant de suivre des études à Prague, d'où il fut envoyé au noviciat jésuite de Brno. Après la dissolution de l'ordre en 1773, il revint à Prague finir ses études de théologie, puis il devint précepteur de la famille du comte Nostic — un des grands aristocrates éclairés de Bohême — et s'attacha pour huit ans à la rédaction d'une revue savante. Pour Dobrovský, la science est un sacerdoce, l'instrument de la recherche de la vérité. Joséphiste, il ne fut jamais un thuriféraire et, en 1790, il se retira de la vie publique pour se consacrer uniquement à ses travaux, posant les bases grammaticales, lexicales et littéraires du tchèque et de la slavistique, avec une œuvre dont le rayonnement toucha toute l'Europe centrale et orientale.

Mais Dobrovský n'a pas été seulement un savant. Il appartient à la tradition tchèque des grandes figures morales attachées à la défense de la vérité, se démarquant de ses successeurs. Son combat avait aussi une signification politique. Chargé de s'adresser au souverain au nom de la Société tchèque des Sciences, le 25 août 1791, il intitula son intervention *Über die Ergebenheit und Anhändglichkeit der slawischen Völker an das Erzhaus Österreich* (« Sur l'attachement et la fidélité des peuples slaves à la Maison d'Autriche ») : en mettant l'accent sur la majorité slave de l'Autriche, sur sa fidélité à l'Empereur et sur sa prise en compte, il posait la pierre angulaire des conceptions austro-slaves que les Tchèques allaient élaborer puis défendre pendant des décennies. Mais, en soulignant la continuité culturelle et la tradition étatique tchèques, il anticipait aussi sur la vision que développa plus tard František Palacký.

Dobrovský avait fait son discours en allemand. Paradoxe apparent seulement pour un patriote, à une époque où le sentiment national ne passait pas encore obligatoirement par la langue. La *Nouvelle Chronique tchèque* de Pelcl n'avait recueilli que 474 souscripteurs. À cette époque, les journaux de Kramerius comptaient environ 900 abonnés. Les intellectuels qui se dévouaient à la redécouverte de la culture nationale et que l'on appela « Éveilleurs » avaient eux-mêmes de forts doutes sur l'avenir du tchèque. Dans les années 1790, ni Pelcl ni Dobrovský n'étaient optimistes : ils rappelaient qu'on avait parlé des langues slaves au nord de la Bohême et qu'il n'en restait plus que des traces dans la toponymie.

La deuxième étape de la Renaissance nationale

Les influences extérieures ont ici joué un grand rôle. Les écrits d'August Ludwig Schlözer, tout comme les *Ideen zur Philosophie der Geschichte der Menschheit* de J.G. Herder, contribuent à mettre en relief la spécificité des Slaves dans l'histoire mondiale. À cela s'ajoutent des expériences vécues : séjours d'intellectuels en Russie, passage des troupes russes de Souvarov en Bohême en 1799 et découverte de « parentés » avec la puissance slave, sans parler de l'impact des grands événements européens.

Le changement d'atmosphère des années 1789-1815 a aussi sa place. La Révolution française a produit des sentiments mitigés, la sympathie qu'elle a pu initialement susciter ayant été dissipée par l'exécution de Louis XVI et de Marie-Antoinette. Les excès de la Terreur sont un argument que le pouvoir sait manier pour discréditer les idéaux révolutionnaires et lutter contre toute velléité de réforme. Malgré tout, si certains voient dans la Révolution la conséquence d'une absence de réforme et plaident pour agir avant qu'il ne soit trop tard, ils restent discrets et ne s'expriment guère que dans des échanges épistolaires. La répression du « complot des Jacobins » de 1795 à Vienne et en Hongrie ne les incite pas à se manifester.

Qui plus est, les guerres révolutionnaires et napoléoniennes pèsent lourd sur la vie de tous les jours : fiscalité accablante, enrôlements forcés, blocus qui freine le ravitaillement, pays touché directement par le passage des armées ou les combats : en 1805, le sud de la Bohême et de la Moravie, en 1809, le sud de la Moravie et l'ouest de la Slovaquie, en 1813, le nord de la Bohême. Mais il en restera peu de chose : quelques légendes sur les Français, qui renouent avec l'occupation de 1740-41, quelques mythes napoléoniens qui seront ravivés au XIXe siècle en Moravie où a eu lieu la bataille d'Austerlitz-Slavkov (le 2 décembre 1805). C'est indirectement, par l'appel de Vienne aux traditions militaires tchèques pour défendre le pays, que ces guerres vont agir dans le sens d'un renforcement du patriotisme tchèque.

Il ne faut pas négliger non plus la prise de conscience des paysans eux-mêmes, sur qui reposent la prospérité et la défense du pays : les progrès du monde agricole sont au centre de l'intérêt des économistes et, sans les paysans — le service militaire à vie est passé à 10-14 ans au début du XIXe siècle, puis à 8 ans en 1845 —, la défense de l'Empire autrichien serait impensable. L'urbanisation renforce le poids du monde rural dans la société, puisque l'approvisionnement des villes dépend de sa capacité productive. Tout cela plaide en faveur de la suppression de la corvée. Mais les idées cheminent lentement et il faudra la révolte paysanne de Galicie en 1846 pour qu'une telle mesure commence à être sérieusement envisagée.

La deuxième phase de la Renaissance nationale tchèque est caractérisée par le passage au romantisme. La traduction, en 1805, du roman de Chateaubriand, *Atala*, est un jalon important. Plus tard, Josef Jungmann traduit Milton, Byron, Goethe et Schiller. Jungmann (1773-1847) incarne en effet les efforts de cette seconde génération des Éveilleurs. Fils de tailleur villageois, il représente les nouvelles possibilités d'ascension sociale en Pays tchèques. Sur les dix enfants de la famille, trois feront des études supérieures et un sera anobli. Il refuse la prêtrise, qui n'est plus le chemin obligé du savoir, et devient enseignant, en province, puis à Prague à partir de 1815.

Surtout, Jungmann définit en 1806 l'identité nationale par la pratique linguistique. « La langue, la nation et la patrie sont une même chose », écrit-il. Il y a donc deux nations en Bohême, une nation allemande et une nation tchèque. Jungmann et ses partisans ne parlent plus comme les propagateurs des Lumières, mais comme les représentants d'un peuple idéalisé. Bientôt il remplace le mot d'ordre de Dobrovský « La science pour la science » par « La science pour la nation ». Il rompt avec le patriotisme territorial dominant et, même si ses idées ne s'imposent pas d'emblée, provoque une césure dans la société, non sans débat, comme le prouve la réflexion du philosophe Bernard Bolzano qui refuse les antagonismes nationaux.

Quand Pelcl avait prononcé son cours inaugural à la chaire de tchèque de l'université Charles de Prague, il avait cité neuf grandes familles aristocratiques qui avaient tenu à ce que leurs enfants apprennent le tchèque. Mais cette langue est restée, encore pendant plusieurs décennies, la langue des paysans astreints à la corvée, la langue des serviteurs, des artisans, avec un statut d'infériorité accentué par le fait qu'elle avait abandonné la scène savante pendant deux siècles, qu'elle s'était dégradée et appauvrie. Les limites linguistiques étaient donc géographiques, le pourtour des Pays tchèques étant dominé par l'allemand, comme les villes, mais ces frontières étaient également sociales. Jusqu'aux années 1830 — les passages que Chateaubriand a consacrés à ses séjours en Bohême, dans les *Mémoires d'Outre-Tombe*, en témoignent — Prague était encore très germanisée. Mais, peu à peu, avec l'extension du noyau des patriotes, la tchécophonie urbaine allait s'élargir. Des élites bourgeoises se formaient : une petite bourgeoisie de fonctionnaires, de commerçants, d'artisans entreprenants, une intelligentsia issue de leurs rangs ou directement du monde rural, des ecclésiastiques, des instituteurs, quelques membres de professions libérales, avocats ou médecins...

Ayant désormais un public, les auteurs tchèques ou slovaques écrivent pour lui en tchèque et leur audience est amplifiée par l'intermédiaire des cercles de lecture. Bien sûr, les activités amorcées se poursuivent. On édite toujours les chroniques anciennes qui ont joué un si grand rôle dans la prise de conscience nationale ; les travaux scientifiques se développent : le dictionnaire tchèque-allemand de Jungmann, la numismatique et l'archéologie slaves fondées par le Slovaque tchéquisé Josef Šafařik, les trésors du folklore rassemblés par František Čelakovský, les recueils de poésie populaire de Karel Jaromír Erben... Mais plus importantes encore sont les premières grandes créations littéraires : les poèmes de Karel Hynek Mácha qui égale les plus grands romantiques européens, mais que l'usage d'une langue peu répandue et mal traduisible a empêché de rayonner en dehors de son pays ; le vaste poème-programme de Jan Kollár *La Fille de Sláva*, qui fonde en 1824 le sentiment de solidarité slave ; les faux manuscrits de Václav Hanka et de Josef Linda, qui tendent à démontrer l'ancienneté de la littérature tchèque face aux autres littératures européennes et qui s'inscrivent dans la lignée des faux de Macpherson (Ossian)... Cette phase littéraire précède l'affirmation politique des Tchèques.

Le mentor politique des Tchèques

František Palacký (1798-1876) est né dans un petit village du nord-est de la Moravie au sein d'une famille crypto-protestante qui a choisi, en 1783, de rejoindre la confession d'Augsbourg. Son père est instituteur et écrivain public. Mais il est bien difficile de nourrir les siens sans revenus annexes et la famille tient aussi un petit commerce. La sévérité paternelle et le soin qu'il prend de l'éducation de ses enfants marquent l'enfance de Palacký : à cinq ou six ans, il a déjà lu la Bible, puis il est allé à l'école allemande voisine. Sa famille, redoutant qu'il ne soit « corrompu » par son environnement catholique, l'envoie au collège évangélique de Trenčín, puis au lycée évangélique de Presbourg où les études se font en latin. Un parcours classique au cours duquel la rencontre avec le tchèque est fortuite. Invité par la famille d'un de ses amis d'études, il découvre en 1813 qu'il ne comprend plus sa langue maternelle. Les lectures qu'il a alors l'éveillent au patriotisme tchèque (Komenský, Jungmann, le journal *Hlasatel*). Enthousiasmé par sa découverte, au printemps 1817, il se met à traduire Macpherson.

Une fois ses études achevées — il se passionne pour l'esthétique et l'histoire —, il trouve un emploi de précepteur qui l'entraîne de Presbourg à Komarom (Komárno en slovaque), en passant par Vienne, avant d'arriver à Prague où il entre au service du comte František Šternberk qui anime dans son palais de Malá Strana un centre intellectuel et qui a été, avec le comte Kašpar Šternberk, le cofondateur du Musée national. Le jeune Palacký deviendra rapidement un interlocuteur respecté et un médiateur entre la noblesse patriotique et l'intelligentsia tchèque naissante. Sous cette haute protection, il commence sa carrière, chargé par la Société royale des Sciences tchèques d'éditer les vieilles chroniques, lance en 1827 la première revue scientifique tchèque, fondée en 1830-1831 — sur l'exemple serbe — la *Matice česká* et s'attaque finalement à son œuvre majeure, une *Histoire des Tchèques de Bohême et de Moravie* qu'il n'achèvera qu'à la fin de sa vie.

František Palacký, historien, conscience politique
et leader des Tchèques au XIXe siècle.

Ce travail historique va bien au-delà des sciences car, en recherchant et en retrouvant les usages politiques anciens du royaume, Palacký fournit à la noblesse de Bohême des armes pour relever le prestige de la diète et reconquérir un pouvoir perdu. Il va contribuer, notamment, à restaurer la notion de droit d'État. Palacký incarne la maturité politique du mouvement national.

Dans les années 1840, la société tchèque a en effet changé par rapport à ce qu'elle était au début du siècle. Sur le plan national, la mixité reste la règle dominante, avec environ 60 % de Tchèques et 40 % d'Allemands en Bohême, 70 % et 30 % en Moravie, 20 % et 40 % (plus 35 % de Polonais) en Silésie autrichienne. Une mixité qui devient peu à peu conflictuelle au fur et à mesure que le fossé se creuse entre les mesures de centralisation de l'Autriche metternichienne et la prise de conscience nationale, que se mettent en place des structures fondées sur une base nationale et qu'au sein des institutions communes éclatent les rivalités linguistiques. Si la *Matice česká* a été créée exclusivement pour assurer le développement de la littérature en tchèque, la concurrence tourne en faveur des Tchèques au sein du Musée national et de ses revues. Une lutte du même type s'engage dans l'Union pour l'éveil de l'industrie qui devient un véritable forum politique, traduisant la montée de la bourgeoisie tchèque dans la société praguoise. Les Tchèques multiplient les centres d'activité : en 1840, ils lancent des bals patriotiques, 1845 voit la naissance de la *Měšťanská Beseda*, club de réunion culturel qui essaime dans tout le pays... Le théâtre continue à jouer un rôle majeur de sensibilisation et de diffusion des idéaux nationaux. C'est d'une farce de Josef Kajetan Tyl, jouée en 1834, qu'est tiré le futur hymne national *Où est ma patrie ?*, chant bucolique et nostalgique dans lequel le public tchèque va se reconnaître. En 1847, une pétition réclame l'autorisation de fonder un théâtre tchèque indépendant. L'affaire est sur le point d'aboutir à la veille de 1848.

Le système metternichien, dominé à l'extérieur par la volonté de maintenir un statu quo européen fondé sur la contre-révolution, se traduisait au sein de l'Empire autrichien établi en 1804 par l'affirmation de l'absolutisme, la restauration catholique et la lutte policière contre les courants démocratiques souterrains. Dans le même temps, le libéralisme et le constitutionnalisme progressaient dans l'ensemble de la société, y compris parmi la noblesse. Les victoires du libéralisme — en France et en Belgique — et la montée des mouvements nationaux — en Amérique du Sud, en Grèce, en Pologne et même en Allemagne — ébranlèrent de l'extérieur la stabilité de l'édifice dont Metternich avait été le maître-d'œuvre. Des voix de plus en plus nombreuses s'élevaient dans les années 1840 pour critiquer l'immobilisme et le conservatisme de l'Empire, dans une littérature imprimée à l'étranger, souvent sous des pseudonymes, mais qui franchissait les frontières.

Metternich avait échoué dans son projet de former un patriotisme d'État fondé sur le respect du souverain. D'autant qu'à l'énergique François Ier, avait succédé Ferdinand V dont le surnom de « débonnaire » disait bien les limites intellectuelles. La société était donc soumise aux tensions nées d'un régime politique extrêmement conservateur alors que d'autres courants l'emportaient en Europe.

Sur le plan économique, les Pays tchèques s'éveillaient au capitalisme et à toutes les formes de la révolution industrielle, avec notamment une industrie textile florissante dans le nord de la Bohême et à Brno — surnommé le « Manchester autrichien » en raison de sa spécialisation lainière. Le verre, la porcelaine, l'agro-alimentaire (bière et sucre) passaient au stade industriel, tandis que les besoins de l'industrie textile donnaient naissance à une industrie mécanique. Dans les années 1840, les Pays tchèques, avec 19 % de la population de la monarchie, disposaient de 60 % du parc des machines à vapeur.

C'était le résultat de la poursuite d'un mouvement amorcé dès le XVIIIe siècle, mais aussi d'une volonté clairement affirmée par les responsables locaux : développement de la formation scolaire et technique, fondation de l'Unité pour l'éveil de l'industrie en Bohême et de sociétés d'encouragement agricole, création d'un réseau de caisses d'épargne dès 1824, action déterminée des gouverneurs successifs de Bohême et de Moravie (le comte František-Antonín Kolovrat-Libštejnský, le comte Karel Chotek, Antonín Bedřich Mitrovský) en vue d'une modernisation des infrastructures du pays et tout particulièrement des transports... Les frères Veverka ont inventé une charrue à déversoir qui améliore les ensemencements, Josef Ressel a mis au point en 1825 un système d'hélices pour bateaux à vapeur, le Praguois Sennefelder est le créateur de la lithographie. Le premier train hippomobile relie Linz à České Budějovice en 1832. Les Rothschild financent la liaison Vienne-Galicie qui traverse la Moravie et les Praguois voient la première locomotive entrer dans leur ville en 1845.

Fierté nationale et revendications patriotiques se confondaient, dans les années 1840, chez une partie de la noblesse de Bohême-Moravie : les premières critiques avaient été formulées à la fin des années 1830 et le mouvement d'opposition à Vienne, groupé autour des comtes Bedřich Deym, Lev Thun et Josef Matyáš Thun, se précisa dans les années 1840, à la faveur des débats sur les Slaves qui se déroulaient dans la presse allemande et fournissaient la base d'une définition politique des Tchèques dans l'ensemble autrichien. Mais la noblesse ne se résignait pas à une conception identitaire purement linguistique, ce qui faisait dire à un de ses représentants : « Je ne suis ni allemand ni tchèque, mais bohême ».

Un des points clefs de cette réflexion portait sur l'appartenance au monde slave. Les premières générations d'Éveilleurs avaient fait preuve d'une russophilie aveugle, d'un amour naïf de tout ce qui était slave, d'une admiration sans borne pour tout ce qui était tchèque. L'attitude d'un Jakub Malý ou de Josef Kajetan Tyl relevait de cet enthousiasme. Un jeune pamphlétaire et journaliste, Karel Havlíček Borovský, allait faire passer un souffle salutaire sur la scène intellectuelle en affirmant une identité tchèque particulière et affranchie de l'appartenance slave. Havlíček était allé en Russie et, le souvenir de l'écrasement des Polonais en 1830 aidant, il était revenu horrifié par l'autocratie tsariste. Les patriotes tchèques étaient divisés entre libéraux et conservateurs, l'appréciation sur la Russie demeurant une ligne de partage jusqu'à la Première Guerre mondiale. À la veille de la révolution de 1848, les responsables politiques tchèques redoutaient le pangermanisme, le panslavisme et le dualisme austro-hongrois. Il ne leur restait qu'une solution : le maintien d'une Autriche où les différentes nationalités auraient des droits égaux.

1848 ou la concrétisation d'un projet politique

Dans les années 1840, la « question tchèque » n'apparaît pratiquement pas aux yeux de l'Europe. Et pourtant, même timide, elle existe déjà. Les partisans de la jeune Italie, les *carbonari* qui luttent pour le Risorgimento, les apôtres français de la cause polonaise — Jules Michelet et Edgar Quinet — sont prêts à s'enthousiasmer en faveur de la liberté des peuples.

Pour les Tchèques, l'atmosphère bourgeoise du confort Biedermeier, les valses viennoises de Lanner et de Strauss ne suffisent pas. Le livre de cuisine de Magdalena Dobromila Rettigová a beau être le best-seller national de l'époque, certains partagent des préoccupations plus politiques. Faisant le parallèle entre Londres et Vienne, des radicaux de Bohême se retrouvent dans le club secret Repeal qui a élu domicile dans une auberge de Prague et dont le nom s'inspire de l'exemple irlandais : s'y côtoient de jeunes intellectuels tchèques et allemands, venus d'horizons professionnels très différents (juristes, médecins, écrivains, publicistes) qui ont en commun leur amour de la démocratie et qui voient en Prague un pendant de Dublin. Résolument antidynastiques, ils auraient même des tendances républicaines. Profondément anticléricaux, ils lancent en 1847 une action contre le rétablissement des Jésuites : la distribution de tracts et la vente d'éteignoirs en forme de jésuites leur valent quelques peines d'emprisonnement. Ils réclament la suppression de tous les privilèges et l'amélioration du sort des pauvres : ces préoccupations sociales les éloignent des libéraux.

À l'intérieur des Pays tchèques, les tensions sont réelles. Les débuts de la mécanisation du textile provoquent des soubresauts sociaux : à plusieurs reprises, les ouvriers de Prague détruisent les « perrotins ». Sur le plan national, les patriotes forment un groupe désormais compact : la *Matice* compte 2 329 membres en 1848 et le *Český muzejní časopis* (Revue du musée tchèque) est tiré à plus de 3 000 exemplaires. Mais ce patriotisme tchèque n'est pas homogène : ses sources populaires montrent que la conception villageoise de l'émancipation nationale repose sur une tradition antiféodale et sur un nationalisme qui repousse tout ce qui nuit à l'économie locale, tandis que la vision citadine s'appuie surtout sur la nostalgie d'un âge d'or et d'une autonomie détruite. La trace des Éveilleurs est beaucoup moins présente qu'on ne pourrait l'imaginer. La fusion momentanée des intérêts se fera dans le feu des événements de 1848.

L'élément déterminant sera extérieur, témoin de l'extraordinaire accélération de la circulation des idées et de l'information dans cette Europe du milieu du XIXe siècle : dès le 14 février 1848, des tracts appelant à la solidarité avec les Italiens circulent à Prague. Et, le 29 février, l'agitation reprend quand les nouvelles de la révolution parisienne parviennent dans la capitale tchèque. Début mars, l'on apprend que le leader hongrois Lajos Kossuth a réclamé une Constitution à la diète de Hongrie.

La société politique tchèque — et surtout praguoise — s'organise alors. Le 8 mars, est lancé un appel à se réunir le 11 dans la salle de danse des Bains de Saint-Venceslas. Les libéraux prennent le contrôle de cette assemblée qui désigne un comité de 24 membres avec deux nobles à sa tête, les comtes Vojtěch Deym et Karel Villani — le secrétaire de la section tchèque de l'Union industrielle de Bohême, A.P. Trojan, l'avocat Brauner, Palacký, son gendre B.F. Rieger... en font partie — et qui décide d'adresser une pétition à l'empereur d'Autriche.

Ce texte, qui réunit des milliers de signatures, réclame l'égalité du tchèque et de l'allemand, l'union des Pays tchèques en une seule unité administrative, l'abolition de la corvée par rachat, l'exercice des libertés fondamentales, l'élection de représentants complémentaires à la diète, l'autonomie de la gestion communale, la mise sur pied de gardes civiles. La tentative de contre-pétition organisée par le gouverneur Stadion échoue.

La délégation qui est envoyée à Vienne pour porter le texte revient bredouille. Pourtant, les événements se sont précipités aussi dans la capitale autrichienne : après avoir été sacrifié par la Cour, Metternich a dû fuir dans une voiture de blanchisseuse, devant la révolution qui a éclaté le 13 mars, et Ferdinand V s'est engagé le surlendemain à accorder une Constitution. Le 28 mars, les Tchèques rédigent, seuls cette fois, une nouvelle pétition que le comte Stadion pense utile de signer et qui est adressée à Ferdinand en tant que roi de Bohême. Par un acte de cabinet du 8 avril, celui-ci accorde des institutions tchèques particulières dans le cadre de la monarchie, la question de l'unité administrative devant être débattue par la prochaine Diète. L'égalité du tchèque et de l'allemand est reconnue et l'élargissement de la diète est accordée. La réponse envisage aussi l'abolition de la corvée et une réorganisation judiciaire. Pressée de tous côtés, la Cour a donc cédé.

Pendant ce temps, les manœuvres se poursuivent à Prague et, pour éviter un noyautage du Comité de Saint-Venceslas, les libéraux forment un Comité national de 100 membres associé à la Commission de 24 membres que Stadion a mise sur pied.

Jusqu'au début du mois d'avril, Tchèques et Allemands de Bohême ont été unis dans leurs revendications. La demande de participation à la commission préparatoire de la diète constituante de Francfort adressée aux Tchèques va remettre cette solidarité en cause. Le 11 avril, František Palacký répond à ses interlocuteurs d'Allemagne que les Tchèques appartiennent à la famille slave et que, par conséquent, ils n'ont rien à voir avec eux. Il rétorque par ailleurs qu'ils n'ont aucune raison de se joindre à la destruction de l'Autriche, « empire indépendant dont la conservation, l'unité et la consolidation sont et doivent être une grande chose non seulement pour ma nation, mais pour toute l'Europe, pour l'humanité et pour la civilisation /.../ Il est certain que si l'État autrichien n'existait pas depuis longtemps, nous devrions, dans l'intérêt de l'Europe et de l'humanité même, faire en sorte de le créer le plus rapidement possible ». Et Palacký d'expliquer le caractère indispensable d'une Autriche qui donnerait une place légitime à ses différentes composantes, y compris slaves. Il formule ainsi le programme de l'austroslavisme qui restera le fond de la politique tchèque jusqu'en 1914. En faisant un tel choix, le Morave Palacký affaiblit certainement le concept classique de Droit d'État défendu par la noblesse, mais il élargit les possibilités d'action à une solidarité avec la Slovaquie. Cette politique est dirigée à la fois contre une Russie autocratique, dont les libéraux tchèques se sont démarqués, et contre les ambitions pan-allemandes.

Les Allemands de Bohême réagissent à l'opposé et acceptent de participer à la diète de Francfort. Une Union constitutionnelle allemande se réunira à Teplice du 8 août au 1er septembre et se prononcera pour une division de la Bohême par nationalité et pour une union douanière avec l'Allemagne. Mais ce mouvement *Deutschböhmen* gardera une portée locale.

Le divorce est consommé entre les deux communautés nationales. Les Tchèques créent alors leurs propres associations patriotiques : la *Česká Lípa* le 30 avril, puis l'association étudiante *Slavia* dont le slogan est « Égalité et concorde ». Fin mai, le maire allemand de Prague est remplacé par un « patriote ». Et face à la menace « allemande » et « hongroise », les Slaves de la monarchie décident de tenir un congrès. Les Slovaques (Ľudovít Štúr) et les Croates (Ivan Kukuljević) jouent un grand rôle dans sa convocation, mais les Slovènes, les Tchèques et les Serbes y sont aussi très actifs. Ce Congrès slave qui réunit 340 délégués en provenance de la monarchie, et aussi de la Pologne prussienne (ainsi que le révolutionnaire russe Bakounine), reste assez confus : les discussions débouchent finalement sur l'adoption d'un « Manifeste libéral aux nations européennes », sans portée immédiate, même si cette réunion a montré que l'idée de solidarité slave avait franchi les limites de la fraternité culturelle. Mais il ne s'agit en aucun cas d'une adhésion au panslavisme russe, puisque les Russes, en tant que tels, ont été absents de ce congrès qui, grâce aux libéraux qui l'ont contrôlé, n'a fait que confirmer les options austroslaves.

Début juin, alors qu'à Vienne la situation semble échapper au pouvoir et qu'à Prague le comte Lev Thun, qui a remplacé le comte Stadion, s'engage vers des compromis, la route vers une certaine autonomie tchèque semble se préciser. C'est du moins ce que pensent alors les libéraux tchèques.

Un impondérable va transformer cet espoir en défaite. Le commandant en chef des troupes de Bohême, le prince Alfred Windischgraetz est revenu à Prague. Le 7 juin, l'organisation d'une grande parade militaire sur l'esplanade des Invalides a été ressentie comme une provocation. Le 12, une messe est célébrée par les radicaux sur la place Saint-Venceslas et, lors de la dispersion de la manifestation, des incidents éclatent à hauteur des bâtiments du Commandement général de Bohême. C'est l'étincelle qui met le feu à la ville : des barricades s'élèvent et les étudiants de la Légion académique, épaulés par des ouvriers, commencent les combats de rue. Les forces sont disproportionnées : d'un côté quelques milliers de jeunes gens (3 000) hâtivement formés et mal équipés, sans plan de bataille, de l'autre

Les troupes d'Alfred Windischgraetz dispersent les insurgés à Prague, en juin 1848.

une armée de 10 000 hommes qui va opérer une reconquête méthodique de la ville et qui, à partir du 15 juin, commence les bombardements. Le 18 juin, les insurgés capitulent. La révolution a duré cinq jours, fait 500 victimes, dont 43 morts et 63 blessés parmi les révolutionnaires.

Les tentatives de médiation ont été écartées par Windischgraetz qui voulait pousser son avantage. Il proclame alors l'état d'exception sur Prague, arrêtant radicaux et libéraux, dissolvant le Comité national, la garde nationale et la société patriotique *Svornost* (Concorde), en même temps qu'il soumet la presse à une censure vigilante.

En dehors d'un contexte général européen devenu défavorable, la révolution a échoué parce qu'elle n'a eu qu'une base réduite, celle de Prague, de Brno, d'Olomouc. À aucun moment les responsables praguois n'ont réussi, malgré leurs tentatives, à établir une véritable jonction avec les campagnes. Le mouvement a aussi souffert des clivages nationaux entre Allemands et Tchèques et des différences politiques entre libéraux et radicaux. Les gardes nationaux, organisés par les libéraux, n'ont pratiquement pas participé aux combats de juin. Ces divergences se développeront face aux événements de Vienne où la révolution reprendra en octobre, chassant la Cour, le gouvernement et le Parlement en Moravie, et face à la poursuite de la révolution hongroise qui ne sera écrasée qu'avec l'aide des troupes tsaristes en automne 1849.

La révolution de 1848 laissera cependant aux Tchèques deux héritages majeurs. Désormais, ils auront un programme politique d'autonomie clairement formulé dans le cadre de l'Autriche. Par ailleurs, à l'échelle de la monarchie, le Reichsrat, élu en juillet 1848, a décidé le 7 septembre d'abolir la corvée, par rachat aux seigneurs. Avec cette mesure, le féodalisme disparaît et la porte est ouverte à la modernité sociale et économique.

Les paradoxes du « système Bach »

Après les défaites successives des patriotes italiens, des révolutionnaires de Vienne et des partisans de l'indépendance hongroise, la Cour habsbourgeoise a les mains libres pour rétablir un ordre conservateur.

Le retrait du « bon Nandl » en décembre 1848 va permettre à la dynastie de ne plus se sentir liée par les engagements auxquels il a été contraint de souscrire au printemps. Le néo-absolutisme est désormais incarné par le jeune empereur François-Joseph, tout juste âgé de 18 ans et conseillé par le prince Felix de Schwarzenberg. Ce diplomate aguerri, disciple de Metternich et utile médiateur entre le maréchal Radetzky et la Cour en été 1848, a la volonté d'assurer la puissance autrichienne au centre de l'Europe. Pour y parvenir, cet aristocrate de Bohême veut rajeunir la monarchie en la modernisant, mais en maintenant l'absolutisme.

Cette volonté se manifeste à l'égard du Reichsrat qui poursuit sa mission constituante pendant l'hiver 1848-1849 : avec sa majorité libérale, l'assemblée a élaboré un projet de transformation fédérale de l'Empire autrichien dont le gouvernement de Vienne veut éviter l'examen. Il annonce la dissolution du Parlement et présente le 4 mars 1849 sa propre Constitution « octroyée » pour rester fidèle, en apparence, aux promesses réitérées en décembre 1848. Cette Constitution ne sera en fait jamais appliquée en raison de l'état d'exception maintenu sur une grande partie des États d'Autriche. Et les quelques prérogatives d'autonomie gouvernementale sont définitivement grignotées en 1851. Avec la Patente de la Saint-Sylvestre 1851, la Constitution de mars 1849 est définitivement abrogée.

Mais le régime néo-absolutiste n'est pas un retour à la situation du *Vormärz* (l'avant 1848). Bien des signes sont là pour en témoigner. La fin du féodalisme n'a pas été marquée seulement par l'abolition de la corvée, mais aussi par la transformation profonde de l'administration qui ne repose plus sur la seigneurie. Après quelques essais, la commune est devenue l'unité de base administrative, l'échelon supérieur étant le district (*okres* en tchèque, *Kreis* en allemand) dirigé par un hetman, supervisé par la région et par les organes suprêmes du pays, eux-mêmes sous la coupe d'un vice-gouverneur dépendant du ministère de l'Intérieur autrichien. Ces structures se maintiendront intactes en Pays tchèques jusqu'en 1950 !

Sur le plan économique, le développement des chambres de commerce et d'industrie, puis la suppression des restes corporatistes favorisent l'essor financier et économique du pays. La présence au gouvernement d'hommes comme le baron Karl von Kübeck — roturier anobli —, du protestant Karl von Bruck — le fondateur de la Lloyd de Trieste — sont la preuve de la volonté de transformation économique de l'Empire. Alexander Bach, avocat libéral et figure centrale de mars 1848, qui illustre la percée de la bourgeoisie au sommet de l'État, a largement influencé le cours des années 1850.

Cette modernisation a son pendant politique, le triptyque « Église, armée et bureaucratie » caractérisant le régime qui se met alors en place.

— L'Église retrouve sa position dans la société avec le Concordat de 1855, qui chagrine les libéraux, puisqu'il prive l'État de son droit de regard sur l'Église et qu'il redonne à cette dernière un rôle primordial dans les affaires matrimoniales.

Sous l'égide du comte Lev Thun, l'Église revient au premier plan dans son rôle de tuteur de l'enseignement, même si celui-ci se modernise et n'est plus conçu uniquement comme un instrument de formation des fonctionnaires : il n'en demeure pas moins que les philosophes hégéliens Hanuš et Augustin Smetana subissent les foudres de l'Église et sont écartés de l'université de Prague pour leur hétérodoxie.

— L'armée est au centre des honneurs. Elle a sauvé la dynastie à ses heures les plus noires et le culte qui entoure le maréchal Joseph Radetzky, triomphateur des Italiens — voir la fameuse marche qui lui est dédiée — est le signe de la reconnaissance qu'éprouve la monarchie à son égard.

— La bureaucratie, que Joseph II avait déjà contribué à mettre solidement en place, s'épanouit largement. La police est l'œil du pouvoir et François-Joseph, en consciencieux fonctionnaire de l'Empire, lit chaque matin le rapport que le chef de la police autrichienne, Kempen, doit lui remettre. L'Empereur est, dit-on, le premier bureaucrate de l'Europe et travaille tous les jours dix heures à son bureau.

Les Tchèques sous l'éteignoir

La répression contre les Tchèques s'est déroulée après juin 1848 en plusieurs étapes. Préoccupé par la situation générale de l'Empire, le gouvernement autrichien a assoupli ses positions jusqu'au printemps 1849, où un complot radical a été éventé : Emmanuel Arnold, Karel Sladkovský, Josef Václav Frič, qui s'installera plus tard en France, Karel Sabina (le librettiste des opéras de Bedřich Smetana)... sont arrêtés. L'état d'exception est alors proclamé à Prague et restera en vigueur jusqu'en août 1853. Des centaines de condamnations politiques seront prononcées au cours de ces années.

Le cas du journaliste Karel Havlíček est révélateur. À la différence de nombre de ses compatriotes, qui ont pris leur parti de la situation et sont décidés à se replier sur l'économie, la recherche scientifique ou la création, le libéral Havlíček veut poursuivre son combat, avec des armes légales. Il refuse de se taire et continue d'éditer son journal *Národní noviny* qu'il a lancé le 5 avril 1848 et qui est interdit en janvier 1850. Pour échapper aux rigueurs de la censure, il s'installe à Kutná Hora pour publier un bihebdomadaire, le *Slovan*. Le commandement militaire de Prague en réclame la suppression en décembre. La pression gouvernementale monte et Havlíček préfère saborder le titre. Il se retire à Německý Brod (appelé depuis Havlíčkův Brod) en Bohême de l'Est. C'est là que la justice le poursuit pour des articles mettant en cause l'État et l'Église. À la suite d'un procès retentissant en novembre 1851, Havlíček est disculpé de tous les chefs d'accusation. Un triomphe pour lui, une défaite pour le gouvernement qui s'inquiète que le journaliste veuille se reconvertir dans l'agriculture. Ne serait-ce pas là un moyen de continuer son travail d'agitation ? À l'initiative d'Alexander Bach et du préfet de police de Prague, Sacher-Masoch, Havlíček est arrêté le 6 décembre 1851 pour être déporté à Brixen (Bressanone) où il passera trois ans et demi. Sa relégation prendra fin en mai 1855. Pendant ce séjour, il a produit une œuvre satirique en vers très importante qui fait partie du patrimoine culturel tchèque. Il a surtout contracté la tuberculose dont il ne se remettra pas. Déçu par le climat d'oppression intellectuelle qu'il trouve à son retour, par le manque de courage de ses anciens amis et touché par un drame familial — son épouse est décédée quelques jours avant son retour de Brixen —, il meurt le 29 juillet 1856. Ses obsèques sont une des toutes premières manifestations patriotiques tchèques depuis 1849.

Le destin tragique de Havlíček, qui s'apparente à celui de l'Italien Silvio Pellico enfermé au Špilberk, près de Brno, était le résultat d'un fort caractère plus que d'idées radicales. Au contraire, le journaliste tchèque était l'homme de la modération, du juste milieu. Sa fronde était d'autant plus dangereuse qu'elle s'appuyait sur une exigence démocratique raisonnable.

La libre expression avait donc disparu en Pays tchèques : Prokop Chocholoušek, rédacteur du *Večerní list*, avait également été arrêté en février 1851. Les intellectuels se repliaient dans leur coquille. Palacký lui-même, suspect de comploter avec sa famille en faveur des « Slaves », ne put être élu membre du

Comité du Musée national en 1852 : il retourna à ses travaux historiques jusqu'en 1861. La société était truffée d'informateurs, souvent anciens révolutionnaires retournés par la police, comme Sabina. Pour avoir la faculté de s'exprimer et d'agir, il fallait avoir donné des gages au pouvoir : les conservateurs proches du ministre du Culte et de l'Éducation, tels l'historien Václav Vladivoj Tomek ou le spécialiste de la littérature Josef Jireček, avaient droit à la parole. C'est dans la seconde moitié des années 1850, seulement, que l'étau se desserra et qu'autour de l'almanach *Máj*, fondé en hommage au poète K.H. Mácha, se groupa une jeune génération d'écrivains talentueux : Adolf Heyduk, Vítězslav Hálek et surtout Jan Neruda, un des maîtres de la prose tchèque du XIXe siècle, avec Božena Němcová qui écrivit dans les années 1850 son célèbre roman *Babička* (*La Grand-Mère*), et qui rappelle par bien des côtés sa contemporaine George Sand.

Mais il fallut attendre un nouveau choc extérieur, comme toujours en Autriche, pour que le cours politique soit modifié. C'est à la suite des défaites de Magenta et Solferino, puis de la perte de la Lombardie, que le « système Bach » fut remis en cause. Visiblement, il n'avait pas suffi pour faire de la monarchie une grande puissance européenne.

L'essor tchèque

À partir des années 1860, les Tchèques se trouvèrent dans une situation paradoxale : s'affirmant sur le plan économique et culturel, ils échouèrent à se faire reconnaître politiquement. Leur trajectoire était inverse de celle des Hongrois, dont la résistance politique fut couronnée de succès.

Vers le compromis austro-hongrois

Les années 1860 furent pour la monarchie habsbourgeoise des années de tâtonnements. Il était évident, après les défaites de Magenta et de Solferino, que la politique autrichienne devait être modifiée en profondeur. Depuis le XVIIIe siècle, le pouvoir avait oscillé entre une tendance centraliste (Haugwitz, Joseph II, Alexander Bach) et le maintien d'une certaine autonomie régionale (Kaunitz, Marie-Thérèse) : ce mouvement de balancier dont dépendaient les Pays tchèques se poursuivit jusqu'à la veille de la Première Guerre mondiale.

En appelant le comte Agenor Gołuchowski, noble polonais de Galicie, à la tête du gouvernement en août 1859 et en réunissant un Conseil d'Empire élargi (*Reichsrat*) en mars 1860, la Cour choisissait la détente et la conciliation avec les entités historiques, fédéralisme et conservatisme allant de pair.

Sur le plan constitutionnel, la majorité, qui s'était dégagée pour le fédéralisme historique et où les Tchèques étaient représentés par le comte Henri Clam-Martinic, ne pouvait qu'apprécier l'assouplissement apporté par le Diplôme d'Octobre 1860, compromis entre les besoins du présent et les traditions, entre l'unité de la monarchie et l'indépendance historique de ses composantes, entre constitutionnalisme et absolutisme : les diètes retrouvaient leur rôle législatif et les entités historiques, une partie de leurs droits. Le parti national, dit des Vieux-Tchèques, dont le chef moral était Palacký — mais son gendre Rieger en assumait la responsabilité politique —, se trouvait aux côtés de la noblesse conservatrice imprégnée par l'idée de Droit d'État.

Les Hongrois réagirent défavorablement à ce texte qui ne leur permettait pas de recouvrer les droits qu'ils avaient acquis au printemps 1848. Quant aux libéraux allemands, ils refusèrent encore plus nettement le Diplôme. La Cour dut reculer. Gołuchowski quitta ses fonctions et fut remplacé par Anton Schmerling qui, avec la Patente de février 1861, revint à des dispositions beaucoup plus restrictives en matière de fédéralisme.

Les Hongrois refusèrent à nouveau fermement toute participation. Du côté tchèque, l'acceptation se fit du bout des lèvres. Palacký se retira de la Chambre haute — où il était le seul représentant tchèque nommé — dès septembre 1861 et, en 1863-64, ses collègues entrèrent à leur tour dans une longue phase d'abstention et d'opposition. Tirant les leçons de son expérience, il publia en 1865 un petit ouvrage intitulé *Les Idéaux de l'État autrichien* dans lequel il rappelait que la raison d'être de l'Autriche était de protéger les petites nations et il ajoutait : « Nous étions avant l'Autriche, nous serons après elle ! »

La diète tchèque avait été reconstituée sur une base complexe de quatre curies (la grande propriété, les villes, les communes rurales et les chambres de commerce), plus quelques élus de droit, *ex officio*. La désignation des représentants était fondée sur un droit de vote censitaire lié au paiement d'un impôt de dix guldens. La surreprésentation citadine (il fallait 12 000 voix pour un élu) par rapport aux campagnes (50 000 voix pour un élu) avantageait les Allemands par rapport aux Tchèques.

Schmerling comptait sur le temps pour que la résistance hongroise s'émousse. En 1865, il était clair qu'il avait échoué et la Cour renoua les liens avec les Hongrois. Visitant l'exposition de la Société économique hongroise en juin 1865 à Presbourg, le souverain avait déclaré en réponse à l'hommage du cardinal primat : « La Diète se réunira bientôt pour concilier les désirs légitimes de la population avec les conditions nécessaires de la puissance de la monarchie. » Le comte Richard Belcredi, vice-gouverneur de la Bohême, aristocrate de Moravie, fut appelé au gouvernement pour rétablir les principes du Diplôme et négocier avec les Hongrois.

Mais l'Empire autrichien se trouvait dans une situation internationale difficile : en Italie, l'inachèvement de l'unité nationale et le maintien de la Vénétie dans le cadre habsbourgeois ne satisfaisaient pas les patriotes qui s'étaient alliés avec Berlin ; en Allemagne, la Prusse s'était affirmée économiquement par le renforcement d'une union douanière dont elle avait tenu Vienne écartée (le *Zollverein*) et, sur le plan politique, l'Autriche était de plus en plus marginalisée au sein de l'Union allemande. Le conflit éclata entre Vienne et Berlin à propos de l'administration des duchés du Schleswig-Holstein. À la suite des victoires autrichiennes de Custozza, sur terre, et de Vis, sur mer, contre les Italiens en juin 1866, et à la surprise quasi générale de l'Europe, les troupes prussiennes du général von Moltke écrasèrent l'armée du général Benedek à Sadová, près de Hradec Králové, en Bohême. Vienne avait mal géré les opérations en renversant la logique des commandements (Benedek connaissait surtout le front italien). Le retard technique autrichien, notamment dans l'artillerie, était aussi cause de cette déroute.

Pour les Tchèques, les conséquences furent inattendues. À la différence de la première guerre silésienne, et malgré les sirènes prussiennes reprises par certains émigrés comme Josef Václav Frič, les habitants du royaume de Bohême étaient restés fidèles aux Habsbourg. Ils espéraient que Vienne leur en serait reconnaissante. Or, la défaite accéléra les négociations du

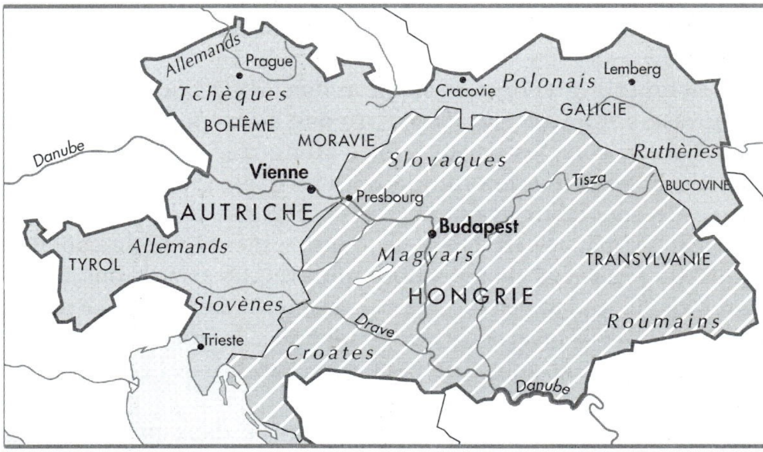

Pays tchèques et slovaques
dans l'Empire austro-hongrois

—— Empire d'Autriche en 1850

Partage de 1867 :
Cisleithanie, administrée par l'Autriche
Transleithanie, administrée par la Hongrie

compromis avec les Hongrois. Le Saxon Friedrich Ferdinand Beust, qui vouait une sérieuse rancune à la Prusse bismarckienne et qui rêvait de revanche, fut appelé par François-Joseph à la tête du gouvernement autrichien en février 1867, après avoir exercé les fonctions de ministre des Affaires étrangères de la monarchie. Pour avoir les mains libres à l'extérieur, il accepta rapidement la plupart des revendications hongroises. Le 17 février 1867, le comte Gyula Andrassy — surnommé le « beau pendu » pour avoir été condamné à mort par contumace en 1849 — fut désigné comme chef du gouvernement hongrois rétabli. La diète hongroise recouvrait ses prérogatives. La monarchie était transformée sur une base dualiste.

D'un côté, la Transleithanie, avec le royaume de Hongrie qui concluait lui-même un « compromis » avec la Croatie quelques mois plus tard (la *Nagodba* de 1868) ; de l'autre, la Cisleithanie qui comprenait l'ensemble des Pays héréditaires auxquels s'ajoutaient le royaume de Bohême, la Galicie, la

Bukovine et la côte dalmate. Chaque partie de l'Empire, désormais bicéphale, avait sa propre législation et ses institutions. Seules restaient du ressort fédéral la politique étrangère, la défense et les affaires financières communes.

Le Compromis (*Ausgleich*) austro-hongrois qui prit sa forme définitive en décembre 1867 recelait trois contradictions majeures :

— les Hongrois le concevaient pratiquement comme un traité d'alliance dérivé de la Pragmatique Sanction alors que, pour Vienne, il s'agissait d'une simple continuation de l'Empire sous une forme différente ;

— le Compromis politique était permanent ; en revanche une révision devait être négociée tous les dix ans sur l'apport financier respectif de la Cisleithanie et de la Transleithanie ;

— enfin, le Compromis écartait les nationalités slaves de l'exercice du pouvoir au profit des Allemands et des Hongrois, qui étaient tous deux minoritaires. Comment concilier ce système et la modernisation de la monarchie qui passait obligatoirement par sa démocratisation ? Le pouvoir autrichien allait être confronté à ce redoutable défi sans y trouver, au fond, de solution satisfaisante.

La déception

Du point de vue de Vienne, le dualisme avait permis de sauver la monarchie. Du point de vue de Budapest, il renouait avec l'indépendance, même si les héritiers de Kossuth estimaient que les leaders hongrois avaient trahi la cause nationale en faisant trop de concessions. Pour les libéraux, il permettait le rétablissement d'un ordre constitutionnel auquel François-Joseph avait dû finalement se résoudre sous la pression des événements. Il était, au contraire, pour les Tchèques une véritable catastrophe politique.

Le Compromis, en divisant la monarchie en deux, écartait la voie fédérale que les hommes politiques tchèques défendaient depuis les années 1840. Il les privait du pouvoir auquel ils pouvaient légitimement aspirer en fonction de leur poids au sein de l'Empire. Il rompait aussi une solidarité qui s'était créée entre Tchèques et Slovaques et il mettait les Slaves de Transleithanie à la merci d'une politique de magyarisation que nous évoquerons à propos des Slovaques. De plus, la logique du dualisme allait déplacer l'axe de la politique extérieure autrichienne vers Budapest et vers les Balkans.

La réaction fut vive. 1867 est l'an I d'une politique étrangère tchèque, en ce sens que les leaders tchèques comprirent alors que leurs propres forces ne suffiraient peut-être pas pour obtenir satisfaction. Ils prirent langue avec la France du IIIe Empire, où ils cherchèrent aussi le contact avec l'émigration polonaise, de manière à désamorcer les critiques qui ne manqueraient pas de résulter du voyage qu'ils allaient entreprendre à Moscou. Il s'agissait au départ d'une simple invitation adressée à Palacký et à ses compagnons pour qu'ils se rendent à une grande exposition ethnographique organisée à Moscou. Mais, en raison de la qualité des visiteurs tchèques, de la réception que le tsar leur réserva et du contexte politique, cette visite « scientifique » apparut comme une sorte de manifestation panslave. En fait, les Tchèques étaient divisés sur l'attitude à observer à l'égard de la Russie. Les libéraux ne pouvaient oublier l'écrasement des Polonais en 1830 et en 1863. Les milieux démocratiques étaient très réservés envers le tsarisme, perpétuant un clivage dans l'opinion tchèque.

La société tchèque se radicalisa alors nationalement. La protestation de la diète de Bohême, le 8 décembre 1870, contre l'annexion de l'Alsace-Lorraine par le Reich en fut, entre autres, l'illustration. Pourtant, même dans l'opposition, les Vieux-Tchèques ne désespéraient pas d'une entente avec Vienne et la Cour n'écartait pas l'idée d'un accord avec eux et l'aristocratie bohême (le comte Clam-Martinic) : les négociations aboutirent à l'élaboration des « Articles fondamentaux », qui établissaient une sorte de trialisme adouci. François-Joseph accepta ce texte le 12 septembre 1871. Mais c'était sans compter avec les réactions allemandes et hongroises. Pour les libéraux allemands, il n'était pas question de laisser le pouvoir aux Tchèques dans le royaume de Bohême où le rapport numérique était de un Allemand pour deux Tchèques. Pour les Hongrois, ce « trialisme » était la porte ouverte aux revendications des Slaves de Transleithanie, ce qui était inacceptable. François-Joseph recula : il renonça à venir se faire couronner à Prague et retira le 30 octobre 1871 le texte présenté par le comte Hohenwart.

La politique intérieure tchèque subit le contrecoup de ce camouflet. La voie de la coopération des Vieux-Tchèques avec Vienne n'était-elle pas dépassée ? La nouvelle génération, ceux que l'on allait baptiser les Jeunes-Tchèques, le pensait. Ce courant, groupé autour d'anciens radicaux de 1848 comme Julius Grégr et Karel Sladkovský, se distinguait de ses aînés par sa volonté de radicaliser des couches plus larges de la population et par des revendications sociopolitiques plus poussées. En décembre 1874, il se constitua en parti national libre-penseur, ce qui traduisait bien son anticléricalisme. Mais les Jeunes-Tchèques ne percèrent que bien plus tardivement, au bout d'une quinzaine d'années, car leurs prédécesseurs furent remis en selle en 1879 par le gouvernement Taaffe.

L'ère Taaffe a été l'apogée de la monarchie austro-hongroise : quatorze ans d'un régime dont la stabilité fut liée aux rapports de confiance entre l'Empereur et le chef du gouvernement, et au « cercle de fer » d'une majorité conservatrice qui empêchait les affrontements nationaux de dégénérer en blocage des institutions. Les Vieux-Tchèques avaient accepté de participer à ce gouvernement en échange de quelques satisfactions nationales : les ordonnances Stremayer introduisirent le tchèque dans le système judiciaire ; en mai 1882, l'université Charles-Ferdinand de Prague fut divisée en une université de langue allemande et une autre de langue tchèque. La baisse, de 10 à 5 guldens, du montant du cens pour avoir le droit de vote, augmenta le corps électoral d'un tiers mais, en élargissant les votants à la petite bourgeoisie, elle renforça la droite.

Les tensions reprirent alors entre Jeunes-Tchèques et Vieux-Tchèques, les premiers désapprouvant la participation de Tchèques à un gouvernement qui, depuis 1879, s'était engagé sur la voie d'une alliance avec l'Allemagne. Les Jeunes-Tchèques, particulièrement implantés dans la vallée de l'Elbe et dans la région de Mladá Boleslav (zones liées à la culture capitaliste de la betterave à sucre), relancèrent ouvertement leur opposition après 1885, réclamant le suffrage universel, la réalisation du Droit d'État et mettant l'accent sur la slavophilie. Ils estimaient aussi que les intérêts betteraviers tchèques étaient mal défendus face aux Hongrois et ils reprochaient aux Tchèques gouvernementaux, sur le plan national, de se contenter de « ramasser les miettes qui tombaient de la table ». En 1888, ils firent sécession au sein du club parlementaire tchèque et, l'année suivante, ils emportèrent 30 sièges contre 19 aux Vieux-Tchèques, à la diète de Bohême. En 1891, l'effondrement des Vieux-Tchèques se confirma au Reichsrat de Vienne où ils n'obtinrent, pour la Bohême et la Moravie, que 12 sièges contre 37 aux Jeunes-Tchèques. Une tentative d'accord avec les Allemands de Bohême fut fatale à la direction du parti national « vieux-tchèque » qui, malgré tout, et grâce au prestige de ses chefs historiques — Rieger disparaîtra en 1903 —, conserva une place importante au niveau politique local.

Nation contre nation

Dès 1860-1861, la vie nationale tchèque avait pu renaître. Trois grands journaux, le *Čas* (*Le Temps*), *Politik* et surtout les *Národní listy* (*Le Journal national*) — animé par Julius Grégr et auquel participaient les meilleurs écrivains de l'époque, tels Jan Neruda et Jakub Arbes — furent lancés, le dernier titre étant immédiatement tiré à 5 000 exemplaires. Le chœur patriotique Hlahol voyait le jour en 1861. L'année suivante naissait le mouvement de gymnastique Sokol, inspiré par des conceptions patriotiques, mais aussi esthétiques. Ce mouvement créé par Miroslav Tyrš et Jindřich Fügner revêtit un aspect résolument national dans la seconde moitié des années 1860, quand les Jeunes-Tchèques y prirent une part dominante. Le peintre tchèque Josef Mánes dessina alors leur costume, avec la chemise rouge qui rappelait les volontaires de Garibaldi. On ne saurait nier l'influence des organisations allemandes, mais à la différence du *Turnverband*, le Sokol était imprégné d'idéaux démocratiques et, en cela, il a profondément contribué à la constitution de l'identité tchèque moderne. En 1868, le Sokol comptait environ 60 organisations et 5 000 membres. En 1881, il organisait son premier grand rassemblement (Slet) et en 1889, il réunissait déjà 18 000 membres.

Dans le domaine intellectuel, la *Beseda* artistique, association culturelle et patriotique fondée en 1863, était un instrument efficace de dynamisation de la littérature, de l'art et de la musique tchèques. La musique et le théâtre étaient d'ailleurs au cœur de cette affirmation nationale qui correspondait à une poussée irrésistible des Tchèques en milieu urbain. Peu à peu, en raison du mouvement d'urbanisation et d'industrialisation du pays, les paysans, délivrés des contraintes de la corvée et poussés par leur surnombre à quitter la terre, migraient vers les villes. Or, ils étaient tchèques et ils permirent une conquête rapide des municipalités par des édiles tchèques. Parmi les villes importantes de Bohême intérieure, seule České Budějovice restait allemande.

Les manifestations patriotiques se multipliaient : le retour à Prague des joyaux de la Couronne de Bohême en 1867, les « camps » ou « tábory » — qui reprenaient la tradition hussite, sur les grands lieux de mémoire, et auxquels participèrent plus de 330 000 personnes au cours de l'été 1868 —, les obsèques grandioses de Palacký en 1876 furent autant d'occasion d'exprimer la volonté nationale.

Dans ce mouvement, la construction du Théâtre national fut un jalon marquant. Depuis 1862, le Théâtre provisoire était en partie affecté à des spectacles tchèques. C'est là que fut donnée, en 1866, la première de *La Fiancée vendue*, un des chefs-d'œuvre de Smetana, que l'on a joliment qualifié de « rayon de soleil d'Italie irisant un verre en cristal de Bohême ». Mais la bourgeoisie et l'intelligentsia tchèques de Prague ne pouvaient plus se contenter de partager avec les Allemands. La pose de la première pierre du Théâtre national eut lieu le 16 mai 1868, en présence d'une foule considérable où les autres Slaves de la monarchie étaient représentés. Dans les fondations de l'édifice, on plaça des pierres provenant des lieux les plus symboliques du royaume : Radhošť, Říp, Husinec, Trocnov, Blaník, qui sont associés à l'Histoire ou au légendaire ressuscité par les Éveilleurs. Le monument fut achevé treize ans plus tard, sur les plans de l'architecte Josef Zítek, avec la contribution des meilleurs peintres et sculpteurs de l'époque (František Ženíšek, Mikuláš Aleš, Vojtěch Hynais, Julius Mařák). En 1868, Smetana avait fait représenter son opéra *Dalibor*. Pour l'ouverture de juin 1881, il donna *Libuše*, composé depuis neuf ans déjà. Deux mois après, le bâtiment brûlait de fond en comble. En quatre semaines, les quatre millions de guldens nécessaires à la reconstruction furent souscrits et la réouverture put se faire le 18 novembre 1883, une nouvelle fois avec *Libuše*. Sur le fronton de l'édifice était inscrite la devise « La nation à elle-même » (*Národ sobě*).

L'omniprésence de Smetana dans ce combat culturel national explique en partie son indéracinable popularité parmi les Tchèques : d'origine très modeste, fondateur de l'école musicale tchèque, admirateur de Liszt et de Wagner, à la fois patriote et démocrate révolté, Smetana a connu un destin tragique avec l'enfermement final dans la surdité qui se reflète dans ses dernières œuvres. Face à lui, certains ont tenté d'opposer, artificiellement, la figure d'Antonín Dvořák, non moins patriote, mais vivant plus en symbiose avec la nature et sans volonté de rupture radicale avec le monde allemand environnant, plus accessible au « cosmopolitisme » — car il est de la génération suivante —, plus conservateur aussi. Smetana et Dvořák sont les deux faces d'une tchéquité qui continue à s'exprimer encore au XIXe siècle par la musique, et avec une sève mélodique qui leur a assuré, à des degrés divers, une reconnaissance internationale.

Un des points d'affrontement majeur avec les Allemands, après le domaine linguistique, était le terrain éducatif. Le poète Jaroslav Vrchlický soulignait bien les enjeux quand il affirmait : « Nous avons deux armes, le livre et l'école ». En 1880 naquit le *Deutscher Schulverein* (Union scolaire) destiné à protéger l'enseignement de l'allemand en Bohême. Les Tchèques répliquèrent avec la « *Matice* scolaire centrale » et, bien que cette émulation ait été profitable à la scolarisation de l'ensemble de la population, elle eut pour effet pervers de creuser un fossé entre des populations qui coexistaient sur un même territoire mais, en même temps, s'ignoraient et en

Bedřich Smetana et Antonín Dvořák
les deux grands compositeurs
de l'école nationale au XIXe siècle.

venaient parfois à se détester. La séparation des établissements d'enseignement supérieur (les techniques en 1869, le droit, les lettres et les sciences humaines en 1882, la médecine en 1883) n'était que l'aboutissement d'une rupture du tissu social et national amorcée en 1848. Cette situation n'était pourtant pas motivée par des changements nationaux importants : entre 1846 et la fin du XIXe siècle, la part des Tchèques dans la population globale du pays n'avait progressé que d'environ 3 %. En revanche, le sentiment d'assiégés, qui se développait chez les Allemands, était lié à la conquête urbaine. À Prague, par exemple, les 40 000 Allemands se retrouvèrent rapidement dans une situation minoritaire.

Sur le plan intellectuel, les Tchèques découvrirent dans les années 1880 les grands courants européens. Face aux partisans d'un art au service de la cause nationale, regroupés autour de la revue *Osvěta*, un courant cosmopolite très important s'était formé avec le périodique *Lumír*. Par leur gigantesque travail de traduction, les membres de cette revue ouvrirent de nouveaux horizons littéraires à leurs compatriotes. Ils participèrent notamment à la vague de francophilie qui se développa alors, phénomène de mode mais aussi instrument majeur de dégermanisation. À partir des années 1860-1870, à la suite de quelques pionniers (Černak et Pintas), les peintres, puis les sculpteurs tchèques se rendirent massivement à Paris, la Ville Lumière, certains s'y installant durablement, comme l'affichiste Alfons Mucha.

Définitivement déprovincialisée, plongée au cœur de la modernité, une nouvelle génération encore plus ambitieuse, composée de grands poètes et de critiques (Josef S. Machar, Otakar Březina, Antonín Sova, František-Xaver Šalda, František V. Krejčí), affirma son idéal de liberté en 1895 dans le « Manifeste de la modernité tchèque ».

Dans cette effervescence, un petit noyau d'intellectuels liés à la nouvelle université tchèque joua également un rôle majeur. À leur tête, le fondateur de la revue *Athenaeum*, Thomas Garrigue Masaryk, une des plus fortes personnalités tchèques du siècle, dont l'activité allait s'étendre sur plus de cinquante ans.

Masaryk était né à la frontière de la Moravie et de la Slovaquie, à Hodonín en 1850, dans une famille extrêmement humble comme les précédents Éveilleurs : en témoigne l'apprentissage de forgeron que l'adolescent avait fait avant ses études. À la fois philosophe et sociologue, spécialiste de Platon, auteur d'une thèse sur le suicide, il devint assistant à l'université de Vienne avant de rejoindre Prague quand l'université Charles fut rétablie en 1882. Cet événement fut décisif dans la carrière de Masaryk. Toute une génération s'y retrouva (l'historien Jaroslav Goll, interlocuteur de Gabriel Monod en France, le grammairien Jan Gebauer, l'historien de la littérature Jaroslav Vlček...), qui mena ensemble le combat d'une approche scientifique et positiviste. Leur première grande action fut la contestation de l'authenticité des fameux manuscrits de Hanka.

Ils attaquaient là un sujet tabou. Les quelques doutes, qui avaient déjà été émis jusque-là, avaient été vite étouffés. Masaryk et ses amis, eux, démontrèrent la supercherie, alors que la polémique avait pris un tour extrêmement violent, la querelle scientifique touchant un point d'éthique patriotique : pouvait-on, au nom de la vérité, affaiblir la nation ? Masaryk, s'inspirant des exemples de Hus, de Komenský, de Havlíček-Borovský, le pensait. Il restera un habitué de ces combats et il fondera un courant politique qui se transformera en parti « réaliste » en 1900. En 1899, il prendra la défense d'un pauvre juif morave, accusé faussement de crime rituel, devenant ainsi une sorte de Zola tchèque. Plus tard encore, il démontera le mécanisme d'un procès politique contre les Slaves du Sud par une officine proche du ministre des Affaires étrangères autrichien. Masaryk était donc un homme de combat, austère et intransigeant, mais accessible au dialogue, car démocrate. Idéologiquement, il se trouvait entre des idéaux socialistes, nourris de son expérience personnelle et de sa conception généreuse de l'homme — il milita pour la réduction de la durée quotidienne du travail à huit heures —, et une vision religieuse, téléologique de l'humanité, qui l'avait amené à se distancier du marxisme.

La culture était donc constamment au cœur du politique. Elle y perdait certainement en qualité, la forme étant souvent sacrifiée au fond. Mais ce processus assurait aux intellectuels une place très particulière dans la société dont ils devenaient les mentors, pour autant qu'ils subordonnaient une part de leur indépendance aux exigences nationales.

L'économie comme substitut au politique

L'élan de la modernisation économique fut donné par le « régime Bach » qui sut utiliser la mobilité humaine consécutive à l'abolition de la corvée. L'abrogation des barrières douanières internes entre les Pays héréditaires et la Hongrie, puis la suppression des dernières dispositions corporatives contribuèrent au décollage industriel. Entre 1852 et 1863, la puissance des machines à vapeur en service dans l'industrie fut multipliée par cinq. Puis il y eut la formidable extension du réseau de chemins de fer — 1 375 km en 1860, 11 388 km en 1900 — qui désenclavait des régions entières de la monarchie.

À côté de l'industrie textile, particulièrement dynamique pour le coton et le drap dans les grands centres lainiers de Liberec et Brno, les industries agro-alimentaires, mécaniques et métallurgiques commençaient à s'affirmer. Mais il fallut attendre les années 1870-1880 pour que cette mutation s'accomplisse dans toute son ampleur. Dès lors, l'extraction du charbon, la production de fer (près de 500 000 tonnes en 1899) connurent un développement sans précédent. Poussée par les besoins industriels, l'industrie minière et la métallurgie étaient dynamisées, avec les hauts fourneaux de Vítkovice et ceux de Kladno. Entre 1880 et 1902, le nombre des mineurs doubla pratiquement, approchant les 100 000. La révolution de la vapeur, et bientôt du gaz et de l'électricité, changeait le paysage économique et urbain. Le rachat en 1869 de l'entreprise du comte Valdštejn par l'ingénieur Emil Škoda est emblématique des transformations socio-économiques de l'époque : les élites nobiliaires cédaient le pas devant les élites bourgeoises et techniciennes. Škoda allait faire de ces ateliers de Plzeň l'équivalent des grandes usines d'armement françaises, allemandes ou russes.

En 1846, les trois quarts de la population active en Bohême vivaient de la terre. En 1900, ce chiffre passait à 38,4 %, équivalent approximatif des actifs dans l'industrie et la construction. Et en 1910, il baissait à 32 %.

Cette mutation avait été provoquée par une transformation profonde des campagnes : une explosion démographique, presque plus de jachères, l'effondrement de l'élevage ovin au profit des bovins et des porcins, le début de la mécanisation des cultures — toutefois freinée par une main-d'œuvre qui demeurait pléthorique. Il y eut surtout le développement de l'industrie sucrière dans les années 1860 : à la suite de solutions trouvées à certains problèmes techniques d'exploitation industrielle de la betterave à sucre, les surfaces ensemencées crûrent rapidement, en particulier dans le bassin moyen de l'Elbe, entre

Poděbrady et Pardubice. À la fin des années 1870, non seulement le sucre tchèque — et morave — couvrait les besoins intérieurs de l'Autriche-Hongrie, mais il était déjà un article d'exportation. Cette industrie représentait pour la bourgeoisie tchèque ce que le textile avait été pour la bourgeoisie allemande quelques décennies plus tôt. Les Tchèques s'appuyaient aussi sur l'industrie de l'alcool et de la bière alors que les Allemands conservaient leurs positions dans le verre et la porcelaine. Si le capital tchèque eut le plus grand mal à s'imposer dans l'industrie mécanique, il fut rapidement dominant dans l'industrie électromécanique (Křížík et Kolbeň dont les usines étaient installées à Prague). Néanmoins, la pression tchèque se traduisit aussi dans le secteur textile, où des propriétaires tchèques employaient en 1902 environ 15 % des actifs.

Malgré le krach boursier et financier qui affecta la monarchie en 1873, le système de collecte de l'argent développé dans les années 1860 reprit rapidement son essor, les caisses de crédit rurales étant contrôlées par les Tchèques tandis que les banques et les caisses d'épargne urbaines étaient sous la coupe de capitaux allemands. À l'origine de ce processus, les Tchèques disposaient d'une seule grande banque, la Živnostenská Banka, fondée entre 1865 et 1869 et liée au réseau agraire, et plus précisément au capital sucrier. Point d'appui national, soutien au départ des Vieux-Tchèques, cette Živnobanka s'affirma au début du XXe siècle comme une des toutes premières banques de Bohême, aux côtés des succursales du Credit-Anstalt, de la Länderbank, ainsi que de la Böhmische Unionbank. À la veille de la guerre, Prague était devenue la deuxième place financière et bancaire d'Autriche-Hongrie et le capital tchèque représentait plus de 13 % du capital de l'Empire.

Le centenaire de l'exposition industrielle de 1791, ouverte le 15 mai 1891 par l'archiduc Charles-Louis, fut la concrétisation de cet épanouissement tchèque de la seconde moitié du XIXe siècle. Prévue au départ comme une manifestation « bohême », elle se transforma en affirmation patriotique quand les Allemands s'en retirèrent, à la suite de l'échec des négociations entre Vieux-Tchèques et libéraux allemands en 1890. Avec plus de deux millions de visiteurs, cette exposition fut un succès qui n'avait rien à envier aux expositions de Vienne (1873) et de Budapest (1885).

Les crises de l'avant-guerre

L'Autriche-Hongrie se trouva plongée pendant la décennie qui précéda la Grande Guerre dans une triple crise : internationale, politique et nationale.

Après Sadová, sous l'impulsion de son ministre des Affaires étrangères Gyula Andrassy, la double-monarchie était devenue le « brillant second » de l'Allemagne. Le congrès de Berlin de 1878, qui avait pour objectif de brider les ambitions russes en Europe, détourna l'attention de Vienne vers les Balkans en la chargeant d'administrer la Bosnie-Herzégovine.

L'Autriche-Hongrie mettait ainsi la main dans l'engrenage des différends balkaniques. Dans un premier temps, un peu partout dans les Balkans, les partisans de la Russie avaient été écartés (en Serbie, l'Autriche s'appuyait sur la dynastie des Obrenović) et la Triple Alliance de 1882, qui avait pour but de maintenir le statu quo européen au détriment de la France en regroupant l'Allemagne, l'Autriche-Hongrie et la Russie, était fragilisée, car l'opposition entre les deux dernières puissances ne cessait de croître. La venue sur le trône de Serbie de Pierre Ier Karageorgevitch, francophile et russophile, déclencha un processus de tensions durables qui provoquèrent bientôt une guerre douanière et commerciale entre Belgrade et Vienne. Et quand, en octobre 1908, l'Autriche-Hongrie annexa la Bosnie-Herzégovine, la Russie eut le sentiment qu'elle avait fait un marché de dupes et qu'on ne l'y reprendrait plus. Elle ne serait plus prête à faire les concessions qu'elle avait dû alors accepter sur les instances de l'Allemagne et de la Grande-Bretagne.

C'est dans ce climat qu'éclatèrent les guerres balkaniques de 1912 et de 1913, au cours desquelles la Serbie, la Bulgarie et la Grèce se liguèrent tout d'abord pour bouter la Turquie hors d'Europe, puis se divisèrent pour s'en partager les dépouilles, les Bulgares se retrouvant alors isolés face aux

Serbes, aux Grecs et aux Roumains. La paix de Bucarest sanctionna le triomphe de la Serbie, devenue la Grande-Serbie.

Quand la Cour viennoise apprit, le 26 juin 1914, l'assassinat de l'archiduc François-Ferdinand — bien que la nouvelle n'ait pas déclenché une grande émotion chez les proches de l'Empereur tant les rapports étaient tendus entre François-Joseph et son neveu — certains virent là l'occasion de crever l'abcès slave du Sud. L'enjeu était de taille. Les Serbes, certains Croates et Slovènes de la monarchie, en l'absence d'une transformation fédérale de l'Empire — que François-Ferdinand envisageait à leur profit et au détriment des Hongrois —, commençaient à voir dans la Serbie une sorte de Piémont autour duquel un État des Slaves du Sud pourrait se constituer. L'occasion était donnée aux partisans de la force, à Vienne, de supprimer ce danger.

Les Tchèques étaient alors partagés entre deux positions : la quasi-totalité du personnel politique était favorable au maintien de l'Autriche-Hongrie, attitude résultant des intérêts économiques tchèques qui bénéficiaient ainsi du vaste débouché de l'Empire et d'une conviction géopolitique constamment affirmée face à l'Allemagne et à la Russie. Mais, dans le même temps, le sentiment de solidarité slave, lui-même sous-tendu par des considérations bancaires et commerciales, poussait certains — comme Karel Kramář ou Jaroslav Preiss — à rechercher des liens privilégiés avec l'ensemble des pays slaves. Il en résulta les Congrès slaves de l'été 1908 à Prague et de 1910 à Sofia qui finalement échouèrent en raison de divergences politiques trop fortes, en particulier entre Polonais et Russes. Mais, par leurs liens renforcés avec les Slovènes, les Serbes et les Croates de la monarchie, les hommes politiques tchèques jouaient un rôle de modérateurs et de contrepoids au centralisme.

Or, au cours du printemps et de l'été 1914, le blocage dû aux conflits nationaux entraîna la suspension des institutions parlementaires : les Tchèques ne purent donc faire entendre leur voix dans l'affaire de Sarajevo. Et ce fut le drame.

Si la scène politique tchèque avait été longtemps dominée par la difficile coexistence entre Vieux et Jeunes-Tchèques, d'autres acteurs apparurent à partir des années 1880. Du moule commun du libéralisme, qui avait caractérisé la Cisleithanie des décennies 1840-1860, allaient sortir presque tous les courants politiques nouveaux.

Du côté tchèque, en raison des développements socio-économiques évoqués, la social-démocratie allait avoir une place à part. Apparu dès les années 1860 sous une forme coopérative ou associative, le mouvement socialiste tchèque forma seulement en 1878 le Parti social-démocrate ouvrier tchécoslave, lors d'un congrès secret tenu dans l'auberge « Au Châtaignier », dans le quartier praguois de Břevnov. Josef Boleslav Pecka et Ladislav Zápotocký en étaient les principales figures. Mais la répression était trop rude dans les années 1880 pour que ce parti pût s'affirmer. Les divisions entre radicaux et modérés retardèrent la constitution d'une force homogène jusqu'aux années 1887-1889, en liaison avec la renaissance du mouvement socialiste à l'échelle autrichienne, au Congrès de Hainfeld, sous l'impulsion de Victor Adler. En 1890, les ouvriers représentaient une force déjà organisée : le 1er mai, 132 000 ouvriers firent grève en Bohême et 30 000 d'entre eux défilèrent à Prague. Des mouvements sociaux importants eurent lieu dans les mines pour obtenir une réduction de travail : en 1885, la loi avait limité la durée du temps de travail à onze heures. Les ouvriers demandaient qu'elle soit réduite à huit heures.

Sur cette action sociale commençaient à se greffer des revendications politiques et nationales. Les étudiants « progressistes » réclamaient le suffrage universel et, par leur activisme et leur collaboration avec la jeunesse socialiste, tentaient de faire pression sur la classe politique : en 1893, à la suite de l'agitation qu'ils avaient organisée, les autorités proclamèrent l'état d'exception à Prague et il s'ensuivit un vaste procès (68 condamnés), dit de l'Omladina, qui rassemblait progressistes, socialistes et même anarchistes, futur vivier du monde politique et intellectuel tchèque du début du XXe siècle.

La lutte pour le suffrage universel aboutit partiellement en 1897 avec la création d'une cinquième curie au sein du Reichsrat : les sociaux-démocrates obtinrent 40 % des voix en

Bohême, et 11 mandats. Mais en 1901, sous la pression du nationalisme, ils connurent un sévère recul, alors que d'autres forces politiques étaient représentées pour la première fois à Vienne : un parti agrarien qui était en train d'élargir ses bases en Bohême, les socialistes nationaux de Václav Klofáč qui avaient rompu avec leurs anciens compagnons socialistes, estimant que ceux-ci négligeaient trop la question nationale, et des Moraves de sensibilité chrétienne-démocrate. Le paysage électoral des Pays tchèques se différenciait et prenait la forme qu'il conserva dans ses grandes lignes jusqu'à la Deuxième Guerre mondiale.

Sous l'impression de la Révolution russe de 1905, les forces démocratiques tchèques se lancèrent dans la lutte pour le suffrage universel : le 28 novembre 1905, 150 000 personnes défilaient à Prague pour faire pression sur les parlementaires. Le gouvernement viennois et la Cour durent céder et les premières élections au suffrage universel eurent lieu en mai 1907 : à nouveau les sociaux-démocrates s'imposèrent au premier tour (40 % des voix en Bohême et 30 % en Moravie) devant les agrariens en Bohême et les démocrates-chrétiens en Moravie. Mais les alliances du second tour permirent aux agrariens et aux Jeunes-Tchèques de disposer de 28 et de 26 sièges contre 24 aux socialistes. Les conséquences ne tardèrent pas, avec l'adoption d'une loi des 9 heures pour les mines qui, même si elle ne fut que partiellement respectée, amorça un processus social. Aux élections parlementaires de 1911 au Parlement de Vienne, les partis « centralistes » connurent un nouveau recul qui bénéficia aux mouvements les plus nationaux.

En effet, même le parti social-démocrate n'échappait pas aux divisions nationales. Le suffrage universel introduit en 1897 pour la cinquième curie avait bouleversé les équilibres parlementaires. Le chef du gouvernement, le comte Kazimir Badeni, eut alors besoin de l'appui des Jeunes-Tchèques pour disposer d'une majorité. Pour ce faire, il proclama des ordonnances linguistiques qui obligeaient l'administration et la justice des Pays tchèques à utiliser le tchèque si la procédure avait été introduite dans cette langue. Ces ordonnances provoquèrent une agitation considérable parmi les chrétiens-sociaux allemands et les pangermanistes. À tel point que Badeni dut démissionner. Les sociaux-démocrates qui avaient tenté une action de médiation en sous-estimant les enjeux nationaux le payèrent cher lors des échéances électorales suivantes. Le congrès social-démocrate de Brno de 1899 révéla d'ailleurs la force des courants centrifuges et la volonté de reconstruire le parti sur des bases nationales. En 1910, cela apparut avec plus de clarté encore quand les Tchèques réclamèrent une représentation en tant que tels au sein du secrétariat international des syndicats, lors du congrès de l'Internationale à Copenhague. Les différends aboutirent en 1911, à Brno, à une véritable scission entre centralistes et nationaux.

Les chefs de gouvernement successifs — le comte Franz Thun, le baron Gautsch, Ernst von Koerber — butèrent tous sur la querelle tchéco-allemande qui fut un véritable poison pendant plus de vingt ans : revenant à Prague en juin 1900, le député jeune-tchèque Herold avait promis à ses électeurs que « les députés tchèques allaient jouer une telle musique que désormais toute l'Autriche allait danser sur cet air ». Propos significatifs. En 1903, les Hongrois prenaient le relais avec leurs revendications à l'encontre de Vienne. Et après l'intermède 1905-1907 occupé par la conquête du suffrage universel, la session d'automne de la diète de Bohême se déroula dans des conditions désastreuses : les représentants des partis allemands bloquèrent le fonctionnement de l'assemblée. Les Tchèques répliquèrent au Parlement de Vienne et l'état d'exception fut à nouveau proclamé en décembre 1908 à Prague.

De 1908 à 1913, la vie parlementaire fut un chaos permanent. Finalement, une Commission administrative se substitua à la diète de Bohême en juillet 1913 et, le 16 mars 1914, le gouvernement Stürgkh suspendit le Parlement de Vienne. Tous les efforts de conciliation avaient échoué.

La difficile affirmation slovaque

Le Réveil national slovaque

La toile de fond de ce processus pourrait être illustrée par trois événements de natures très différentes, et pourtant tous riches de sens :

— l'abolition du servage en 1785, qui accrut la mobilité sociale ;

— la conspiration « jacobine », d'Ignac Martinovics, éventée en 1795 et réprimée durement, à laquelle de nombreux intellectuels de Slovaquie — dont le juriste Jozsef Hajnoczy originaire de Modra — prirent part ;

— le début de la publication en 1785 des *Prešpurké noviny*, premier journal en slave (en fait en tchèque), à parution bihebdomadaire, qui témoignait des premiers efforts pour trouver un public slovaque.

C'est à un prêtre catholique, Jozef Ignác Bajza, que l'on doit la première tentative d'utiliser le slovaque comme langue littéraire avec un roman d'initiation intitulé *René*. Mais le premier codificateur du slovaque fut un autre prêtre, originaire d'Orava, Anton Bernolák, qui publia en 1787 sa *Dissertatio philologico-critica de litteris Slavorum*, bientôt complétée par d'autres ouvrages grammaticaux et un dictionnaire multilingue. La Société savante slovaque fondée à Trnava en 1792 fut, notamment avec Juraj Fándly, un très actif support de cette initiative qui avait pour mérite, non seulement de codifier la langue slovaque, mais aussi d'identifier les Slovaques comme un tout autonome.

Bernolák allait cependant se heurter à deux obstacles de taille. Il avait choisi le dialecte de Slovaquie occidentale qui n'était pas compréhensible par tous les habitants du pays. De plus, les pasteurs protestants restaient profondément attachés à la *bibličtina*, à ce tchèque liturgique qui signifiait pour eux le maintien de liens très étroits avec les Tchèques et une conception tchécoslovaque de défense face aux Magyars : la *Societas slavica*, animée par Ondrej Plachy, l'Institut pour la langue et la littérature tchéco-slovaque auprès du lycée évangélique de Presbourg, avec Juraj Palkovič, et la Société savante de Bohuslav Tablic soutenaient ce courant qui était en étroite relation avec Josef Dobrovský.

Le dialogue s'ouvrit entre les deux orientations au début du XIXᵉ siècle. Malgré la disparition de Bernolák en 1813, ses partisans continuaient à être actifs dans les années 1820. Le chanoine Juraj Palkovič (homonyme du précédent) traduisit la Bible en slovaque occidental avec l'appui des autorités religieuses. Le poète Ján Hollý composait ses œuvres et traduisait même l'*Enéide* de Virgile dans cette langue. Un groupe important de « bernolákiens » déployait son activité à Buda Pest.

Les protestants ne désarmaient pourtant pas, avec à leur tête deux personnalités majeures : Pavol Josef Šafárik, apôtre de la solidarité slave, partisan farouche de l'unité linguistique et littéraire des Tchèques et des Slovaques, qui se tchéquisa même en s'installant à Prague en 1833 ; Ján Kollár, pénétré des idées de Herder et fasciné par le monde slave qu'il considérait comme un tout. Il rêvait même de slovaquiser le tchèque pour retrouver cette unité perdue. Martin Hamuljak fut une des chevilles ouvrières de ce courant, mais lié aussi aux « bernolákiens », il fit beaucoup pour l'unification de tous les patriotes slovaques, avec la Société de lecture slovaque, la Société des amateurs de la langue et de la littérature slovaque et son almanach *Zora*.

Lúdovít Štúr (1815-1856), fut à l'origine de l'unité linguistique de la Slovaquie.

Les Slovaques se trouvèrent confrontés dans les années 1830 à la montée du sentiment national hongrois, réaction aux tentatives de germanisation viennoises, qui se traduisit, entre autres, par l'affirmation de la langue hongroise dans les domaines administratif, judiciaire et même religieux. Les théories de Kollár et ses écrits d'alors semblaient de plus en plus éloignés des développements linguistiques réels : cette artificialité est très nette dans la version de *La Fille de Sláva*, rééditée en 1832.

La réponse au défi lancé par la magyarisation fut relevée par une nouvelle génération de protestants slovaques, groupés autour du lycée de Presbourg. Se forma alors un trio composé de Michal Miloslav Hodža, de Miroslav Hurban et de Ĺudovít Štúr, tous trois nés dans la décennie 1810, imprégnés par l'atmosphère romantique dominante à l'époque qui poussait à l'individualisation et à la subjectivité. Accompagné par ses amis, Štúr, âgé de 21 ans, fit le pèlerinage de Devín, haut lieu historique de Slovaquie à quelques kilomètres de Bratislava, où il prêta serment de fidélité à la nation : cette année 1836 fut le point de départ d'une volonté d'agir en faveur du réveil national, même si les mesures prises par Vienne, contre l'agitation politique liée aux sessions de la diète de Hongrie, freinèrent l'activité de ces jeunes patriotes.

En 1842, Štúr et ses amis adressèrent une pétition à Metternich, en lui demandant de protéger les Slovaques de la magyarisation. En vain. Les 200 signataires de la pétition furent considérés par Lajos Kossuth comme des « traîtres à leur patrie ». Štúr eut alors conscience que l'unité slovaque devait passer par l'unité linguistique. L'expérience de Bernolák n'avait pas été probante. Il fallait regrouper tous les patriotes sur d'autres bases : en février 1843, au nom des « bernolákiens », le plus célèbre d'entre eux, Ján Hollý, approuva Štúr d'avoir choisi le dialecte de Slovaquie centrale comme fondement de la langue littéraire. Štúr se mit au travail avec ses amis : la société Tatrin, les *Slovenskje narodnje novini* et l'almanach *Nitra* furent les vecteurs de cette nouvelle langue. Les tchécophiles restèrent sur leurs positions. Kollár combattit violemment cette scission, soutenu par certains Tchèques, tel Havlíček-Borovský qui considérait que Štúr avait affaibli la cause commune et qui eut, avec son style mordant de satiriste, des mots très durs pour son interlocuteur slovaque.

Le combat linguistique était pour Štúr un combat politique qu'il envisageait aussi, dans la grande tradition romantique, comme une amélioration du sort des paysans porteurs de la slovacité. De la même façon que les Tchèques, mais avec une base sociale plus étroite, les Slovaques allaient disposer, avec les événements de 1848, d'une tribune qui leur permettrait d'exprimer leurs revendications.

Ils s'étaient repliés sur leur langue faute d'autres appuis : pas d'histoire prestigieuse à mettre en valeur, pas de foyer urbain propre, pas de métropole, pas d'élites nobiliaires ou bourgeoises. Ils devaient se contenter d'une petite intelligentsia issue des couches moyennes ou pauvres. Sur le plan international, depuis la disparition de la Pologne, ils étaient enfermés dans l'Empire autrichien. Il leur restait une seule opportunité : jouer sur les différences et les différends éventuels entre

Vienne et Budapest car le soutien de la Russie, qu'ils avaient découverte comme grande puissance à l'occasion des guerres napoléoniennes, était encore pour eux plus un mythe qu'une réalité concrète.

La révolution de 1848

Les événements du printemps 1848 arrivèrent comme une confirmation des idéaux de Ľudovít Štúr, convaincu à la fois de l'avenir des Slaves et de la nécessité de rompre avec le féodalisme. Nous avons vu pour quelles raisons tactiques Štúr et ses amis avaient été amenés à choisir une langue fondée sur un dialecte de Slovaquie centrale, ce que certains considérèrent comme un schisme linguistique nuisible. Sur le plan social, Štúr réclama avec un certain radicalisme la suppression de la corvée lors de la diète de Presbourg qui s'ouvrit en novembre 1847 et où il représentait la ville de Zvolen. Il y ajoutait des revendications nationales auxquelles l'opposition hongroise animée par Lajos Kossuth n'était pas prête à s'associer.

La situation était donc très ambivalente et si les idées démocratiques du leader slovaque rejoignaient celles de Kossuth en matière sociale, elles divergeaient totalement sur le plan national. Aussi Štúr, comme député, refusa-t-il de s'associer aux demandes hongroises concernant la constitution d'un gouvernement hongrois. Sa conviction qu'il s'agirait d'une menace pour la cause slovaque fut certainement confortée par un échange entre Kossuth et Tarnoczy, qui lui fut rapporté le 16 mars 1848. « Qu'allons-nous faire des Slovaques ? » avait demandé le second au premier. « Il faut se saisir de Hodža, Štúr et Hurban et il n'y aura plus de Slovaques », aurait répondu Kossuth.

Les patriotes slovaques prirent alors leurs dispositions et, fin mars, Štúr était à Vienne où il approchait les autres Slaves de la monarchie, et tout particulièrement les Croates, préparant ainsi le futur Congrès slave de juin à Prague. Le mouvement slovaque se radicalisa alors. Dans le Hont, en mars, le poète Janko Kráľ et l'instituteur Jan Rotarides s'étaient portés à la tête d'un mouvement paysan qui réclamait l'abolition de toutes les charges féodales tandis que les patriotes multipliaient les pétitions en faveur de l'usage du slovaque dans l'administration et le système scolaire.

Puis Štúr arriva à Prague où il fit forte impression lors de la création de la *Slovanská Lípa* (« Le tilleul tchèque ») — le tilleul est l'arbre symbolique des Slaves —, en déclarant : « Vous, frères tchèques, vous avez été, par votre science et par votre Université, l'étoile polaire de l'Europe au Moyen Âge, par votre pensée et par vos actions, soyez aujourd'hui l'étoile polaire du monde slave ! »

De retour en Slovaquie, il se réunit avec ses amis à Saint-Nicolas de Liptov où il élabora et proclama le 11 mai 1848 le grand texte politique slovaque de l'époque (les « *Demandes de la Nation slovaque* ») qui, avec ses quatorze points, était le premier programme politique global. En somme, les Slovaques réclamaient leur reconnaissance nationale à part entière dans le cadre hongrois. Le gouvernement hongrois réagit immédiatement en proclamant l'état d'exception et en lançant un mandat d'arrêt contre Štúr, Hurban et Hodža, qui s'enfuirent en Bohême. Aucun dialogue n'était plus possible entre Slovaques et Hongrois.

Fin août, début septembre, des unités slovaques commencèrent à se constituer à Vienne. Leurs dirigeants — regroupés à partir du 16 septembre au sein du Comité national slovaque — négociaient la mise sur pied d'une collaboration militaire avec les Croates du ban Jelačić et les Serbes de Voïvodine. Le 19, à Myjava, le Comité annonçait le retrait de la Slovaquie hors de la Hongrie et entrait en lutte ouverte contre les honvéds (forces armées nationales) hongrois.

À la fin de l'année 1848 et au début de l'année 1849, les troupes de volontaires slovaques prirent part aux opérations militaires au nord et au sud-ouest de la Slovaquie, dans l'espoir que leur attitude loyaliste leur vaudrait quelque récompense. L'engagement se poursuivit jusqu'à l'été 1849 et ces quelques milliers de volontaires furent particulièrement actifs au centre du pays, foyer particulier de l'affirmation de la slovacité. Les représentants du Conseil national s'adressèrent en mars 1849 au jeune François-Joseph en demandant la formation d'une entité autonome slovaque qui aurait ses institutions propres et qui serait directement rattachée à Vienne. Le souverain se contenta de vagues assurances qu'il s'empressa d'oublier une fois que la révolution hongroise fut écrasée.

Ces événements tragiques pour la Hongrie et pour l'ensemble de ses peuples montrent à quel point les « diachronies nationales » sont permanentes dans la région et combien elles expliquent les échecs de nombreux mouvements. Quand les révolutionnaires hongrois acceptèrent fin juillet 1849 d'accorder des droits importants aux minorités, ils étaient sur le point de succomber aux forces tsaristes. Les Slovaques, les Roumains, les Croates et les Serbes s'étaient engagés trop loin pour qu'un retournement de la situation fût possible. Le principe du « diviser pour régner » avait finalement tourné une nouvelle fois au profit de la monarchie.

L'« ère libérale »

À partir de 1849, la Slovaquie fut soumise au régime de dictature militaire qui fut appliqué par Vienne à la Hongrie, directement administrée par le gouvernement central et germanisée. Malgré quelques maigres concessions — la reconnaissance du slovaque dans les comitats slovaques ainsi que l'introduction du slovaque comme langue d'enseignement dans le primaire et dans quelques établissements secondaires — un profond abattement résulta de cette situation dans les milieux patriotiques : cela permit même aux partisans de la *bibličtina* de relancer leur action. En 1852 cependant, prêtres et pasteurs acquis au slovaque (Štúr, Hodža et Hurban d'un côté, Andrej Radlinský, Ján Palárik, Štefan Zavodník et Martin Hattala de l'autre) s'attaquèrent à une dernière réforme orthographique et grammaticale qui paracheva la transformation du slovaque en langue littéraire.

Ce résultat masquait mal l'échec global de la cause slovaque. Comme leurs homologues tchèques, les Éveilleurs slovaques se replièrent dans la sphère des activités privées. Štúr lui-même fut l'objet d'une étroite surveillance policière et s'enfonça dans le rêve d'un grand empire slave démocratique qui naîtrait sur les ruines des Empires ottoman et habsbourgeois (*Le Monde slave et le Monde de l'avenir*, publié en russe pour la première fois en 1867). Sa vie s'acheva brutalement et tragiquement en janvier 1856, à la suite d'un accident provoqué par sa propre arme de chasse.

Comme dans la partie occidentale de la monarchie, la défaite de 1859 face aux Italiens et le retour à un certain constitutionnalisme inaugurèrent une ère nouvelle, mais dans l'ambiguïté ouverte par le dualisme naissant entre Autrichiens et Hongrois. Lors de la session du Reichsrat de l'été 1860, faute de représentants slovaques, ce fut l'évêque de Zagreb, Josef Juraj Strossmayer, chef politique des Croates, qui exposa les demandes sur l'usage du slovaque aux côtés de l'allemand et du hongrois. L'empereur accepta cette revendication pour 23 des comitats hongrois. Mais le dualisme de fait qui fut introduit par la Patente de Février 1861 vida ces mesures d'une bonne partie de leur substance.

J.M. Hurban était allé plus loin en réclamant à nouveau l'autonomie pour la Slovaquie. Štefan Marko Daxner refusait, dans une brochure intitulée *Une voix de Slovaquie* et adressée aux représentants politiques slovaques, la thèse d'une unité politique hongroise et prônait la reconnaissance d'une entité slovaque. Parallèlement, Jan Francisci éditait à Budapest le bihebdomadaire *Pešt'budínské vedomosti* qui devait contribuer à la campagne électorale à venir. Mais pas un seul Slovaque ne fut élu à la diète de Hongrie, ce qui détermina les patriotes à déclencher un vaste mouvement revendicatif.

Les 6 et 7 juillet, devant un public de 5 000 personnes, les responsables slovaques présentèrent le *Mémorandum de la nation slovaque* fondé sur la reconnaissance politique et territoriale du monde slovaque. Les autorités de Budapest refusèrent le dialogue et entamèrent une contre-offensive. Les rapports entre Vienne et Budapest se dégradant dans le même temps, les Slovaques se tournèrent vers la Cour et une délégation menée par l'évêque de Banská Bystrica, Štefan Moyses, présenta le *Mémorandum* à l'Empereur.

Les Slovaques utilisèrent alors le petit espace de

manœuvre dont ils disposaient désormais pour créer quelques institutions.

En 1862, un lycée évangélique slovaque fut ouvert à Revúca, en Slovaquie orientale, animé par le poète et ethnographe August Horislav Škultéty. Il fut suivi par un autre établissement à Martin en 1867 et par un troisième à Klaštor pod Znievom en 1869. Surtout, l'on décida de fonder, à l'image de ce qu'avaient fait déjà plusieurs nations slaves, la *Matica* slovaque : près de deux années de collecte pour réunir auprès d'humbles patriotes les cinquante mille florins nécessaires. 1863 marquant le millénaire de l'arrivée de Cyrille et Méthode en Grande-Moravie, l'inauguration de la *Matica* à Saint-Martin de Turiec, le 4 août, fut le sommet des manifestations. Štefan Moyses et Karol Kuzmány furent désignés comme président et vice-président de cette institution. La *Matica*, par son action patriotique, culturelle et scientifique, par ses publications, devint le porte-drapeau de la cause slovaque. Quand ces différentes institutions furent dissoutes en 1874-1875, une seule survécut : la Société Saint-Adalbert qui regroupait les catholiques slovaques et qui échappa à la magyarisation.

Ces acquis culturels ne furent pas, malheureusement, suivis de succès politiques. Après l'échec des négociations avec Vienne, un certain nombre de Slovaques cherchèrent l'entente avec Budapest. La vie politique slovaque se divisa en deux, plus nettement encore après le Compromis de 1867.

— D'un côté, la vieille tradition slovaque groupée autour des *Pešt'budínské vedomosti*, puis après 1870 des *Národní noviny* éditées à Martin, formait le Parti national slovaque qui manifestait une russophilie et même une tsarophilie certaine, notamment avec le poète Svetozar Hurban Vajanský.

— De l'autre, la Nouvelle École animée par Ján Palárik, libérale, plus démocrate, tournée vers Budapest et rassemblée autour du journal *Slovenské noviny* (Jan Nepomuk Bobula) et de l'Association démocratique slovaque. Pour ce courant, il n'y avait rien à attendre de Vienne et la collaboration, notamment économique, avec Budapest devait être très activement poussée. Il s'agissait au fond d'une conception uniquement culturelle et linguistique de la slovacité. Mais, même sur ce terrain secondaire, les tenants de la Nouvelle École durent constater que Budapest n'était pas prêt à faire de concessions. La loi sur les nationalités du 6 décembre 1868 confirmait l'exclusivité du hongrois comme langue d'État et, même si elle reconnaissait l'usage des autres langues nationales au niveau de l'enseignement primaire et des institutions administratives de base, elle les maintenait dans une sorte de ghetto dévalorisant. Les Serbes et les Roumains avaient en vain proposé à la diète un texte qui aurait assuré une certaine reconnaissance et une protection des entités nationales.

Les partisans du *Mémorandum* restaient majoritaires chez les Slovaques, même si, en 1872, le nouveau vice-président de la *Matica*, Viliam Pauliny-Tóth, avait été le seul élu slovaque — et qui plus est pour la Bačka (l'actuelle Voïvodine) — de la Vieille École à la diète, face à deux représentants de la Nouvelle École.

La politique de collaboration échoua donc, pour autant que l'on ne fût pas partisan d'une assimilation. La rupture véritable eut lieu en 1874-1875. La vieille génération des libéraux hongrois laissa la place à des hommes plus jeunes qui, comme Kálmán Tisza, avaient une conception très centraliste et profondément magyarocentrée du royaume de Saint-Étienne. Sous son long gouvernement (1875-1889), il ne fut plus question de laisser des espaces de liberté qui pourraient profiter à l'affirmation de la slovacité. Le 6 avril 1875, la *Matica* fut supprimée. La Société du Musée slovaque, créée en 1893, tentera de suppléer partiellement cette disparition.

Quelle voie pour les Slovaques ?

Bien que les transformations économiques aient été beaucoup plus tardives et plus lentes en Transleithanie qu'en Cisleithanie, la Slovaquie n'en fut pas moins touchée par des éléments de modernisation. Si moins de la moitié de la population savait lire et écrire en 1880, le taux d'analphabétisme était tombé en 1910 à 27,7 %. Et tandis que les paysans se libéraient très progressivement des survivances féodales, des secteurs nouveaux se développaient. La métallurgie, tradition du centre de la Slovaquie, était stimulée par l'essor de l'industrie qui commençait à s'appuyer sur un réseau bancaire en extension — la banque slovaque Tatra naquit en 1884 — et sur des investisseurs étrangers ; l'industrie papetière se développait à Ružomberok ; le textile n'était pas absent, à Trenčín, par exemple, où des lainiers de Roubaix investirent au début du XXe siècle ; l'industrie chimique apparaissait avec les usines Nobel de Presbourg, mais l'industrie agro-alimentaire restait nettement dominante. En 1910, l'industrie comptait moins de 90 000 actifs sur le sol de la Slovaquie. Jusqu'à la veille de la Première Guerre mondiale, la Slovaquie resta donc plus un réservoir de matières premières ou de produits semi-finis pour la Hongrie qu'une terre industrielle.

Les structures et les mutations du pays ne permettaient pas l'absorption de l'augmentation de la population. Le mouvement de migration vers la plaine hongroise et vers la Cisleithanie, amorcé au XVIIIe siècle, se poursuivait. Budapest abritait 90 000 personnes nées en « Haute-Hongrie », dont 25 000 environ se déclaraient Slovaques. Mais l'empire bicéphale ne pouvait lui-même suffire à recueillir cette explosion démographique. De très nombreux Slovaques partirent pour l'Amérique, dans les mines et les aciéries de Pennsylvanie ou les forêts canadiennes. De 1867 à 1914, plus de 750 000 Slovaques émigrèrent en Amérique du Nord. Cet important mouvement de population et le processus de magyarisation expliquent que, lors des recensements de 1880, 1900 puis 1910, l'on ait vu la part des Slovaques diminuer dans la population, passant de 63 % à 57,66 %, alors que l'accroissement naturel des Slovaques était supérieur à celui des Hongrois. À Košice, par exemple, les Hongrois étaient 10 387 et les Slovaques 10 674 en 1880 ; vingt ans plus tard, les Hongrois étaient 23 574 et les Slovaques 8 192.

Dans tous les secteurs socio-économiques, les Slovaques étaient en position d'infériorité : le capital slovaque ne représentait qu'un peu plus de 1 % du capital industriel ; sur 678 grands propriétaires terriens, seuls 10 étaient slovaques ;

dans la fonction publique, l'on comptait 154 Slovaques sur 6 185 personnes : un seul juge sur 150 se déclarait slovaque !

Cette pénalisation sociale était amplifiée par le système scolaire : le nombre d'écoles dans lesquelles le slovaque était la seule langue d'enseignement ne cessa de baisser entre 1875 et 1914. Dès que l'on souhaitait poursuivre ses études secondaires, il fallait manier le hongrois ou l'allemand. Les lois Apponyi de 1907 accélérèrent la déslovaquisation de l'enseignement primaire. Dans de telles conditions, il n'est pas étonnant qu'en 1910 moins de 2 000 bacheliers se soient déclarés slovaques. Il fallait de solides motivations familiales et patriotiques pour conserver sa slovacité à travers le moule magyarisateur de l'école.

Sur le plan politique, les patriotes se trouvaient dans une impasse. Le Parti national, à la tête duquel l'avocat Pavol Mudroň avait été porté en 1877 à la mort de Pauliny-Toth, décida en 1884 de boycotter les élections puisque le scrutin censitaire interdisait une représentation équitable.

Dans la recherche d'une issue, les Slovaques tâtonnaient et se divisaient. À la fin du siècle, Saint-Martin de Turiec était leur centre principal, malgré la dissolution de la *Matica*. Trnava conservait son rôle de capitale culturelle des catholiques, avec la Société Saint-Adalbert et le *Journal catholique* animé par Martin Kollár. Liptov, près de Ružomberok, au centre de la Slovaquie, était également actif. Quant à Presbourg-Bratislava, elle resta longtemps une ville dont les élites étaient dominées par les Allemands — souvent juifs — et les Hongrois. N'oublions pas la proximité de Vienne : la bourgeoisie de la capitale venait volontiers passer ses vacances ou ses fins de semaine sur les coteaux des Carpates blanches qui entouraient Presbourg. Les deux villes étaient d'ailleurs reliées par une ligne de tramway.

Pour faire face aux difficultés qu'ils rencontraient pour s'affirmer, les intellectuels slovaques tentèrent d'emprunter plusieurs voies.

— Certains, comme le poète Svetozar Hurban-Vajanský, se lancèrent dans une russophilie mêlée de messianisme. Une telle vision était à l'époque encouragée par le rôle que Saint-Pétersbourg jouait dans la libération des Slaves du Sud.

— D'autres explorèrent la voie d'une concertation et d'une action avec les autres minorités de Transleithanie. En août 1895, Slovaques, Roumains et Serbes tinrent un Congrès des Nationalités à Budapest et réclamèrent une démocratisation de la Hongrie. Le gouvernement Bánffy réagit brutalement.

— D'autres encore virent une issue dans la coopération avec les Tchèques. Un véritable courant slovacophile était né à Prague dans la seconde moitié des années 1870, lancé notamment par le poète Adolf Heyduk. En 1882, était fondée dans la capitale tchèque la société slovaque Detvan formée d'étudiants influencés par Masaryk et dont la vocation était d'aider les compatriotes, mais aussi de mieux faire connaître la cause slovaque aux Tchèques. Et en 1896, dans le sillage d'une grande exposition ethnographique organisée à Prague, naquit l'Unité tchéco-slave, destinée à aider la coopération tchéco-slovaque. Ce courant donna naissance en Slovaquie au mouvement « hlasiste », du nom de son organe de presse, le *Hlas* (la « Voix »), lancé à Skalica en 1898 par Pavol Blaho et Vavro Šrobar. Si le *Hlas* déclina à partir de 1904, il laissa des traces profondes parmi les intellectuels slovaques et dans de nombreuses publications qui assurèrent la permanence de l'influence masarykienne et du tchécoslovaquisme en Slovaquie.

La société politique slovaque connaissait alors une profonde mutation interne avec la différenciation des forces qui la composaient : les catholiques formèrent avec Andrej Hlinka un mouvement qui s'autonomisa rapidement de son modèle hongrois. Un parti agrarien fut mis sur pied par Milan Hodža. Un petit parti social-démocrate slovaque, dont les bases étaient à Budapest, apparut aussi. Chacun de ces partis disposait bien entendu de son organe de presse : au début du siècle, l'on comptait 32 journaux slovaques en Hongrie. Mais cette maturation ne déboucha sur rien. En 1901, il n'y eut que quatre représentants slovaques élus au parlement de Budapest, deux en 1904, sept en 1906 et trois en 1911.

Pour la cause slovaque, l'année 1907 avait été marquée d'une pierre noire. L'abbé Andrej Hlinka, curé près de Ružomberok, avait soutenu l'année précédente la candidature au Parlement du jeune médecin tchécophile Vavro Šrobar, ce qui lui avait valu d'être suspendu par son évêque, à la grande colère de ses fidèles de Černová. Ceux-ci avaient contribué, sous son impulsion, à l'édification d'une nouvelle église qu'ils voulaient lui faire consacrer. Hlinka demanda que l'on reporte la cérémonie, mais les autorités passèrent outre. Les fidèles voulurent empêcher la manifestation le 27 octobre 1907. La gendarmerie intervint et tira sur la foule désarmée, faisant 9 morts, 6 blessés graves et 90 autres blessés. Hlinka resta plus de deux années en prison et devint un martyr national. Cet épisode extrême montre ce que pouvaient être les rapports entre les patriotes slovaques et le pouvoir.

Deux logiques s'affrontaient : une logique nationale qui poussait le mouvement national slovaque dans le sens d'une volonté démocratique (en 1913, le parti national slovaque réclamait une nouvelle fois l'instauration du suffrage universel). Une logique hongroise, marquée par le centralisme, la résistance à la démocratie — dont l'introduction aurait signifié pour les Hongrois la perte de leur hégémonie — et la magyarisation. Mais cette attitude n'est pas compréhensible si l'on oublie que les Hongrois avaient, depuis 1848, le sentiment d'être assiégés, d'être noyés au milieu d'un océan slave. Le cours politique hongrois de ces quelques décennies, aristocratique et dédaigneux des autres nationalités, est explicable, sinon justifiable, par ce complexe de vulnérabilité.

À la veille de la guerre, la question slovaque était dans l'impasse. La personnalité la plus en vue était alors le leader agrarien, Milan Hodža, dont la politique était fondée sur une coopération étroite avec les autres minorités de la monarchie et sur la fédéralisation de l'Empire. Il faisait partie du cercle du Belvédère qui entourait l'archiduc François-Ferdinand. L'assassinat de ce dernier, suivi par la déclaration de guerre contre la Serbie, vint bouleverser les plans des fédéralistes alors qu'au printemps 1914, les différents politiques slovaques envisageaient de se réunir au sein d'un Conseil national uni. Juillet 1914 reporta cette initiative au printemps 1918.

La guerre

Tchèques et Slovaques à la veille de la guerre

Tchèques et Slovaques se trouvent en 1914 dans des situations très différentes, mais également délicates. Ils ont en commun d'être insatisfaits et de ne pouvoir compter, à la différence des Italiens, des Slaves du Sud, des Roumains, voire des Polonais, sur l'aide d'un État extérieur déjà existant ou à construire. Mais ils ont atteint des niveaux très différents. Les Tchèques sont conscients de leur poids et contribuent au blocage de la machine parlementaire. Ils sont forts, mais humiliés. Les Slovaques, quant à eux, ont le sentiment de perdre avec le temps les rares atouts glanés dans les années 1860. Et la guerre débouche sur un sabordage et une mise en veilleuse de leur action politique pour plusieurs années.

L'été 1914 allait provoquer un véritable chamboulement du côté tchèque, dans un paysage politique commandé par les élections de 1911 et par l'affaire Šviha du printemps 1914. Après l'échec des efforts de conciliation entre Tchèques et Allemands, de 1909 à 1911, et le refus du Parlement de voter le budget et de consentir un plus grand effort militaire, François-Joseph l'avait dissous. Les agrariens d'Antonín Švehla et les nationaux-socialistes de Václav Klofáč avaient été les grands vainqueurs de la consultation. Ils s'étaient groupés au

Parlement avec les Jeunes-Tchèques et les Vieux-Tchèques, au sein d'un « Club tchèque uni », présidé par Fiedler, puis par Karel Kramář. « L'Union des députés tchèques progressistes et indépendants de Bohême-Moravie » rassemblait des populistes moraves, des partisans du Droit d'État, des membres du Parti progressiste et des « réalistes » : Masaryk était une des figures dominantes de cette constellation hétérogène.

Les élections de l'automne 1913 à la diète de Bohême avaient été marquées par l'effondrement des Jeunes-Tchèques et des socialistes-nationaux, ce qui provoqua un rapprochement entre les premiers et les sociaux-démocrates. Cette réorientation fut confirmée par l'« affaire Švíha », scandale politico-policier qui donna lieu à une élection partielle. La campagne électorale, qui fit rage fin mai et début juin 1914 confirma les clivages nouveaux et, surtout, laissa des traces durables dans un paysage politique tchèque déchiré.

Quand la guerre éclata fin juillet, la surprise fut générale dans les rangs des Slaves. C'était l'été et les hommes politiques étaient en vacances aux quatre coins de la monarchie. Aucune concertation véritable n'était possible. Aussi n'est-il pas étonnant que les réactions aient été si dispersées et si divergentes.

En fait, cinq tendances se manifestèrent.

— Les partis catholiques moraves, en raison de leur foi et de leur dévouement à l'Empereur, et les sociaux-démocrates, par la conviction qu'il fallait absolument maintenir de vastes espaces économiques pour que la démocratie progresse, exprimèrent leur loyalisme envers la monarchie dualiste.

— Les agrariens, les Vieux et les Jeunes-Tchèques s'en tinrent au programme d'autonomie qui s'appuyait sur le Droit d'État, imaginant difficilement une Europe centrale sans l'Autriche-Hongrie. Ils restèrent dans l'expectative.

— Karel Kramář attira derrière lui un certain nombre de slavophiles et de russophiles qui considéraient que la guerre était un affrontement entre Slaves et Germains. Déjà, à la fin du XIXe siècle, il avait caressé l'idée d'une alliance franco-austro-russe. Après avoir échoué à Paris dans ses efforts de propagande, il s'était tourné vers Moscou. Scheiner, le chef du mouvement Sokol, Klofáč et d'autres étaient séduits par l'idée

Tensions en Bohême : un officier autrichien annonce l'état de siège à Prague en décembre 1908.

d'un vaste État panslave. Kramář en avait même une représentation très précise, avec la restauration du royaume de Bohême sur le trône duquel monterait un archiduc russe.

— Face à cette vision confortée, au début de la guerre, par les succès militaires russes en Galicie — jusqu'au printemps 1915, la possibilité d'une libération par les armées tsaristes n'était pas totalement exclue —, Masaryk incarnait le courant occidentophile. Ce n'était certainement pas un hasard s'il avait pour épouse une Américaine d'origine huguenote et si celle de Kramář possédait de vastes propriétés en Crimée. Masaryk était tsarophobe parce que démocrate. Il était lié intellectuellement au monde anglo-américain, dans une moindre mesure à la France. C'est de l'Occident, pensait-il, que pourrait venir le salut des Tchèques, et son influence s'exerçait à travers un réseau de relations personnelles qui transcendaient les partis.

— Le parti du progrès du Droit d'État animé par Antonín Kalina, Antonín Hajn et le poète Viktor Dyk avait une place tout à fait particulière dans cette constellation, puisqu'il était le seul à avoir formulé, avant la guerre, un programme d'indépendance, dit « catastrophiste ». Partant de l'analyse des tensions européennes, ses dirigeants en étaient arrivés à la conclusion que la déflagration était inévitable et que, dans cette perspective, les Tchèques devaient être prêts à agir par les armes pour atteindre leurs buts.

Si les deux premiers courants firent preuve de loyalisme, les représentants des trois dernières tendances s'engagèrent au cours de l'automne 1914 dans une stratégie de rupture avec l'Autriche-Hongrie. À leurs yeux, la monarchie avait perdu son sens et failli à sa fonction d'équilibre en entrant dans la guerre aux côtés de l'Allemagne contre la Russie.

Le poids de la guerre

Quelles attitudes allaient avoir les Slaves de la monarchie lancés contre leurs « parents » serbes et russes ? La surprise de l'entrée en guerre, l'encadrement soigneux des unités sensibles et la perspective d'une guerre courte expliquent que, comme ailleurs en Europe, la mobilisation se soit passée sans anicroches majeures.

Pourtant, certains indices ne trompaient pas sur les états d'esprit. À Prague, on pouvait lire sur les murs du cimetière d'Olšany : « Marie-Thérèse a perdu la Silésie, François-Joseph perdra tout ! » Et les soldats tchèques partaient au front en parodiant une chanson populaire, se demandant ce qu'ils allaient faire en Russie.

Très rapidement, ces signes de mauvaise humeur se concrétisèrent : les appels du haut commandement russe à la révolte donnèrent lieu à quelques troubles (à Kyjov et à Moravská Ostrava) et, dès l'hiver 1914-15, des incidents sérieux se produisirent lors de la mobilisation, bientôt suivis par des

Caricaturiste de *L'Assiette au beurre*, antimilitariste, Kupka s'engagea pourtant comme officier pour la cause tchécoslovaque pendant la Première Guerre mondiale. Kupka, *Concentration chromatique*, 1919, collection particulière.

désertions. En avril 1915, le 28e régiment d'infanterie de Prague passait aux Russes, de même qu'en juin, le 36e régiment de Mladá Boleslav. Certains « votaient donc avec leurs jambes ». La majorité, elle, se prononçait avec son porte-monnaie. Quand l'État autrichien lança son deuxième grand emprunt de guerre en mai 1915, les Allemands de Bohême y souscrivirent — sans enthousiasme débordant — chacun pour 222 couronnes, les Tchèques pour 27 couronnes !

Politiquement, il n'était pas question de manifester ouvertement son opposition, ce qui aurait valu aux auteurs de ces protestations une condamnation pour haute trahison. C'est secrètement que des hommes décidèrent d'agir, indépendamment de leurs appartenances partisanes. Ils formèrent un groupe qui sera baptisé ultérieurement la « Maffia » et dont l'action était orientée vers la collecte de renseignements destinés à l'Entente. Au printemps 1915, à la suite d'un incident de transmission d'informations, les personnalités les plus importantes du groupe — le député Karel Kramář, le financier Alois Rašín... — furent arrêtées et condamnées à mort. Mais la sentence ne fut pas exécutée. Les responsables de la Živnobanka furent également inquiétés et le Sokol fut interdit en novembre 1915.

Les velléités de résistance de la classe politique étaient momentanément annihilées. Mais la résistance populaire n'en continuait pas moins, d'autant plus vive que le poids de la guerre se faisait de plus en plus durement sentir, avec une inflation considérable, un approvisionnement de plus en plus défectueux...

L'hiver 1916-1917 fut marqué par un premier tournant avec la disparition de François-Joseph et son remplacement par Charles Ier. Le jeune souverain était hostile à une poursuite de la guerre et favorable à l'engagement d'un dialogue avec les représentants des peuples de la monarchie. Cette détente paraissait d'autant plus indispensable qu'au printemps 1917, les tensions sociales devenaient particulièrement vives. À Prostějov (en Moravie), une grève dans l'industrie textile avait tourné à l'affrontement avec les troupes : 27 ouvriers avaient été tués. Dans les centres industriels de Kladno, Plzeň, Moravská Ostrava, les grèves se multipliaient et les ouvriers se défiaient d'états-majors politiques trop prompts au compromis.

Soumis à une très forte pression, Charles annonça donc que les hommes politiques condamnés en 1915 seraient amnistiés et que le Parlement de Vienne serait réouvert le 30 mai 1917. La classe politique tchèque avait été mise en garde par le Manifeste des Écrivains de ne pas céder à l'opportunisme. En effet, pour des raisons tactiques, l'Union tchèque, réunissant les représentants de presque tous les partis du Parlement de Vienne, avait protesté en janvier contre les buts de guerre de l'Entente, qui avait proclamé son intention de libérer « la Tchécoslovaquie ». Cette déclaration avait été du plus mauvais effet sur les Alliés. Les écrivains, « conscience de la nation », rappelèrent à ses représentants qu'ils se devaient de suivre l'opinion, et non pas d'aller contre elle.

Le 30 mai 1917 ne fut donc pas le début de l'apaisement, mais au contraire le signe de la reprise des affrontements nationaux. Au nom de ses compatriotes, l'agrarien František Staněk déclarait alors : « En nous appuyant donc, à cette heure historique, sur le droit des peuples à disposer d'eux-mêmes et à se déployer librement, droit qui pour nous est d'ailleurs confirmé par d'indiscutables droits historiques, pleinement reconnus par des actes d'État, nous poursuivrons, à la tête de notre peuple, l'union de toutes les branches tchéco-slaves en un État démocratique, d'où ne saurait être exclue cette branche tchéco-slave qui vit en contact avec les frontières historiques de notre patrie. » La radicalisation nationale se traduisit par un discours de plus en plus revendicatif et par une coopération poussée avec les représentants des autres nationalités slaves de l'Empire. À l'automne 1917, le courant centraliste, qui était désormais minoritaire au sein du parti social-démocrate, dut céder la place au courant national : Bohumír Šmeral se retira de la tête du parti au profit de František Soukup et de ses amis.

Et, le 6 janvier 1918, les députés tchèques adoptèrent la déclaration de l'Épiphanie qui levait toute ambiguïté sur leurs objectifs : « Notre nation réclame son indépendance. Elle s'appuie sur son droit historique d'État et elle est tout à fait pénétrée du désir de pouvoir, en émulation avec les nations libres, contribuer dans un État souverain et démocratique, comprenant ses pays historiques et son rameau slovaque, au nouveau développement de l'humanité qui s'appuiera sur la liberté et la fraternité. Dans cet État, la nation tchèque accordera aux minorités nationales la plénitude et l'égalité des droits. Nous demandons qu'il soit donné à toutes les nations, et parmi elles, à la nôtre, de participer au Congrès de la paix et d'y défendre en toute liberté leurs droits. » Face à une volonté exprimée d'une manière si univoque, le reste ne sera que péripéties.

L'émigration

L'action des émigrés ne fut pas négligeable pendant ces quatre années de guerre.

Il s'était tout d'abord agi de savoir, pour ceux qui avaient pris le parti de lutter contre le maintien de l'Autriche-Hongrie, comment les tâches seraient réparties. À l'automne 1914, Masaryk avait incité un certain nombre de ses collègues parlementaires à quitter les Pays tchèques pour poursuivre le combat. Les russophiles, pensant que l'issue de la guerre était proche, ne s'étaient pas résolus à partir. Finalement, Masaryk était passé en Italie en décembre 1914 et s'était retrouvé comme la seule personnalité d'envergure à l'étranger, qui plus est, investie d'une légitimité représentative. Son disciple Édouard Beneš, jeune assistant de sociologie, assura la liaison avec la « Maffia », pendant plusieurs mois, jusqu'à ce qu'il soit lui-même menacé et qu'il prenne le parti de rejoindre son maître en exil, en septembre 1915.

C'est alors que commença l'action politique de l'émigration. Tout était à faire. Il fallait d'abord organiser les colonies de Tchèques et de Slovaques à l'étranger : plus d'un million aux États-Unis, bien structurés, plusieurs dizaines de milliers en Russie tsariste, quelques milliers dans chacun des pays de l'Entente, auxquels s'ajoutèrent les déserteurs sur les fronts russe, serbe et italien. Le problème essentiel, auquel Masaryk se heurta, fut d'imposer un point de vue occidentaliste à ses compatriotes russophiles. Il incarnait une tendance démocratique qui n'était pas unanimement approuvée. Mais, peu à peu, l'évolution de la carte de guerre, puis la défection russe confortèrent sa position. Il réussit à faire du Conseil national des Pays tchèques, proclamé le 1er juin 1916 et installé à Paris, le pivot de la résistance à l'étranger. En 1917, Masaryk, qui présidait le Conseil, couvrait le domaine anglo-saxon et russe. Milan Rastislav Štefánik représentait les Slovaques et s'occupait essentiellement des problèmes militaires. Ce personnage extraordinaire, astronome slovaque installé en France en 1905, allait connaître une carrière météorique et devenir général (à titre temporaire) en l'espace de trois années. Édouard Beneš était le très actif secrétaire général du Conseil, « fourmi » indispensable de la cause nationale, dont l'activité permit d'imposer les points de vue de ses compatriotes auprès des décideurs français.

Après le préalable de l'organisation de ces colonies, sup-

Soldats tchèques sur le Transsibérien en juillet 1918 :
« Si chacun de nous est une pierre, la nation sera un roc »
peut-on lire sur les wagons.

port financier et militaire indispensable, le Conseil — devenu « tchéco-slovaque » en juillet 1917 — développa une triple activité sur le plan de la propagande, de l'armée et de la diplomatie.

— Face à une opinion favorable mais peu instruite des choses de l'Europe centrale, il fallait prouver que les Tchèques voulaient vraiment l'indépendance et qu'ils constitueraient des alliés indéfectibles de l'Entente. L'attentisme des responsables praguois était souvent un obstacle. Mais les Français étaient bien disposés, avertis déjà par un groupe tchécophile dont l'historien Ernest Denis était la figure de proue. Les Italiens restaient circonspects au niveau gouvernemental, tout comme les Britanniques et les Américains. Les Tchèques déployèrent de très grands efforts pour convaincre leurs interlocuteurs de la justesse de leur cause : les milieux protestants, les cercles militaires, les universitaires, la franc-maçonnerie... eurent leur place dans un débat qui avait pour enjeu central le maintien ou non de l'Autriche-Hongrie comme garant de l'équilibre européen des grandes puissances.

— Les Tchèques utilisèrent l'arme militaire à plusieurs niveaux : le renseignement, par l'intermédiaire de la « Maffia », les désertions sur les fronts alliés et la constitution d'unités qui restèrent numériquement symboliques en France et en Italie (avec quelques divisions), mais qui eurent un impact considérable en Russie. En effet, après la révolution d'Octobre, et pendant plusieurs mois, les Légions tchécoslovaques, formées en Russie à partir de 1916 et fortes d'environ 70 000 hommes, constituèrent la seule force militaire efficace dans le désordre de la guerre civile. Elles contrôlèrent pendant plusieurs semaines l'axe vital du Transsibérien. Et cette épopée militaire, outre le fait qu'elle est restée comme un des hauts faits d'armes tchèques sous le titre d'« Anabase sibérienne », a eu une influence diplomatique capitale en 1918 et 1919.

— Le Conseil avait aussi pour mission d'offrir à ses interlocuteurs occidentaux une alternative crédible à la disparition de la monarchie bicéphale. Le Congrès des Nationalités opprimées d'Autriche-Hongrie, qui eut lieu à Rome en avril 1918, s'inscrivait dans cette logique de coopération entre futurs États successeurs. Grâce à la mise en place d'un lobby tchécophile, grâce à l'activité « militaire » de Štefánik, de Masaryk et de Beneš, la future Tchécoslovaquie fut reconnue au cours de l'été 1918 par les puissances de l'Entente.

Comment unir Tchèques et Slovaques ?

La guerre a joué un rôle de catalyseur de toutes les tensions sociales et nationales qui traversaient l'empire bicéphale. À partir de janvier 1918, mutineries et mouvements sociaux s'accumulèrent et s'amplifièrent mais, mouvements isolés, ils furent tous successivement écrasés. La Slovaquie connut aussi une radicalisation sociale en 1917 et surtout au premier semestre 1918 : grèves, soulèvement de la flotte à Cattaro (Kotor) en janvier, révolte de soldats à Rimavská Sobota et à Trenčín en mai, à Bratislava en juin.

Sur le plan national, en Slovaquie, la situation était différente de celle des Pays tchèques. La vie politique avait été entravée à tel point que le Parti national slovaque avait tout simplement suspendu ses activités en août 1914. Les organes de presse slovaques soumis à une censure très sévère ne pouvaient que pousser au soutien de la monarchie. Mais, au-delà de cette incapacité à s'exprimer librement, il y avait chez les Slovaques une difficulté majeure à définir une position face à des événements dont l'issue était inconnue. Les Slovaques furent en quelque sorte « assommés » par la déclaration de guerre. *Les Sonnets sanglants* que le poète Pavol Országh commença d'écrire en août 1914 illustrent les sentiments profonds des Slovaques. Dans ce contexte, l'évolution russe n'eut pas d'impact local considérable (même si les troupes russes occupèrent à deux reprises une partie de la Slovaquie orientale), de telle sorte que la question slovaque se déplaça sur d'autres terrains.

Dès le printemps 1914, la Ligue slovaque avait préparé aux États-Unis un mémorandum sur les droits des Slovaques, demandant même, en septembre, une « autonomie complète ». Le premier accord entre la Ligue slovaque et les associations tchèques d'Amérique du Nord en vue d'une action commune, fut signé à Cleveland, le 22 octobre 1915. En novembre, le comité exécutif de la branche slovaque du Parti socialiste des États-Unis se prononça à son tour pour l'union slovaco-tchèque.

Politiquement, après la disparition de la « variante » russe, les Slovaques avaient le choix entre la défense de leurs droits dans le cadre hongrois ou la recherche d'un allié extérieur. En 1917, les tenants de la première thèse avaient encore du poids. Mais Vavro Šrobar et Milan Hodža avaient agi à Prague pour que les Tchèques n'oublient pas de mentionner la Slovaquie dans la déclaration parlementaire du 30 mai 1917, ce qui avait nourri de vifs débats tout au long de l'été.

Du côté tchèque, vouloir inclure la Slovaquie affaiblissait

la portée des arguments fondés sur le Droit historique, tout en offrant une assise plus large au nouvel État. En revanche, du côté slovaque, il s'agissait de la concrétisation inespérée d'un mouvement de sympathie né dans les dernières décennies du XIXe siècle. Kornel Stodola écrivait dans son journal personnel en février 1918 : « Seigneur, quand j'écris à propos de cet État tchécoslovaque, j'ai toujours l'impression qu'il s'agit d'une hallucination ! » En fait, l'idée d'une jonction tchéco-slovaque a joué, comme l'a rappelé L'ubomír Lipták, un rôle secondaire par rapport au fait que l'on raisonnait au départ dans le cadre d'une fédéralisation générale de l'Autriche-Hongrie. Par la suite, les impératifs tactiques (consolider l'État) et moraux (protéger les Slovaques) se conjuguèrent pour que les choix originels ne soient pas abandonnés.

Le 30 mai 1918, Masaryk signait à Pittsburgh un nouvel accord avec les représentants slovaques d'outre-Atlantique. Cet accord capital, fondateur de l'idée étatique tchéco-slovaque, fut à l'origine d'un quiproquo majeur. Il prévoyait en effet que la Slovaquie bénéficierait d'une large autonomie dans le cadre du nouvel État, avec sa propre administration, son parlement et ses tribunaux. Mais il précisait : « Le détail des dispositions à prendre pour organiser l'État tchéco-slovaque sera pris par les Tchèques et les Slovaques libérés et par leurs représentants compétents. » Cette contradiction dans les termes allait nourrir par la suite le différend entre Prague et les nationalistes slovaques, même si, dans un premier temps, cet accord dynamisa l'activité des Slovaques et des Tchèques des États-Unis et ne fut pas étranger à l'appui du président Wilson à leur cause. Celui-ci pensait aussi à sa réélection prochaine et aux voix qu'il pourrait glaner en soutenant certaines nationalités d'Europe centrale.

Quelques jours avant l'accord de Pittsburgh, les Slovaques de Slovaquie s'étaient enfin prononcés : le 1er mai, toujours par l'entremise de Šrobar, une résolution réclamant l'union avec les Tchèques avait été adoptée à Saint-Nicolas de Liptov. Et le 24, Hlinka précisait lors d'une réunion clandestine du parti national slovaque que « le mariage millénaire avec la Hongrie était un échec » et qu'« il fallait divorcer ».

La naissance d'un État

La violence n'est pas dans les traditions modernes tchèques. La formation du nouvel État tchéco-slovaque — orthographié avec un trait d'union jusqu'à l'adoption de la Constitution en 1920 — correspond bien à cette réalité.

En fait, en été 1918, ni Masaryk ni Beneš n'avaient de certitudes absolues sur l'aboutissement de la lutte qu'ils avaient entreprise. La dernière contre-offensive allemande avait été lancée avec tant de vigueur qu'ils n'excluaient pas une paix blanche. Ils redoutaient aussi d'être « trahis » par les leurs. Les hommes politiques de Prague ne seraient-ils pas tentés de saisir les offres de fédéralisation que leur faisait Charles Ier ? C'est la raison pour laquelle, le 18 octobre 1918, le Conseil national, devançant les événements, proclama la République tchécoslovaque (déclaration dite de Washington) et présenta l'embryon de son gouvernement. À Prague, les socialistes avaient eux aussi tenté de précipiter les choses dès le 14, mais en vain.

L'indépendance fut annoncée quelques jours plus tard, alors qu'une délégation du Comité national (formé en décembre 1916 sur la base des élections de 1911 et de 1913) dirigée par Karel Kramář était partie quasi officiellement à Genève pour rencontrer les émissaires du Conseil national.

Après avoir pris le contrôle de l'Office des céréales, les « hommes du 28 octobre » (Antonín Švehla, Alois Rašín, Jiří Stříbrný, František Soukup et Vavro Šrobar) proclamèrent l'indépendance. Sans avoir été informés de la situation, les représentants de la résistance intérieure et de la résistance extérieure négociaient à Genève la forme de l'État. « Une République », dit Beneš à Kramář. Le président devrait en être Masaryk selon un vœu unanime, Kramář en serait le premier président du Conseil.

Le 30, les Slovaques se joignirent officiellement au nouvel État avec la Déclaration de Saint-Martin de Turiec qu'une délégation porta le surlendemain à Prague. Auparavant avait été formé le Conseil national slovaque qui portait à sa tête le chef du parti national slovaque Matúš Dula. L'État tchécoslovaque était né, mais n'avait encore ni frontières ni institutions.

La première République

« Peuple tchécoslovaque, ton rêve séculaire est devenu réalité ! » proclamait le Comité national dans sa première déclaration du 28 octobre 1918. Quelques semaines plus tard, le 22 décembre 1918, Thomas Garrigue Masaryk s'adressait à l'Assemblée nationale : « Nous ne vivons pas un conte de fées... Le monde s'est divisé en deux camps et, dans ce terrible combat, ceux qui défendaient les idéaux de justice l'ont emporté. Les idéalistes ont gagné, l'esprit a vaincu la matière, le droit — la force, la férocité et la ruse. » En d'autres termes, pour le nouveau chef de l'État tchécoslovaque, « la démocratie avait vaincu l'autocratie théocratique » dans un conflit qui avait revêtu une dimension morale majeure.

Aussitôt né, l'État tchécoslovaque adoptait donc une ligne idéologique très claire : il serait une démocratie et une république. Mais en dehors de ces deux points confirmés à Genève lors de la rencontre entre les exilés et les délégués tchèques à la fin du mois d'octobre 1918, que d'incertitudes !

Quelle Tchéco-Slovaquie ?

Du côté tchèque, une réflexion avait été engagée dès la guerre sur ce que pourrait être le futur État. Des contours avaient été fixés et proposés aux grandes puissances, qui

Masaryk rentre triomphalement à Prague en décembre 1918.
À l'arrière-plan, le Musée national.

s'étaient gardées de prendre des engagements précis. Une fois le Conseil national légitimé par les événements et par la classe politique tchèque, il devint un interlocuteur privilégié et unique. Beneš fit le siège des décideurs occidentaux et exposa les desiderata de ses compatriotes dans toute une série de mémorandums.

Au cours des premiers mois qui suivirent la proclamation de l'indépendance, la fixation des frontières fut le problème capital. Plusieurs situations se présentaient et de multiples arguments furent invoqués.

Dans la majorité des cas — pour le quadrilatère de Bohême, le sud de la Moravie, le nord de la Slovaquie —, les frontières avaient été fixées dès le Moyen Âge et n'avaient guère été modifiées depuis. Les revendications du Droit historique d'État s'y appliquaient pleinement, sans restrictions ni contestations de la part de l'Allemagne et de l'Autriche. Au nord de la Moravie, en revanche, la délimitation de l'ancien duché de Teschen (Těšín, Ciezsyn) posait problème : en l'absence d'une majorité nationale, ce district fut un enjeu économique majeur entre Prague et Varsovie et, malgré les efforts de médiation franco-britanniques, l'affaire se régla sur le terrain par la force, assez largement au profit de la Tchécoslovaquie. Il en demeura une amertume profonde qui alimenta des ressentiments durables de la part des Polonais et empêcha une véritable entente polono-tchèque dans l'entre-deux-guerres. Ce différend mineur eut de lourdes conséquences.

Le problème slovaque était d'une autre nature : jamais l'entité slovaque n'avait bénéficié d'une autonomie administrative. Il n'existait pas de frontières entre les Slovaques et les Hongrois. Budapest refusait même d'envisager une existence slovaque et ne parlait que de la Haute Hongrie. Or, il était clair que les Slovaques, par l'intermédiaire de leurs élites politiques, souhaitaient leur rattachement aux Tchèques. Chez les protestants, cette volonté avait une longue tradition. Les catholiques patriotes s'y étaient ralliés par la voix de Hlinka. Mais il ne faut pas oublier que nombre de Slovaques s'étaient magyarisés dans le cadre de stratégies familiales d'ascension sociale et qu'ils s'étaient intégrés à la société hongroise au point de devenir hostiles à la cohabitation avec Prague.

Une ligne de démarcation devait donc être tracée entre le nouvel État tchécoslovaque et la Hongrie. Après avoir cru qu'il serait possible de conserver la Haute Hongrie, le gouvernement Karolyi céda la place en mars 1919 à la République des Conseils de Béla Kun. Ce fut à la fois une force et une faiblesse : force au printemps tant que la « révolution mondiale » s'étendit, faiblesse dès le mois de juin, avec le reflux de la vague sociale partie de Russie léniniste et avec la volonté de constituer un cordon sanitaire autour de cette dernière. Les Roumains en profitèrent pour lancer une offensive dans la plaine hongroise. Budapest ne put résister à cette pression et, au bout de quatre mois, le régime de Béla Kun s'effondra, après avoir engagé une campagne victorieuse en mai-juin en Slovaquie et avoir proclamé le 16 juin à Prešov une République slovaque des Conseils. Aidés par les Français, les Tchécoslovaques devinrent le pôle de stabilisation de la région. Sur le plan intérieur, Vavro Šrobar, qui avait été nommé ministre avec les pleins pouvoirs pour la Slovaquie, mena une action extrêmement vigoureuse qui permit aux troupes tchèques de reprendre le contrôle du pays. Dans ces conditions de grande tension sociale et internationale, les puissances de l'Entente acceptèrent les propositions frontalières qui leur furent faites par Prague et qui répondaient essentiellement à des préoccupations stratégiques.

La Tchécoslovaquie fut complétée par l'adjonction, à l'est, de la Ruthénie (ou Ukraine) subcarpatique, à la demande des organisations ruthènes des États-Unis qui négocièrent ce rattachement avec le président Wilson et Masaryk. Sur place, après une période de grande confusion, un Conseil national unifié approuva cette décision en mai 1919. Ce territoire pauvre, « cul-de-sac » de l'Europe, avait une fonction stratégique importante puisqu'il séparait la Pologne de la Hongrie et qu'il permettait d'établir une jonction entre la Tchécoslovaquie et la Roumanie.

Dans ce processus de fixation des frontières centre-européennes, il faut souligner à quel point les négociateurs de la Conférence de la Paix furent souvent mis face à des faits accomplis, les rapports de force sur le terrain étant plus importants que les principes édictés par des grandes puissances dont la capacité d'intervention était très limitée.

Le nouvel État ainsi constitué avait une superficie d'environ 140 400 km^2 et une population de 13 600 000 habitants. Sa forme allongée de près de 1 000 kilomètres qui lui donnait plus de 4 000 kilomètres de frontières, son hétérogénéité géographique, sa complexité ethnique étaient autant de facteurs de fragilité.

Les minorités

Avec la Pologne et la Roumanie, la Tchécoslovaquie fut un des États successeurs de l'Autriche-Hongrie où le pourcentage des minorités fut le plus élevé. En 1921 : 51 % de

Tchèques, 14,5 % de Slovaques, 23,4 % d'Allemands, 5,4 % de Hongrois, 3,4 % de Ruthènes, d'Ukrainiens et de Russes, des Juifs — reconnus comme nationalité —, des Polonais...

À l'échelle de chacune des trois parties de la République, la situation était différente. Près de trois millions d'Allemands en Pays tchèques pour plus de 6 700 000 Tchèques. En Slovaquie, les Slovaques représentaient plus de deux millions d'habitants face à 636 000 Magyars (21,5 %). En Ukraine subcarpatique, 450 000 (63 %) Ruthènes se trouvaient face à 110 000 Magyars et 91 000 Juifs. Ce kaléidoscope posait autant de problèmes que de nationalités et les détracteurs de Prague en profitèrent pour qualifier le nouvel État « d'Autriche-Hongrie au petit pied ». Une telle expression était pour le moins injuste, tout d'abord parce que le point de vue de Prague à l'égard de ces nationalités n'était pas aussi assimilateur ; ensuite, parce que la Tchécoslovaquie tentait de respecter du mieux possible les engagements de protection des minorités pris lors de la signature des traités de paix ; enfin, parce que l'exercice de la démocratie parlementaire et le système proportionnel y permettaient une représentation équitable de tous.

Pourtant les relations entre majorité et minorités nationales allaient rester troublées par deux phénomènes :

— Allemands et Hongrois, qui avaient été dominants pendant des siècles dans les deux parties de la monarchie bicéphale, étaient désormais dans une position d'infériorité. Il était difficile d'accepter une telle situation, quelles que soient les mesures de protection dont ils bénéficiaient.

— La protection des minorités imposée par les Alliés était fonction de seuils qui, lorsqu'ils n'étaient pas atteints, plaçaient celles-ci dans une position très difficile. Quand l'une d'entre elles représentait plus de 50 % dans un district, sa langue était la langue communale. À partir de 20 %, les affaires administratives et juridiques étaient traitées dans la langue minoritaire et en « tchécoslovaque ». En dessous de 20 %, un sentiment d'injustice apparaissait par rapport à la situation antérieure à la guerre. Il en était de même pour l'enseignement où il fallait 40 enfants pour créer une école

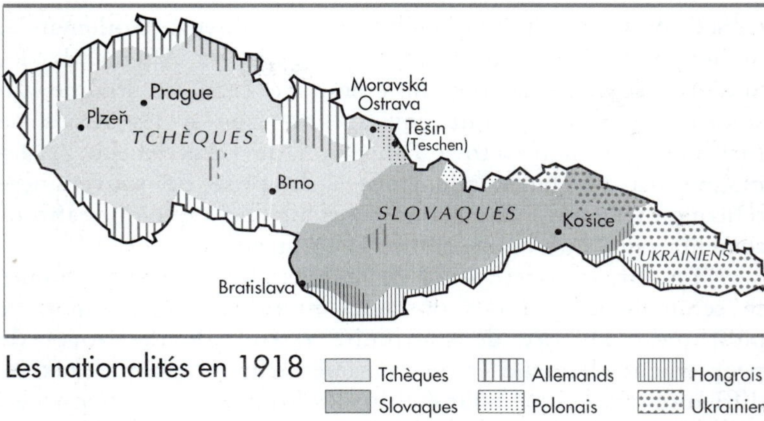

Les nationalités en 1918

minoritaire. Par ailleurs, l'énorme effort de rattrapage effectué en faveur des Tchèques, des Slovaques, des Ruthéno-Ukrainiens... donna l'impression aux anciennes nationalités dominantes qu'elles étaient sacrifiées. En fait, pour le secondaire et le supérieur, les Tchèques, les Allemands et les Slovaques jouirent d'une situation privilégiée, un héritage pour les Allemands et partiellement pour les Tchèques, le résultat d'un formidable investissement, en revanche, pour les Slovaques.

Pendant toute la durée de l'entre-deux-guerres, l'attitude des minorités fut commandée par leur situation économique et par la position des États limitrophes. L'irrédentisme hongrois et, dans une moindre mesure, polonais rendait difficile un arrangement durable et profond avec les deux minorités correspondantes. Au contraire, la position modérée de la République de Weimar facilita l'intégration des Allemands.

En octobre 1918, revendiquant le droit à disposer d'eux-mêmes, les Allemands des Pays tchèques avaient réclamé leur rattachement à l'Autriche en formant quatre provinces : le Sudetenland au nord de la Moravie, le Deutschböhmen au nord de la Bohême, le Böhmerwaldgau au sud de la Bohême et le Deutschsüdmähren en Moravie du Sud. Cet éclatement géographique se traduisait par le fait qu'il n'y avait pas de conscience commune. Et Prague, malgré son université allemande, ne jouait pas un rôle de métropole, car les Allemands des Sudètes se sentaient très différents de ceux de Prague. La solution proposée n'était envisageable que si les Alliés ne mettaient pas leur veto à l'annexion de l'Autriche à l'Allemagne. La résistance allemande à la prise de souveraineté tchèque fut faible, mais donna pourtant lieu à quelques affrontements sanglants en décembre 1918 et en mars 1919.

En fait, la constitution de régions allemandes autonomes se serait heurtée à des obstacles pratiques, stratégiques et politiques : absence de continuité territoriale des zones de peuplement allemand et de frontières ethnographiques nettes, difficulté stratégique pour établir des frontières au piémont des chaînes du quadrilatère de Bohême à l'encontre des anciennes limites historiques, flux économiques dirigés vers l'intérieur de la Bohême et non vers l'Allemagne et volonté des Alliés, particulièrement de la France, d'un État tchécoslovaque fort. Il fallut attendre 1922 pour que les Allemands sortent d'une opposition radicale à l'État tchécoslovaque. Ils acceptèrent alors son existence, au vu des réalités : une prise en compte de leur identité — Masaryk parlait de « nos Allemands » —, un régime profondément marqué par les idéaux démocratiques, et des intérêts économiques qui pouvaient s'épanouir dans un pays stabilisé alors que l'Allemagne se débattait dans les affres de l'inflation... et des réparations. Ce processus devait finalement aboutir à une association des Allemands au gouvernement. La plus importante des minorités, pour une majorité des deux tiers environ, préféra finalement la coopération à l'opposition, l'activisme au négativisme. Son loyalisme était cependant suspendu à sa prospérité.

Forces et faiblesses d'un système politique

La Tchécoslovaquie s'est distinguée dans l'entre-deux-guerres par son régime, qui a pris d'autant plus de relief que la démocratie s'est rétrécie, en Europe, avec le temps comme une peau de chagrin. Pour les Tchèques, c'est une époque de référence, un point d'ancrage associé au nom de Masaryk qui n'est pas sorti des esprits et auquel on rêvait, quitte à le mythifier, aux heures noires de l'histoire du XXe siècle. Dans le panthéon tchèque, la première République occupe une place de choix avec l'époque hussite. Et Masaryk est largement en tête des sondages d'opinion concernant les plus grandes figures nationales, devant Hus, Komenský et Charles IV.

La Tchécoslovaquie a choisi en 1918 d'être une république. Par attachement à une tradition démocratique et plébéienne d'un côté, par osmose avec les deux grands alliés français et américain, de l'autre, même si Masaryk, très attiré par l'Angleterre, pensait plutôt au début de la guerre à une monarchie constitutionnelle.

La Constitution adoptée le 29 février 1920 s'inspira des exemples français et américain pour la mise en place d'un régime parlementaire et centralisé : deux chambres élues au suffrage universel — les femmes votent dès 1919 — et proportionnel, un président de la République dont les pouvoirs sont plus importants qu'en France, mais plus réduits qu'aux États-Unis. En fait, Masaryk, élu président en décembre 1918 et réélu en 1920, 1927 et 1934, disposa d'une autorité sans commune mesure avec celle que lui accordaient les textes. Il profita tout d'abord d'un réseau considérable de sympathies et d'influences au sein des différents partis et du monde intellectuel. Il bénéficia aussi de l'éclatement de la scène politique lié à l'application de la proportionnelle : aux élections législatives de 1920, 17 partis obtinrent des mandats. Cette atomisation rendait nécessaires des coalitions décidées au niveau des états-majors politiques et le Président pouvait alors jouer son rôle de « conseiller », à travers ce qu'on appela le groupe du « Château », qui innervait les principaux partis des coalitions gouvernementales. Surtout, Masaryk jouissait d'une extraordinaire aura : il avait ajouté à ses talents de bretteur intellectuel ceux de prophète. L'Histoire lui avait donné raison et il avait réalisé l'ancienne prédiction de Komenský qui avait annoncé la résurrection de la Bohême. Parmi les Tchèques, il était difficile de trouver des voix critiques à l'égard du Président, qui exerçait une involontaire « dictature du respect ».

Masaryk et Beneš, en automne 1928.
La collaboration entre le président de la République
et son ministre des Affaires étrangères est étroite.

Dans un premier temps, après la proclamation de l'indépendance, le Comité national créé en décembre 1916 sur la base des élections de 1911 fut élargi, notamment aux Slovaques, pour former l'Assemblée constituante qui proclama la république le 14 novembre 1918 et élut Masaryk président. Avec son auréole de martyr national, Karel Kramář fut naturellement porté à la tête du gouvernement. Antonín Švehla devenait ministre de l'Intérieur, Alois Rašín était aux Finances, Václav Klofáč à la Défense nationale, Milan Štefánik à la Guerre et Beneš aux Affaires étrangères. Trois sociaux-démocrates figuraient aussi dans cette équipe qui avait une moyenne d'âge de quarante-huit ans.

Dès les élections municipales de juin 1919 en Pays tchèques, il apparut que la dominante conservatrice de l'Assemblée ne correspondait plus à la réalité, comme le confirmèrent les législatives du printemps 1920. Les sociaux-démocrates tchécoslovaques l'emportèrent largement avec 25,7 % des voix devant les agrariens tchèques et slovaques (13,6 %), les sociaux-démocrates allemands (11,1 %) le parti socialiste-national tchèque (8,1 %), le parti populaire tchèque (7,5 %, 11,3 % avec son homologue slovaque), les démocrates nationaux tchécoslovaques de Kramář (6,3 %)...

Le gouvernement Kramář fut remplacé en juillet 1919 par une coalition « rouge-verte », socialo-agrarienne, dirigée par le social-démocrate Vlastimil Tusar. Elle ne résista pas à l'éclatement de la social-démocratie en 1920-1921, les communistes devenant, pendant quelques années, majoritaires au sein de la gauche. L'organe politique suprême était la *Pětka*, état-major du groupe des cinq partis de la majorité, qui s'élargit à huit dans les années suivantes.

On a compté 18 gouvernements au cours de la première République. Ce chiffre peut paraître élevé, mais cette rotation était tempérée par la stabilité du personnel politique : Beneš est resté aux Affaires étrangères de 1918 à 1935, Antonín Švehla a été président du Conseil de 1922 à 1929 avec un intermède de sept mois en 1926, František Udržal a détenu le portefeuille de la Défense pendant sept années, de même pour Emil Franke aux Postes et Télégraphes, etc. Malgré quelques crises gouvernementales difficiles en 1920-22, en 1926 et en 1932, les institutions ont bien fonctionné.

La naissance du « parti communiste de Tchécoslovaquie » s'est faite le 14 mai 1921 après de brutaux affrontements qui déstabilisèrent assez profondément la gauche au cours des derniers mois de 1920. Le PCT fut édifié sur une base multinationale et antitchécoslovaque : conformément aux thèses du Komintern et malgré les hésitations des communistes tchèques eux-mêmes, la Tchécoslovaquie était considérée à Moscou comme un enfant antisoviétique de l'impérialisme. La scission laissa une majorité des parlementaires au sein de la social-démocratie. Mais les législatives de 1925 montrèrent qu'il n'en était rien à la base : les communistes obtinrent 13,2 % des voix, juste derrière les agrariens, alors que les sociaux-démocrates n'eurent que 8,9 % des suffrages. Il en résulta la sortie provisoire des sociaux-démocrates des coalitions et la recherche d'une majorité plus conservatrice. En octobre 1926, pour compenser leur départ, agrariens et sociaux-chrétiens allemands les remplacèrent au gouvernement, jusqu'en 1938. C'est en 1929 que les sociaux-démocrates retrouvèrent leur place dans le gouvernement, après avoir devancé aux élections législatives (13 % contre 10,2 %) le parti communiste désormais stalinisé avec l'arrivée de Klement Gottwald à sa tête.

Malgré son ampleur, la crise économique des années 30 eut un effet modérément déstabilisateur sur le régime tchécoslovaque. Aucune force d'extrême-droite ne naquit chez les Tchèques, à l'exception de groupuscules fascisants ou fascistes qui ne dépassèrent pas 2 % des suffrages. En revanche, les forces de droite existantes se renforcèrent, que ce soit l'aile droite du parti agrarien tchèque ou le parti populaire slovaque d'Andrej Hlinka. Ce fut finalement sur la minorité allemande que les désordres économiques et internationaux eurent l'impact le plus fort.

Économie et politique

Les adversaires de l'État tchécoslovaque — voisins ou ennemis idéologiques — parlaient volontiers à son propos d'État artificiel. La notion de naturel et d'artificiel en matière étatique relevant en général de la subjectivité et des intérêts circonstanciels, nous nous contenterons ici de rappeler les structures et l'évolution économique de la Tchécoslovaquie entre 1918 et 1938.

Globalement, un État dans lequel les actifs dans l'agriculture et l'industrie s'équilibraient. Mais le rapport entre ces deux secteurs était très inégal en Pays tchèques (32 % contre 40 %) et en Slovaquie (62 % et 17 %). Ces chiffres montrent à quel point le nouvel État englobait des régions de nature différente, sorte d'Italie horizontale dont la Lombardie aurait été la Bohême, et la Sicile — la Ruthénie. Alors que les Pays tchèques et la Slovaquie regardaient respectivement vers Vienne et Budapest, il fallut restructurer le pays selon de nouveaux axes est-ouest. Qui plus est, il héritait d'environ 60 % du potentiel industriel de la monarchie bicéphale. Que faire de ces produits sur un marché soudain rétréci et dans une région hérissée de barrières douanières ? Le défi était redoutable et, en 1919, en raison des séquelles de la guerre, des troubles régionaux, mais aussi des difficultés d'adaptation face à la situation nouvelle, la production industrielle atteignait seulement 60 % du niveau d'avant-guerre, qui ne fut retrouvé qu'en 1924-25.

Prague mit en place trois grandes réformes qui mêlaient des préoccupations strictement économiques et des arrière-pensées politiques.

— La circulation fiduciaire qui était de 2,5 milliards de couronnes en 1913 était passée à 36 milliards en 1918. Vienne et Budapest continuaient à imprimer du papier-monnaie. À Prague, deux groupes d'intérêts s'affrontaient : la Živnobanka, qui cherchait à acheter massivement des actions et des devises à l'extérieur, souhaitait une réévaluation de la couronne tandis que la Banque de Crédit de Prague, la Banque industrielle et la Česká Banka Union, qui avaient des intérêts dans les industries d'exportation, préconisaient une dévaluation. Alois Rašín devenant ministre des Finances, le premier choix s'imposa. La séparation monétaire se fit entre le 25 février et le 12 mars 1919, et la consolidation de la couronne tchécoslovaque donna un sensible avantage aux Tchécoslovaques sur les autres pays successeurs, même si une politique inflationniste incarnée par Karel Engliš suivit rapidement.

— Cette politique monétaire, en permettant des rachats massifs d'actions sur la place boursière de Vienne, fut accompagnée par un transfert des sièges sociaux et des directions des entreprises sur le territoire national.

— La réforme agraire fut une pièce importante de la reconstruction de l'économie nationale. En 1918, 150 familles détenaient le dixième de la superficie de l'État. En Pays tchèques, les Schwarzenberg possédaient 248 000 hectares et les Lichtenstein 173 000. En Slovaquie, les Pálffy en avaient 106 000 et l'archevêché d'Esztergom 47 000.

Une loi du printemps 1919 confisqua les superficies des propriétés de plus de 250 hectares et de plus de 150 hectares cultivés. L'opération porta sur environ 30 % des terres cultivées, dont 63 % furent réattribués. Le reste fut restitué

(33,8 % pour les terres cultivées) ou gardé par l'État (en particulier les forêts).

Les conséquences politiques furent finalement plus importantes que les conséquences sociales, même si le nombre des exploitations moyennes augmenta sensiblement au détriment des petites fermes de moins de deux hectares. Plusieurs couches de la société furent touchées : l'aristocratie foncière perdit une part considérable de ses richesses. L'Église aussi, ce qui ne manqua pas de fortement indisposer le Saint-Siège. En revanche, par le biais des fermes restantes (22 % du sol redistribué), l'État renforçait une clientèle moyenne qui allait être un des piliers du parti agrarien. À l'issue de la réforme, 12 % de la superficie de la Tchécoslovaquie avait changé de propriétaires, consolidant la bourgeoisie agraire tchèque et affaiblissant Allemands et Hongrois.

Ces efforts internes ne suffirent pas pour résoudre les problèmes nés de l'indépendance. Prague, manquant de capitaux propres pour absorber financièrement les entreprises nationales, dut faire appel à une aide extérieure. Il n'était plus question d'accepter des capitaux germaniques : la Grande-Bretagne, la Belgique, les États-Unis et, bien sûr, la France étaient accueillis avec sympathie. Le rachat des actions Škoda par Schneider-Le Creusot était emblématique de l'intérêt occidental pour la solide économie tchécoslovaque. Globalement, les capitaux étrangers représentèrent un peu moins du tiers des investissements industriels et bancaires.

Après un premier redressement en 1920-1921, l'économie tchécoslovaque — handicapée par le processus déflationniste qui freinait ses exportations — connut une dépression en 1922-1923, d'où elle sortit à la faveur de la crise internationale de la Ruhr, la sidérurgie tchèque étant relancée en suppléant pendant quelques mois l'Allemagne défaillante. En 1924, avec la stabilisation monétaire des voisins et le fait que l'Allemagne n'avait pas encore retrouvé ses positions, la situation fut passagèrement favorable. La période ultérieure fut occupée par un redéploiement des exportations — qui représentaient 30 % du produit national en 1928-1929 ! — vers des marchés plus lointains. Désormais, et malgré une petite crise intermédiaire en 1926, l'industrie nationale connut un essor remarquable, de telle sorte qu'en 1929, la production dépassait de 21 % celle de l'avant-guerre. Les aptitudes des Tchécoslovaques à s'imposer dans la compétition mondiale furent illustrées par quelques entreprises phares : les usines d'armement Škoda à Plzeň, la Zbrojovka de Brno et les fabriques de chaussures Bat'a installées à Zlín, dans la plaine morave, selon les principes les plus modernes de la taylorisation.

Puis survint la crise mondiale consécutive au krach de la bourse de New York. L'indice de la production industrielle chuta de 40 % entre 1929 et 1933, nettement plus que la moyenne européenne, ce qui s'explique par la part dominante de l'industrie de consommation en Tchécoslovaquie. Le brusque rétrécissement du commerce international et la concurrence accrue qui favorisait les plus grandes entreprises mondiales coûtèrent très cher : le textile, le verre, la céramique, la construction en subirent les effets de plein fouet. La chimie, l'électromécanique et l'agro-alimentaire souffrirent moins. La conjonction de la réduction du marché intérieur et de la crise agricole, qui réduisit brutalement le pouvoir d'achat des paysans, amplifia le phénomène et sa durée. De plus, attachée au bloc or, la Tchécoslovaquie retarda longtemps — jusqu'en février 1934, puis octobre 1936 — les dévaluations qui auraient permis une relance plus rapide. La politique de concentration des entreprises, l'instauration de monopoles, le soutien massif aux exportations et d'importantes commandes de l'État orientées vers la défense nationale assurèrent toutefois le redressement.

Le coût social de la crise fut considérable : de 41 671 chômeurs en 1929, l'on passa à 738 310 en 1933, en moyenne annuelle (978 000 en mars 1933). Même si un système d'assurances sociales géré par les syndicats (système de Gand) amortit les conséquences du choc, le pays connut un grand désarroi. Soupes populaires et associations caritatives essayaient de faire face. Des campagnes, de nombreuses familles tentaient de fuir la misère vers les villes, la spirale de la chute des prix agricoles étant entretenue par la surproduction.

Pourtant, la crise ne tua pas, comme souvent ailleurs en

La Tchécoslovaquie est une puissance industrielle : les usines Škoda de Plzeň sont convoitées par Hitler.

Europe, la démocratie. En revanche, elle infléchit assez profondément les rapports nationaux au sein de l'État. Les élections législatives de mai 1935 furent un coup de tonnerre à cet égard. La première force politique du pays était maintenant constituée par le Parti allemand des Sudètes (SDP), qui, avec 1 249 530 voix, précéda le parti agrarien tchécoslovaque. Au sein de la minorité allemande, un brutal changement s'était produit dans les années 30 : les deux partis nationalistes qui avaient obtenu 15 mandats en 1929 en disposaient désormais de 44. Les deux tiers des voix allemandes s'étaient portées sur le SDP, transformation du *Heimatfront* inspiré par le nazisme et interdit. À sa tête, Konrad Henlein, chef du *Turnverband*, association nationaliste de gymnastique. La radicalisation allemande était le fruit d'éléments extérieurs — la propagande national-socialiste du Reich — et intérieurs. Jusque-là, l'éventail politique allemand était au fond semblable à son homologue tchèque, ce qui soulignait un enracinement historique commun. L'effondrement des partis démocratiques allemands était dû à la sévérité de la crise dans les régions frontalières du pays où les vieilles industries de consommation souffrirent plus qu'à l'intérieur des Pays tchèques. De là à y voir une manœuvre de Prague, il n'y avait qu'un pas que la propagande nationaliste et nazie ne manqua pas de franchir. Les mécontents se reportèrent d'autant plus facilement sur le SDP que, de l'autre côté de la frontière, les Allemands des Sudètes pouvaient constater l'efficacité de la politique hitlérienne dans la lutte contre le chômage, mais sans en mesurer les contreparties.

Une fois encore, l'économie et la politique se mêlaient étroitement.

La question slovaque

En 1910, le recensement, fondé sur la langue d'usage, donnait 57,66 % de Slovaques en Slovaquie. En 1921, 68 % sur la base de la langue maternelle. La slovaquisation était le premier résultat de l'inclusion dans le cadre du nouvel État. Dans la fonction publique et la justice, dans l'enseignement, dans la vie communale..., l'élément hongrois, jusque-là dominant, disparut. Des dizaines de milliers de fonctionnaires quittèrent le pays pour la Hongrie. Mais les tensions nationales s'exaspérèrent rapidement dans ce mouvement de reconquête, touchant toutes les communautés. En 1910, la majorité des Presbourgeois était formée de Hongrois (40,6 %) et d'Allemands. En 1930, les Hongrois passaient en dessous de la barre des 20 %.

Au vu de la situation nationale avant la guerre — 17 % seulement des enfants slovaques fréquentaient une école slovaque en 1913 et il y avait plus de 42 % d'analphabètes parmi la population slovaque —, ce processus de nationalisation était indispensable. Quand Vavro Šrobar rechercha en 1918 des enseignants pour le secondaire, il ne trouva que deux fonctionnaires qualifiés. Que pouvaient devenir dans ces conditions les vœux d'autonomie exprimés par les accords de Pittsburgh en mai 1918 ? Visiblement, les Slovaques étaient dans l'incapacité de la prendre en charge. Alors quels rapports allaient s'instaurer entre Tchèques et Slovaques ?

Du côté tchèque, certains pensaient que la Slovaquie n'était qu'un appendice des Pays tchèques et qu'il fallait la prendre en charge. La négation d'une spécificité slovaque et de la langue slovaque, fréquente à l'époque chez nombre d'intellectuels tchèques, alimenta un ressentiment que sut exploiter Budapest.

D'autres croyaient à une entité tchécoslovaque dans laquelle les Slovaques auraient leur rôle à jouer. Ici encore, les nuances étaient parfois importantes entre des Tchèques persuadés qu'ils pourraient ainsi construire une identité étatique plus solide et des Slovaques qui imaginaient infléchir le pouvoir politique en l'investissant. Beneš représentait la première de ces sensibilités, Milan Hodža, la seconde.

Un troisième courant se réclamait de l'autonomie et renvoyait à l'accord de Pittsburgh. Les tenants de cette tendance oscillèrent pendant deux décennies entre la loyauté à l'égard de la Tchécoslovaquie et la trahison stipendiée. Leur slogan ? « La Slovaquie aux Slovaques ! » Le parti populaire d'Andrej Hlinka était la force la plus en pointe dans cette direction et son succès fut alimenté par des éléments complexes. Ce parti catholique conservateur et nationaliste bénéficiait tout d'abord du charisme de Hlinka, plus à l'aise dans l'opposition qu'au pouvoir, dans le rôle de martyr que dans celui de décideur, dans la protestation que dans la réalisation. La ligne du parti qu'il anima fut donc fluctuante, parfois même erratique, au gré des influences diverses qu'il subit (des indépendantistes à la solde de Budapest, personnages douteux comme F. Jehlička et V. Tuka, le Vatican qui joua dans le sens d'un apaisement avec Prague en 1935...). Dans le sillage de son combat d'avant-guerre, Hlinka chercha tout d'abord à affirmer la présence de la Slovaquie à la Conférence de la Paix, équipée qui s'acheva par son arrestation pour quelques mois. La Tchécoslovaquie était à peine née que Hlinka était confirmé dans son rôle de victime politique. Par la suite, ses rapports avec Prague restèrent tendus et, à l'exception d'un bref passage au gouvernement de 1927 à 1929, le parti populaire slovaque se cantonna dans l'opposition. Or, il représentait de 28 % à 34 % du corps électoral et il était la formation la plus dynamique, en l'absence de forces qui auraient représenté une vraie bourgeoisie, alors inexistante ou trop faible.

Il faut aussi noter dans la vie politique slovaque de l'entre-deux-guerres le fort degré de personnalisation des forces politiques : outre Hlinka, quatre ou cinq hommes jouèrent un rôle capital, en quelque sorte indépendamment de leurs idées.

— Milan Rastislav Štefánik, dont nous avons déjà évoqué la fonction au sein du Comité national tchécoslovaque pendant la guerre, fait partie du légendaire slovaque. Il mourut dans un accident d'avion près de Bratislava au printemps 1919, alors qu'il rentrait dans sa patrie libérée. Derrière ce malencontreux accident, certains voulurent voir la main coupable des Tchèques.

— Vavro Šrobar devait son pouvoir plus à Prague qu'à une assise populaire véritable. Il en était de même pour les « Tchécoslovaquistes » les plus convaincus, comme le socialiste Ivan Dérer.

— Milan Hodža, à la tête du parti agrarien, fut indiscutablement la figure la plus marquante de la seconde moitié des années 20 et des années 30, avec Hlinka. D'une remarquable intelligence et animé d'une très grande ambition, il occupa des postes ministériels importants, jusqu'à devenir président du Conseil de 1935 à 1938 : il ne fut pourtant pas capable, lui le premier Slovaque chef de gouvernement tchécoslovaque, de désamorcer les tensions entre Prague et Bratislava.

Derrière les clivages politiques existait également une division religieuse sur laquelle nous reviendrons, qui répondait à une équation schématique profondément ancrée au sein de la droite slovaque : « Luthérien égale tchécoslovaque, juif égale marxiste, chrétien populiste égale antimarxiste. » Nombre de catholiques slovaques avaient le sentiment croissant de vivre sous la tutelle de protestants tchécophiles et non d'être des partenaires à part entière.

Ce décalage entre les rêves nés de 1918 et la réalité s'accusa avec le temps. Les premiers soupçons étaient apparus avec la cooptation de la représentation slovaque à l'Assemblée constituante : sur 40, puis 55 députés slovaques, la majorité était protestante et « hlasiste », c'est-à-dire tchécoslovaquiste.

Milan Hodža, président du Conseil,
à la gauche du président Masaryk
(au centre, avec le bras en écharpe)
qui vient d'annoncer son retrait
(décembre 1935).

« Seul un centralisme de fer peut nous sauver », écrivait Pavol Blaho à Vavro Šrobar. L'arrivée en Slovaquie de 120 000 fonctionnaires tchèques, venus pourvoir les postes de l'administration régionale que les élites locales ne pouvaient assumer, amplifia le rejet de certains. Les Tchèques, plus scolarisés, plus déchristianisés, plus urbanisés, se comportèrent souvent maladroitement, avec ce sentiment de supériorité qu'affichent les citadins pour les campagnards. En occupant la plupart des postes de responsabilité, ces jeunes « immigrés » bloquaient la carrière des Slovaques qu'un corps enseignant tchèque était en train de former. Quand ces Slovaques instruits arrivèrent sur le marché du travail, la crise était là, avec son cortège de misères. En Slovaquie, le chômage touchait en 1933 près du tiers de la population active.

Si l'entrée des Slovaques au sein de la Tchécoslovaquie fut la condition de leur survie culturelle et intellectuelle, si elle leur offrit des infrastructures, en revanche, sur le plan économique, la réussite fut moins probante. La faible industrie slovaque se trouva confrontée au redoutable partenaire tchèque et, en 1926, les emplois industriels ne représentaient que 63 % du chiffre de 1913. Dans ce domaine, le retard slovaque s'était accentué par rapport aux autres pays européens. La réforme agraire, qui permit à environ 200 000 agriculteurs de gagner en moyenne 1,2 hectare, n'entraîna pas non plus le décollage souhaité.

La Slovaquie éprouvait le sentiment d'être « un frère pauvre » tandis que les Tchèques étaient de plus en plus convaincus qu'ils n'étaient pas payés en retour. En effet, ils avaient consenti un énorme effort dont la traduction était claire en termes d'effectifs : en 1934, même si les Tchèques restaient dominants dans le corps judiciaire, 62 districts sur 77 étaient dirigés par des Slovaques, 1 022 mairies sur 1 234 ; il y avait 3 191 employés slovaques face à 1 161 Tchèques dans les postes, 14 562 Slovaques face à 6 384 Tchèques dans les chemins de fer... Un miracle par rapport à l'avant-guerre. À Prague, on entendit de plus en plus : « *Na Slovensko se doplácí* » (On paye pour la Slovaquie !).

Le dialogue entre Prague et Bratislava devint de plus en plus aigre entre 1929 et 1938 et cette incompréhension mutuelle fut un levier que Hitler sut actionner en temps utile. La mort de Hlinka en août 1938 marqua une césure. Deux hommes se disputèrent sa succession : Mgr Jozef Tiso l'emporta le 31 août sur Karol Sidor, idéologue polonophile du parti.

Objet ou sujet des relations internationales ?

Considérée comme un allié associé à l'Entente avant même la fin de la guerre, État successeur de l'Autriche-Hongrie, bénéficiaire des décisions de la Conférence de la Paix, la Tchécoslovaquie avait choisi le camp occidental. Après le repli isolationniste des États-Unis, le couple franco-britannique fut un des piliers de la politique étrangère du nouvel État.

Rapidement, cependant, il apparut que l'axe Paris-Londres n'était pas aussi solide qu'on pouvait l'imaginer.

Prague refusant de choisir entre les deux capitales qui lui donnaient à la fois des garanties militaires et financières, il lui fallut chercher d'autres appuis. La sécurité collective représentée par la Société des Nations fut un complément logique. La démarche qui consistait à maintenir la paix par la concertation internationale correspondait, idéologiquement, aux conceptions tchécoslovaques : ce n'est pas un hasard si Édouard Beneš joua un rôle aussi éminent à Genève, en particulier au début des années 30. Enfin, le système de la politique extérieure tchèque fut élargi au pacte régional de la Petite Entente qui naquit avec la Roumanie et la Yougoslavie, à la fois comme réaction de petites puissances confrontées aux pressions des grandes, et comme garde-fou à une restauration des Habsbourg et à la constitution d'un ensemble danubien qui profiterait à Vienne ou à Budapest. Aucun de ces trois piliers ne sera totalement fiable. Beneš dut constamment jouer, voire jongler, avec les possibilités qui s'offraient à lui, oscillant entre réalisme et convictions, pour atteindre son but primordial : le maintien du statu quo.

Jusqu'à l'armistice, la Tchécoslovaquie se présenta comme le pivot d'une barrière antigermanique, pièce maîtresse d'un système d'alliances à revers, puis comme un point d'ancrage de la démocratie parlementaire dans une Europe centrale bouleversée par la révolte sociale et le désarroi national qui, souvent, se confondaient. Pourtant, Prague était bloquée dans ces deux directions par des contraintes intérieures : la forte minorité germanique empêchait le gouvernement tchécoslovaque d'adopter une politique anti-allemande et la force de la gauche lui interdisait une attitude offensive contre le bolchevisme. Seule une minorité (les démocrates-nationaux de Kramář) plaida pour une intervention en Russie soviétique et, lors du conflit polono-soviétique de 1920, Prague refusa de prêter main-forte à Varsovie, ne serait-ce qu'en laissant transiter hommes ou armes sur son territoire.

Militairement, l'alliance privilégiée avec la France s'imposa toutefois. Dès novembre 1918, Beneš avait décidé de s'engager sur cette voie, aux dépens de l'Italie, dont les désaccords avec la Yougoslavie gênaient considérablement les Tchécoslovaques. Ce choix se concrétisa par l'arrivée d'une importante mission militaire française qui fut chargée avec les généraux Pellé, puis Mittelhausser et Faucher, d'encadrer, d'organiser et de diriger la défense nationale. Mais ces engagements avaient pour limite le maintien de relations cordiales avec la Grande-Bretagne. Quand le gouvernement Poincaré décida d'employer la force pour contraindre l'Allemagne à payer les réparations, Beneš tenta de jouer les conciliateurs entre Paris, Londres et Bruxelles. Cet épisode encouragea Paris à renforcer ses alliances orientales. Au contraire, Beneš, pour les raisons évoquées plus haut, chercha à limiter au maximum ses engagements, supprimant la mention explicite de l'agresseur (allemand) et n'acceptant, par un échange de lettres secrètes, que des consultations d'états-majors. Le traité franco-tchécoslovaque du 24 janvier 1924 renvoyait aux règles de la sécurité collective, au lieu de se référer à une clause d'engagement bilatéral automatique.

Le pacte de Locarno d'octobre 1925, qui rétablit l'Allemagne dans le concert des nations, entérinait l'intangibilité des frontières occidentales, mais laissait implicitement ouverte la question d'une révision orientale, au grand émoi de la Pologne et de la Tchécoslovaquie. La France dut rassurer ses partenaires et renouveler ses promesses d'assistance, en conformité avec les articles 15 et 16 du pacte de la Société des Nations. Ces accords de Locarno, qui inaugurèrent une véritable détente européenne, ouvrirent en même temps la porte au révisionnisme, dans la mesure où certaines puissances commencèrent à admettre des rectifications frontalières « justes ». Les tentatives de rapprochement soviéto-allemand, le soutien britannique de l'Angleterre à Mussolini en Méditerranée, le traité d'amitié italo-hongrois et la campagne révisionniste de l'été 1927 en Grande-Bretagne furent autant de coups portés à la solidité de l'édifice sorti des traités de paix. Prague chercha à contrer l'influence italienne en se rapprochant de Berlin et de Vienne et en renforçant la Petite Entente. Mais le succès fut très relatif et, au contraire, ce fut l'Italie qui se tourna vers l'Autriche à l'automne, au moment où éclatait la crise économique mondiale.

Beneš, à droite, en conversation avec Louis Barthou,
ministre des Affaires étrangères français, au centre, en 1934.

Paris et Prague agirent de concert contre la tentative d'union douanière austro-allemande de mars 1931 et tentèrent de mettre en place un plan de reconstruction centre-européenne. L'échec du plan Tardieu marqua le recul définitif de Paris dans la région.

La venue de Hitler au pouvoir, l'impuissance de la Société des Nations, la faillite des diverses tentatives d'entente occidentale auguraient mal de l'avenir. Avec la volonté allemande de réarmer et la signature de l'accord de non-agression germano-polonais du 26 janvier 1934, le sol se dérobait sous les pieds de Beneš. À défaut d'une sécurité collective, de plus en plus problématique, il lui fallait chercher de nouvelles alliances. Après avoir envisagé un « Locarno de l'Est », rapidement défunt, l'on songea à un rapprochement avec l'URSS qui fut réadmise à la SDN le 18 septembre 1934. Louis Barthou, artisan de cette politique, tomba malheureusement à Marseille en octobre, avec le roi Alexandre de Yougoslavie, sous les balles des oustachi. Son successeur Pierre Laval limita considérablement la portée du traité franco-soviétique du 2 mai 1935, suivi par un traité soviéto-tchécoslovaque de même nature, le 16 mai, la timidité de ces textes incombant à la méfiance réciproque de tous les partenaires.

Il est inutile de rappeler ici l'impuissance des démocraties occidentales face aux violations successives du droit international à partir de 1935, sinon pour dire qu'elle rendait la situation de Prague de plus en plus précaire. À partir de 1934, l'Autriche et la Tchécoslovaquie étaient devenues les cibles favorites de la propagande allemande qui s'était détournée de ses revendications sur la Pologne. La Hongrie, l'Italie, voire la Pologne, se joignaient aux dénonciations allemandes contre la République tchécoslovaque « porte-avions soviétique au cœur de l'Europe » et « nouvelle prison des peuples ». En novembre 1937, Hitler décida, contre l'avis de son état-major général, de préparer une action pour prendre les territoires sudètes. Il annexa auparavant l'Autriche, le 13 mars 1938, et utilisa le parti allemand des Sudètes pour faire monter les enchères jusqu'à les rendre inacceptables pour la souveraineté tchèque.

Financièrement épuisée, la France était dépendante de l'Angleterre, elle-même dominée par une politique d'*appeasement*. Il y avait longtemps que la Société des Nations et la sécurité collective n'étaient plus crédibles. La solidarité de la Petite Entente n'avait pas résisté à la crise et à l'offensive commerciale de l'Allemagne dans les Balkans, dès 1934. Les trois piliers de la politique tchécoslovaque étaient en train de s'effondrer. Quant à l'URSS, elle avait beau jeu de promettre une aide qui était subordonnée à des autorisations qu'elle savait ne pas pouvoir obtenir officiellement (le survol ou la traversée des territoires polonais et roumain). Prague ne put résister à cette conjugaison de pressions et de défaillances.

L'esprit d'une République

Une image : le président Masaryk descend du Château de Prague à pied pour se rendre chez son ami l'écrivain Karel

Čapek, comme tous les jeudis. Il est sans escorte et rend leur salut aux passants qui le croisent.

La République est comprise dans cette démarche banale, dans cette proximité avec le peuple dont les dirigeants sont souvent directement issus. Cette République est plébéienne. Masaryk la voudrait d'une intégrité totale et le fait savoir quand surviennent des affaires de corruption. Il est le pédagogue d'une politique morale inspirée par les grands exemples du passé. Mais, malgré son prestige, il n'est pas à lui seul la République, qui n'échappe pas à certaines tentations provinciales et à de vieilles traditions de respect fossilisantes. Masaryk s'en accommode d'ailleurs mal. En 1924, il remarque les écrits d'un tout jeune publiciste, Ferdinand Peroutka, qui piétine le conformisme idéologique : il lui met le pied à l'étrier et l'aide à fonder sa propre publication, *Přítomnost* (Présent), qui sera la grande revue de réflexion généraliste de l'entre-deux-guerres.

Cette République est laïque et égalitaire. Les privilèges sont supprimés, les titres de noblesse abolis. L'Église catholique, suspecte d'une trop grande loyauté aux Habsbourg, n'est pas bien vue et les rapports avec le Saint-Siège restent longtemps instables, même si 76,2 % de la population est catholique romaine. Mais ce catholicisme est différent en Pays tchèques — où il a des teintes de gallicanisme — et en Slovaquie — où la religiosité a un caractère plus conservateur.

En Bohême, le rejet de l'Église a donné lieu très tôt à des incidents. Ce qui rappelle l'ancien régime y est même parfois l'objet de la colère populaire : en novembre 1918, une foule de patriotes revenant de la commémoration de la bataille de la Montagne Blanche détruit, sur la place de la Vieille Ville, une colonne mariale qu'elle croit, à tort, symboliser la victoire habsbourgeoise sur les Tchèques. En 1925, les relations diplomatiques sont rompues entre le Vatican et Prague parce que les plus hauts représentants de l'État se sont étroitement associés aux cérémonies du 510ᵉ anniversaire du martyre de Jan Hus. Cette hostilité a même débouché sur la création d'une Église tchécoslovaque autonome qui comptera jusqu'à 750 000 fidèles, souvent liés au parti socialiste-national. Il faut attendre les années 30 pour que les relations se détendent avec le Saint-Siège, qui poussera les partis catholiques et slovaques à voter pour Beneš à la présidence de la Tchécoslovaquie, en décembre 1935.

Il est clair pourtant que l'idéologie étatique tchécoslovaque est profondément marquée par la tradition protestante, même si cette mouvance ne représente qu'un bon dixième de la population, toutes tendances confondues. Sans aller jusqu'à dire que la fracture religieuse brise l'unité nationale, il faut bien reconnaître qu'elle est déterminante dans les représentations identitaires et dans les mentalités. Le clivage est encore plus net en Slovaquie — où les protestants sont plus de 17 % — qu'en Pays tchèques.

Sur le plan culturel, la première République fut une période d'épanouissement sans pareil dans l'histoire tchèque et slovaque. Par l'enseignement tout d'abord. Tchèques et Slovaques conquirent alors leur majorité pédagogique, en ce sens qu'ils n'étaient plus bridés dans leurs projets éducatifs par des contraintes extérieures. Quinze établissements supérieurs fonctionnaient dans les années 30 en Tchécoslovaquie : Allemands, Russes, Ukrainiens pouvaient étudier à Prague dans leurs propres universités. Il n'est pas exagéré de parler de Prague comme d'un carrefour intellectuel : les noms d'Egon Erwin Kisch, de Rainer Maria Rilke, de Franz Werfel, de Max Brod illustrent sa dimension de foyer germanophone. Et Prague serait-elle ce qu'elle est dans l'imaginaire européen sans Franz Kafka (1883-1924) qui l'appelait « la petite mère aux doigts griffus » ? Kafka, juif, Allemand et tchécophone, synthétise trois éléments dont la coexistence fit longtemps la richesse de la capitale tchèque. Roman Jakobson et le cercle de Prague (l'école structuraliste de Jan Mukařovský) rappellent l'avant-garde linguistique. Prague accueillit ceux qui fuyaient l'Allemagne nazifiée (Heinrich Mann...), puis l'Autriche (Oskar Kokoschka...) et une grande partie de l'opinion prit position pour les Républicains espagnols, même si le gouvernement observa officiellement une stricte neutralité.

Cette ouverture sur le monde se refléta dans le développement du courant cosmopolite apparu à la charnière du XIXe et du XXe siècle. Outre Karel Čapek, le père de la langue tchèque contemporaine, à qui nous sommes redevables de l'introduction en français du mot robot — tiré de la pièce *R.U.R.* jouée à Paris en 1924 — et à qui les Tchèques doivent une œuvre d'une richesse exceptionnelle, il faudrait citer les noms de critiques littéraires d'envergure européenne comme Arne Novák et Otakar Fischer, Karel Teige et, surtout, František-Xaver Šalda, dont l'activité a dominé trois décennies. Parmi les poètes, souvent influencés par l'exemple français, il convient de mentionner le mouvement poétiste, avatar du surréalisme. La poésie a continué à donner les plus grands talents, avec les révoltés prolétariens S.K. Neumann et Jiří Wolker, les poétistes Konstantin Biebl, Josef Hora et Jaroslav Seifert (prix Nobel de littérature en 1984), le surréaliste Vítězslav Nezval, ami d'André Breton, les catholiques Otokar Březina, Jakub Deml et Jan Zahradníček, tandis que la prose se distinguait avec les romans de Jaroslav Hašek — l'immortel créateur du *Brave Soldat Chveik* — de Vladislav Vančura et de Jaroslav Durych, ou avec les textes inclassables de Ladislav Klíma. Ce catalogue forcément limité ne reflète qu'imparfaitement la richesse du paysage littéraire dont l'efflorescence prolongeait un mouvement qui était né avant la Première Guerre mondiale et qui se retrouvait dans tous les autres arts : le cinéma tchèque profitait de la construction des studios de Barrandov à Prague, à l'initiative de la famille Havel. La photographie s'épanouissait avec notamment Josef Sudek, aujourd'hui célèbre.

Les arts plastiques de l'entre-deux-guerres restaient étroitement liés à la France : les sculpteurs tchèques sortaient des ateliers de Rodin et de Bourdelle. Les peintres continuaient à fréquenter Paris où Kupka, Kubín (Coubine), Šíma ou Toyen s'étaient définitivement installés, tout comme le photographe slovaque François Kollar.

Les avant-gardes étaient florissantes avec des cubistes comme Otto Gutfreund et Bohumil Kubišta ou des surréalistes comme Jan Zrzavý. Avec Jindřich Honzl et František Burian le théâtre d'avant-garde revêtait une fonction politique, tandis que les cabaretistes de génie Voskovec et Werich lui donnaient aussi une dimension de dérision et de satire que découvraient les Praguois au Théâtre Libéré. Sur le plan musical, la tradition

Franz Kafka, un écrivain
au cœur des trois cultures praguoises,
juive, allemande et tchèque.

se poursuivait avec le petit-fils de Dvořák, Josef Suk, et avec Vítězslav Novák, qui forma les Slovaques Alexander Moyzes, Eugen Suchoň et Ján Cikker. Ces derniers étaient sur le point de prendre la relève de Ján Levoslav Bella. Le Morave Josef Janáček connaissait tardivement la célébrité tandis que Bohuslav Martinů faisait ses classes à Paris auprès d'Albert Roussel.

Ce cosmopolitisme se marquait jusque dans le paysage urbain : après une grande période du style Art Nouveau (Séces-

Karel Čapek, l'incarnation de l'esprit
de la Première République tchécoslovaque.

sion), les Pays tchèques offraient de beaux exemples de constructivisme et de cubisme avec les réalisations des successeurs de Jan Kotěra : Josef Gočár, Jaromír Krejcar et Josef Chochol, entre autres, dont témoigne le palais des Expositions de Brno.

Les Tchèques étaient fiers, à juste titre, de leurs réussites artistiques. Les Slovaques avaient eux aussi pu s'affirmer dans cette atmosphère d'émulation et de liberté, en empruntant leurs propres voies. Mais, dans le climat de crise et d'exaspération nationale généralisée des années 30, nombre d'entre eux ne se contentaient plus des acquis liés à la tchécoslovaquisation. L'aide éducative des Tchèques, la refondation de l'université Komenský à Bratislava, la création du Théâtre national slovaque et la résurrection des institutions culturelles slovaques pesaient peu aux yeux des plus nationalistes, qui contribuèrent avec d'autres à détruire l'édifice construit en 1918 et 1919.

De nouvelles ténèbres

Comme tant d'autres pays européens, la Tchécoslovaquie allait être engloutie dans la barbarie nazie, victime de ce *Drang nach Osten* hitlérien qui ne fut endigué qu'en 1942.

Munich ou la trahison incomprise

Dans une première phase de son expansion, l'Allemagne hitlérienne mit l'accent sur la réunion de tous les Allemands frontaliers du Reich, en s'appuyant sur les forces pronazies entretenues et encouragées chez ses voisins. Après l'étape de l'Anschluss de l'Autriche en mars 1938 — qui allongea de près de 600 kilomètres les frontières avec l'Allemagne, soit 2 117 km en tout — arriva le tour de la Tchécoslovaquie contre laquelle l'état-major de la Wehrmacht préparait le « plan vert » (*Fall Grün*). L'adoption d'un programme en huit points au Congrès du Parti allemand des Sudètes du 24 avril 1938 à Karlovy Vary (Carlsbad) entrait dans le cadre d'une stratégie de harcèlement du pouvoir central : en mai, le SDP rejeta la proposition du gouvernement de Prague concernant un nouveau statut des minorités. En mai, la tension monta et, le 20, le gouvernement de Prague décréta une mobilisation partielle, sur la foi d'informations (téléguidées ?) concernant des mouvements de troupes allemandes. Le déroulement satisfaisant de l'opération montra que Prague avait la volonté et la capacité de se défendre. En juillet, le rassemblement sokol fut l'occasion de donner une preuve spectaculaire de la solidarité nationale. Mais, en septembre, les événements s'accélérèrent : Konrad Henlein rejeta le troisième et le quatrième plan de règlement du problème allemand proposé par Prague et, le 12 septembre, le discours extrêmement violent de Hitler au Congrès national-socialiste de Nuremberg poussa les extrémistes nazis des Sudètes à tenter un coup de force vite réprimé.

Sur le terrain, Prague contrôlait bien la situation, mais l'affaire se déplaça sur la scène internationale. Le Premier ministre britannique Neville Chamberlain était partisan de l'apaisement et donc prêt à céder à Hitler. La mission en Tchécoslovaquie de son envoyé lord Runciman, peu favorable aux Tchèques, n'avait d'autre fonction que de justifier un abandon dans un contexte d'impuissance à régler le problème par un compromis. Les nuances du rapport Runciman furent d'ailleurs infléchies dans ce sens. Après la rencontre du 15 septembre entre Chamberlain et Hitler à Berchtesgaden, Britanniques et Français se rallièrent à l'idée d'un rattachement au Reich des zones frontalières peuplées de plus de 50 % d'Allemands, et un premier ultimatum fut transmis à Prague le 19. Le 21, Édouard Beneš céda. Le gouvernement Hodža démissionna le lendemain et fut remplacé par un cabinet à la tête duquel était placé le général Jan Syrový, héros de l'anabase sibérienne, ultime bouclier d'un État dont les alliances se dérobaient. Le même jour, Chamberlain rencontra pour la deuxième fois Hitler, qui ajouta aux revendications allemandes celles de la Hongrie et de la Pologne. Prague réagit en mobilisant. Hitler posa un dernier ultimatum pour le 28 à 14 heures. La réunion, suggérée par les Britanniques et proposée par Mussolini pour décider du sort de la Tchécoslovaquie, apparut comme une bouée de sauvetage aux démocraties occidentales apeurées. Le 30 septembre 1938 étaient signés les accords de Munich dont on communiqua le texte à un malheureux diplomate tchèque qui faisait antichambre. Beneš plia, contre une partie de son opinion prête à se battre. Ce fut pour lui un déchirement, mais pas un aveu d'échec définitif. Il n'avait cessé

L'annexion des Sudètes. Désespoir tchèque.

de répéter depuis plusieurs mois que céder à Hitler ne sauverait pas ses alliés de la guerre générale. Il quitta ses fonctions le 5 octobre et partit peu après en Grande-Bretagne puis aux États-Unis, attendant que ses prévisions se réalisent.

Des milliers d'ouvrages et d'études ont été consacrés à cet épisode tragique des relations internationales. Il a signifié la faillite des démocraties face au nazisme, du droit face à la force. Si les accords de Munich sont difficilement justifiables, ils sont en revanche explicables par l'égoïsme et l'aveuglement et, surtout, par le traumatisme et le souvenir de la Première Guerre mondiale. Ils ont confirmé aussi Hitler à l'intérieur de l'Allemagne et l'ont encouragé à poursuivre sa politique de remise en cause de l'ordre européen issu des traités de paix. Sur le plan intérieur tchécoslovaque, tous les idéaux sur lesquels s'appuyait l'État, s'effondraient : une crise des valeurs était ouverte. Fallait-il désormais adopter un réalisme outrancier, comme le pensaient certains ? Symbole du nouveau régime : en décembre 1938, tous les postes diplomatiques recevaient l'ordre de décrocher les portraits du président-fondateur Thomas Garrigue Masaryk. Son fils Jan Masaryk qui était ambassadeur à Londres ne laissa ce soin à personne d'autre. Une page était tournée.

Les pertes matérielles n'étaient pas moindres que le choc moral : du 1er au 10 octobre, les Pays tchèques perdirent 38 % de leur superficie et 34 % de leur population au bénéfice du Reich. Les transports et l'économie étaient désorganisés, des réfugiés affluaient au centre du pays, les frontières stratégiques et les fortifications étaient annexées par l'Allemagne. En bref, l'État ainsi réduit se révéla rapidement invivable, à la merci de son voisin occidental. Ni Paris ni Londres ne tinrent leurs promesses de garanties, voyant que l'issue était désormais fatale. L'Allemagne n'avait pas été la seule à profiter de la « curée » de Munich. Les Polonais avaient repris une bonne partie du district de Těšín, jusqu'à Oderberg-Bohumín, ainsi que quelques saillants au nord de la Slovaquie (Spíš, Orava), et les Hongrois, après l'échec des négociations bilatérales engagées à Komárno, obtinrent par l'« arbitrage de Vienne » du 2 novembre 1938 le sud de la Slovaquie, avec près de 11 500 km^2 et 972 000 habitants, dont 54 % de Hongrois.

La deuxième République

« D'autres nous ont trahis, mais nous nous sommes trahis nous-mêmes » en ne combattant pas, reprochèrent un certain nombre de patriotes au président Beneš. « Si nous ne pouvons chanter avec les anges, hurlons avec les loups ! » pouvait-on lire dans les *Lidové noviny* du 4 octobre. Ces propos contradictoires illustrent ce que fut la deuxième République tchécoslovaque, profondément traumatisée et ayant perdu la foi dans la capacité des forces libérales et démocratiques à résoudre les problèmes étatiques.

Les changements d'hommes à la tête du pays révélaient la nature des mutations en cours. L'agrarien František Chvalkovský

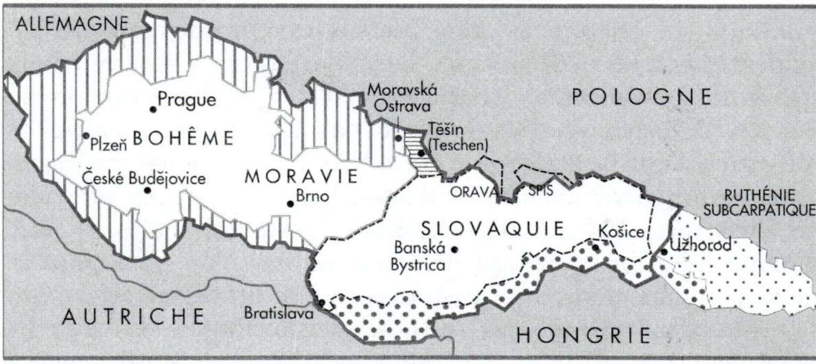

Tchécoslovaquie 1938-1945

Tchécoslovaquie en 1918
Protectorat de Bohême-Moravie 1939-1945
État indépendant de Slovaquie 1939-1944
Frontières de la Tchécoslovaquie en 1945

Annexions :
Allemandes 30.09.1938
Polonaises 01.10.1939
Hongroises 03.11.1938
15.03.1939

devenait ministre des Affaires étrangères : cet ancien ambassadeur à Rome, n'avait pas caché son désaccord profond avec la politique de Beneš et même une certaine sympathie pour l'Italie mussolinienne. Rudolf Beran, le Premier ministre qui succéda le 1er décembre 1938 au général Syrový, représentait l'aile droite du parti agrarien qui, depuis plusieurs années, plaidait pour un rapprochement — et parfois même la conclusion d'un compromis — avec l'Allemagne.

Les forces politiques se regroupèrent en deux pôles : le centre et la droite au sein du parti de l'Unité nationale, les courants de sensibilité socialiste au sein du parti national du Travail. Le parti communiste fut interdit le 9 octobre 1938 en Slovaquie et le 20 en Pays tchèques avant d'être dissous en décembre. Ce même mois, la liberté d'expression était réduite par la censure et l'exécutif prenait le pas sur le législatif. Le 30 novembre, la nouvelle assemblée nationale avait élu président Emil Hácha, un juriste de 66 ans, catholique conservateur qui se référait à saint Venceslas comme modèle de coopération tchéco-allemande. Rien de fasciste chez lui, mais un retour à d'anciennes traditions nationales. L'opposition de gauche, désorganisée, ne pouvait pas grand-chose contre le nouveau cours. L'extrême-droite tchèque — le parti national-fasciste du général aventurier Rudolf Gajda, la *Vlajka* pronazie et l'antisémite ANO (Action de Renaissance nationale) — était d'autant plus bruyante qu'elle était faible. L'on s'acheminait peu à peu cependant vers une atrophie de la démocratie.

Les structures mêmes de la Tchécoslovaquie s'étaient profondément transformées en quelques semaines. Profitant des accords de Munich et de l'affaiblissement du pouvoir central, les partis slovaques s'étaient réunis le 6 octobre 1938 à Žilina pour réclamer l'autonomie, ce qui leur avait été aussitôt accordé. Bratislava disposait désormais d'un gouvernement dirigé par Mgr Tiso et d'un Parlement qui allait bientôt être élu. L'autonomie de l'Ukraine subcarpatique était également acquise en octobre, Mgr A. Vološin dirigeant le nouveau gouvernement à partir du 26.

Ces transformations furent reconnues par l'Assemblée nationale le 19 novembre, en même temps qu'était réintroduit dans le nom du pays le trait d'union que l'adoption de la Constitution centralisée de février 1920 avait fait disparaître.

Sur le plan international, le sort de la Tchéco-Slovaquie n'était pas totalement scellé. Hitler sembla se satisfaire des résultats de Munich jusqu'en décembre 1938, moment où il donna l'ordre au général Keitel de préparer les opérations militaires contre la Bohême-Moravie. En janvier, les unités concernées reçurent l'ordre de se tenir prêtes. Hitler ne se contentait donc plus d'une satellisation diplomatique. Il comptait utiliser l'atout tchèque à deux niveaux : faire pression sur les Polonais avec qui il négociait le retour de Dantzig ainsi que la question du corridor, et disposer du potentiel industriel et militaire tchécoslovaque. Pour arriver à ses fins, il relança ses accusations contre la politique « anti-allemande » de Prague et utilisa l'irrédentisme slovaque.

En Slovaquie, la dérive vers la droite avait été encore plus rapide qu'en Pays tchèques et, dès novembre, le Parti de l'Unité nationale slovaque (SSNJ) détenait quasiment un monopole politique qui se traduisit par des résultats étonnants aux élections législatives de décembre avec 97,5 % des voix exprimées. En fait, à travers le SSNJ, les populistes contrôlaient désormais la situation et étendaient leur emprise sur l'appareil étatique, même s'ils étaient divisés en deux courants : les uns, cléricaux ultraconservateurs comme Mgr Tiso, étaient prêts à faire des concessions à l'Allemagne, mais sans adhérer au fascisme ; les autres comme Vojtech Tuka ou Alexander Mach, poussaient à l'indépendance et se mettaient à la disposition de Hitler pour contribuer à l'effondrement tchécoslovaque.

En mars 1939, la tension entre Prague et Bratislava était à son comble. Beran, en l'absence de réponse claire sur les intentions de Berlin, destitua le gouvernement slovaque de Tiso dans la nuit du 9 au 10 mars, établit l'état de siège dans la capitale slovaque et mit en place un nouveau gouvernement dirigé par Karol Sidor. Devant la réaction des Allemands de Slovaquie, il fit marche arrière alors que Berlin cherchait un homme politique slovaque prêt à déclarer l'indépendance. Karol Sidor refusa. Hitler convoqua alors Tiso à Berlin pour le 13, lui enjoignant de proclamer l'indépendance de la Slovaquie. Dans le cas contraire, il la laisserait seule face à la Hongrie. Le 14, peu après midi, dans un élan d'enthousiasme mêlé de crainte, l'indépendance était proclamée par acclamation à l'Assemblée provinciale de Bratislava. Parallèlement, les Hongrois préparaient l'annexion de l'Ukraine subcarpatique, dont l'occupation eut lieu du 15 au 18 mars.

Le président Hácha arriva à Berlin le 14 mars 1939 au soir avec Chvalkovský. Après une nuit terrible de pressions — Hitler menaça de détruire Prague par bombardement aérien —, Hácha accepta de remettre « avec confiance le sort du peuple tchèque et du pays entre les mains du Führer du Reich allemand ».

Le Protectorat de Bohême-Moravie

Après quelques hésitations, les juristes allemands trouvèrent une formule inspirée, semble-t-il, par le traité du Bardo franco-tunisien de 1881 : les Pays tchèques se transformaient en « Protectorat de Bohême-Moravie », ensemble autonome au sein du Reich, disposant de sa propre administration soumise au Protecteur du Reich, Konstantin von Neurath, ancien ministre des Affaires étrangères de Hitler de 1933 à 1938. Neurath n'occupait pas un rang élevé dans la hiérarchie nazie et n'était pas un idéologue. En revanche, il avait à ses côtés un Allemand des Sudètes, Karl-Hermann Franck, très dur, qui, comme secrétaire d'État, allait lui disputer ses prérogatives.

Cette période est la plus sombre de l'histoire tchèque. La liste des intellectuels et des artistes tués ou déportés illustre un long martyrologe, irréparable quand on sait que s'y ajoutèrent six années de fermeture des enseignements supérieurs. Cette situation explique en partie, avec les besoins de légitimation politique de l'immédiat après-guerre, que l'occupation ait été jusqu'ici étudiée seulement sur le mode héroïque de la Résistance. Or, elle a beaucoup ressemblé à ce qu'elle fut en France. Un parallèle Hácha-Pétain — avec des justifications souvent semblables —, des phénomènes de collaboration parallèles — avec Emanuel Moravec qui jouait le même rôle que Philippe Henriot —, le processus du travail volontaire et obligatoire en Allemagne, une attitude ambiguë à l'égard de la communauté juive, une Résistance entravée et courageuse, une émigration politique très active à Londres et ailleurs ... tout cela rappelle la situation de la France à la même époque.

Dans un premier temps, la majorité de la population fut donc loyale à l'égard du gouvernement du Protectorat. N'était-il pas un bouclier face aux exigences nazies, même s'il se joignait à la répression vigoureuse dont les activistes de gauche furent les victimes ? D'ailleurs, le chef du gouvernement d'avril 1939 à septembre 1941, le général Alois Eliáš, avait accepté ses fonctions après l'accord d'Édouard Beneš à Londres et il en profitait pour envoyer des renseignements aux Alliés. Peu importait le paternalisme de Hácha, la mise en place d'un parti unique et d'organisations sociales contrôlées par le pouvoir. L'on compensait ce sentiment désagréable en se disant qu'il s'agissait d'une situation provisoire et en faisant de la surenchère nationale : le patriotisme avait bonne presse, le roman historique suppléait la liberté perdue, les manifestations commémoratives se multipliaient. Mais une telle attitude ne pouvait surmonter l'épreuve du temps.

Face à une masse attentiste et à un petit noyau de collaborateurs, des forces de résistance se constituèrent très vite. La jeunesse étudiante passa rapidement au stade du militantisme patriotique : les anniversaires de l'été et de l'automne étaient propices aux manifestations. Celui de la mort de Hus en juillet, la célébration de saint Venceslas en septembre, la fête nationale du 28 octobre, la commémoration de la Montagne Blanche, le 8 novembre, étaient autant d'occasions d'affirmer ses convictions et son opposition à l'occupation. À la suite des incidents très violents du 28 octobre 1939 — où un ouvrier fut tué et un étudiant mourut de ses blessures — et des obsèques interdites de leur camarade, neuf étudiants furent exécutés le 17 novembre, 1 200 envoyés en camps. Les établissements supérieurs tchèques se retrouvèrent fermés, en théorie pour trois ans, mesure reconduite en fait jusqu'en mai 1945.

À côté de cette résistance spontanée naquirent des groupes structurés : les militaires au sein du mouvement *Obrana národa* (Défense de la nation), les proches de Beneš avec le Centre politique (*Politické ústředí*) et les sociaux-démocrates formant le « Comité pétitionnaire : nous resterons fidèles » (PVVZ). Ces trois organisations qui acceptaient l'autorité de Beneš se regroupèrent début 1940 dans un Comité central de la résistance intérieure (ÚVOD) : renseignement — 20 000 messages furent échangés avec Londres —, sabotages et grèves, telles étaient les activités de l'ÚVOD. Les communistes restèrent à l'écart jusqu'en juin 1941, freinés par ailleurs dans leurs activités par la répression et par le pacte germano-soviétique d'août 1939.

L'automne 1941 fut un tournant avec la venue de Reinhardt Heydrich en Bohême. Désormais, la frontière entre collaboration et résistance s'éclaircit. Heydrich était chargé de mettre de l'ordre en Bohême, d'augmenter l'apport tchèque à l'effort de guerre allemand et de réaliser le nouvel empire racial voulu par les nazis. Une main de fer s'abattit sur le pays, avec un certain succès : en quelques mois, le nombre de sabotages s'effondra, l'action démagogique menée en direction des ouvriers donna des résultats en matière de production et Heydrich entama le processus de solution finale en transformant la forteresse de Theresienstadt/Terezín en camp de concentration.

À l'extérieur, la normalisation du Protectorat pouvait donner l'impression que les Tchèques s'étaient accommodés de la situation, ce qui affaiblissait la situation du gouvernement en exil de Beneš. Ce dernier prit la décision, fin 1941, de frapper un coup spectaculaire : le montage de l'opération prit plusieurs mois, mais le 27 mai 1942, un commando parachuté d'Angleterre réussit son attentat contre Heydrich, qui succomba à ses blessures le 4 juin. Une réussite internationale sur le plan symbolique, un véritable fiasco intérieur, car une vague de représailles sans précédent toucha le Protectorat : déportations massives, accélération de la « solution finale », massacres délibérés d'otages (dont le général Eliáš qui avait été arrêté à l'automne précédent) et surtout extermination de deux villages, Lidice et Ležáky, qui avaient abrité des membres du commando. La Résistance fut décapitée et elle ne se releva pas de ses pertes jusqu'en 1945.

À côté de ces épisodes héroïques ou tragiques du Protectorat, la vie quotidienne se poursuivait, avec ses privations, ses générosités, ses petitesses aussi, un réseau dense de délateurs exploité par les occupants (80 000 d'après certaines estimations). La vie intellectuelle continuait vaille que vaille, les artistes essayant de fuir les pièges de la collaboration, traduisant la tragédie vécue ou cherchant au contraire à divertir. La dérision, forme d'humour traditionnel, conservait aussi ses droits chez les Tchèques qui ont toujours su jouer avec les mots pour résister à la sujétion.

Des ténèbres slovaques ?

La mémoire de la Deuxième Guerre mondiale en Slovaquie est beaucoup moins univoque qu'en Pays tchèques parce que le régime clérico-fascisant de Mgr Tiso s'est doublé de l'acquisition d'un État. Pour la première fois de leur histoire, les Slovaques étaient souverains, même si leur pays était réduit à 37 853 km^2 et à 2 650 000 habitants, même s'il était partiellement occupé par des forces allemandes, même s'il était contraint de signer des traités léonins qui permettaient son exploitation économique par le Reich vers qui étaient dirigées 75 % des exportations slovaques, même si le chef de la communauté allemande de Slovaquie (environ 140 000 personnes) jouait un rôle de courroie de transmission des instructions communiquées par le consulat allemand de Bratislava.

La Slovaquie disposait de son drapeau, de son hymne national, de ses emblèmes, de sa Constitution. Adoptée le 21 juillet 1939, cette dernière s'inspirait de certaines pratiques fascistes, mais elle avait aussi pris en compte les modèles autoritaires autrichiens et portugais ainsi que les encycliques sociales du pape, formant un mélange de corporatisme et de christianisme. Le pouvoir était en fait entre les mains du parti populiste et des Gardes de Hlinka fondés en automne 1938. À son apogée, le parti compta 280 000 membres et les jeunes étaient tenus d'appartenir aux Jeunesses de Hlinka.

Comme en Bohême avec les différends entre Neurath et Frank, entre Hácha et l'extrême-droite fasciste, Tiso, élu chef de l'État en octobre 1939, eut à faire au Premier ministre Vojtech Tuka et au chef de la Garde de Hlinka, Alexander Mach. L'épreuve de force tourna à l'avantage de Tiso. Pour couper court aux ambitions de ses rivaux fascistes, le chef de l'État se fit proclamer *vôdca* (Führer) le 23 octobre 1942, prenant ses adversaires à leur propre jeu. Comme ailleurs en Europe, Hitler préféra s'appuyer sur des conservateurs plutôt que sur des idéologues. Ce qui lui importait, c'était que la Slovaquie produise. En mai 1945, la dette allemande à l'égard de la Slovaquie représentait plus du double du budget annuel moyen du pays ! À cette exploitation économique s'ajoutaient nombre de charges indirectes et l'emploi de 120 000 ouvriers en Allemagne.

Si Berlin accorda à Bratislava une certaine marge de manœuvre intérieure, il ne transigea pas sur l'engagement symbolique contre l'URSS : les Slovaques durent fournir un contingent de 50 000 hommes pour la campagne à l'est et

C'est sur les accords de Pittsburgh de mai 1918,
dont ils montrent ici une gigantesque reproduction
avec la signature du président Masaryk,
que s'appuient les Slovaques pour revendiquer
l'autonomie puis l'indépendance.

adhérer au pacte tripartite — le 24 novembre 1940 — puis au pacte anti-Komintern un an plus tard. En décembre, Bratislava déclara même la guerre aux États-Unis et à la Grande-Bretagne ! Le second point fut l'extermination de la communauté juive. Très vite, le pouvoir slovaque prit des mesures visant à restreindre l'activité économique des israélites : Mgr Tiso avait estimé qu'ils contrôlaient 38 % de l'économie et qu'il fallait réduire leur place dans les différentes professions aux 4 % de leur poids démographique. L'aryanisation des biens fut encouragée par une partie de la population et, en septembre 1941, Tuka et Mach firent voter un « code juif » qui justifia la « réinstallation » en Pologne, malgré les interventions du clergé catholique. Les autorités religieuses tentèrent en vain de dissuader Tiso d'accepter ces mesures.

Il est difficile de préciser le moment où l'opinion

publique slovaque cessa de soutenir le régime ou, du moins, de lui accorder le crédit du moindre mal. En tout cas, en automne 1943, l'opposition devint massive : désertions sur le front soviétique, formation d'un Conseil national slovaque qui regroupait toutes les forces antifascistes, préparation d'un soulèvement militaire. Les forces qui s'étaient regroupées au sein du Conseil aspiraient au rétablissement d'une république qui respecterait l'égalité des Tchèques et des Slovaques.

Le poids de la lutte à l'étranger

Les réflexes de la Première Guerre mondiale — nourris pendant la première République par la culture légionnaire des combattants des fronts russe, français, italien — ressurgirent dès l'automne 1938 et, plus encore, après le 15 mars 1939, la lutte pour la reconstruction de l'État passant à nouveau par l'exil et le combat.

En Pologne tout d'abord, où des unités tchèques se battirent aux côtés des Polonais. En France ensuite, où l'ambassadeur Štefan Osuský refusa de remettre son ambassade aux autorités allemandes comme l'y invitait Prague et mit sur pied une armée — en fait deux régiments d'infanterie et des aviateurs — qui participa courageusement à la campagne de France. En Grande-Bretagne enfin, où les pilotes tchécoslovaques furent un appoint extrêmement précieux et même indispensable dans la bataille d'Angleterre. Des unités tchécoslovaques combattirent pratiquement sur tous les fronts : au Proche-Orient, en Afrique du Nord, et ce fut une brigade blindée tchécoslovaque qui fit le siège de Dunkerque au printemps 1945. Sur le front oriental, les unités tchécoslovaques se distinguèrent aussi — dès que l'URSS surmonta la surprise de l'offensive de la Wehrmacht —, tant parmi les partisans qu'au sein d'unités constituées, tel le premier corps d'armée tchécoslovaque commandé par le général Jan Kratochvil, puis par Ludvík Svoboda après l'échec du passage des Carpates au col de Dukla en automne 1944.

Cette présence militaire des Tchécoslovaques revêtit

souvent plus qu'une dimension symbolique. Ils furent également actifs dans la Résistance en France, dans les réseaux non communistes, puis communistes — avec les groupes de la Main d'Œuvre immigrée (M.O.I.) après juin 1941, et en Italie après l'été 1943.

Mais, comme pendant la Première Guerre mondiale, le rôle politique de l'émigration fut encore plus déterminant que son action militaire. En quittant la Tchécoslovaquie, Beneš renouvelait son expérience de 1915, avec cette différence qu'il était convaincu que l'État tchécoslovaque renaîtrait bientôt, à la suite de la transformation de l'échiquier européen, et qu'il devait désormais s'appuyer non pas sur les Français mais sur les Anglo-Américains et les Russes.

Après une longue phase de négociations, le gouvernement tchécoslovaque en exil installé à Londres fut reconnu comme tel en juillet 1941 par les trois grands alliés britannique, américain et soviétique. Beneš s'attacha aussi à la répudiation des accords de Munich, obtenue en été 1942, y compris par la France Libre du général de Gaulle. Ensuite, il chercha l'appui des Alliés pour résoudre la question allemande en Tchécoslovaquie. Il écrivait en décembre 1942 à l'un des leaders sociaux-démocrates allemands des Sudètes : « Les Allemands sont 80 millions et la petite nation tchécoslovaque ne peut pas vivre en permanence avec un revolver allemand pointé sur sa poitrine. » Beneš, sous l'impression des événements du Protectorat et de l'évolution de ses compatriotes, avait pris la décision d'adopter la solution radicale d'un déplacement massif de population.

Comme l'a noté Eduard Taborský, son secrétaire pendant la guerre, Beneš avait choisi le parti d'une alliance avec la Pologne et l'URSS comme garantie future de la Tchécoslovaquie, même s'il n'avait pas totalement renoncé à l'appui occidental, malgré la défaillance de 1938. Dans un premier temps, l'ancien président mit sur pied un projet de confédération avec les autorités polonaises en exil. En janvier 1942, l'accord fut signé avec le général Sikorski. Mais l'été suivant, après de longues hésitations et des propos contradictoires, Moscou fit savoir aux Tchécoslovaques qu'il était hostile à un tel rapprochement. La dégradation des rapports entre Polonais et Soviétiques mit un terme définitif à ces efforts. Il ne restait donc que l'alliance avec l'URSS.

Bien que Beneš n'ait jamais éprouvé de sentiments particulièrement russophiles ou soviétophiles, l'URSS avait deux atouts majeurs à ses yeux : elle n'avait pas pris part aux accords de Munich, qui restaient pour lui comme un souvenir obsessionnel qu'il fallait effacer, et elle était prête à soutenir le rétablissement de la Tchécoslovaquie d'avant-guerre. Beneš n'avait pas cru à la solidité du pacte germano-soviétique et avait conservé des relations discrètes avec les diplomates représentant l'URSS à Londres. En été 1941, la reprise officielle des relations avec Moscou fut donc naturelle.

Ce faisant, Beneš poursuivait deux objectifs : il prévenait une politique agressive de la part du parti communiste tchécoslovaque et il évitait une situation à la polonaise. Il se ménageait ainsi une marge de manœuvre à la fois sur le plan intérieur et extérieur. À court terme, cette politique correspondait à une bonne anticipation du futur rapport de forces en Europe centrale. Beneš décida donc de collaborer avec l'URSS et de signer en décembre 1943, à Moscou, un traité d'amitié et d'aide mutuelle. Les appréciations portées sur ce traité sont très contradictoires : certains reprochent à Beneš d'avoir manqué de lucidité et de s'être mis dans la gueule du loup, en privant la Tchécoslovaquie des moyens de résister à l'emprise soviétique ultérieure et en confortant le parti communiste ; d'autres affirment au contraire que cette démarche a permis de retarder le processus de soviétisation de la Tchécoslovaquie.

En tout cas, il est sûr que Beneš avait ainsi atteint ses buts à court terme et assuré la rénovation de la Tchécoslovaquie. Il aura lui-même l'occasion de vérifier si les doutes qu'il avait émis sur l'évolution de l'URSS étaient fondés ou pas.

Le réveil de la Résistance et la Libération

La reconstitution des réseaux de Résistance détruits en 1942 fut pratiquement impossible jusqu'en 1944, faute de liens suffisants avec l'extérieur. Le R 3 (Conseil des Trois) et le troisième Conseil illégal du parti communiste — les deux premiers avaient été décimés — ne réussirent pas à relancer une action significative, même si des groupes de plus en plus nombreux de partisans se manifestaient, en Slovaquie notamment, car en Pays tchèques le relief ne s'y prêtait pas et le régime policier mis en place rendait l'action difficile.

Fin 1943 fut créé un Conseil national slovaque qui regroupait les différents partis slovaques acquis à la Résistance : agrariens, indépendants, communistes, puis socialistes. Le Conseil négocia avec des représentants de l'armée slovaque le ralliement de celle-ci au soulèvement qui éclata le 29 août 1944 à Banská Bystrica, en Slovaquie centrale, et qui mobilisa environ 60 000 soldats commandés successivement par les généraux Ján Golian et Rudolf Viest, et 18 000 partisans. Militairement, ce fut un échec, faute d'une coordination satisfaisante avec une aide soviétique et alliée insuffisante et en raison d'une action précipitée par l'impatience des partisans. L'intervention d'unités allemandes mieux équipées se solda par l'arrestation d'une partie de ces troupes — Golian et Viest furent exécutés en Allemagne — et contraignit les insurgés à se replier dans les montagnes et à poursuivre une guerre d'escarmouches. Au printemps 1945, ils se joignirent aux troupes venues de l'est (soviétiques et tchécoslovaques) qui libérèrent le territoire à partir de mars. Le bilan du soulèvement était lourd : plus de 5 000 morts — certains avancent même le chiffre global de 15 000 avec les représailles — et des dizaines de milliers de déportés.

Du côté tchèque, le mouvement le plus spectaculaire eut lieu à Prague où, à partir du 5 mai 1945, éclata une insurrection spontanée dont le commandement militaire fut assumé par le général Karel Kutlvašr. Les dizaines de milliers d'insurgés praguois se trouvèrent rapidement confrontés aux unités allemandes qui tentèrent de recontrôler la ville. Ni les Soviétiques, ni les Américains déjà arrivés à Plzeň — mais liés par des accords d'état-major fixant la ligne de contact des deux armées sur une ligne Karlovy Vary/Plzeň/České Budějovice — n'intervinrent. Seules les troupes du général Vlasov, formées de Russes au service des Allemands, portèrent momentanément secours aux Praguois, qui manquaient d'armes lourdes face à

Les Soviétiques tireront le bénéfice moral
de leur entrée à Prague le 9 mai 1945.

leurs adversaires. Les partisans de Vlasov espéraient ainsi obtenir une ultime protection américaine. Le 8 mai, le Conseil national tchécoslovaque dirigé par le professeur de littérature Albert Pražák signa un accord de retrait des troupes allemandes. Le 9 au matin, quand les troupes soviétiques pénétrèrent dans la capitale tchèque, il ne restait dans la ville que quelques éléments de la S.S. et de la Gestapo qui furent balayés.

Le bénéfice moral de la libération de Prague, et du pays, retomba sur l'Union soviétique. Staline avait compris toute l'importance symbolique de l'entrée de ses troupes à Prague alors que l'essentiel de ses efforts était concentré jusque-là sur Berlin. Le mythe du « tankiste » libérateur pourrait s'épanouir, d'autant que les Soviétiques avaient perdu en tout plus de 140 000 hommes pour libérer le territoire tchécoslovaque, aidés par les partisans et par les unités tchécoslovaques formées en URSS.

Un pont entre l'Est et l'Ouest ?

Jan Masaryk, ministre des Affaires étrangères de 1945 à 1948, n'aimait pas l'image de pont que l'on voulait assigner à son pays. En temps de paix, il y voyait un lieu d'embouteillages et, en temps de guerre, remarquait-il, c'est la première chose que l'on fait sauter. Pourtant c'est bien ainsi qu'apparut l'État tchécoslovaque en 1945, conditionné par des décisions prises antérieurement à la fin du conflit.

Le bilan de la guerre

Cinq années de militarisation de l'économie avaient certes assuré le « plein emploi », mais au prix d'une déformation structurelle liée aux exigences de l'Allemagne et de la guerre. En 1944, les deux cinquièmes de la production du Protectorat étaient dirigés vers le Reich. Certains secteurs étaient hypertrophiés — l'aéronautique, par exemple — au détriment de l'industrie de consommation et de l'agriculture. En Slovaquie, l'emploi industriel avait augmenté de 66 % : l'armement, la chimie, la sidérurgie avaient profité de l'absence de la concurrence tchèque et du fait que le pays avait été épargné par les bombardements jusqu'à la mi-44.

En revanche, les conséquences sociales étaient fort différentes dans les deux parties de la Tchécoslovaquie : en Pays tchèques, la bourgeoisie et l'intelligentsia avaient beaucoup souffert de la guerre ; en Slovaquie, la première avait au contraire profité de l'aryanisation.

Le travail obligatoire en Allemagne avait touché 500 000 Tchèques et 120 000 à 150 000 Slovaques. Et les pertes en vies humaines s'élevaient pour l'ensemble du pays à 360 000 personnes, dont 235 000 mortes en camps de concentration.

Les Juifs représentaient la moitié de ces pertes. En 1930, on comptait environ 117 000 israélites en Pays tchèques : 43 000 se réclamaient de la nationalité tchèque, 37 000 de la nationalité juive et plus de 35 000 de la nationalité allemande. En mars 1939, ils étaient environ 118 000, dont 26 000 réussirent à fuir le Protectorat, ce qui ne signifiait pas forcément leur salut. Au 1er janvier 1943, leur chiffre était tombé à 15 550. Finalement, on estima à 14 000 les rescapés en 1945. Les victimes juives des Pays tchèques furent donc environ 80 000, dont 74 000 passèrent par Terezín. Alors qu'on comptait 137 000 israélites en Slovaquie en 1930, leur nombre était de 89 000 dans l'État slovaque en décembre 1940 : seuls 20 000 survécurent. À cela il faudrait ajouter les 150 000 Juifs de Tchécoslovaquie (particulièrement d'Ukraine subcarpatique) qui furent annexés par la Hongrie et dont 120 000 à peu près disparurent dans la tourmente de la guerre. Outre son horreur intrinsèque, ce génocide eut une conséquence importante : il affaiblit sensiblement les élites économiques et intellectuelles du pays. En Bohême notamment, où la communauté juive était pratiquement assimilée et profondément intégrée au tissu social.

Si les pertes humaines furent globalement moins nombreuses que dans nombre d'États voisins — et les Tchèques du Protectorat réagirent même à la situation par un regain de la natalité —, la répression allemande avait malgré tout porté un coup très dur aux forces vives du pays.

Matériellement, le pays avait été touché assez profondément par les bombardements alliés et par les opérations militaires du printemps 1945, les dégâts globaux étant évalués à l'équivalent du revenu national de 1932 à 1937. La Tchécoslovaquie était donc confrontée à une vaste tâche de reconstruction et de relèvement.

Vers un système politique et économique mixte

Les orientations de la Tchécoslovaquie nouvelle allaient être largement hypothéquées par le traité de décembre 1943 avec Moscou et par le résultat des discussions entre le président Beneš et les communistes tchécoslovaques qui avaient accompagné son séjour dans la capitale russe.

Le 4 avril 1945, le gouvernement était constitué, avec pour chef le social-démocrate Zdeněk Fierlinger, sympathisant de la cause communiste, tout comme le sans-parti Ludvík Svoboda, ministre de la Défense. Le parti communiste tchécoslovaque disposait d'une vice-présidence (Klement Gottwald), des portefeuilles de l'Intérieur et de l'Information, du secrétariat d'État aux Affaires étrangères, le parti communiste slovaque obtenant une autre vice-présidence ainsi que l'Agriculture et le Travail. Le nombre de partis autorisés à entrer dans le Front national était limité à six : les deux partis communistes, le parti social-démocrate, le parti socialiste-national, le parti populaire et le parti démocrate slovaque. Ce système de démocratie, limité aux forces qui ne s'étaient pas compromises dans la collaboration, profita aux communistes : ils s'assurèrent en réalité une position dominante dès 1945.

Le programme de Košice adopté le lendemain de la formation du gouvernement établissait les grandes lignes de la politique tchécoslovaque.

— En politique étrangère, priorité était donnée à de bonnes relations avec l'URSS. Prague accepta en particulier, sans pouvoir intervenir ou contrôler la procédure sur place, l'annexion de l'Ukraine subcarpatique par Moscou, à la suite d'un « référendum ». Cette perte fut entérinée par l'accord du 29 juin 1945. En échange de son alignement sur les positions soviétiques — notamment sur la question allemande —, la Tchécoslovaquie obtenait le rétablissement quasi intégral de ses frontières d'avant Munich. Mais sa superficie n'était plus que de 127 876 km^2.

— À l'intérieur du pays, la poursuite de la libération, le châtiment des traîtres, la confiscation des biens et l'expulsion des minorités déloyales, le contrôle de l'État sur les secteurs clés et la mise en place de Comités nationaux dirigés par le Front national constituaient les points essentiels du programme.

Comme partout dans l'Europe occupée, les semaines consécutives à la Libération donnèrent lieu à des excès : exécutions sauvages des collaborateurs, exactions à l'encontre des minorités allemandes et hongroises... Puis la situation se stabilisa. Fin août 1945, les confiscations touchaient 9 045 entreprises industrielles (923 000 ouvriers) et 300 000 propriétaires terriens, dont 239 000 dans les zones frontalières peuplées par les minorités. À la fin de l'opération, le quart de la surface agricole fut affecté, avec près de 3 millions d'hectares dont 42 % furent redistribués à 300 000 paysans. Il en résulta un effondrement des grandes exploitations qui étaient le support de la bourgeoisie agraire et une atomisation de la propriété du sol agricole, même si de vastes fermes d'État furent créées à la périphérie du pays.

En octobre, le processus des confiscations et des nationalisations fut élargi et, rapidement, le « contrôle de l'État » devint « nationalisation » pour des secteurs entiers (industrie lourde, matières premières, chimie, cimenterie, certaines branches de l'industrie agro-alimentaire, cinéma). Ailleurs, cela dépendait du nombre d'employés — à partir de 500, puis de 150 — et des capacités de production. Trois mille entreprises représentant plus de 60 % de la main-d'œuvre furent ainsi nationalisées. Quant aux autres, elles dépendaient d'un système bancaire et financier contrôlé par l'État. On était donc en présence d'une économie mixte dès 1945.

Le problème national avait été au cœur des préoccupations d'Édouard Beneš pendant la guerre. La Conférence de Potsdam de l'été 1945 autorisa la Tchécoslovaquie à expulser les Allemands : 660 000 ayant quitté le pays précédemment — volontairement ou parfois de force —, le déplacement se fit à partir de janvier 1946 pour 2 256 000 d'entre eux, vers la zone d'occupation soviétique et surtout vers la Bavière où ils formèrent un fort lobby sudète. Il ne resta que 150 000 Allemands en Tchécoslovaquie, antifascistes, spécialistes et techniciens ou membres de couples mixtes. Prague aurait souhaité résoudre le problème hongrois de façon aussi radicale, mais les grandes puissances mirent leur veto et seul un échange portant sur 74 000 Hongrois fut réalisé avec les Slovaques de Hongrie. Pour réduire la minorité hongroise privée de ses droits civiques, le pouvoir entreprit une politique de slovaquisation forcée et de déportations (44 000) vers les Sudètes qui fut heureusement interrompue en 1948.

Pour compenser le déficit démographique qui résultait de ces mouvements de population, le pouvoir lança une grande opération de rapatriement. Outre les 800 000 citoyens qui revinrent dans leur pays à la fin des hostilités (déportés, militaires, travailleurs déplacés...), près de 170 000 émigrés — principalement d'Europe, et 13 000 de France — rentrèrent, sensibles aux appels lancés pour le relèvement de leur patrie. Car, malgré la mobilisation et l'enthousiasme général, la situation restait difficile.

Les suites des élections de mai 1946

Le parti communiste occupait sur la scène politique une place de choix, sachant habilement utiliser ses atouts et se présentant notamment comme la force qui présidait à la redistribution des terres. Gottwald avait adopté un discours de revanche patriotique et parlait de voie tchécoslovaque vers le socialisme. De plus, le PCT jouissait de sa récente légitimité résistante et de l'appui de l'URSS : bien que les troupes américaines et soviétiques aient évacué ensemble le territoire tchécoslovaque en décembre 1945, l'URSS était présente à travers l'UNRRA (Organisation de ravitaillement des Nations Unies) dont elle gérait l'aide, alors que les Américains y participaient à 70 %. Autant de faits qui expliquent le triomphe du PC le 26 mai 1946 : 38,12 % des voix à l'échelle de la République — et 40,17 % en Pays tchèques —, loin devant le parti socialiste-national de Beneš (18,37 %), le parti populaire

(15,71 %) et la social-démocratie (12,1 %). En revanche, en Slovaquie, le tableau était en défaveur des communistes qui, avec 30,37 % des suffrages, étaient écrasés par le parti démocrate (62 %).

Au vu de ces résultats — qui nourrissaient l'espoir des communistes d'emporter la majorité aux élections —, Fierlinger dut céder début juillet ses fonctions de Premier ministre au président du PC, Klement Gottwald. Rapidement, la situation se dégrada entre les forces qui composaient le Front national. Les partis anticommunistes constataient l'infiltration croissante des communistes dans tous les rouages de l'État. Gottwald fit adopter dès juillet le principe d'un plan biennal, pour 1947-1948, dont l'objectif était de relever le pays et de retrouver le niveau d'avant-guerre. Mais ce plan partiel ne touchait que certaines branches, essentiellement les industries clés, sans que cela influence profondément les flux d'échanges : en 1947, le premier partenaire commercial était la Suisse et les pays occidentaux représentaient 80 % des échanges de la Tchécoslovaquie. Ainsi y avait-il un divorce entre la politique étrangère alignée sur l'Union soviétique et la politique commerciale.

Ces contradictions se manifestèrent dans tous les secteurs de l'État avec plus d'acuité en 1947 en raison de la dégradation des résultats économiques — une des plus désastreuses récoltes du siècle — et de la montée des tensions internationales. Les décisions économiques étaient elles-mêmes des enjeux de taille dans cette bataille entre les partis : le PCT poussait à la poursuite de la réforme agricole, à l'instauration d'un impôt sur les millionnaires, à l'approfondissement des nationalisations... L'été et l'automne 1947 furent décisifs.

Après avoir accepté, le 2 juillet, de participer aux réunions préparatoires du plan Marshall organisées à Paris, le gouvernement de Prague dut y renoncer le 10 sous la pression de Staline. En contrepartie, l'URSS promettait de livrer 400 000 tonnes de céréales. En revenant de Moscou, le ministre des Affaires étrangères, Jan Masaryk avouait, désespéré, qu'il était désormais le « valet » des Soviétiques. Staline avait aussi rejeté le projet de traité franco-tchécoslovaque.

Le climat politique se dégradait avec la multiplication des

« affaires » : envois de lettres piégées aux ministres socialistes-nationaux, « complots » découverts en Slovaquie — ce qui permettait d'éliminer les leaders du parti démocrate sous prétexte de leur collaboration avec les anciens fascistes... La pression internationale montait aussi : en septembre 1947, le Kominform, créé en Pologne à Skłarska Poręba, renforçait la bipolarité soviéto-américaine, et les représentants tchécoslovaques y étaient sévèrement critiqués par leurs camarades yougoslaves pour leur légalisme. L'heure était à des actions plus révolutionnaires et le raidissement intérieur fut immédiat. Les communistes durcirent leur position en Slovaquie, réussissant à faire basculer la majorité des organes dirigeants slovaques en leur faveur tandis que leurs adversaires parvenaient à éliminer Fierlinger à la tête de la social-démocratie (à Brno en novembre). Le discours de vœux de Gottwald fut placé sous le signe du slogan : « En avant, pas un pas en arrière ! » Le PCT était prêt à prendre le pouvoir et attendait l'occasion.

La « révolution préfabriquée »

Comme l'a noté un des acteurs de ces événements, les comités nationaux étaient présidés au niveau municipal à 55 % par des communistes, qui dirigeaient par ailleurs 128 districts sur 163. L'armée était neutralisée par le général Svoboda. La police était entre les mains de Václav Nosek. Le syndicat unique (le ROH) était une courroie de transmission des deux partis communistes qui comptaient près d'1,5 million de membres au début de l'année 1948.

Les forces anticommunistes avaient peu de moyens d'action — excepté l'appui d'une bonne partie des étudiants praguois — et envisageaient leur résistance sur un plan légal et parlementaire, visiblement insuffisant en la circonstance. Elles crurent pouvoir lancer leur offensive à partir d'une illégalité du ministre de l'Intérieur Václav Nosek, qui avait procédé à la destitution et au remplacement de huit commissaires de police sans en référer au conseil des ministres. Le 13 février 1948, le conseil décida de suspendre la mesure. Le 20, Nosek ayant refusé de revenir sur ces nominations, les ministres appartenant aux partis socialiste-national, populaire et démocrate slovaque donnèrent leur démission. L'avant-veille, le président de la République Édouard Beneš leur avait donné l'assurance qu'il ne les accepterait pas. Il y avait alors deux scénarios prévisibles : les communistes pliaient ou le Président dissolvait l'Assemblée et provoquait des élections que l'on pensait défavorables au PC.

On entra dans un cycle de manifestations de masse : le 21 février 1948, mobilisation sur la place de la Vieille Ville et constitution de comités d'action armés ; le 22, congrès des conseils d'entreprise et annonce d'une grève générale pour le 24 ; le 25 au matin, Gottwald rendit visite à Beneš en le poussant à tenir compte de l'opinion et à accepter la démission des ministres non communistes ; l'après-midi, nouvelle manifestation monstre sur la place Venceslas ; et finalement acceptation de Beneš. Prague était entre les mains des milices populaires armées, les arrestations et l'épuration politique commençaient.

Beneš avait donc cédé et ce manquement à la parole donnée reste comme une tache sur la mémoire de ce personnage si central et si controversé dans l'histoire tchécoslovaque. Il avait pour excuse d'être gravement malade depuis plusieurs mois. Homme du dialogue et de la diplomatie, il n'était pas prêt à faire face à la force : son impuissance rappelait septembre 1938. On lui reprocha surtout d'avoir désarmé l'opposition en donnant une apparence de légalité à la transition vers le communisme. Le 30 mai 1948, les élections avec liste unique donnaient près de 90 % de voix au Front national « normalisé ». Édouard Beneš refusa de signer la nouvelle Constitution de démocratie populaire qui lui était soumise et démissionna le 7 juin. Le 14, Klement Gottwald était élu président de la République, il ratifia la Constitution le lendemain.

Fin février, le ministre de la Justice, Prokop Drtina, avait tenté de se suicider. Le 10 mars, l'on avait trouvé le corps de Jan Masaryk au pied de son appartement du Palais Černín, ultime protestation d'un homme désespéré de voir le legs de son père piétiné : certains ont avancé l'hypothèse d'un assassinat, mais le débat n'est pas fondamental : s'il s'est effectivement suicidé, c'est qu'il y avait été acculé et que son geste signifiait au monde la fin de la démocratie dans son pays. Beneš

Beneš (au centre) accepte l'ultimatum
de Gottwald (à gauche), le 25 février 1948.

mourut le 3 septembre 1948 dans sa propriété de Sezimovo Ústí. Ses obsèques, le 9, furent la dernière manifestation autorisée de protestation contre le nouveau régime qui allait s'enfoncer, dès lors, dans un processus accéléré de répression.

Pendant près de trois ans, la Tchécoslovaquie avait vécu un pluralisme et une liberté dont ses voisins avaient été plus rapidement privés qu'elle. Aurait-elle pu obtenir plus ? Aurait-elle pu jouir d'un statut à la finlandaise ou d'une neutralité à l'autrichienne ? Il aurait vraisemblablement fallu que l'intérêt américain pour elle soit plus fort et l'intérêt soviétique plus faible. La Tchécoslovaquie avait fait figure de vitrine de la détente : tant que la coexistence née de la guerre subsista, elle bénéficia d'un statut particulier. Février 1948 fut aussi la fin de la collaboration de forces opposées et du pluralisme dans un pays frontalier de la zone d'influence soviétique. À partir du moment où la logique des blocs l'emporta, la position géostratégique de la Tchécoslovaquie était telle qu'elle devenait une pièce majeure qu'il fallait réduire à l'état de satellite docile.

Un si long stalinisme

Les Tchèques, plus encore que les Slovaques, s'interrogent sur leur histoire récente et s'étonnent de la facilité avec laquelle ils ont abandonné ce qu'ils revendiquent comme la tradition démocratique tchèque. Cette question ne suscite pas seulement des réponses simplistes, c'est-à-dire qu'ils n'en rejettent pas uniquement la faute sur des facteurs extérieurs, mais qu'ils se mettent eux-mêmes en cause, souvent avec une lucidité désespérée. La démocratie tchèque serait-elle un mythe ? La longue habitude de lutte contre l'État et le centralisme ne rejaillirait-elle pas sur les Tchèques et les Slovaques, rendant vaine la recherche d'un ensemble étatique ? Les Tchèques n'auraient-ils pas trop tendance à déléguer toutes les responsabilités à quelques hommes qui seraient confrontés à des tâches trop lourdes à assumer ? Le conformisme hérité d'une culture bourgeoise ne jouerait-il pas excessivement en faveur du statu quo politique ?

Pour ce qui est de la période stalinienne, d'autres facteurs semblent être entrés en ligne de compte. Jacques Rupnik a bien montré que l'histoire du parti communiste tchécoslovaque a été marquée à partir de 1929 par une profonde obéissance à Moscou. Gottwald fut l'homme de cet alignement. L'enracinement démocratique explique aussi la violence du régime dans la répression et sa peur face à l'opinion. On ne saurait négliger non plus l'impact des événements de 1938 et de la guerre : le pouvoir a instrumentalisé Munich à tel point que l'URSS est apparue à beaucoup comme la garante d'une existence étatique durable. L'on jouait à l'occasion sur le « slavisme », dans des amalgames plus ou moins subtils, pour alimenter l'amitié soviéto-tchéco-slovaque. Il faut se rappeler aussi que l'instauration du régime communiste a été un formidable moyen d'ascension sociale pour certains groupes et pour une partie des plus jeunes générations marquées par la guerre. Enfin, à la différence des pays voisins, le parti communiste, avec sa tradition historique et sa force, bénéficiait d'une certaine légitimité nationale.

L'ère des procès

Pour les opposants au nouveau régime, les choix étaient réduits : la fuite ou la prison, voire la mort. Quelques figures publiques réussirent à quitter le pays, renouant avec le passé des exilés du XVIIe siècle, même si cette filiation leur était déniée. Le philosophe Erazim Kohák, les musiciens Raphaël Kubelik et Rudolf Firkušný, des diplomates, des écrivains comme Jan Čep, des hommes politiques assez nombreux comme Petr Zenkl et Hubert Ripka, des journalistes comme Ferdinand Peroutka et Pavel Tigrid choisirent l'exil où ils poursuivirent leur combat, en s'appuyant sur leurs propres organisations et souvent aidés par les structures mises en place par les États-Unis (*Free Europe, Voice of America*...). L'importance numérique de cette émigration est très diversement évaluée, des 25 000 officiels aux 60 000 vraisemblables.

L'épuration toucha tout d'abord 250 000 personnes qui perdirent leur emploi ou leurs fonctions. 100 000 citoyens tchécoslovaques furent impliqués dans des procès d'opinion de 1948 à 1954, dont plus de 40 000 furent condamnés à une peine moyenne de 9 à 10 ans d'emprisonnement. Des dizaines de milliers de ces condamnés (de 80 000 pour Karel Kaplan à 220 000 pour d'autres) passèrent par les « camps de travail forcé » (TNP) et les « bataillons d'aide technique » (PTP) dissous en 1954. Sur les 232 condamnations à mort prononcées, 178 furent exécutées.

La machine des procès se mit en marche dès le printemps 1948, touchant tout d'abord les accusés impliqués dans des affaires antérieures à février. Les démocrates slovaques, les militaires — dont un héros, francophile, de la guerre, le général Heliodor Píka —, les partisans slovaques, les Sokols — qui, forts de leurs 700 000 membres, avaient manifesté leur attachement au président Beneš en été 1948 —, les députés des partis non communistes qui résistaient à l'emprise du PC, les exilés et leurs contacts, les « agents de l'étranger » furent les premières victimes.

Le procès le plus spectaculaire eut lieu contre l'ex-député Milada Horáková en juin 1950, avec déjà tous les ingrédients du procès-spectacle. Suivirent les accusations « contre les agents du Vatican » qui touchèrent des ecclésiastiques de haut rang — entrant dans une stratégie globale à l'échelle des démocraties populaires — et qui furent accompagnées par la fermeture de nombreux couvents et la suppression des ordres monastiques.

Dès septembre 1949, avaient commencé les premiers procès contre des intellectuels de gauche « trotskistes », dont Záviš Kalandra. C'était l'époque du procès Rajk en Hongrie, du procès Kostov en Bulgarie, et les premiers « conseillers » soviétiques firent leur apparition à Prague. La machine allait bientôt broyer ceux-là mêmes qui l'avaient mise en marche en cherchant, à l'intérieur du parti, les « titistes », c'est-à-dire ceux qui auraient eu la tentation de se dégager de l'emprise de Moscou et d'affirmer leur indépendance, crime majeur depuis le printemps 1948 qui avait été marqué par le divorce entre Moscou et Belgrade.

Le procès Slanský, connu en France par l'ouvrage *L'Aveu* d'Arthur London, n'est donc que l'aboutissement d'une chaîne qui commence en 1948. L'élaboration de ce procès fut extrêmement complexe, remontant à la préparation du procès Rajk en Hongrie : les premières arrestations s'étaient alors produites parmi les responsables communistes tchèques. Puis tout avait été interrompu au printemps 1950, pour reprendre à l'automne, la cible étant désormais Ota Šling, secrétaire du parti pour la région de Brno. Un nouveau revirement eut lieu à ce moment pour mieux répondre aux exigences de Staline : à partir de février 1951, le nom du secrétaire général du PCT, Rudolf Slanský, apparut de plus en plus fréquemment dans les aveux comme la tête du centre d'espionnage anti-État : il fut évincé en juillet, avant d'être arrêté en novembre 1951, sur la suggestion de Staline.

Le scénario était en place : les « espions » s'étaient infiltrés jusqu'à la tête de l'État et du parti, tous les secteurs sensibles de la société étaient représentés parmi les 14 accusés. De plus, 11 d'entre eux étaient d'origine israélite, ce qui permettait de conforter la paranoïa antisémite qui avait saisi le chef du Kremlin et de souligner le tournant de la politique soviétique au Proche-Orient, éventuellement de jouer sur un réveil de l'antisémitisme en Tchécoslovaquie.

Ce procès de novembre 1952 fut l'apothéose des grandes mises en scène staliniennes où il ne suffisait pas de distiller la terreur — et comment les leaders communistes tchèques et slovaques n'auraient-ils pas été effrayés de voir leurs plus proches camarades traités comme des traîtres et des espions, alors qu'il s'agissait d'hommes réputés courageux et convaincus qui s'étaient illustrés dans les Brigades internationales ou dans la Résistance ? —, mais aussi d'associer toute la population à ce théâtre macabre. La foule avait ses boucs émissaires. Beaucoup crurent à tous ces crimes avoués. Désormais, la société était fondée sur la méfiance qui était la règle partout, entre tous, et Staline y gagnait la soumission absolue des communistes.

Mais ce procès n'était que la partie émergée d'une épuration en profondeur. En quelques mois, presque tous les responsables de l'après-février 1948 avaient été arrêtés et le parti communiste, qui avait vu ses rangs croître de manière extraordinaire, atteignant fin 1948 les 2,5 millions d'adhérents, était réduit à 1,5 million en juin 1954.

Parmi les dernières victimes des procès staliniens, les communistes slovaques, chez qui la « question nationale » était restée pendant la guerre un problème à part entière. Certains avaient même envisagé alors de faire de la Slovaquie une république soviétique. Finalement, l'idée n'avait pas été retenue et la Résistance slovaque s'était ralliée à une autonomie assez large dans le cadre de la Tchécoslovaquie rénovée. À

Rudolf Slanský, secrétaire général du PCT, a été broyé par la machine répressive qu'il a mise en mouvement.

Londres, Beneš avait longtemps pensé à des sanctions exemplaires contre les Slovaques. Il avait même sollicité le soutien de Staline en ce sens. Mais le soulèvement d'août 1944 changea les perspectives. La collaboration se solda par la condamnation des plus compromis (8 000 condamnations pour 20 000 personnes jugées) et le parti démocrate slovaque regroupa finalement protestants et catholiques — en raison de la disparition du parti populaire de Hlinka. Pourtant, la condamnation à mort et l'exécution de Tiso, le 18 avril 1947, mirent à mal la cohabitation entre les deux grands courants. Une majorité de Slovaques en voulut durablement au président Beneš de ne pas avoir usé à cette occasion de son droit de grâce, au risque d'entrer en conflit ouvert avec son gouvernement.

Les organes nés de la guerre — le Conseil national slovaque et le Conseil des commissaires — furent l'objet d'un double grignotage entre 1945 et 1948 : de Prague d'une part, du parti communiste tchécoslovaque d'autre part, qui affirmèrent de plus en plus leur contrôle, au détriment de l'autonomie de la Slovaquie et du parti démocrate. En novembre 1947, à la suite de provocations et de manipulations répétées, la Démocratie slovaque perdit la majorité au sein du Conseil des commissaires. Le suffrage universel était bafoué. En février 1948, le terrain était déjà largement préparé et le communiste Karol Šmidke remplaça le démocrate Jozef Lettrich à la tête du Conseil national. Les procès contre les dirigeants du parti démocrate (Ján Ursíny) guettaient ceux qui ne parvenaient pas à quitter le pays. Gustav Husák, président communiste du Conseil des commissaires depuis 1946, qui avait été si actif dans la lutte contre ses adversaires politiques, se retrouva rapidement sur le banc des accusés pour « nationalisme bourgeois », aux côtés du poète Laco Novomeský, de Daniel Okálí, d'Ivan Horvath et de Ladislav Holdoš. Écarté en 1950, incarcéré en 1951, Husák fut condamné en avril 1954 à la détention à perpétuité tandis que ses co-accusés devaient purger de très lourdes peines de prison. La période stalinienne voyait le triomphe des « centralistes » dévoués à Moscou comme Viliam Široký.

Derrière ces péripéties, nous voyons la permanence de la question slovaque, au-delà des régimes, qui rebondira dans les années 60 et qui est un véritable fil conducteur de l'histoire de la Tchécoslovaquie.

La société communiste

La vie politique ne s'est pas seulement réduite en Tchécoslovaquie à des procès, même si l'identification entre la répression policière et le régime était très forte. Les procès des années 40 et 50 eux-mêmes ne sont pas compréhensibles sans le contexte économique qui les accompagne et sans l'environnement général de la société.

Cette société nouvelle inspirée du modèle soviétique se mit en place dans un univers très destructuré par les épreuves antérieures : des valeurs démocratiques ébranlées, un État englouti, les pertes directes et indirectes dues à la guerre, l'incertitude du lendemain, la disparition du monde d'avant

Honneur et gloire aux meilleurs travailleurs,
proclame ce tableau d'honneur des ouvriers méritants
chez Škoda : naissance d'une nouvelle société.

1938 et de ses forces sociales... Tout cela concourut à une fragilisation qui facilita la mise en place du nouveau pouvoir à laquelle, comme nous l'avons vu, une part importante de la population contribua. Illusion ou opportunisme ? Le nombre de Tchèques et de Slovaques qui furent, à un moment ou à un autre, membres du parti communiste est considérable. Mais l'on pourrait objecter qu'entre 1935 et 1989, l'adhésion au PCT a eu des sens bien différents.

Le fonctionnement de la culture était significatif de l'ensemble du régime. Elle devait être au service du parti et de l'État qui avaient pour mission de la diriger. Pour ce faire, ils imposèrent le réalisme socialiste repris des théories de Jdanov et adapté par quelques épigones locaux. L'encadrement de la production intellectuelle et artistique était assuré par des organisations centralisées qui se multipliaient et quadrillaient tous les domaines : Union des écrivains créée en 1949, Unions des artistes plasticiens, des auteurs dramatiques, des compositeurs, des acteurs, des journalistes, des musiciens... Le monde de la recherche était concentré au sein de l'Académie des sciences fondée en 1952 et dirigée par Zdeněk Nejedlý, le grand idéologue tchèque des années 40 et 50 — auquel Ladislav Štoll succéda dans ce rôle. La lutte contre l'art bourgeois, décadent et cosmopolite (les communistes se considérant comme « les héritiers des grandes traditions de la nation ») était leur mot d'ordre.

Cette vision totalisante ne doit pas faire oublier que les artistes et les intellectuels pouvaient créer et se retirer du jeu social. Jaroslav Seifert jetait en 1956 un regard rétrospectif sur le rôle des écrivains : « Pourvu que nous autres, écrivains, puissions en ce moment être la conscience de la nation ! Car, croyez-moi, je pense que nous y avons failli, pendant toutes ces années où nous n'avons été ni la conscience des masses ni notre propre conscience... » De nombreux intellectuels avaient été gagnés par l'ivresse du pouvoir et de ses attributs qui leur étaient généreusement dispensés quand ils participaient docilement aux objectifs du régime. Certains crurent de bonne foi à l'édification d'un monde meilleur. Mais combien de temps ? Pour beaucoup, le charme fut rompu dès 1956.

Sur le plan économique, l'État était aussi omniprésent. Les nationalisations furent étendues dès le printemps 1948. Le système bancaire fut simplifié et concentré dans deux banques avant que naisse la Banque d'État tchécoslovaque en 1950. La planification s'élargit aussi. Après le relatif échec du plan biennal de 1947-48, le plan quinquennal fondé sur la disparition du secteur capitaliste et l'extension de l'industrie lourde avait pour but la construction du socialisme. Il ne faut pas sous-estimer les pressions et les injonctions soviétiques sur ce nouveau cours. Dans cette phase extensive, des résultats furent atteints. Mais à quel prix ! La population avait été sacrifiée et les très fortes tensions qui en résultèrent débouchèrent sur la révolte ouvrière de Plzeň en juin 1953, consécutive à une réforme monétaire drastique. Le pouvoir put alors mesurer la baisse de sa popularité.

L'impossible déstalinisation

La mort de Staline, le 5 mars 1953, fut un véritable séisme politique à l'est de l'Europe et sema le désarroi dans des pays qui avaient tous leur « petit Staline ». À Prague, la question de la succession fut rapidement réglée puisque Klement Gottwald contracta une pneumonie lors des obsèques de Staline et qu'il décéda quelques jours plus tard ! Antonín Novotný lui succéda à la tête du parti, Antonín Zápotocký à la tête de l'État. Deux personnalités très différentes : Novotný était un apparatchik typique, présentant bien, sans envergure intellectuelle, mais remarquable manœuvrier ; Zápotocký avait plus de charisme, un bon contact avec le monde ouvrier et certaines qualités humaines. Leurs profils, leurs ambitions respectives et leurs fonctions ne donnèrent pas lieu à un affrontement politique durable, même si, en 1953, Zápotocký adopta une ligne plus libérale que Novotný. Finalement, ce dernier l'emporta assez vite et, en 1957, à la mort de Zápotocký, il lui succéda comme chef de l'État.

La Tchécoslovaquie des années 50 fut un curieux mélange, à l'image de la politique élastique que mena le secrétaire général de son parti communiste. Le plan intermédiaire de 1954-55 privilégia l'industrie de consommation, ce qui provoqua une certaine détente. Mais le plan quinquennal suivant (1956-1960) redonna la priorité à l'industrie lourde. Saisi par l'euphorie et le volontarisme khrouchtchéviens, Novotný avait décidé que la Tchécoslovaquie deviendrait le premier État socialiste après l'URSS, d'où la priorité à l'industrie et à la collectivisation du sol. En 1950, seuls 22,1 % du sol agricole étaient collectivisés. En 1954, plus du quart des paysans étaient même sortis des coopératives déjà constituées. Puis le processus avait repris : une collectivisation à 42,6 % en 1955 et à 88 % (dont 62,5 % en J.Z.D. — c'est-à-dire en coopératives agricoles unies) en 1960. Il va sans dire que la collectivisation avait été accompagnée de son cortège de violences et de contraintes, en particulier en Slovaquie. Dans cette région, les transformations avaient été plus radicales encore qu'en Pays tchèques. En effet, en 1947, plus de 47 % des actifs travaillaient dans l'agriculture et l'industrialisation forcée commençait, s'appuyant notamment sur l'armement. Le 11 juillet 1960, la République socialiste tchécoslovaque naissait avec une nouvelle Constitution.

Quatre ans auparavant, le pouvoir avait dû faire face à la première tempête de la déstalinisation. Depuis 1955, l'on s'interrogeait sur les procès staliniens et une commission présidée par le ministre de l'Intérieur Rudolf Barák avait conclu en général à la culpabilité des accusés : sur 6 978 cas examinés, seuls 50 jugements avaient été cassés et 213 considérés comme abusifs ! Quoi d'étonnant quand on sait que le 1er mai 1955, les dirigeants tchécoslovaques inauguraient à Prague une immense statue de Staline qui allait dominer la ville jusqu'en 1962 !

Novotný avait en fait été servi par la conjoncture internationale. En bon allié de Khrouchtchev, il avait diffusé les conclusions du XXe Congrès du parti communiste d'Union soviétique qui dénonçait les crimes de Staline. Nombre de communistes tchécoslovaques avaient été sous le choc et une vague critique et libérale avait commencé à se soulever, en particulier chez les écrivains qui, lors de leur Congrès d'avril, avaient ouvert la fronde contre le pouvoir. La révolution hongroise permit à Novotný de faire l'économie d'une réflexion approfondie sur le stalinisme et, dès l'automne 1956, il adopta une ligne dure. La lutte contre le révisionnisme fut définie à Moscou en novembre 1957 comme « le danger le plus grand ». L'incident qui éclata à propos de la parution du roman satirique de Josef Škvorecký, *Les Lâches*, qui démythifiait l'héroïsme des résistants tchèques à la fin de la guerre, illustra le resserrement idéologique officiel.

Mais une telle position n'était pas tenable à terme et le pouvoir dut céder du terrain au début des années 60, d'autant que la situation économique et sociale se dégrada brusquement, après une phase de relatif développement. La planification centralisée était incapable d'assurer une croissance intensive prenant en compte la qualité des produits. Les résultats de 1962 furent catastrophiques et le plan quinquennal fut abandonné. En 1963, le revenu national baissa même de plus de 2 %.

L'inadéquation des schémas soviétiques, la perte de repères de qualité, la dégradation d'une certaine conscience professionnelle et la rupture sino-soviétique — avec ses conséquences sur le commerce extérieur tchécoslovaque — se cumulèrent pour amplifier la crise : pas seulement une crise de production, mais aussi une crise morale, une crise des valeurs, qui déboucha sur une réflexion tous azimuts et une remise en cause de nombreuses caractéristiques du système.

« Les hirondelles du printemps »

L'ombre des procès a plané sur la Tchécoslovaquie plus longtemps que sur tout autre des pays satellisés par l'URSS, à la mesure des retards apportés à réhabiliter les victimes.

En octobre 1961, le XXIIe Congrès du PC soviétique revint sur les assassinats judiciaires qui avaient été commis sous Staline. Novotný ne pouvait plus repousser le problème qu'il avait soigneusement esquivé jusque-là. Dans un premier temps, il profita de l'occasion pour écarter son rival Rudolf Barák, le ministre de l'Intérieur, puis il institua une commission dite des Barnabites — parce qu'elle occupait l'ancien couvent des Barnabites — qui se mit à travailler sur les archives des procès staliniens. En avril 1963, le Comité central prit connaissance du rapport « sur les violations des principes du parti et de la légalité socialiste à l'ère du culte de la personnalité », par l'intermédiaire de Novotný lui-même. Bien que ce texte ait été sensiblement expurgé, il dénonçait l'horreur de ce qui s'était passé. Et, pourtant, il ne déboucha pas sur une réhabilitation des accusés qui virent leurs jugements cassés, sans retrouver leur position politique antérieure. Libérés de leurs geôles, réintégrés dans la société civile, les survivants gardèrent le sentiment d'une injustice qui se prolongeait : Gustav Husák, notamment, ne pouvait pardonner ses dix ans d'emprisonnement de 1950 à 1960 et le strapontin de chercheur à l'Institut d'histoire de l'Académie des sciences de Bratislava qui lui était réservé. Il attendait son heure.

Mais, même en 1963, malgré la discrétion de la presse, il fallait bien tirer quelques conclusions immédiates. Le premier secrétaire du parti se débarrassa de quelques staliniens trop encombrants : Karol Bacílek, Ladislav Kopřiva, Alexej Čepička, Bruno Köhler. L'affaire n'était pourtant pas close : une commission Kolder, du nom de son responsable, poursuivit ses investigations et la question devint un enjeu important de la lutte politique jusqu'en juin 1968, date à laquelle fut adoptée une loi de réhabilitation complète des victimes du stalinisme.

Le fait que Novotný ait refusé d'affronter la question slovaque fut aussi pour lui une cause d'affaiblissement. Le remplacement de Karol Bacílek par Alexander Dubček comme premier secrétaire du parti communiste slovaque, puis l'élimination de Viliam Široký comme chef de gouvernement, en septembre 1964, traduisaient la poussée de la conscience politique slovaque. La commission des Barnabites reconnaissait en décembre 1963 que la campagne contre le nationalisme bourgeois des années 50 n'avait pas de fondement. Dès 1963 aussi, les mécontentements nés de la suppression des institutions slovaques au sein de la Constitution de juillet 1960 commencèrent à se manifester : les idées de fédéralisme circulaient, même si le XIIIe Congrès du PCT maintenait en décembre 1965 la thèse selon laquelle la Slovaquie ne requérait pas de traitement particulier. Les intellectuels slovaques utilisaient l'organe de l'Union des écrivains, le *Kultúrny život*, pour dénoncer les retards dans la libéralisation et la déstalinisation. Il était de plus en plus clair que, pour les Slovaques, les progrès en ce sens étaient étroitement liés à une transformation constitutionnelle du pays, voire à une fédéralisation. Certaines alliances politiques allaient dépendre de ce constat.

Toute la société était en fait en mouvement à partir du milieu des années 60, malgré les raidissements du pouvoir. Et l'évolution internationale — tant la coexistence pacifique que la montée de l'affrontement sino-soviétique — ne pouvait pas ne pas avoir de retombées internes. L'effervescence déclenchée en 1962 avec la redécouverte de Kafka — écrivain jusque-là tabou à Prague, sa ville natale ! —, puis avec le IIIe Congrès des écrivains ne s'éteignit plus, même si la politique de la carotte et du bâton se poursuivit jusqu'en 1967.

Cette revivification de la société touchait tous les secteurs.

Jaroslav Seifert (1901-1986), poète,
prix Nobel de littérature 1984, est en même temps
à partir de 1956 le porte-parole d'une éthique
qui s'impose aux créateurs.

La réflexion économique d'Ota Šik et de Radoslav Selucký déboucha en 1965 sur une réforme qui, toute modérée qu'elle ait été, ouvrait des perspectives nouvelles. Les Tchécoslovaques pouvaient à nouveau massivement voyager à l'Ouest : la découverte du monde occidental était pour eux un choc qui se refléta immédiatement dans le domaine culturel, en particulier chez les jeunes. Le cinéma de Miloš Forman, d'Ivan Passer, de Věra Chytilová, de Jiří Menzel, de Juraj Jakubisko... illustra cette liberté nouvelle qui s'exprimait aussi à travers les œuvres de jeunes et brillants écrivains que le monde commençait à découvrir : entre autres, Škvorecký, Hrabal, Kundera, Vaculík, Havel chez les Tchèques, Tatarka, Mňačko chez les Slovaques.

À Prague, comme à Bratislava, l'Union des écrivains était

devenue le foyer principal de la contestation. Bien entendu, la censure était toujours vigilante — elle s'exerça 381 fois entre 1963 et 1967 —, mais les espaces de liberté se multipliaient désormais, y compris dans le monde scientifique et universitaire. Les philosophes dépassaient la vulgate marxiste et exaltaient l'humanisme. La sociologie, discipline « dangereuse », retrouvait sa place à l'Université. Dans le domaine historique, la revue *Dějiny a současnost* était le support du « révisionnisme » et du retour à une certaine éthique professionnelle bafouée depuis des années.

Au sein même du parti, la critique était engagée dans plusieurs directions. L'Institut d'économie dirigé par Ota Šik étudiait une réforme du Plan et la réintroduction du marché dans l'économie socialiste. Radovan Richta animait une réflexion sur la société technicienne moderne. Zdeněk Mlynář pensait des rapports politiques rénovés au sein du parti communiste. L'Institut de politique internationale et d'économie (Umpe) et sa revue *Mezinárodní vztahy* s'attachaient à l'examen de nouvelles voies en politique étrangère. Ce courant « technocratique » visant à concevoir des améliorations pour rendre le système communiste plus efficient avait des partisans au sein des organes suprêmes de l'État : le premier ministre Jozef Lenárt ou Oldřich Černík, président de la Commission du Plan, par exemple.

En 1967, les tensions atteignirent leur sommet. Ludvík Vaculík lança l'offensive en concluant son discours au IVe Congrès des écrivains en ces termes : « Je ne crois pas que l'évolution que nous avons connue était nécessaire et je n'identifie pas ce pouvoir avec le socialisme /.../ Si ceux qui exercent le pouvoir /.../ venaient ici et nous demandaient si le socialisme est réalisable, ils devraient accepter la réponse suivante comme l'expression de notre bonne volonté et en même temps comme celle de notre plus haute loyauté civique : Je ne sais pas. » La brèche était ouverte et les intellectuels s'y engouffrèrent dans une épreuve de force avec le pouvoir qui ne sut y répondre que par la violence policière : exclusions de l'Union des écrivains, la prison pour certains, tutelle des autorités idéologiques sur les Unions..., ce qui n'empêcha pas le pouvoir d'échapper des mains de Novotný.

Du printemps à l'hiver de Prague

Ce que l'on désigne communément sous le nom de « Printemps de Prague » recouvre deux réalités différentes : une réflexion au sein du parti communiste qui a pour objet de répondre aux défis posés au pouvoir par les dysfonctionnements de la société, et un discours plus large véhiculé par les intellectuels et les médias. C'est à cette dernière orientation, plus spectaculaire, que les Occidentaux ont été les plus sensibles, donnant des événements de Prague et de Bratislava une interprétation souvent déformée.

Un Slovaque à la tête du PCT

Dès le mois de février 1967, Novotný avait été critiqué au Comité central. À l'avalanche de reproches du Congrès des écrivains de juin, il avait répondu par la répression. Le plénum du 30 octobre fut une nouvelle occasion de réagir pour ses adversaires. Dubček, premier secrétaire du PC slovaque, l'accusa d'avoir substitué des documents approuvés au présidium par un texte personnel et de sacrifier la Slovaquie. Il s'ensuivit une mêlée confuse au cours de laquelle — Novotný ayant reproché à Dubček son « nationalisme bourgeois », ce qui rappelait des propos de triste mémoire —, les Slovaques s'étaient retrouvés aux côtés des libéraux réformateurs pour dénoncer « le cumul des fonctions ». Point évidemment sensible. Novotný chercha le soutien de Moscou, mais ses rapports avec Brejnev n'étaient pas excellents depuis qu'en 1964 il lui avait énergiquement reproché de ne pas l'avoir prévenu de l'éviction de Khrouchtchev. Brejnev ne le reçut pas et il dut se contenter d'une promesse de voyage à Prague. Le premier secrétaire du PCUS y vint effectivement, le 8 décembre, en se gardant de prendre une position très nette sur le conflit en cours.

Dans l'opinion, la violence de la police contre une manifestation d'étudiants, qui se plaignaient des conditions matérielles déplorables des cités universitaires, accentua le malaise. Et, quand le Comité central se réunit le 19 décembre 1967, malgré les atermoiements de la direction du parti, la question du remplacement de Novotný fut finalement évoquée. Mais l'on se heurta au fait que le présidium était divisé en deux groupes égaux. Impossible de trouver immédiatement un successeur au Premier secrétaire. La proximité des fêtes aidant, la session fut reportée au début du mois de janvier.

Pendant ce laps de temps, Antonín Novotný ne resta pas inactif et tenta d'utiliser l'armée pour le soutenir. En vain. Après trois jours de discussion, le 5 janvier, il dut se retirer devant Alexander Dubček. Le choix était loin d'avoir été facile. Il s'était fait par défaut, plusieurs candidats ayant été précédemment réfutés. Si le premier secrétaire du parti slovaque fut finalement accepté, c'est qu'il avait la réputation d'être un modéré, voire manipulable.

Alexander Dubček était donc un Slovaque, né en 1921 près de Topolčiany. Son père avait connu l'émigration en Amérique du Nord comme nombre de ses compatriotes. Mais à la différence de la majorité d'entre eux, il était rentré en Slovaquie au lendemain de la guerre, adhérant au PCT dès sa fondation en 1921. Puis il était parti en URSS en 1925, à Frounzé puis à Gorki, pour construire le socialisme, avant de revenir à Trenčín en 1938. Le jeune Dubček avait donc baigné dans le communisme. Il avait participé à la Résistance et au soulèvement de 1944, au cours duquel son frère avait trouvé la mort, lui-même ayant été blessé à deux reprises. À la tête du

PC slovaque depuis 1963, il était devenu populaire par son sens du contact et sa simplicité. À la différence des membres de l'équipe précédente, il savait sourire ! Mais ses indéniables qualités humaines seraient-elles suffisantes pour tenir une situation explosive ? Ses adversaires espéraient lui reprendre les rênes du pouvoir. Une anecdote est révélatrice sur l'homme : une fois élu, Dubcěk aurait normalement dû rendre immédiatement visite aux Soviétiques — ce qu'il fera seulement fin janvier — et prendre quelques mesures d'urgence contre ses adversaires. Il préféra aller à Bratislava pour assister à un match de hockey. Ce sens du contact lui valut rapidement une grande popularité dans l'ensemble du pays. Mais il ne résolvait pas la question fondamentale du pouvoir : quelle voie choisir pour la Tchécoslovaquie ?

Certains préconisaient une libéralisation qui s'appuierait sur l'appareil du parti et de l'État. D'autres étaient partisans d'une transformation radicale et profonde, conduisant vers une véritable démocratisation dont les masses et les progressistes seraient le moteur. Le choix entre ces deux options supposait l'accord rapide d'un Congrès extraordinaire du parti, formé de nouveaux délégués représentants de l'état de l'opinion. La lutte politique allait donc se cristalliser autour de la date de convocation du XIVe Congrès, finalement fixée au 9 septembre 1968. Dubčeк avait très longtemps hésité avant de prendre sa décision, annoncée le 1er juin.

Le « Printemps de Prague »

Parmi les deux courants principaux — car il y en eut d'autres, comme l'autogestion — qui se disputèrent la domination idéologique de ces quelques mois, le mouvement technocratique animé par les économistes et les experts communistes trouva sa « codification » avec le programme d'action du PCT adopté par le Comité central d'avril. Il s'agissait d'un programme de transformations graduelles des structures bureaucratiques en structures socialistes, dans le sens d'une démocratisation du régime, plus large qu'une simple libéralisation venue d'en haut, mais sans remettre en question le rôle dirigeant du parti communiste, un parti régénéré et purifié qui aurait ainsi retrouvé sa légitimité. Sa transformation devait permettre de prendre en compte la diversité des opinions exprimées par les masses. Le dialogue interne se substituerait en quelque sorte à un véritable pluralisme.

Face à ce courant interne au parti, une constellation plus libertaire, soutenue par les intellectuels et les étudiants, bénéficiait du soutien de médias de plus en plus acquis à une véritable démocratie. L'Union des écrivains (dirigée désormais par Eduard Goldstücker), *Literární listy*, de nombreux titres encouragés par la suppression de la censure fin juin 1968, les médias audiovisuels appuyaient cette orientation qui trouva son expression dans le *Manifeste des deux mille mots* rédigé par Ludvík Vaculík et publié le 27 juin. Cet appel à la consolidation des acquis du printemps, modéré dans le ton, fit cependant l'effet d'un brûlot parce qu'il s'adressait directement aux citoyens et sortait l'action politique du ressort exclusif du parti. Vaculík invitait ses compatriotes à prendre leur destin en mains. Ce courant comptait sur une opinion publique libre, sur la séparation des pouvoirs et sur le pluralisme, pour garantir une démocratie durable. Fin juin, il l'emportait visiblement sur le réformisme du parti communiste. Un sondage de juillet indiquait qu'en cas d'élections libres, 28 % des personnes interrogées voteraient pour le parti communiste, qui restait très loin en tête des choix possibles (34 % ne désignaient aucune force politique), et 82 % ne souhaitaient pas un retour au capitalisme. Ces deux chiffres, dans leur ambiguïté, reflétaient bien l'opinion : le maintien de son adhésion au socialisme, à condition qu'il assure une totale liberté aux citoyens, peut-être une sorte de social-démocratie.

L'évolution politique allait dans le sens d'un laminage des conservateurs. En mars 1968, Novotný avait perdu la présidence de la République au profit du général Ludvík Svoboda. En avril, Jozef Lenárt était remplacé par Oldřich Černík à la tête du gouvernement, le populaire Josef Smrkovský était élu président de l'Assemblée nationale et František Kriegel occupait la présidence du Front national. La percée des libéraux se faisait sentir dans tous les secteurs de la société. Des organisations nouvelles apparaissaient, tel le KAN, « club des engagés apolitiques » ou le K. 231 qui regroupait des victimes du régime.

Ces quelques mois furent marqués par une atmosphère particulière de libération. Jamais les Tchèques et les Slovaques n'avaient participé aux fêtes du 1er Mai comme ils le firent cette année-là. Sans contrainte, dans la spontanéité et la joie d'un dialogue retrouvé. Le dialogue, maître mot de l'époque, qui caractérisa ce que Dubček qualifiait paradoxalement de « socialisme à visage humain », dans une société délivrée de l'oppression et de l'arbitraire, « attentive à assurer les besoins de tous ». Au-delà de ce climat spectaculaire de liberté, d'euphorie, de retrouvailles de la population avec ses élites politiques, le Printemps de Prague a été marqué par le reflux de l'emprise de l'État.

L'échec du système sociopolitique antérieur le rendait intolérable. En 1968, la solidarité de classe devint secondaire par rapport au sentiment d'appartenance à une communauté nationale portée par un même enthousiasme et une redécouverte de l'éthique. Les Tchécoslovaques rejetaient une conception qui faisait de l'adéquation des moyens aux buts un critère d'évaluation décisif. Karel Kosík tentait de définir un socialisme humaniste, Václav Havel revenait à une éthique occidentale traditionnelle.

Le désengagement de l'État jouait aussi bien au niveau personnel que collectif. La liberté religieuse, les droits de l'homme, le respect de l'individu étaient affirmés avec force dans les faits. Les réhabilitations s'étaient largement étendues et des intellectuels de grande envergure comme le critique Václav Černý ou le phénoménologue Jan Patočka retrouvaient leur juste place dans le monde universitaire et intellectuel. Le consensus était réalisé, au moins sur le principe de la réouverture du débat, même sur les questions les plus brûlantes. Dans le domaine économique, ce replacement du travailleur au centre de l'activité et de la production déboucha sur une grande discussion — qui ne put aboutir faute de temps — sur le choix entre autogestion et cogestion. Et, sur le plan institutionnel, le respect des spécificités nationales se traduisit par l'adoption d'un système fédéral voté en octobre 1968 et appliqué à partir du 1er janvier 1969, donnant finalement satisfaction aux revendications slovaques.

L'invasion du 21 août 1968

En revendiquant de plus en plus fermement sa volonté de mettre en œuvre une voie spécifique vers le socialisme, le « Printemps de Prague » devint un modèle déstabilisateur pour le monde soviétique et même pour le mouvement communiste, déjà éprouvés par les schismes yougoslave et chinois.

Parallèlement aux évolutions internes, une autre histoire se jouait donc sur la scène internationale. « Il faut que nous restions réalistes/.../ Le réalisme nous conseille de prendre en compte toutes les conditions qui nous entourent. Ce fait nous mènera indiscutablement, dans la situation actuelle, à la conclusion que la Tchécoslovaquie, ancrée parmi les États socialistes, a gagné ainsi pour la première fois de son histoire la sécurité de ses frontières et de son existence étatique... » Ces propos tenus en avril 1968 par Antonín Šnejdárek, le directeur de l'Institut pour la politique et l'économie internationales de Prague, illustrent bien les craintes que nourrissaient certains. Brejnev avait déjà exprimé son mécontentement en février, à l'écoute du discours de Dubček commémorant le 40e anniversaire de la prise de pouvoir par les communistes. C'est le 23 mars, à Dresde, que les premiers secrétaires des pays du Pacte de Varsovie se réunirent pour discuter de la situation tchécoslovaque. Dubček fut alors soumis au feu des critiques de Brejnev, et surtout de l'Allemand Walter Ulbricht et du Polonais Władislaw Gomułka. La presse prit rapidement le relais : allemande tout d'abord, puis polonaise et soviétique. Les signes ne manquèrent pas d'une inquiétude des alliés. Le commandant des troupes du Pacte de Varsovie vint à Prague fin avril, le ministre de la Défense soviétique, suivi par le chef du gouvernement, en mai. Et en juin, 16 000 hommes du Pacte manœuvrèrent pendant dix jours sur le territoire tchécoslovaque, retardant ensuite leur départ, ce qui ne manqua pas de susciter de vives inquiétudes, jusqu'à leur retrait début août.

Les membres du Pacte étaient divisés sur le principe d'une intervention militaire. Gomułka et Ulbricht y étaient clairement favorables, craignant à juste titre la contagion des idées du « Printemps de Prague » dans leurs pays. Du côté soviétique, la situation était très partagée : les militaires, le KGB, les Ukrainiens, les Biélorusses, certains responsables idéologiques comme Demichev, poussaient à une fin brutale de l'expérience tchécoslovaque. Au contraire, Kossyguine et les responsables de la politique internationale plaidaient pour l'apaisement, tout comme les Hongrois. Léonid Brejnev se rallia à la ligne dure entre la fin mars et le mois de mai.

L'accélération du processus de libéralisation de l'été s'accompagna d'une montée de la pression internationale. Le 11 juillet 1968, la *Pravda*, l'organe du PC soviétique, qualifiait le *Manifeste des deux mille mots* de « plate-forme de la contre-révolution en Tchécoslovaquie ». Quelques jours plus tôt, les Cinq (Bulgarie, Hongrie, Pologne, RDA et URSS) avaient adressé une mise en garde à Dubček. Les 14 et 15 juillet, nouvelle réunion des Cinq à Varsovie, nouvel avertissement récusé par le présidium tchécoslovaque. Finalement, les dirigeants tchécoslovaques et soviétiques se rencontrèrent dans la gare de Čierná-nad-Tisou, à la frontière soviéto-tchécoslovaque. Une réunion dramatique qui aboutit à un compromis : les dirigeants tchécoslovaques acceptaient de renforcer leurs organes de sécurité et de sacrifier les « bêtes noires » des Soviétiques, en échange de quoi les Cinq retireraient les troupes qui restaient encore sur le territoire et s'abstiendraient de critiquer aussi durement Prague. La conférence de Bratislava du 6 août entérina cet équilibre très précaire.

L'intervention des troupes des Cinq soulève un problème d'interprétation sur le choix soviétique. Dès mars, un certain nombre d'éléments préparatoires à l'intervention avaient été mis en place. Mais c'est assez tardivement, semble-t-il, que la décision fut prise irrévocablement. Outre les forces en action que nous avons décrites, les clivages internes à la Tchécoslovaquie jouèrent aussi leur rôle.

Si l'immense majorité de la société était acquise aux idéaux du Printemps de Prague, il n'en était pas de même au sommet du pouvoir. Il ne faut pas oublier que le présidium et le secrétariat du parti communiste étaient fondés sur une alliance antinovotnyenne. Une fois l'adversaire principal éliminé, un autre clivage tout à fait différent apparut fin juin, entre une coalition réformiste et un groupe antiréformiste, auquel se joignirent des hommes qui réagissaient en fonction d'autres critères. Les éléments les plus conservateurs redoutaient les élections qui se préparaient en vue du XIVe Congrès, et dont ils savaient qu'elles les balaieraient. Ils prirent contact avec les représentants de l'URSS à Prague, à qui ils firent part de leur crainte de voir la « contre-révolution » l'emporter : plusieurs membres du présidium du Comité central demandèrent l'aide des pays frères, ce qui désarmait évidemment les partisans d'une solution pacifique.

Les entretiens de Dubček avec Ulbricht et Kádár et les visites triomphales de Tito et de Ceaucescu à Prague ne furent dès lors que des épisodes mineurs. Dans la nuit du 20 au 21 août 1968, la Tchécoslovaquie fut envahie par plusieurs centaines de milliers d'hommes et ses dirigeants furent enlevés et conduits à Moscou, où ils furent contraints — à l'exception de František Kriegel qui eut le courage de refuser — de signer un protocole d'accord sur le stationnement temporaire des troupes soviétiques.

Le syndrome de Munich et le « Biafra de l'esprit »

Contrairement à ce que l'on aurait pu croire, l'intervention militaire des troupes du Pacte se solda dans un premier temps par un échec. En effet, les Soviétiques ne trouvèrent pas les hommes qui leur auraient permis de constituer un gouvernement dévoué tout en ayant un minimum de crédibilité et de légitimité. Ceux qui avaient fait appel à eux, les Bilák, Indra et autres Kolder, étaient totalement discrédités.

Il fallait donc passer par une phase intermédiaire de collaboration avec l'ancienne équipe au pouvoir. Au lieu d'un

Le 21 août 1968, les chars soviétiques
sur la route de Poprad en Slovaquie orientale.

système de kádárisation, comme cela avait été le cas à l'issue de la révolution hongroise de 1956, les occupants pratiquèrent « la tactique du salami » qui consista à éliminer très progressivement, par tranches, les partisans des idées du « Printemps de Prague ». Dubček, Svoboda et leurs camarades allaient être eux-mêmes les acteurs de ce processus, collaborateurs plus ou moins volontaires de ce début de « normalisation » : à leur décharge, la conviction qu'il était possible de négocier et de sauver certains acquis de 1968.

Un des buts de l'intervention avait été d'empêcher la réunion du XIVe Congrès extraordinaire du parti. Il eut pourtant lieu clandestinement dans une usine de Prague le 22 août : 1 219 délégués sur les 1 543 désignés y élurent un Comité central de 144 membres qui confirmait entièrement les options réformatrices et libérales. Moins de 9 % des membres du parti y étaient opposés. Quelques jours plus tard, le parti slovaque portait à sa tête Gustav Husák, qui se démarquait des positions praguoises.

Partout dans le pays une résistance passive s'organisait : les panneaux de signalisation furent enlevés, jetant l'occupant dans la plus grande confusion. Des émetteurs radio ambulants défièrent pendant plusieurs semaines les radars qui cherchaient à les identifier. Des publications indépendantes virent le jour tandis que la population brocardait les initiatives soviétiques : Radio Vltava en provenance de RDA ou le journal *Zprávy*... Tchèques et Slovaques résistaient avec leurs seules armes, la dérision et l'imagination. Devant le recul de l'équipe dirigeante — Ota Pavel, František Kriegel, Jiří Hájek, Jiří Pelikan, Zdeněk Hejzlar... furent destitués entre les mois d'août et de septembre —, certains recoururent à des gestes spectaculaires : le jeune étudiant Jan Palach qui s'immola par le feu, suivi par Jan Zajíc. Le geste de Palach eut un écho semblable à celui de Jan Masaryk, vingt ans plus tôt. Des centaines de milliers de personnes suivirent ses obsèques le 25 janvier 1969.

Inexorablement, l'emprise des conservateurs prosoviétiques s'étendait. Ils prirent prétexte des débordements consécutifs à la victoire de l'équipe de hockey tchécoslovaque sur l'équipe soviétique, le 28 mars, pour écarter Alexander Dubček de ses fonctions et le remplacer par Gustav Husák. Rétrogradé au rang de président de l'Assemblée, puis d'ambassadeur en Turquie, l'ancien chef du parti communiste fut finalement employé au service de jardinage de la ville de Bratislava.

En août 1969, les manifestations organisées pour le premier anniversaire de l'invasion dégénérèrent en affrontements violents, faisant des morts et des dizaines de blessés. Parallèlement, l'épuration s'accéléra. Début janvier 1970, Husák déclarait que le processus serait achevé dans le courant de l'année et il précisait au Comité central : « Le parti ne s'abaissera pas à fabriquer des procès. »

Sur le premier point, il n'avait pas tort. En janvier 1968, le parti comptait près de 1,7 million de membres. 150 000 l'avaient quitté après l'intervention. 1,5 million d'adhérents environ furent soumis à vérification : près de 22 % ne retrouvèrent pas leur carte et 28 % ne la reprirent pas. Mais, par un afflux de nouveaux membres, le parti retrouvait 1,2 million d'adhérents au XIVe Congrès officiel de mai 1971. L'épuration avait été très profonde au sommet de l'État et du parti. Dans l'armée, par exemple, un cinquième des officiers avait été expulsé ou rayé et 20 généraux, sur 136, dégradés. Les procès commencèrent dès 1970 et se poursuivirent sans discontinuer jusqu'en 1989. La répression politique et la magistrature de Husák, devenu également président de la République en mai 1975, constituent indiscutablement les deux caractéristiques majeures de ces deux décennies.

Il n'est pas étonnant que, dans une telle situation, l'émigration ait été un phénomène naturel et massif. Les Tchécoslovaques préfèrent d'ailleurs le terme d'exil, qui traduit mieux la contrainte et la violence politique. Le chiffre de cet exil reste à établir précisément : on a avancé celui de 172 000 pour les années 1968-1971 et, pour les deux décennies suivantes, jusqu'à 700-800 000, ce qui paraît excessif. Quoi qu'il en soit, l'exil a eu pour effet un considérable affaiblissement des élites intérieures, aussi bien littéraires, artistiques que techniciennes. Quelques noms illustrent ce processus : se trouvent à l'étranger les cinéastes Miloš Forman et Ivan Passer, les écrivains Milan Kundera, Josef Škvorecký, Pavel Kohout, Ladislav Mňačko, le chef d'orchestre Karel Ančerl, le peintre Jiří Kolář, les universitaires Ota Šik et František Graus, le maître d'échecs Luděk Pachman, les journalistes Antonín Liehm, Jiří Pelikan, des politologues comme Zdeněk Hejzlar et Zdeněk Mlynář... Journaux et maisons d'édition prestigieuses furent alors créés en Europe occidentale et en Amérique, venant renforcer le tissu du premier exil de 1948, de telle manière que la vie culturelle et intellectuelle tchèque de cette époque, dans une moindre mesure slovaque, ne peut être appréciée sans y intégrer cette dimension extérieure à la Tchécoslovaquie.

Quel espoir ?

La chronique de la répression prendrait l'allure d'un catalogue tragique de procès, de haine au quotidien subie par quelques milliers de personnes étroitement surveillées. Les listes de collaborateurs de la police secrète publiées après 1989 ont fait état de plusieurs dizaines de milliers de personnes, par contrainte ou par intérêt, plus rarement par conviction. La Tchécoslovaquie était en ce sens un État policier. Mais il y avait une sorte de contrat tacite dans cette société encadrée et surveillée. Le pouvoir demandait au citoyen de ne pas se mêler de politique, de laisser le parti et ses dirigeants libres de prendre leurs décisions, en échange de quoi ils lui assuraient une augmentation de son niveau de vie. Les indices économiques des années 70 et 80 témoignent de cette amélioration sensible en termes de consommation. Entre 1970 et 1985, les revenus réels ont augmenté d'environ 50 %.

Sur le plan économique, le pendant de la doctrine Brejnev — élaborée à la suite de la « crise » tchécoslovaque, et selon laquelle le socialisme devait être défendu partout où il était menacé — fut une intégration plus poussée entre les pays du Conseil d'Aide économique mutuelle : la spécialisation de la production s'accentua et les Tchécoslovaques furent contraints d'accepter des productions lourdes, coûteuses en énergie et en dégâts pour l'environnement, ainsi qu'un effort particulier dans l'industrie d'armement. L'accroissement des échanges avec l'URSS fut le deuxième aspect de cette politique : en 1968, 32,4 % du commerce extérieur tchécoslovaque se faisait avec l'Union soviétique ; en 1989, 43,5 %. La dépendance de la Slovaquie à l'égard des sources d'énergie et des matières premières du voisin de l'est était considérable. En troisième lieu, les années 80 furent marquées par un net ralentissement de la croissance, dû au renchérissement des matières premières répercuté par l'URSS, à l'affaissement structurel de la main-d'œuvre et à une dégradation générale de la société.

Il convient de souligner un autre élément pour cette période : la transformation de la Slovaquie en province industrielle. En 1953, le secteur primaire représentait près de 49 % de la population active, le secteur secondaire 19 % ; à la fin des années 80, ces chiffres étaient respectivement de 15 % et de 34 %. La présence massive de Slovaques à la tête de l'État, la montée de leur poids démographique au sein de la fédération et la volonté délibérée de rééquilibrer les deux parties du pays en y favorisant les investissements expliquent cette mutation. Ces « succès », parfois chèrement payés en termes d'environnement à cause des entreprises chimiques et des usines d'armement, s'accompagnèrent d'une situation politique particulière. Car il faut noter que la normalisation causa nettement moins de dommages en Slovaquie qu'en Pays tchèques, la répression y étant à la fois moins absolue et moins rigoureuse. L'émigration, proportionnellement plus faible, en fut le reflet.

Les satisfactions matérielles de tous ordres — logement, ravitaillement, prestations sociales — ne pouvaient permettre l'établissement d'un pacte social durable. Après les premières années de désarroi, un certain nombre d'intellectuels se résolurent à agir en s'appuyant sur les conventions internationales ratifiées par le Parlement tchécoslovaque en 1975 et 1976, et, notamment, sur les conclusions de l'Acte final d'Helsinki. C'est ainsi que naquit la Charte 77, mouvement pluraliste dont la plate-forme était le respect des Droits de l'Homme. Le philosophe Jan Patočka, le dramaturge Václav Havel et l'ancien ministre des Affaires étrangères Jiří Hájek furent les premiers porte-parole du mouvement de la Charte signée par 243 personnes. À la fin de l'année, on comptait 800 signataires. Adhérer à ce document signifiait une marginalisation immédiate, professionnelle et sociale, aussi fallait-il un courage certain pour abandonner toute sécurité, même si, dans les années 80, le mouvement put s'appuyer sur une aide matérielle en provenance de l'émigration et de l'étranger. L'on disait de la Charte qu'elle avait peu de bouches mais beaucoup d'oreilles. En effet, dans les années 80, les émissions tchèques de l'étranger en provenance d'Allemagne avaient une audience croissante et un effet amplificateur pour toutes les activités de la dissidence, de la Charte ou du Comité des personnes injustement poursuivies (VONS). Beaucoup de citoyens tchécoslovaques sympathisaient donc avec ces idéaux et désapprouvaient le régime, mais demeuraient dans une « zone grise », ce qui consistait à refuser l'adhésion au parti, donc à se priver des avantages afférents, tout en ne rompant pas totalement avec la société.

La dissidence était une nébuleuse complexe, formée d'une opposition clandestine qui avait une activité essentiellement

Jan Patočka (à gauche) en discussion avec Karel Kosík (à droite)
et Madame Šnekbergová.

intellectuelle, pédagogique (les séminaires animés par Ladislav Hejdánek, par exemple), religieuse et éthique, diffusant des œuvres par le biais des publications clandestines du *samizdat* (ou *petlice*). La littérature, l'histoire, la philosophie, la théologie et la sociologie étaient les disciplines les mieux représentées dans ces publications confidentielles dont la réalisation et la détention pouvaient valoir de sévères sanctions. Dans les années 80, il y eut une véritable circulation de l'information entre l'étranger et la Tchécoslovaquie. Ici encore, la part des Slovaques fut réduite pour les raisons exposées plus haut, parce qu'ils ne subissaient pas les mêmes contraintes que leurs homologues tchèques et parce qu'ils bénéficiaient d'espaces de liberté moins restreints.

L'Église catholique joua elle aussi un rôle important dans le renouveau de l'opposition : très présente au sein de la Charte, forte de la proximité polonaise et du prestige de Jean-Paul II, elle acquit par ses initiatives une légitimité qu'elle avait historiquement perdue. En 1983, 1985, 1988, l'Église et ses fidèles,

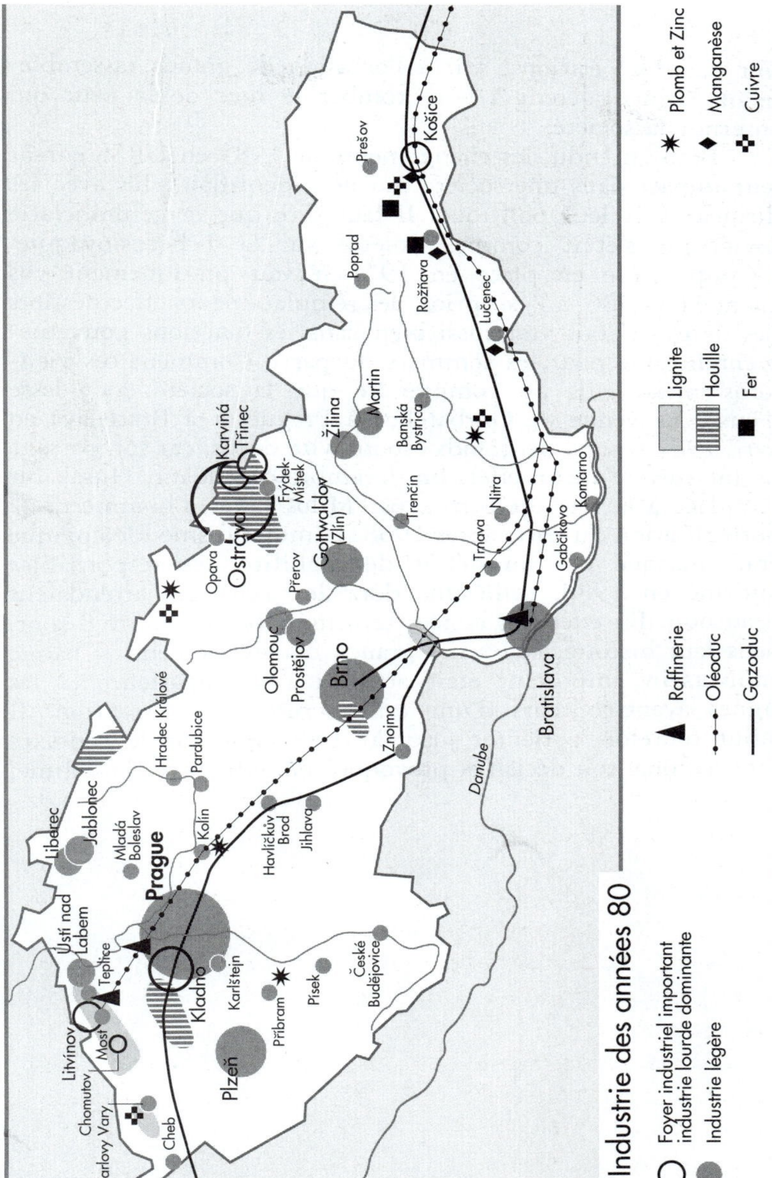
L'Industrie des années 80
Foyer industriel important
industrie lourde dominante
Industrie légère
Raffinerie
Oléoduc
Gazoduc
Lignite
Houille
Fer
Plomb et Zinc
Manganèse
Cuivre
Karlovy Vary
Cheb
Chomutov
Litvínov
Most
Teplice
Ústí nad Labem
Liberec
Jablonec
Mladá Boleslav
Prague
Kladno
Karlštejn
Plzeň
Příbram
Písek
České Budějovice
Kolín
Hradec Králové
Pardubice
Havlíčkův Brod
Jihlava
Znojmo
Brno
Olomouc
Prostějov
Přerov
Opava
Ostrava
Karviná
Třinec
Frýdek-Místek
Gottwaldov (Zlín)
Žilina
Martin
Banská Bystrica
Trenčín
Trnava
Nitra
Bratislava
Gabčíkovo
Komárno
Lučenec
Rožňava
Poprad
Prešov
Košice
Danube

soit par des pétitions, soit à l'occasion de grands rassemblements, contribuèrent à faire tomber le mur de la peur qui enserrait la société.

Bien entendu, les changements de 1985 en URSS eurent leur impact dans une société qui ne s'identifiait plus avec ses dirigeants et leur politique. Il faut dire que la gérontocratie soviétique s'était comme projetée sur la Tchécoslovaquie. L'équipe mise en place en 1971 n'avait pratiquement pas changé en 1986, à l'exception des remplacements effectués lors des décès : c'était vrai aussi bien dans les fonctions gouvernementales que pour les sommets du parti. Comment ces vieillards auraient-ils pu comprendre que la société était lasse d'eux ? La venue de Gorbatchev à Prague et à Bratislava en avril 1987 suscita de grands espoirs vite déçus, car son passage ne fut suivi d'aucun effet. En décembre cependant, Husák fut remplacé à la tête du parti... par Miloš Jakeš, l'homme de la normalisation du parti après 1968. L'immobilisme idéologique était masqué par un début de mobilité des responsables onfirmé en 1988, millésime dont les Tchèques attendaient beaucoup. En effet, les années terminées par le chiffre 8 sont, dans leur histoire, celles des grands bouleversements. Chaque anniversaire important était attendu avec impatience et les signes avant-coureurs d'une crise scrutés avec attention. Il fallut toutefois patienter jusqu'à 1989 pour que le contexte international soit décisif et provoque l'effondrement du régime.

La liberté, pour quoi faire ?

Incapable de répondre aux aspirations de la population, tant en matière de consommation que de libertés, le pouvoir s'était discrédité. Ce pouvoir, du reste, doutait de lui-même et de minces espaces de liberté s'étaient créés au milieu des années 80, reflet de tensions internes sur les choix à suivre pour maintenir le régime. Au sein d'une opinion qui avait brisé le cercle vicieux de la passivité engendrée par la peur, la dérision était mêlée d'amertume au fur et à mesure que les semaines passaient et que les régimes communistes monolithiques disparaissaient. En 1989, la Pologne, la Hongrie, la RDA et la Bulgarie précédèrent sur cette voie la Tchécoslovaquie, dont les citoyens avaient découvert, avec stupeur, l'effondrement dans la hiérarchie mondiale. Comment cet État, qui figurait parmi les dix premières puissances économiques du monde dans l'entre-deux-guerres, pouvait-il avoir été relégué vers le quarantième rang ? À quoi, à qui était due cette déchéance, sinon au système et à ceux qui l'avaient servi — ou s'en étaient servi ? La fin ne justifiait même pas les moyens. Le cynisme ne pouvait plus être compensé par l'efficacité.

La « révolution de velours »

Profondément miné, le régime s'effondra donc en quelques jours sans violence. Et l'on parla aussitôt d'une « révolution de velours », commencée le 17 novembre par la mobilisation des étudiants et achevée par l'élection du dramaturge Václav Havel à la tête de l'État, fin décembre : paradoxe de l'Histoire, ses électeurs avaient voté la législation qui avait permis son emprisonnement au printemps. Havel symbolisait la résistance au régime. Ses années de prison antérieures en faisaient un martyr qui bénéficiait à l'étranger d'une aura et d'une réputation dépassant de loin la reconnaissance de son seul talent d'écrivain. Aux yeux des Tchèques, il apparaissait surtout comme le digne continuateur (le descendant ?) de Masaryk.

Mais était-ce une révolution ? Ne s'agissait-il pas plutôt d'une réaction inspirée par la volonté d'être libre et de rejoindre des standards de vie occidentale que l'on côtoyait tout en se sentant frustré depuis tant d'années ? La révolution implique en effet une radicalité et une violence dont les Tchèques sont peu coutumiers.

En cet automne 1989, les anniversaires de l'histoire tchécoslovaque touchaient à leur fin, dans un climat de tension extrême. La commémoration de la répression nazie du 17 novembre 1939 était la dernière occasion de manifester. Décidés à forcer le cours de la traditionnelle manifestation officielle par leur mobilisation, les étudiants réussirent à lever les dernières craintes qui retenaient leurs compatriotes d'agir. La violence avec laquelle leur cortège fut agressé par la police fut l'étincelle qui déclencha l'indignation. La nouvelle, plus tard démentie, de la mort d'un étudiant rappelait la mort d'Opletal, cinquante ans plus tôt. L'analogie entre le pouvoir communiste et l'occupant nazi fut immédiate. Une grève générale fut proclamée. Les théâtres du pays se transformèrent en scènes politiques. Le 19 novembre, une coalition des différentes forces de l'opposition se regroupa au sein du Forum civique. Et, chaque jour, des centaines de milliers de manifestants défilèrent dans les rues du pays, provoquant une énorme pression sur les représentants du régime, qui négociaient avec le Forum, pour finalement les contraindre au départ.

L'hypothèse d'une manipulation des événements ne doit pas être écartée. Mais elle a tourné court, car les apprentis sorciers gorbatchéviens qui voulaient éliminer les conservateurs ont été débordés par le mécanisme qu'ils avaient peut-être

Alexander Dubček (1921-1992) et Václav Havel (né en 1936)
en novembre 1989, au théâtre Laterna Magica
transformé en forum politique : deux générations et deux symboles.

eux-mêmes mis en marche. La rapidité et la facilité avec lesquelles le pouvoir s'est effondré s'expliquent par les développements internes de la société tchécoslovaque et l'effacement de la doctrine Brejnev, élaborée après août 1968 et appliquée une dernière fois en Afghanistan. L'échec soviétique ne démontrait-il pas que l'ours était sans griffes ? Son prestige, réduit au domaine militaire, tomba définitivement et, avec lui, celui du parti communiste. À la différence de ce qui se passa en Hongrie, en Pologne, voire en RDA, la faiblesse du courant réformateur au sein du PCT accéléra la chute : il n'y eut pas d'alternative communiste libérale en Pays tchèques.

Husák dut démissionner en décembre 1989 de la présidence de la République, tandis que de nombreux changements se produisaient dans tous les secteurs de l'État et que le parti communiste devenait minoritaire en janvier 1990 au sein du Parlement, à la suite d'un double système de démissions et de cooptations.

La question des nouvelles références de l'État arriva au premier plan : très vite, l'on s'aperçut que les tentatives des personnalités du Printemps de Prague pour reprendre les rênes du pouvoir étaient vouées à l'échec, même si le retour d'Alexander Dubček sur la scène publique fut accueilli avec émotion. L'expérience de 1968 faisait désormais partie d'un passé communiste honni, en particulier par les jeunes générations.

Les élections de juin 1990 allaient traduire les nouvelles orientations du pays. En République tchèque, le Forum civique disposait d'une large majorité des sièges. Il en était de même pour le Public contre la Violence (VPN), en Slovaquie. La surprise vint des résultats décevants de la démocratie-chrétienne et de l'assez bon comportement des communistes qui, avec 13,6 % des voix, retrouvaient leur score de l'entre-deux-guerres. Au niveau fédéral, les deux forces principales cohabitèrent un certain temps. Puis elles éclatèrent, affaiblies par des choix divergents, par les tensions entre Prague et Bratislava et par les ambitions de quelques fortes personnalités.

Des noces au divorce de velours

Au printemps 1991, le Forum civique se scinda entre le parti démocratique civique (ODS), dirigé par l'énergique ministre des Finances Václav Klaus, et le Mouvement civique (OH) inspiré par les anciens dissidents, tandis que l'impétueux Vladimir Mečiar fondait le Mouvement pour une Slovaquie démocratique (HZDS) et que le reste du Public contre la Violence ne représentait plus qu'une force numériquement marginale. Derrière ces restructurations se profilaient deux types de différenciations, l'une politique, l'autre nationale.

— Après l'euphorie de l'automne 1989 et quelques mois d'état de grâce où seule comptait la liberté retrouvée, la période était aux tâtonnements, aux discussions et aux premiers désaccords. En Pays tchèques, Václav Klaus voyait dans l'action du marché la panacée aux maux tchécoslovaques. Mais, habilement, sous des dehors doctrinaires et une apologie des idées ultralibérales et du modèle thatchérien, le ministre des

Finances tchécoslovaque composait avec les réalités. Ayant compris qu'il fallait s'appuyer sur l'appareil d'un parti, il lui donna même une base sociologique en lançant la privatisation. Les « managers » étaient en train de l'emporter sur les « idéalistes » qu'incarnait le président de la République. Václav Havel écrivait en été 1991 : « Le retour de la liberté dans une société en complète déliquescence morale a provoqué ce qui était inévitable et donc prévisible, mais incomparablement plus grave que ce qu'on pouvait attendre : la révélation fracassante des pires comportements humains, comme si tous les mauvais côtés de l'homme, les plus gênants, ou du moins les plus ambigus, cultivés par cette société pendant des années sans que nous le comprenions, et réintégrés à notre insu dans le fonctionnement quotidien du système totalitaire, s'étaient émancipés de cette tutelle en acquérant enfin la pleine liberté de s'épanouir... ». Traduction du sentiment éprouvé en observant le décalage entre l'aspiration à la liberté et les dysfonctionnements de la pratique politique.

Le discours de Havel mettait l'accent sur l'éthique politique : « La vraie politique, la seule digne de ce nom, et d'ailleurs la seule que je consens à pratiquer, est la politique au service du prochain. » Espérant un effet d'entraînement qui permettrait aux Tchèques de s'agréger à l'Europe occidentale, et repoussant l'idée d'une atomisation durable de la société, d'autres pensent que le marché serait à lui seul générateur de démocratie.

La rupture du parti démocratique civique (ODS) avec le passé prit la forme symbolique d'une loi sur les « lustrations » (octobre 1991), c'est-à-dire l'épuration des anciens collaborateurs de la police secrète (STB) dans toutes les fonctions de direction politique et administrative. L'adoption de ce texte empoisonna la vie publique pendant des mois, d'autant que des fuites donnèrent lieu à la publication de listes interminables... et tronquées de ces agents. La gestion de ce contentieux fut d'ailleurs un des éléments d'affrontement avec les Slovaques qui refusèrent d'appliquer les dispositions de cette loi.

— Les conceptions économiques de Klaus l'ayant emporté sur celles de Havel, le choix d'une réforme radicale remplaça une vision plus sociale. Or, les Tchèques se révélèrent bien mieux armés que les Slovaques pour faire face à la concurrence internationale. Il apparut rapidement que le rattrapage spectaculaire opéré en deux décennies par la Slovaquie sur les Pays tchèques était le résultat de transferts de Prague vers Bratislava et que la disparition des complémentarités au sein d'un Conseil d'Aide économique mutuelle, en pleine dissolution, affectait bien plus la partie orientale de la République que la Bohême-Moravie. Au début de l'année 1992, les taux de chômage étaient respectivement de 12 % et de 4 %. Les Slovaques commencèrent à écouter d'une oreille attentive ceux qui leur disaient qu'ils étaient une nouvelle fois victimes du « praguocentrisme » et des Tchèques. Mečiar — qui avait été évincé en avril 1991 par les chrétiens-démocrates — maniait cette arme démagogique que beaucoup reprirent, à l'exception des Slovaques les plus convaincus de la nécessité d'être étroitement liés aux Tchèques. Cette compensation — patriotique dans le meilleur des cas, plus souvent nationaliste et excluse — put se développer dans le terreau d'un imbroglio institutionnel hérité du régime précédent. État unifié, fédération, confédération ? Autant de mots jetés en pâture à une opinion qui, à en croire les multiples sondages alors réalisés, n'y comprenait goutte, mais qui, du côté slovaque, était de plus en plus sensible à la notion d'affirmation étatique nationale, ce qui, dans 80 % des cas, ne signifiait pas l'indépendance.

Les maladresses du pouvoir central, l'isolement du président de la République, la crise de la transition économique — la production industrielle a baissé d'environ 40 % entre 1989 et 1992 — expliquent la polarisation des élections de mai 1992. L'ODS d'un côté (33,9 % des suffrages), le HZDS de l'autre (33,53 %) menèrent le pays vers la séparation, forts tous deux de leur succès électoral.

Le recul manque à l'historien pour juger ce qu'il y a eu de délibéré et de subi dans ce processus. Deux faits demeurent : les dirigeants tchèques et slovaques n'ont rien fait pour l'enrayer, et ils se sont gardés de consulter l'opinion sur la question. En effet, toutes les prévisions indiquaient qu'une assez large majorité de leurs concitoyens était hostile à la scission.

Les responsables tchèques qui y étaient favorables parta-

Václav Havel, président de la République tchèque (2 janvier 1993).

geaient la conviction de cet hebdomadaire tchèque, titrant au cours de l'été 1992 : « Seuls vers l'Europe ou ensemble vers les Balkans. » Ils cherchèrent délibérément à se débarrasser du « fardeau » slovaque. Quant aux Slovaques — si l'on met à part le parti national slovaque inspiré par une émigration qui avait activement participé à l'expérience de 1939-45 —, ils voulaient surtout exorciser cette absence d'État dont ils faisaient un complexe, sans oublier la dynamique de fonctions nouvelles qu'offre aux élites la création d'un État national.

En juillet, la Slovaquie adopta une déclaration de souveraineté, puis le président fédéral, Václav Havel, démissionna. La Constitution slovaque fut votée le 1er septembre, suivie en décembre par la Constitution tchèque. Le 1er janvier 1993, une nouvelle frontière naissait en Europe entre la Moravie et la Slovaquie et deux États apparaissaient contre la volonté des peuples qui les constituaient et qui, après avoir cru quelques mois être « au volant de l'Histoire », eurent le sentiment que cette histoire se faisait sans eux.

Épilogue

Dans les rapports entre histoire tchèque et histoire slovaque, l'asynchronie est frappante depuis le XIXe siècle. Aux rares exceptions près de l'euphorie des retrouvailles libératoires d'octobre 1918, de mai 1945, de l'été 1968 et de l'automne 1989, Tchèques et Slovaques n'ont jamais été en phase. Quand les Tchèques recouvraient leur liberté, les Slovaques avaient un sentiment de frustration et un goût d'inachevé, et inversement. Du coup, ils n'ont ni les mêmes références historiques ni les mêmes panthéons. Leurs expériences ne sont pas seulement différentes, elles sont souvent antagonistes. Délaissés par l'Histoire, sans État, les Slovaques ont si peu de références enracinées que la slovacité l'emporte souvent chez eux sur d'autres valeurs, ce que l'héritage politique tchèque ne peut accepter. La tendance slovaque au consensus patriotique semble avoir joué en faveur de la démarche nationale de Vladimir Mečiar et d'un ancrage plus autochtoniste. Pourtant, il n'a pas bénéficié durablement de son aura de créateur de la Slovaquie puisque son gouvernement a été renversé en mars 1994. Et il ne faudrait pas sous-estimer à terme chez les Slovaques la tradition qui les rapproche des Tchèques depuis près d'un siècle et demi et les effets d'une longue cohabitation à laquelle des franges importantes de la population restent très attachées.

En 1994, le bilan d'une année de séparation est contrasté.

Sur le plan international, il est satisfaisant, en ce sens que la séparation n'a provoqué aucun trouble majeur et que, malgré toutes les difficultés, le dialogue et les arbitrages ont toujours prévalu dans les délicates opérations du partage des biens. En revanche, la situation est beaucoup plus complexe pour chacun des nouveaux États. Pour les Tchèques, les difficultés psychologiques à renouer avec les frontières du vieux royaume de Bohême se sont reflétées jusque dans le nom du nouvel État. Déjà, au début de l'année 1990, une polémique avait éclaté — avec tous les enjeux constitutionnels qui y étaient afférents — à propos du trait d'union entre « Tchéco » et « Slovaquie » : finalement, l'on s'était accordé sur la formule « République fédérative tchèque et slovaque ». Cette querelle était désormais vidée, mais il n'existait pas de nom pour désigner l'ensemble formé par la Bohême, la Moravie et la Silésie. L'appellerait-on *Česko*, c'est-à-dire « Tchéquie » — qui rappelle à des oreilles françaises le drame des accords de Munich et auquel on préférera « Pays tchèques » (*České země*) ? L'usage tranchera. Les querelles autour des symboles des deux nouveaux États étaient également significatives du malaise, les Tchèques reprenant par exemple l'héritage du drapeau tchécoslovaque et les Slovaques adoptant des emblèmes très proches de ceux de la Deuxième Guerre mondiale.

L'asynchronie mentionnée s'est à nouveau manifestée depuis 1993. Même si la vie politique a en commun d'être marquée à Prague et à Bratislava par l'importance de quelques personnalités plus que par des programmes, de profondes divergences sont rapidement apparues entre les deux capitales. Du côté tchèque : l'affirmation résolue d'un rétablissement du capitalisme et de la démocratie, l'élimination des anciens communistes, une certaine stabilité, une crédibilité internationale, l'atout du tandem Havel-Klaus à la tête de l'État. Du côté slovaque : une méfiance à l'égard d'options libérales radicales, une volonté de ne pas rejeter le passé immédiat — qui s'explique par l'appréciation différente des dernières décennies et l'importance du personnel politique communiste encore en place —, le dynamisme du parti communiste reconverti en parti de la gauche démocratique, la difficulté de l'opposition à se structurer...

Divergences aussi dans le domaine économique : le refus en Slovaquie d'une transition brutale avec un rythme de privatisation plus lent qu'en Pays tchèques, la faiblesse des investissements étrangers (85 % à 90 % d'entre eux se dirigent vers l'ouest de la République fédérative jusqu'à la partition), la fragilité de l'économie slovaque du fait de sa dépendance (tant en amont pour le ravitaillement qu'en aval pour les débouchés), l'importance du chômage slovaque — 15 % fin 1993 et des prévisions plus catastrophiques encore —, un déficit budgétaire plus élevé à Bratislava qu'à Prague...

Autant d'éléments qui ont accéléré le découplage entre les deux parties de la Tchécoslovaquie et qui n'ont fait que s'accentuer depuis la séparation. La République tchèque a bénéficié de sa démarche hardie et d'un certain consensus, même si les problèmes ne manquent pas et si la situation exceptionnelle dont elle jouissait encore au début de l'année 1994 est amenée à évoluer. Le désengagement de l'État a ses revers : l'initiative individuelle a pu se développer, parfois même dans une certaine anarchie où se confondent libéralisme et laisser-faire, mais le bouleversement des structures a profondément affecté tous les secteurs intellectuels : enseignement, recherche, création.

Les Pays tchèques semblent avoir rompu avec une certaine tradition de gauche qui a été dominante au XXe siècle. En fondant leur redémarrage sur l'économie, ils renouent avec le XIXe siècle. Leurs principaux atouts : une tradition et la proximité de l'Allemagne. Mais les écueils ne manquent pas : il leur faut préserver l'unité du tissu social et leur identité, dans un climat concurrentiel qui n'est pas très favorable. Un jeune intellectuel tchèque se demandait en 1886 si l'effort qu'avaient fourni les Tchèques pour s'affirmer valait la peine. La question est parfois reposée à la lumière de l'expérience d'un siècle d'Histoire. Certains craignent une dissolution d'identité dans cette confrontation qui n'est plus seulement européenne, mais mondiale. L'établissement d'un équilibre satisfaisant entre Tchèques et Allemands sera un problème majeur à la fin du XXe siècle. Malgré ces doutes et ces interrogations, la

République tchèque paraît solidement arrimée à l'Occident et capable de relever le défi de ses ambitions.

En revanche, pour les Slovaques, la fierté de disposer de leur propre État est un luxe dont ils ne cessent de mesurer le coût de plus en plus élevé. L'environnement leur est très défavorable sur le plan économique. Or, un retour en arrière n'est plus possible à court terme. La Slovaquie a en outre à gérer sa minorité hongroise, autre élément possible de déstabilisation, et de crispation, internationale. Les atouts slovaques sont donc plus fragiles. Le retour des communistes réformateurs du parti de la gauche démocratique au gouvernement en mars 1994 montre à quel point les choix idéologiques peuvent être déterminés par la conjoncture et combien les incertitudes politiques demeurent et, avec elles, la prudence des investisseurs.

L'issue des problèmes de la région passe par un double processus d'intégration centre-européenne et de rattachement à l'Union européenne. Le triangle de Visegrad entre la Tchéco-Slovaquie, la Pologne et la Hongrie allait dans le sens d'une coopération et d'une solidarité régionales. Mais vis-à-vis de l'Europe, les trois, puis quatre partenaires se sont présentés en ordre dispersé, jouant plutôt la carte du chacun pour soi. La scission de l'État tchécoslovaque a d'ailleurs freiné l'élan initial.

L'Europe connaît une démarcation politique et socioculturelle interne : successivement frontière de l'empire carolingien, ligne du second servage puis limite du rideau de fer, qui passe par l'Elbe et l'ouest de la Bohême. Parfois, cette démarcation s'est déplacée vers l'est, jusqu'aux abords de la Russie. L'espace tchèque et slovaque a donc oscillé entre ces deux limites. L'avenir dépendra une fois encore de l'environnement international. Les deux États nouveaux — même s'ils manifestent une volonté résolue d'appartenance à l'Occident — ne disposent pas de toutes les clefs de leur prospérité. L'économie mondiale, l'Union européenne, l'Allemagne, la Russie et l'Ukraine, les autres voisins immédiats tiennent aussi le destin de l'ex-Tchécoslovaquie en leurs mains.

C'est le propre des petites nations de pouvoir seulement

réagir à des situations qui leur sont imposées. Mais les injustices dont elles sont victimes sont révélatrices du degré de démocratie européenne. En la matière, les territoires tchèques et slovaque ont toujours été bien placés pour jouer le rôle de sismographes de l'Europe. Cela leur a assuré de riches expériences, tout en provoquant hélas ! bien des drames.

— *Pour un Anglais, il est tout naturel d'être anglais.*
— *Pour un Français, il est évident d'être français.*
— *Pour un Tchèque, il est clair qu'être tchèque...*
c'est une véritable catastrophe.
Caricature de Vladimír Jiránek, 1990.

Chronologie

623-658 : « Empire » de Samo.
828 : Consécration de l'église de Nitra par l'archevêque de Salzbourg.
Vers 833 : Naissance de la principauté de Moravie.
846-871 : Règne de Ratislav et arrivée de Constantin (Cyrille) et Méthode pour poursuivre l'évangélisation du pays.
871-894 : Règne de Svatopluk. Expansion de la Moravie.
6 avril 885 : Mort de Méthode suivie de l'expulsion de ses disciples.
894 : Mojmír II succède à Svatopluk.
904-907 : La Grande-Moravie succombe aux Magyars alors que la Bohême s'est rapprochée des Francs de l'Est en 895.

La dynastie des Přemyslides

Bořivoj (?-889/895 ?)
Spytihněv Ier (?-915 ?)
Vratislav (915 ?-921 ?)
Václav (saint Venceslas) (?-929/935)
Boleslav Ier (935-972)
Boleslav II (972-999)
Boleslav III (999-1002/1003)
Vladivoj (1003)
Jaromír (1003), (1004-1012), puis (1033-1034)
Boleslav le Brave (1003-1004)
Oldřich (1012-1033), puis (1034)
Břetislav Ier (1035-1055)
Spytihněv II (1055-1061)
Vratislav II (1061-1092), roi à partir de 1085
Konrád Ier de Brno (1092)
Břetislav II (1092-1100)
Bořivoj II (1101-1107) puis (1117-1120)
Svatopluk (1107-1109)
Vladislav Ier (1109-1117) puis (1120-1125)
Soběslav Ier (1125-1140)
Vladislav II (1140-1172), roi à partir de 1158
Bedřich (1172-1173) puis (1178-1189)
Soběslav II (1173-1178)
Konrád II Otto (1189-1191)
Václav II (1191-1192)
Přemysl Ier (1192-1193)
Jindřich Břetislav (1193-1197)
Vladislav Jindřich (1197)

Rois tchèques

Přemysl Ier Otakar (1197-1230), roi à partir de 1198
Venceslas (Václav) Ier (1230-1253)
Přemysl II Otakar (1253-1278)
Venceslas (Václav) II (1278-1305)
Venceslas (Václav) III (1305-1306)

---

973 : Fondation de l'évêché de Prague.

997-1038 : La Slovaquie est intégrée au royaume de Hongrie sous saint Étienne.

XIe siècle : Les Bénédictins s'installent en Slovaquie (Zobor) et en Bohême (Břevnov).

XIIe-XIIIe siècle : Les Prémontrés et les Cisterciens fondent de nombreux monastères sur les territoires tchèques et slovaque.

1241-1242 : Attaque désastreuse des Tatars en Slovaquie et en Moravie.

1300 : Le roi Venceslas (Václav) II est couronné roi de Pologne et son fils Venceslas (Václav) III, roi de Hongrie en 1301, après l'extinction de la dynastie arpadienne.

1306 : Extinction des Přemyslides avec l'assassinat de Václav III.

Début du XIVe siècle : Premiers grands textes tchèques.

1310-1346 : Règne de Jean de Luxembourg.

1344 : Fondation de l'archevêché de Prague.

1346-1378 : Le royaume atteint son âge d'or sous Charles IV.

1342-1382 : Louis Ier d'Anjou règne sur la Hongrie.

1378-1419 : Václav IV ne sait pas maintenir le rang de la Bohême.

6 juillet 1415 : Jan Hus est brûlé comme hérétique à Constance.

1387-1437 : Règne de Sigismond de Luxembourg sur la Hongrie. Il convoite aussi le trône de son frère Václav IV, qu'il ne contrôlera que fugitivement en raison des guerres hussites.

1419-1434 : Les guerres hussites se terminent dans les déchirements internes (bataille de Lípany du 30 mai 1434). Les hussites ont rayonné aussi en Slovaquie de 1428 à 1433.

Été 1436 : Les Compactats de Bâle reconnaissent certains des acquis hussites.

1457-1460 : Naissance de l'Unité des Frères tchèques.

1458-1471 : Après un long interrègne, Georges de Poděbrady tente de résoudre les contradictions politiques et religieuses du royaume.

1458-1490 : Règne du fastueux Mathias Corvin en Hongrie.

1473 : Traduction en tchèque slovaquisé du Droit de Magdebourg.

1471-1526 : Les rois jagellons sont impuissants face aux noblesses tchèque et hongroise et à la pression ottomane.

29 août 1526 : Défaite de Louis Jagellon, tué à Mohacs face aux Turcs.

1526 : Face au péril turc, les noblesses nationales appellent les Habsbourg sur les trônes de Bohême et de Hongrie.

XVIe siècle : Les institutions royales de Hongrie s'installent sur le territoire slovaque. Bratislava (Presburg/Posonius-Pozsony) devient la capitale du royaume.

1526-1564 : Règne de Ferdinand Ier qui commence à réaliser par étapes l'œuvre d'unification de ses possessions multinationales.

1556-1561 : La Compagnie de Jésus est introduite en Pays tchèques (1556 à Prague) et en Slovaquie (1561 à Trnava).

1571 : Grammaire tchèque de Jan Blahoslav et traduction de la Bible.

1575 : La Confession tchèque est approuvée par Maximilien II.

1583 : Prague redevient capitale d'Empire sous Rodolphe II.

1604 : Le soulèvement d'Étienne Bocskay, prince calviniste de Transylvanie, inaugure un siècle de luttes entre les protestants et le roi de Hongrie (paix de Szatmar de mai 1711).

1609 : Rodolphe II est contraint d'accorder aux États de Bohême une Lettre de Majesté sur les libertés religieuses.

23 mai 1618 : Le non-respect des engagements pris précédemment aboutit à la défenestration des lieutenants du roi. C'est le début de la guerre de Trente Ans au cours de laquelle le pays sera dévasté.

8 novembre 1620 : Les protestants de Bohême sont écrasés par les Impériaux à la bataille de la Montagne Blanche, près de Prague. Commence une période d'abaissement politique et national que les Tchèques qualifient d'« ère des Ténèbres ».

1635 : Fondation de l'université de Trnava par l'archevêque Peter Pazmany.

1680 : Un grand soulèvement paysan secoue les Pays tchèques.

1729 : Canonisation de saint Jean Népomucène.

1740-1763 : Les guerres silésiennes et la guerre de Sept Ans se traduisent par la perte de la Silésie pour la Couronne de Bohême.

1740-1790 : Sous les règnes de Marie-Thérèse (1740-1780) et surtout de Joseph II (1780-1790), parallèlement aux Lumières, les tendances à la sécularisation de la société s'accélèrent.

Mars 1775 : Grande révolte paysanne dans le nord-est de la Bohême.

1781 : Le servage est supprimé en Pays tchèques. Patente de tolérance.

1785 : Le servage est supprimé en Hongrie.

1787 : Première codification du slovaque par Anton Bernolák.

À partir des années 1790-1800 : De nombreuses institutions savantes favorisent l'épanouissement national.

1805 : L'école est rendue obligatoire en Pays tchèques de 6 à 12 ans.

1806 : Josef Jungmann définit l'appartenance nationale par la langue.

1817-1818 : Faux manuscrits tchèques anciens de Václav Hanka.

1824 : Publication de *La Fille de Sláva* de František Kollar, poème fondateur de l'idée de solidarité slave.

Années 1820 : Début du chemin de fer et développement de la sidérurgie en Pays tchèques.

1831 : Fondation de la *Matice* à Prague.

1843 : Codification du slovaque par L'udovit Štúr (1815-1856).

1848 : Les hommes politiques praguois se réunissent pour rédiger le texte de leurs revendications à l'Empereur (11 mars). Lettre de Palacký refusant l'invitation de la diète de Francfort et définissant l'austroslavisme (11 avril). Présentation des revendications slovaques à Saint-Nicolas de Liptov (mai). Insurrection de Prague (12-17 juin).

7 septembre 1848 : Corvée et obligations féodales sont supprimées.

1849-1859 : La répression sous Alexander Bach ne permet plus qu'une activité nationale littéraire (Erben, Němcová) ou scientifique.

À partir de 1860 : La vie nationale tchèque et slovaque reprend avec la presse, de nouvelles organisations (le Sokol en 1862, la *Beseda* artistique à Prague en 1863, la *Matica* slovaque en 1863...), le renouveau de la vie politique (Mémorandum slovaque de 1861, rôle du parti Vieux-Tchèque de Palacký et Rieger...), etc.

1867 : Déceptions tchèque et slovaque avec le compromis austro-hongrois.

1869 : Fondation des usines Škoda.

1874 : Fondation du parti Jeune-Tchèque.

1874-1875 : Suppression des institutions culturelles et scolaires slovaques et magyarisation.

1878 : Fondation du parti social-démocrate tchécoslave.

1881 : Inauguration du Théâtre national de Prague avec *Libuše* de Smetana.

1882 : Séparation de l'université de Prague en universités allemande et tchèque.

1886 : Début de la polémique sur les manuscrits de Hanka.

1891 : Exposition du centenaire de 1791 qui marque le triomphe de l'expansion économique tchèque. Les Allemands la boycottent.

1894 : Procès de l'Omladina.

1895 : Congrès des minorités de Hongrie, à Budapest.

Octobre 1895 : Manifeste de l'Art moderne tchèque, proclamation des intellectuels tchèques en faveur du cosmopolitisme.

1896 : Création à Prague de l'Unité tchécoslave, destinée à encourager et à aider la solidarité tchéco-slovaque.

1897 : Échec des ordonnances linguistiques visant à assurer un statut d'égalité du tchèque par rapport à l'allemand en Pays tchèques.

1907 : Adoption du suffrage universel (masculin) en Cisleithanie.

30 mai 1907 : Fondation de la Ligue slovaque à Cleveland.

Juillet 1913 : Dissolution de la diète de Bohême.

Mars 1914 : Suspension du Conseil d'Empire.

28 juillet 1914 : Déclaration de guerre de l'Autriche-Hongrie à la Serbie à la suite de l'attentat de Sarajevo (26 juin).

6 juillet 1915 : Masaryk lance publiquement sa lutte, en Suisse, contre l'Empire bicéphale.

14 novembre 1915 : Proclamation du Comité tchèque à l'étranger, qui deviendra, en février 1916, le Comité national des Pays tchèques avec Masaryk, Beneš et Štefánik.

1915 : Les défections de soldats tchèques se multiplient.

21 novembre 1916 : Charles Ier succède à François-Joseph.

10 janvier 1917 : Les puissances de l'Entente mettent la « libération des Tchécoslovaques » parmi leurs buts de guerre.

1917 : La prudence des hommes politiques tchèques est balayée par la montée du mouvement national, exacerbé par la guerre.

6 janvier 1918 : Les députés tchèques réclament l'autodétermination. Les mutineries se multiplient.

Mai 1918 : Alors que les représentants slovaques décident à Martin la rupture avec la Hongrie, représentants tchèques et slovaques à l'étranger signent le 30 mai 1918 les accords de Pittsburgh qui prévoient une assez large autonomie slovaque.

18 octobre 1918 : Proclamation à Washington de l'indépendance tchécoslovaque.

28 octobre 1918 : Proclamation de l'indépendance à Prague et proclamation du rattachement des Slovaques à Martin (30 octobre).

14 novembre 1918 : Proclamation de la République et élection de Masaryk comme Président.

29 février 1920 : Adoption d'une Constitution centraliste.

18 avril 1920 : Premières élections législatives au suffrage universel.

Avril 1921 : Naissance du parti communiste de Tchécoslovaquie.

15 novembre 1925 : Élections législatives.

27 janvier 1929 : Élections législatives anticipées.

19 mai 1935 : Dernières élections législatives de la première République.

18 décembre 1935 : Beneš succède à Masaryk (qui mourra le 14 septembre 1937) à la tête de l'État.

30 septembre 1938 : Les accords de Munich sont le prélude au dépècement de la Tchécoslovaquie, avec l'annexion des territoires sudètes.

6 octobre 1938 : Les accords de Žilina ouvrent la voie à l'autonomie de la Slovaquie (gouvernement de Mgr Tiso, Parlement autonome).

14 mars 1939 : Proclamation de la République slovaque indépendante.

14-15 mars 1939 : Les Pays tchèques sont envahis par la Wehrmacht avant d'être transformés en Protectorat de Bohême-Moravie.

28 octobre 1939 : Manifestations de masse pour la fête nationale. Les suites de cette célébration donneront lieu, le 17 novembre, à la fermeture de tous les établissements supérieurs tchèques.

Début 1940 : Regroupement des forces de résistance (non-communistes) au sein d'un organe unique (ÚVOD). La résistance à l'étranger s'organise en France, puis en Grande-Bretagne.

Septembre 1941 : Reynhardt Heydrich remplace le protecteur du Reich à Prague et inaugure une politique de terreur systématique avec la déportation de Juifs (suivi par l'État slovaque en mars 1942).

10 juin 1942 : Le village martyr de Lidice est rasé à la suite de l'attentat réussi contre Heydrich (27 mai).

12 décembre 1943 : Beneš signe à Moscou un traité d'amitié.

29 août 1944 : Soulèvement national slovaque à Banská Bystrica, écrasé en octobre.

Mars-mai 1945 : Guerre de partisans et libération du pays par les troupes soviétiques et roumaines, à l'est, et américaines à l'ouest.

4-5 avril 1945 : Constitution d'un gouvernement de Front national et proclamation du programme de Košice.

5 mai 1945 : Soulèvement de Prague où les Soviétiques entrent le 9.

29 juin 1945 : L'Ukraine subcarpatique est cédée à l'URSS.

28 octobre 1945 : Proclamation du décret sur les nationalisations.

25 janvier 1946 : Début officiel de l'expulsion des Allemands.

26 mai 1946 : Les élections donnent 38 % des voix au PCT.

31 octobre 1947 : Le Conseil des commissaires slovaques, à majorité non communiste, est destitué au profit des communistes.

20 février 1948 : Les ministres anticommunistes démissionnent pour protester contre les initiatives du ministre de l'Intérieur.

25 février 1948 : Beneš accepte ces démissions sous la pression du PCT.

10 mars 1948 : Jan Masaryk est trouvé mort au pied du palais Černín.

30 mai 1948 : Les élections (falsifiées) donnent près de 90 % des voix aux candidats uniques du Front national « normalisé ».

7 juin 1948 : Beneš démissionne pour ne pas signer la Constitution de démocratie populaire (Klement Gottwald lui succède le 14). Il meurt le 3 septembre. Ses obsèques ont lieu le 8. Répression tous azimuts.

13 avril 1950 : Offensive contre le clergé catholique, suivie de procès.

8 juin 1950 : Début du procès contre Milada Horáková.

20-27 novembre 1952 : Procès contre Rudolf Slanský...

14 mars 1953 : Mort de Gottwald. Antonín Zapotocký lui succède à la présidence de l'État et Antonín Novotný à celle du parti.

Avril 1954 : Procès contre les « nationalistes bourgeois » slovaques.

Avril 1956 : Second Congrès des écrivains tchécoslovaques, écho contestataire du XXe Congrès du PC soviétique.

Octobre 1956 : Les événements en Pologne et en Hongrie servent de prétexte à Novotný (chef d'État en 1957) pour ne pas déstaliniser.

11 juillet 1960 : La nouvelle Constitution fait de la Tchécoslovaquie le premier État socialiste après l'URSS.

Décembre 1962 : Le XIIe Congrès du PCT est consacré à l'examen des très graves problèmes économiques que traverse le pays.

1963 : Réhabilitations partielles des victimes communistes des procès staliniens, léger dégel culturel.

Juin 1967 : Lors de leur IVe Congrès, les écrivains se lèvent ouvertement contre le pouvoir et ébranlent les positions de Novotný.

5 janvier 1968 : Novotný est écarté au profit d'Alexander Dubček.

5 avril 1968 : Adoption par le comité central du Programme d'Action du PCT, qui entérine la ligne réformiste de la direction.

15 juillet 1968 : Mise en garde des pays du Pacte de Varsovie adressée aux dirigeants tchèques.

21 août 1968 : Invasion de la Tchécoslovaquie par les Cinq du Pacte (URSS, Pologne, RDA, Hongrie et Bulgarie).

27 octobre 1968 : Adoption par l'Assemblée nationale de la loi sur la Fédération.

15 janvier 1969 : Suicide par le feu de Jan Palach.

17 avril 1969 : Dubček est remplacé par Gustav Husák.

6 mai 1970 : L'accord d'amitié soviéto-tchécoslovaque entérine le stationnement des troupes soviétiques en Tchécoslovaquie et définit la théorie de la « souveraineté limitée ».

Mai 1971 : XIVe Congrès officiel, point d'orgue de la normalisation et de mise en place d'un système de répression systématique.

Mai 1975 : Husák succède à Ludvík Svoboda comme Président.

Janvier 1977 : L'opposition tchécoslovaque se structure autour de la Charte 77, puis du Comité pour la défense des personnes injustement poursuivies (VONS).

Juillet 1985 : Rassemblement de plus de 200 000 personnes à Velehrad pour le 1 100e anniversaire de la mort de saint Méthode.

6 juillet 1987 : 230 000 pèlerins à Levoča.

17 décembre 1987 : Gustav Husák cède son poste de Premier secrétaire à Miloš Jakeš.

1988 : Une pétition en faveur de la liberté religieuse rassemble 600 000 signatures.

Premier trimestre 1989 : Le vingtième anniversaire du décès de Jan Palach est suivi d'une semaine de manifestations et d'une répression qui s'étend à l'ensemble des milieux dissidents.

21 août et 28 octobre 1989 : Nouvelles manifestations.

17 novembre 1989 : 50 000 étudiants et lycéens manifestent. La répression policière déclenche la « révolution de velours ».

19 novembre 1989 : Naissance du Forum civique, qui fédère l'opposition.

8 décembre 1989 : Devant les foules qui déferlent dans les rues, les communistes s'inclinent et quittent progressivement le pouvoir.

29 décembre : Václav Havel est élu président de la République.

Juin 1990 : Les élections législatives donnent la majorité au Forum civique (tchèque) et au Public contre la Violence (slovaque). Havel est réélu président de la République fédérative tchèque et slovaque.

Juin 1992 : Les législatives donnent la majorité à Václav Klaus (ODS) en Pays tchèques et, en Slovaquie, à Vladimír Mečiar (HZDS), chef du gouvernement slovaque de juin 1991 à avril 1992.

17 juillet : Déclaration de souveraineté du Conseil national slovaque, suivie par la démission de Václav Havel le 20 juillet.

1er septembre 1992 : Adoption de la Constitution slovaque.

7 novembre 1992 : Mort de Dubček à la suite d'un accident automobile.

19 décembre 1992 : Adoption de la Constitution tchèque.

1er janvier 1993 : Naissance de la République tchèque et de la République slovaque.
26 janvier 1993 : Václav Havel, président tchèque.
4 février 1993 : Michal Kováč, président slovaque.

Éléments bibliographiques en français

Cet ouvrage est largement redevable aux travaux et aux synthèses des historiens tchèques et slovaques, des années 30 à nos jours (Pavel Bělina, Jozef Butvín, Petr Čornej, Jan Havránek, Václav Husa, Josef Janáček, Zdeněk Kalista, Karel Kaplan, Dušan Kováč, Kamil Krofta, Robert Kvaček, Lubomír Lipták, Josef Macek, Richard Marsina, Eduard Maur, Otakar Odložilik, Josef Pekař, Josef Petraň, Josef Polišenský, Otto Urban...).

Ouvrages généraux

François Dvornik, *Les Slaves,* Seuil, Paris 1970.
Zdeněk Vaňa, *Le Monde slave ancien,* Édition Cercle d'Art, Paris 1983.
Victor L. Tapié, *Monarchie et peuples du Danube,* Fayard, Paris 1969.
Kamil Krofta, *Histoire de la Tchécoslovaquie,* Éd. Stols, Maestricht 1934.
František Kavka, *Petite Histoire de la Tchécoslovaquie,* Orbis, Prague 1969.
Josef Macek, *Histoire de la Bohême,* Fayard, Paris 1984.

Ouvrages par périodes

Ernest Denis, *Hus et les guerres hussites,* Leroux, Paris 1878.
Paul de Vooght, *L'Hérésie de Jean Huss,* Louvain 1975.
Josef Macek, *Jean Hus et les traditions hussites,* Plon, Paris 1973.
Amedeo Molnar, *Jean Hus,* Les Bergers et les Mages, Paris 1978.
František Šmahel, *La Révolution hussite, une anomalie historique,* PUF, Paris 1985.
Victor L. Tapié, *Une Église tchèque au* XV*e siècle, l'Unité des Frères,* Leroux, Paris 1934.
Ernest Denis, *Fin de l'indépendance bohême,* Leroux, Paris 1880.
Anna Heyberger, *Jean Amos Comenius,* Henri Champion, Paris 1928.
Ernest Denis, *La Bohême depuis la Montagne Blanche,* Leroux, Paris 1903.
Victor L. Tapié, *L'Europe de Marie-Thérèse,* Fayard, Paris 1973.
Louis Leger, *La Renaissance tchèque au* XIX*e siècle,* Alcan, Paris 1911.
Bernard Michel, *La Mémoire de Prague,* Perrin, Paris 1986.
Thomas Garrigue Masaryk, *La Résurrection d'un État. Souvenirs et réflexions,* Plon, Paris 1930.

Edouard Beneš, *Souvenirs de guerre et de révolution,* Leroux 1928.
André Tibal, *La Tchécoslovaquie,* Colin, Paris 1935.
Victor Mamatey — Radomír Luža (éd.), *La République tchécoslovaque 1918-1948,* Librairie du Regard, Paris 1987.
Karel Čapek, *Entretiens avec T.G. Masaryk,* Éd. de l'Aube, La Tour-d'Aigues 1991.
Thomas Garrigue Masaryk, Européen et humaniste (Vladimir Peska/Antoine Marès éd.), EDI/Institut d'Études slaves, Paris 1991.
Jan Patočka, *La Crise du sens,* Éd. Ousia (Grèce) 1985.
Léon Noël, *La Tchécoslovaquie d'avant Munich,* Institut d'Études slaves, Paris 1982.
Edouard Beneš, *Munich,* Stock, Paris 1970.
« *Munich 1938,* numéro spécial de la *Revue des Études slaves, t. LII* 1979/1-2, Paris.
Jacques Rupnik, *Histoire du parti communiste tchécoslovaque, des origines à la prise de pouvoir,* Fondation nationale des Sciences politiques, Paris 1981.
Miroslav Ivanov, *L'Attentat contre Heydrich,* Laffont, Paris 1972.
La Leçon du passé, Orbis, Prague 1961.
Hubert Ripka, *Le Coup de Prague,* Plon, Paris 1949.
Jindřich Veselý, *Prague 1948,* Éditions sociales, Paris 1958.
François Fejtö, *Le Coup de Prague 1948,* Seuil, Paris 1976.
Karel Kaplan, *Dans les archives du Comité central,* Albin Michel, Paris 1978.
Karel Kaplan, *Procès politiques à Prague,* Complexe, Bruxelles 1980.
Antonín Liehm, *Trois générations, entretiens sur le phénomène culturel tchécoslovaque,* Gallimard, Paris 1970.
Pavel Tigrid, *Le Printemps de Prague,* Seuil, Paris 1968.
Michel Tatu, *L'Hérésie impossible,* Grasset, Paris 1968.
Rémi Gueyt, *La Mutation tchécoslovaque,* Seuil, Paris 1970.
Zdeněk Mlynář, *Le Froid vient de Moscou,* Gallimard, Paris 1981.
Pierre Grémion, *Paris-Prague,* Julliard, Paris 1984.
Milan Šimečka, *Le Rétablissement de l'ordre,* Maspéro, Paris 1979.
Václav Havel, *Essais politiques,* Calmann-Lévy, Paris 1989.
Eda Kriseová, *Václav Havel,* Éd. de l'Aube, La Tour-d'Aigues 1992.

À noter aussi les traductions de Jaroslav Hašek, Karel Čapek, Richard Weiner, Jaroslav Durych, Jan Patočka, Bohumil Hrabal, Jaroslav Seifert, Vladimír Holan, Ludvík Vaculík, Josef Škvorecký, Milan Kundera...

Index

Adalbert (saint) 40, 41, 43, 47, 74, 153
Adalbert Raňkuv de Ježov 77
Adalram de Salzbourg 182
Adler, Victor 236
Adolphe de Nassau (empereur) 62
Adrien II (pape) 30
Aetius 24
Ailly, Pierre d' 91
Albert Ier de Habsbourg (empereur) 62, 63
Albert II (empereur) 103, 108, 109
Aldringen 141
Aleš, Mikuláš 228
Alexandre de Macédoine 71
Alexandre de Yougoslavie 288
Alexandre V (pape) 80, 89
Allason, Robert 171
Ambroise de Hradec Králové 97
Anastasius 41
Ančerl Karel 345
Andrassy, Gyula (comte) 222, 234
André (évêque de Prague) 55, 56
André de Brod 79
André II (roi de Hongrie) 184
André III (roi de Hongrie) 185
Anhalt (duc de) 137
Anne de Palatinat 70
Anne de Svidnice 70
Anne Jagellon 119
Antoch 97
Appelle, Jacob 49
Arbes, Jakub 226
Arcimboldo 132
Arnold, Emmanuel 216
Arnulf 36
Anpad (famille) 52, 61, 62
Attila 24

Babenberg (famille) 51, 52
Bach, Alexander 215, 217-219, 231
Bacílek, Karol 332
Badeni, Kazimir (comte) 237
Bajza, Jozef Ignác 239
Bakócz, Tamás (archevêque) 189, 190
Bakounine, Mikhail Alexandrovitch 212
Balbín, Bohuslav 154, 156
Barák, Rudolf 330, 331
Barthou, Louis 288
Bashevi, Jacob 130
Bavière (duc de) 162
Bél, Mathias 196
Béla IV (roi de Hongrie) 52, 184
Belcredi, Richard (comte) 221
Bella, Ján Levoslav 293
Belle-Isle (maréchal de) 163, 164
Bencsik, M. 196
Bencúr, Jozef 195
Bendl, Jan Jiří 155
Benedek (général) 221
Beneš, Édouard 260, 262, 265, 267, 274, 275, 282, 286-288, 296, 298, 302-304, 308, 309, 315, 316, 319, 323, 325
Benoît XIII (pape) 80
Beran, Rudolf 299, 301
Bernolák, Anton 239, 240, 242
Béthlen, Gabor (ou Gabriel) 135, 146, 192
Beust, Friedrich Ferdinand 222
Biber, Heinrich 158
Biebl, Konstantin 292
Bilák, Vasil 342
Bismarck 12
Blahoslav, Jan 124
Blaho, Pavol 251, 284
Blanche de Valois 67, 70
Bobula, Jan Nepomuk 247
Boček de Poděbrady 94, 109
Bocskai, Étienne 192, 133
Boleslas le Vaillant (roi de Pologne) 42, 43
Boleslas II le Hardi (roi de Pologne) 43
Boleslav Ier le Cruel (prince tchèque) 38, 39
Boleslav II le Pieux (prince tchèque) 38, 40
Bolzano, Bernard 202
Boniface VIII (pape) 62
Boniface IX (pape) 80, 84, 187
Bonne de Habsbourg 53
Bonomini, Gian Francesco 133
Bořita de Martinice, Jaroslav 135, 141
Bořivoj (prince tchèque) 36, 37
Bořivoj II (prince tchèque) 42, 44
Born, Ignaz 180
Bourdelle, Antoine 292
Brahé, Tycho 132
Braun, Mathias Bernard 156, 157
Brauner 210
Brejnev, Léonid 336, 340, 341, 346, 353

Břetislav Ier (prince tchèque) 43, 44
Břetislav II (prince tchèque) 43, 44
Breton, André 292
Březina, Otakar 230, 292
Bridel, Bedřich 156
Brod, Max 291
Brokoff, Ferdinand Maximilian 155
Bucquoy 137, 141
Budovec de Budov, Václav 133
Burian, František 292
Byron, George 202

Calvin 92, 124
Čapek, Karel 291
Caraffa 139
Caratti 156
Carloman (roi d'Italie) 30
Casimir (roi de Pologne) 70
Casimir IV Jagellon (roi de Pologne) 112
Ceaucescu, Nicolae 342
Čech 11, 25, 26, 37, 40
Čelakovský, František 203
Čeněk de Wartenberk 93, 97
Čepička, Alexej 332
Čep, Jan 322
Černík, Oldřich 334, 338
Černín (famille) 141
Černín (comte) 161
Černohorský, Bohuslav 158
Černý, Václav 339
Cesarini, Julien (cardinal) 103
Chamberlain, Arthur Neville 296
Charlemagne 27, 29
Charles de Lorraine 160, 165
Charles IV (empereur) 33, 66-77, 83, 92, 109, 131, 132, 154, 273
Charles Quint (empereur) 118-121, 161, 162
Charles VI (empereur) 84, 161, 162, 177, 194
Charles VII (empereur) 164, 167
Charles II (roi d'Espagne) 160
Charles V (roi de France) 77
Charles Ier (empereur d'Autriche) 258, 265
Charles-Albert de Bavière, v. Charles VII (empereur)
Charles-Louis (archiduc) 233
Charles-Robert (roi de Hongrie) 185
Chateaubriand, François René (vicomte de) 202, 203
Chelčice (Chelčický), Pierre de 123
Chocholoušek, Prokop 217
Chochol, Josef 294
Chotek, Karel (comte) 207
Christian IV (roi de Danemark et de Norvège) 143
Chvalkovský, František 298, 301
Chytilová, Věra 333
Cikker, Ján 293
Clam-Martinic (comte) 224, 220
Clément V (pape) 63
Clément VI (pape) 67, 68, 72, 74, 80
Clément VII (pape) 80
Clément XIV (pape) 198
Clovis 27
Cola di Rienzo 67
Coloman 183
Commode 24
Conrad (abbé) 63
Constantin (frère) voir Cyrille
Constantin II (empereur romain) 24
Constantin VII Porphyrogénète 29, 30, 31, 33, 34
Čornej, Petr 104
Csák, Maté 185
Cyrille14, 29, 30, 32-34, 247

Dagobert Ier 26, 27
Dampierre 137
Dante 53
Daun, Léopold Joseph (comte de) 165
David, Karel 167
Daxner, Štefan Marko 246
Demichev 341
Deml, Jakub 292
Denis, Ernest 15, 261
Dérer, Ivan 283
Deym, Bedřich 208, 210
Dienzenhofer, Christoph 156
Dienzenhofer, Kilián Ignaz 156
Diviš, Prokop 180
Dobner, Gelasius 180
Dobrava (Doubravka) 40
Dobrovský, Josef 199, 200, 202
Dózsa, György 191
Drahomíra 38
Drtina, Prokop 319
Dubček, Alexander 332, 335-337, 339, 340, 342-344, 354
Dubois, Pierre 112
Dula, Matúš 265
Durych, Jaroslav 292
Dvořák, Antonín 228, 293
Dyk, Viktor 256

Eggenberg (famille) 141

Eliáš, Alois 302, 304
Élisabeth de Poméranie 70
Elisabeth Rejčka 55, 62
Eliška 62, 63, 67
Erben, Karel Jaromír 203
Étienne (saint) 17
Étienne V (pape) 30
Étienne de Kolín 88
Eugène de Savoie 160, 162

Fabricius 135
Falkenštejn (famille) 57
Falkenštejn, Záviš de 53
Fándly, Juraj 240
Faucher (général) 287
Ferdinand (archiduc) 131
Ferdinand Ier (empereur) 119-122, 124-127, 191
Ferdinand II (empereur) 134, 141, 142, 146
Ferdinand V (Nandl) 207, 210
Fiedler 254
Fierlinger, Zdeněk 314, 317, 318
Firkušný, Rudolf 322
Fischer, Hans Bernard 156, 292
Fleury, André Hercule de (cardinal) 162
Forman, Miloš 333, 345
Francisci, Jan 246
Franck, Karl-Hermann 302
François Ier (duc de Lorraine, empereur) 180
François II (empereur) v. François Ier (empereur d'Autriche)
François Ier (empereur d'Autriche) 177
François Ier (roi de France) 118
François-Ferdinand (archiduc) 235, 252
François-Joseph Ier (empereur d'Autriche) 214, 216, 222-225, 235, 245, 253, 256, 258
François II Rakoczi 160
Frank 305
Franke, Emil 275
František de Dietrichštejn 141
Frédégaire 26
Frédéric (duc) 42
Frédéric Ier Barberousse (empereur) 42, 43, 46
Frédéric II (empereur) 51, 52
Frédéric III (empereur) 112
Frédéric II (roi de Prusse) 163-165, 174, 175
Frédéric de Palatinat 142
Frédéric le Batailleur 51, 52
Frič, Josef Václav 216, 221
Fügner, Jindřich 226

Gajda, Rudolf 300
Gallas (famille) 141
Gans, David 130
Garibaldi, Giuseppe 226
Gaulle, Charles de 308
Gautsch (baron) 238
Gebauer, Jan 230
Georges de Kunštat et de Poděbrady 108-113, 115, 123
Gerbert d'Aurillac 41
Gerson, Jean 76
Géza 183
Gluck, Christoph Willibald 158
Gočár, Josef 294
Goethe, Johann Wolfgang von 202
Goldstücker, Eduard 338
Golian, Ján 310
Goll, Jaroslav 123, 230
Gołuchowski, Agenor (comte) 219, 220
Gomułka, Władislaw 340, 341
Gorazd 31
Gorbatchev, Mikhaïl 350
Gottwald, Klement 276, 314, 317-319, 321, 329
Grass, Günter 12
Graus, František 345
Grégoire de Heinburg 112
Grégoire (Řehoř) 122, 123
Grégoire VII (pape) 43
Grégoire XI (pape) 80
Grégoire XII (pape) 80, 87, 90
Grégr, Julius 225, 226
Guardi, Francesco 177
Guillaume de Machaut 64
Guillaume de Saxe 110, 111
Guillaume d'Orange 126
Gumpold de Mantoue 39
Gustave-Adolphe II (roi de Suède) 143, 146
Gutfreund, Otto 292
Guy (saint) 38

Habsbourg 62, 63, 66, 72, 121, 126
Hácha, Emil 299, 301, 302, 305
Hadik 165
Hájek, Jiří 344, 347
Hájek de Libočany, Václav 153
Hajnoczy, Jozsef 239
Hajn, Antonín 256
Hálek, Vítězslav 218
Hamuljak, Martin 240
Hanka, Václav 203
Hanuš 216
Harant de Polžice 139
Harrach (comte) 169

Harrach, Ernest de 151
Hašek, Jaroslav 292
Hasištejn de Lobkovic, Felix de 126
Hattala, Martin 245
Haugvic de Biskupice, Jáchym 133
Haugwitz, Friedrich-Wilhelm 168, 169, 219
Havel, Václav 333, 339, 347, 352, 355, 357, 359
Havlíček-Borovský, Karel 208, 216, 217, 231, 242
Hejdánek, Ladislav 348
Hejzlar, Zdeněk 344, 345
Henlein, Konrad 280, 296
Henri de Carinthie (roi de Bohême) 62, 63
Henri de Lípa 63, 64
Henri de Plavno 121
Henri Ier l'Oiseleur (empereur) 35, 38
Henri II (empereur) 42, 43
Henri III (empereur) 43
Henri IV (empereur) 43
Henri V (empereur) 43
Henri VI (empereur) 50
Henri VII (empereur) 63, 66
Henri IV de Luxembourg v. Henri VII (empereur)
Henri IV (roi de France) 42, 110, 135
Henri le Lion 50
Henriot, Philippe 302
Herder, J.G. 200, 240
Heřman, Augustin 143
Heydrich, Reinhardt 303, 304
Heyduk, Adolf 218, 251
Hitler, Adolf 285, 288, 289, 296, 297, 300, 301, 305
Hlinka, Andrej 251, 252, 264, 276, 282, 283, 285, 305, 325
Hodža, Milan 251, 252, 263, 282, 283
Hodža, Michal Miloslav 241, 243-245
Hohenwart (comte) 225
Holdoš, Ladislav 326
Hollar, Václav 143
Hollý, Ján 240, 242
Honzl, Jindřich 292
Hora, Josef 292
Horáková, Milada 323
Horvath, Ivan 326
Hrabal 333
Hubner, Hans 87
Huerta 141
Hunyadi, Janos 109, 188
Hurban, Miroslav 241, 243-246
Hurban-Vajanský, Svetozar 247, 250
Husák, Gustav 326, 331, 344, 345, 350, 353
Hus, Jan 14, 88-93, 96, 97, 99, 104, 105, 153, 231, 273, 290, 303
Hynais, Vojtěch 228

Ignace de Loyola 126
Indra 342
Innocent III (pape) 51, 55
Innocent VII (pape) 80

Jakeš, Miloš 350
Jakobson, Roman 291
Jakoubek de Stříbro 96
Jakubisko, Juraj 333
Jan Augusta 124
Jan de Dražice 60, 62
Jan III de Dražice 58
Jan IV de Dražice 58
Jan de Hradec 94
Jan de Jenštejn 83, 84
Jan de Pernštein 125
Jan de Příbram 99
Jan de Želiv 97, 99, 100
Jan l'Allemand 97
Janáček, Josef 293
Janošík, Juraj 192
Jaromír (prince tchèque) 42
Jdanov 327
Jean (duc de Görlitz) 83
Jean de Jandun 81
Jean de Luxembourg 63, 64, 66-68
Jean III Sobiecki (roi de Pologne) 160
Jean VIII (pape) 30
Jean XXII (pape) 80
Jean XXIII (pape) 80, 89, 90
Jean Népomucène (de Pomuk) 84, 153, 154
Jean Frédéric (duc de Saxe) 121
Jean-Henri 66
Jean-Paul II (pape) 348
Jeanne d'Arc 113
Jeanne de Bavière 70
Jehlička, F. 282
Jérôme de Prague 91, 93, 95-97
Jessenius, Jan 139
Jirásek, Aloïs 149, 151
Jireček, Josef 218
Jiskra de Brandys, Jan 188
Jordanès 24
Joseph Ier (empereur) 161
Joseph II (empereur) 168, 173-177, 198, 216, 219
Jošt 83, 85, 87

Jungmann, Josef 202, 204

Kádár 342
Kafka, Franz 291, 332
Kalandra, Záviš 323
Kalina, Antonín 256
Kalista, Zdeněk 49
Kaniš 97
Kaplan, Karel 322
Kaunitz-Rietberg (comte de) 165, 169, 174, 176, 219
Kempen 216
Kepler 132
Khrouchtchev, Nikita Sergueïevitch 330, 336
Kinský (famille) 143
Kinský, Philippe Josef 166
Kisch, Egon Erwin 291
Klaus, Václav 354, 355, 359
Klíma, Ladislav 292
Klofáč, Václav 237, 253, 254, 274
Koerber, Ernst von 238
Kohák, Erazim 322
Köhler, Bruno 332
Kohout, Pavel 345
Kokoschka, Oskar 291
Kolář, Jiří 345
Kolder 342
Kollár, Adam Franz 195, 196
Kollar, François 292
Kollár, Jan 203, 240-242, 250
Kolovrat-Libštejnský, František-Antonín (comte) 207
Kolowrat, Philippe de 167
Komenský, Jan Amos 144-146, 204, 231, 273
Koniáš, Antonín 153
Konrad 44
Konrad II Otto 45
Kopřiva, Ladislav 332
Koranda, Václav 97, 98, 112, 123
Kosík, Karel 339
Kosmas 25, 44-46
Kossuth, Lajos 210, 223, 242, 243
Kossyguine, Alekseï Nikolaïevitch 341
Kostov 323
Kotěra, Jan 294
Kozina 149-151
Krajíř de Krajek, Arnošt 125
Král', Janko 243
Kramář, Karel 235, 254, 255, 258, 265, 274, 275, 286
Kramerius, Václav Matěj 199, 200
Kratochvil, Jan 307
Krejcar, Jaromír 294
Krejčí, František V. 230
Kriegel, František 338, 342, 344
Krok 37
Kübeck, Karl (baron von) 215
Kubelik, Raphaël 322
Kubín, Alfred 292
Kubišta, Bohumil 292
Kukuljević, Ivan 212
Kundera, Milan 13, 333, 345
Kupecký, Jan 143, 155
Kupka, František 292
Kutlvašr, Karel 310
Kuzmány Karol 247

Lacek de Kravář 94
Ladislas (roi de Hongrie) 53
Ladislas Jagellon 187
Ladislav le Posthume 108, 109
Lamminger, Volf Maximilian de 150
Lamormain (Père) 139
Lanner 209
Léger, Fernand 155
Lenárt, Jozef 334, 338
Léopold de Babenberg (duc d'Autriche) 51
Léopold Ier (empereur) 142, 148, 158, 160, 161
Léopold II (empereur) 177, 178, 199
Léopold (archiduc) 134
Leszczynski, Stanislas 162
Lettrich, Jozef 326
Libuše 37
Lichtenštejn, Karel de 141, 158
Liehm, Antonín 345
Linda, Josef 203
Liszt, Franz 228
Lobkovic, Zdeněk Vojtěch Popel de 133
Lobkowitz, Juan Caramuel de 152
Lohelius 139, 154
London Arthur 323
Lothaire III (empereur) 45
Louis II Jagellon (roi de Bohême et de Hongrie) 113, 119, 191
Louis II le Germanique 28-30
Louis Ier le Grand (roi de Hongrie) 67, 185, 187
Louis IV de Bavière (empereur) 64, 68
Louis XI (roi de France) 110, 112
Louis XIV (roi de France) 140, 160
Louis XV (roi de France) 165
Louis XVI (roi de France) 201
Löw (rabin) 130

Lucas de Prague 124
Ludanice, Václav de 125
Ludmila 36, 38, 47, 153
Luitpold (comte) 35
Lupáč, Martin 123
Luragho 156
Luther, Martin 92, 124

Macek, Josef 110
Mach, Alexander 301, 305
Mácha, Karel Hynek 203, 218
Machar, Josef S. 230
Macpherson 203, 204
Magin, Jan Baltazar 196
Maïeul (abbé) 41
Mair, Martin 112
Maisel, Mordechaï 130
Malý, Jakub 208
Mánes, Josef 226
Mann, Heinrich 291
Mansfeld 137
Mařák, Julius 228
Marbod 23
Marc-Aurèle 24
Marguerite 52, 62
Marie-Antoinette (reine de France) 201
Marini, Antonio de 112
Marie-Thérèse (impératrice) 162-167, 173, 174, 178, 180, 194, 195, 198, 219, 256
Markolt 97
Marradas 141
Marsile de Padoue 81, 92
Martin V (pape) 80, 96, 98
Martini, Karl Anton 180
Martinovics, Ignac 239
Martinů, Bohuslav 293
Masaryk, T.G. 230, 231, 251, 254, 255, 260, 262, 264, 265, 269, 272-274, 289, 290, 298, 352
Masaryk, Jan 11, 298, 312, 317, 319, 344
Mašek, Karel V. 37
Mathey, Jean-Baptiste 156
Mathias II (empereur) 133, 134
Mathias Corvin (roi de Hongrie) 112-114, 188, 189
Mathieu de Janov 81, 87
Matthieu d'Arras 73
Maurice d'Orange 143
Maximilien de Bavière 135
Maximilien Ier (empereur) 119
Maximilien II (empereur) 126-128, 130
Mečiar, Vladimir 354, 358
Menzel, Jiří 333
Méthode 14, 29-34, 36, 247
Metternich (prince de) 206, 207, 210, 214, 242
Meursault, Gilles 103
Michelet, Jules 144, 209
Michel III (empereur byzantin) 29
Michel Paléologue (empereur byzantin) 187
Michna d'Otradovice, Adam 156
Michna de Vacinov, Pavel 141
Mieszko Ier (prince de Pologne) 40, 42
Milič, de Kroměříž 81, 87
Milton, John 202
Mitrovský, Antonín Bedřich 207
Mittelhausser (général) 287
Mladá 40
Mlynář, Zdeněk 334, 345
Mňačko, Ladislav 333, 345
Mojmír Ier (prince) 28, 29
Mojmír II 32
Molnar, Amedeo 93
Moltke (général von) 221
Monod, Gabriel 230
Montaigne, Michel de 81
Moravec, Emanuel 302
Mourad Ier (sultan ottoman) 187
Moyses, Štefan 246, 247
Moyzes, Alexander 293
Mozart, Wolfgang Amadeus 174, 178, 180
Mucha, Alfons 37, 230
Mudroň, Pavol 250
Mukařovský, Jan 291
Müntzer, Thomas 92
Mussolini, Benito 287, 296

Napoléon Ier 12
Neipperg, Adam Albrecht von (général) 163
Nejedlý, Zdeněk 328
Němcová, Božena 218
Neruda, Jan 218, 226
Neumann, Jaromír 155, 292
Neurath, Konstantin von 302, 305
Newton, Isaac 180
Nezval, Vítězslav 292
Nicolas de Dresde 96
Nicolas Ier (pape) 29
Nosek, Václav 318
Nostic (comte) 199
Nostitz 141
Novák, Arne 292, 293
Novomeský, Laco 326
Novotný, Antonín 329-332, 334-336, 338
Nývlt, Antonin 173

Očko de Vlaším, Jan 71

Okálí, Daniel 326
Olah, Nicolas 192
Oldřích 42
Opletal 352
Országh, Pavol 263
Osuský, Štefan 307
Othon Ier (roi de Germanie) 39
Othon III (roi de Germanie) 41, 42
Otto de Brandebourg 53
Otto, duc de Brunswig 50, 51

Pachman, Luděk 345
Palach, Jan 344
Palacký, František 200, 204, 205, 210, 211, 220, 224, 227
Palárik, Ján 245, 247
Palkovič, Juraj (chanoine) 240
Papánek, Juraj 196
Pardubice, Ernest de 71, 81
Parleř, Petr 53, 73, 116
Passer, Ivan 333, 345
Patočka, Jan 339, 347
Paul de Levoča 189
Paul II (pape) 113
Pauliny-Tóth, Viliam 248
Pavel, Ota 344
Payne, Peter 96
Pazmany, Peter 192
Pecka, Josef Boleslav 236
Pekař, Josef 148
Pelcl, František Martin 180, 198, 200, 202
Pelikan, Jiří 344, 345
Pellé (général) 287
Pellico, Silvio 217
Pernštejn (famille) 57, 116, 121
Pernštejn, Vratislav de 127
Peroutka, Ferdinand 290, 322
Pešina de Čechorod, Tomáš 154, 156
Pétain (maréchal) 302
Pétrarque 67
Philippe de Bourgogne 112
Philippe II (roi d'Espagne) 133
Philippe III (roi d'Espagne) 133
Philippe V (roi d'Espagne, duc d'Anjou) 160
Philippe le Bel (roi de France) 62
Philippe VI (roi de France) 67
Philippe Ier de Souabe (empereur) 50
Photios 29
Piast (famille) 37, 41, 61
Piccolomini (famille) 141
Piccolomini, Aeneas Silvius (voir Pie II)
Pieroni 156
Pie II (pape) 111, 112
Pie XI (pape) 34
Pierre d'Aspelt 62-64
Pierre de Dresde 96
Pierre de Rosiers 67
Pierre de Zbraslav 74
Píka, Heliodor 323
Plachy, Ondrej 240
Platon 230
Poincaré, Raymond 287
Polišenský, Josef 137
Pompadour (marquise de) 165
Porta 156
Pražák, Albert 311
Preiss, Jaroslav 235
Přemysl (famille) 49, 50, 52, 55-57, 61, 63, 78
Přemysl le Laboureur 37
Přemysl Otakar Ier 44, 50, 51, 54, 56, 59
Přemysl Otakar II 50, 52-54, 58, 59, 62, 64
Pribina (prince) 28, 182
Procope (saint) 47, 74, 153
Procope de Césarée 24
Procope le Rasé, dit le Grand 102-104, 187
Prokop 83
Przemysł II (roi de Pologne) 55
Ptáček de Pirkstejn, Hynek 109

Quinet, Edgar 209

Radetzky, Joseph (maréchal) 214, 216
Radim (Gaudentius) 41
Radlinský, Andrej 245
Rajk 323
Rakoczi, François 192
Rašín, Alois 258, 265, 274
Rastislav 29, 30, 32
Řehoř de Valdek 58
Reiner, Václav Vavřinec 155
Rejsek, Matěj 116
Ressel, Josef 207
Rettigová, Magdalena Dobromila 209
Richard d'Angleterre 86
Richard de Cornouailles 52, 62
Richelieu (cardinal de) 144
Richta, Radovan 334
Ried, Benedikt 116
Rieger 220, 226, 210
Rilke, Rainer Maria 291
Ripka, Hubert 322
Rodin, Auguste 292
Rodolphe Ier de Habsbourg (empereur) 52, 53, 61, 62

Rodolphe II (empereur) 127, 128, 130, 134, 147, 155, 177, 192
Rodolphe IV de Habsbourg (archiduc) 77
Roháč de Duba, Jan 108
Rokycana, Jan 103, 107-109, 111, 113, 122, 123
Rotarides, Jan 243
Rotlev, Jan76
Roussel, Albert 293
Rožmberk (famille) 57, 106, 110, 113, 116, 121
Rožmberk, Oldřich de 127
Rožmberk, Vilém de 126
Rožmítal, Lev de 109
Runciman 296
Rupert de Palatinat 84, 87
Ryba, Jakub 178

Sabina, Karel 216
Sacher-Masoch 217
Šafárik Pavol, Josef 203, 240
Šafgoč 167
Saint Louis (roi de France) 67
Šalda, František-Xaver 230, 292
Samo 26, 27
Sand, George 218
Santini-Aichl Jan (Giovanni), Blažej 156
Saxe, duc de 162
Schiller, Friedrich 146, 202
Schlözer, August Ludwig 200
Schmerling, Anton 220
Schwarzenberg, Felix (prince de) 214
Šebíř (Severus) 45
Seibt, Karl Heinrich 180
Seifert, Jaroslav 292, 328
Selucký, Radoslav 333
Sennefelder 207
Seton-Watson, R.W. 151
Sicharius/Sicaire 26
Sidor, Karol 285, 301
Sigismond de Luxembourg (empereur) 70, 77, 83, 85, 87, 89-91, 96-99, 102-104, 106, 108, 187, 188
Sigismond Korybut 99, 102
Sikorski, Vladislav (général) 308
Šik, Ota 333, 334, 345
Šíma 292
Široký, Viliam 326, 332
Škoda, Emil 232
Škréta, Karel 143, 155
Škultéty, August Horislav 247
Škvorecký, Josef 330, 333, 345
Sladkovský, Karel 216, 225
Slanský, Rudolf 324, 325
Slavata, Vilém 135
Šlik121
Šling, Ota 323
Šmahel, František 106
Smetana, Augustin 216
Smetana, Bedřich 37, 53, 146, 227, 228
Šmidke, Karol 326
Smrkovský, Josef 338
Šnejdárek, Antonín 340
Soběslav Ier 44, 45
Soběslav II 46
Soliman Ier le Magnifique 119, 191
Sophie (reine de Bohême) 89, 93, 97
Soukup, František 259, 265
Sova, Antonín 230
Spezza 156
Spiess, Hans 116
Spinelli, Filippo 133
Sporck (comte) 155, 179
Spytihněv 38
Šrobar, Vavro 251, 263-265, 269, 281, 283, 284
Stadion (comte) 210, 212
Staline, Joseph 12, 311, 323-325, 329-331
Staněk, František 259
Stanislav de Znojmo 87-89
Štefánik, Milan 274, 260, 262, 283
Stepling, Josef 180
Šternberk, František (comte de) 113, 204
Šternberk, Zdeněk113
Štítný, Thomas de 81
Stodola, Kornel 264
Štoll, Ladislav 328
Stranský de Zápy, Pavel 143
Strauss, Johann 209
Stříbrný, Jiří 265
Strossmayer, Josef Juraj 246
Stürgkh 238
Štúr, Ľudovít 212, 241-245
Suchoň, Eugen 293
Sudek, Josef 292
Suk, Josef 293
Svatopluk (prince tchèque) 30, 31, 36
Švehla, Antonín 253, 265, 274, 275
Svoboda, Ludvík 11, 307, 314, 318, 338, 343
Swieten, Gerhard van 180
Sylvestre II (pape) 41, 183
Syrový, Jan (général) 296, 299

Tablic, Bohuslav 240
Taborský, Eduard 308

Tapié, Victor L. 123, 154, 162
Tardieu, André 288
Tarnoczy 243
Tartini 158
Tatarka 333
Teige, Karel 292
Thám, Václav 199
Thietmar 40
Thököly, Imrich 192
Thun, Franz (comte) 238
Thun, Lev (comte) 208, 212, 216
Thurn, Jindřich Matyáš (comte) 133, 135, 143
Tigrid, Pavel 322
Tilly, Johann Tserclaes (comte de) 137
Timon, Samuel 196
Tiso, Mgr Jozef 285, 300, 301, 304-306, 325
Tisza, Kálmán 248
Tito 342
Tobiáš de Benešov (évêque) 58
Tolstoï, Léon 123
Tomek, Václav Vladivoj 218
Toyen 292
Trčka 141
Trojan, A.P. 210
Tuka, Vojtech 282, 301, 305, 306
Tyl, Josef Kajetan 206, 208
Tyrš, Miroslav 226

Udržal, František 275
Ulbricht, Walter 340-342
Urbain VI (pape) 77, 80
Ursíny, Ján 326

Václav IV voir Venceslas
Václav Vilém de Roupov 135
Vaculík, Ludvík 333, 334, 338
Valdštejn, Albert de 141, 146, 147
Valdštejn (comte) 232
Valentinien (empereur romain) 24
Vančura, Vladislav 292
Vannius 23
Vchynice, Radslav Vchynský de 143
Vechta, Conrad de (archevêque) 99, 107
Vejvanovský, Pavel Josef 156
Venceslas (saint) 38-41, 47, 57, 74-92, 300, 303
Venceslas Ier 50, 51, 59
Venceslas II (Václav) 53-55, 60-62, 67
Venceslas (Vacláv) III 54, 55, 62
Venceslas (Vacláv) IV 38-40, 47, 55, 70-72, 74, 77-79, 83-87, 89, 90, 96, 97, 109, 153, 154
Verdugo 141
Veverka 207
Viest, Rudolf 310
Viktorin de Poděbrady 109
Villani, Karel 210
Villon, François 113
Virgile 240
Vítkovci (famille) 49, 57, 68, 71
Vitold (grand-duc) 99
Vladislav Ier (prince tchèque) 43, 49
Vladislav II (prince tchèque) 43, 44
Vladislav II Jagellon (roi de Pologne)187
Vladislav III Jagellon (roi de Pologne et de Hongrie) 113, 114, 189
Vlasov 310
Vlček, Jaroslav 230
Vološin, Mgr A. 300
Vooght, Paul de 92
Voskovec 292
Vratislav Ier (prince tchèque) 38
Vratislav II (prince tchèque) 43, 44
Vrchlický, Jaroslav 228

Wagner, Richard 228
Waldhauser, Conrad 81
Werböczi, Istvan 189
Werfel, Franz 291
Werich 292
Wiching (évêque)31
Wiclef, John 76, 86, 89, 92
Wilson, Thomas Woodrov 264, 269
Windischgraetz, Alfred (prince de) 212, 213
Witte, Hans de 146
Wolff, Christian 180
Wolker, Jiří 292

Zahradníček, Jan 292
Zajíc de Hazmburk, Zbyněk 89
Zajíc, Jan 344
Zapolyai, Janós (roi de Hongrie) 120, 191
Zápotocký, Antonín 236, 329
Zavodník, Štefan 245
Zdík, Jindřich 47
Zelenka, Jan Dismas 156
Ženíšek, František 228
Zenkl, Petr 322
Žerotín, Charles de 135
Žerotín (famille) 143
Zítek, Josef 228
Žižka, Jan 98, 100-103, 153
Zrzavý, Jan 292
Zwingli 92

Crédit photographique

P. 23 : © Snark/Edimedia. **P.** 37 : © Collection Viollet. **P.** 48 : ph. © L. Nebor. **P.** 65 : © Collection Viollet. **P.** 69 : © Collection Viollet. **P.** 75 : © Georg Gester/Rapho. **P.** 91 : © Edimedia. **P.** 111 : © Jean-Loup Charmet. **P.** 117 : © Charles Philippe/Rapho. **P.** 129 : © H.W. Silvester/Rapho. **P.** 138 : © Edimedia. **P.** 145 : © Jean-Loup Charmet. **P.** 157 a, b : © Bruno Barbey/Magnum. **P.** 163 : © Marc Garanger. **P.** 179 : © coll. A. Cortot/Archives Snark/Edimedia. **P.** 190 : © Marc Garanger. **P.** 193 : © Marc Garanger. **P.** 205 : © Jean-Loup Charmet. **P.** 213 : © Edimedia. **P.** 229 a : © Collection Viollet. **P.** 229 b : © Dagli Orti. **P.** 241 : D.R. **P.** 255 : © Harlingue/Viollet. **P.** 257 : © Edimedia, by ADAGP, Paris, 1995. **P.** 261 : © L'Illustration/Sygma. **P.** 267 : © L'Illustration/Sygma. **P.** 274 : © Snark/Edimedia. **P.** 280 : © Edimedia. **P.** 284 : © L'Illustration/Sygma. **P.** 288 : © Edimedia. **P.** 293 : © Keystone. **P.** 294 : © Harlingue/Viollet. **P.** 297 : © Archives Snark/Edimedia. **P.** 306 : © Keystone. **P.** 311 : © Keystone. **P.** 320 : © L'Illustration/Sygma. **P.** 325 : © Keystone. **P.** 327 : © René Burri/Magnum. **P.** 333 : © AFP. **P.** 343 : © Marc Garanger. **P.** 348 : © Josef Ort-Snep/Gamma. **P.** 353 : © Ian Berry/Magnum. **P.** 357 : © Josef Koudelka/Magnum.

Caricature p. 362 : © Vladimír Jiřanek.

Cartographie : Krystyna Mazoyer.

Imprimé en France par Pollina, 85400 Luçon - n° 66841